房地产开发与管理系列经典教材

房地产经纪人

（第五版）

孔凡文　主编

Real Estate
Agents Course

大连理工大学出版社

图书在版编目(CIP)数据

房地产经纪人 / 孔凡文主编 . —5 版 . —大连 :大连理工
大学出版社,2010.8(2012.1重印)
(房地产开发与管理系列经典教材)
ISBN 978-7-5611-2014-9

Ⅰ.房… Ⅱ.孔… Ⅲ.房地产业—经纪人—高等学校—
教材 Ⅳ.F293.3

中国版本图书馆 CIP 数据核字(2007)第 133952 号

大连理工大学出版社出版
地址:大连市软件园路 80 号 邮政编码:116023
发行:0411-84708842 邮购:0411-84703636 传真:0411-84701466
E-mail:dutp@dutp.cn URL:http://www.dutp.cn
大连理工印刷有限公司印刷 大连理工大学出版社发行

幅面尺寸:170mm×240mm 印张:22.75 字数:446 千字
2002 年 2 月第 1 版 2010 年 8 月第 5 版
2012 年 1 月第 7 次印刷

责任编辑:汪会武 朱 娜 责任校对:娜 婉
封面设计:波 朗

ISBN 978-7-5611-2014-9 定 价:39.00 元

房地产开发与管理
系列经典教材编委会

丛 书 序

　　1987 年，我国在深圳特区率先开展土地使用权有偿出让和转让试点，在改革开放近 10 年的时候开始了新时代真正的房地产经营管理。在过去的 20 多年里，中国的经济取得了举世瞩目的快速增长，房地产业的发展速度也明显加快，在部分大中城市已经成为具有支柱产业性质的行业，在国民经济中的地位不断提高。在纪念改革开放 30 年的今天，随着中国社会主义市场经济的发展，随着房地产市场日趋成熟，中国房地产开发企业正面临着越来越激烈的市场竞争，政府和行业管理者同样面对着复杂多变的局面。如何提升房地产经营管理者的领导力及执行力，已成为应该深刻思考和热切关注的问题。全球化的市场又为中国房地产业带来了国际市场竞争的机遇与挑战，这些机遇与挑战要求中国房地产业的创业者与业内人士必须关注中国经验的实践与理论，必须关注中国特色的提升与完善，必须关注房地产业的趋势与明天。

　　我们一直关注和参与中国特色房地产业的实践和发展，一直关注和参与中国特色房地产业的建设和完善，一直关注和参与中国特色房地产业的专业教育和人才培养。1993年，我们在与大连理工大学出版社策划"房地产开发与管理系列教材"时我就说过："高等教育应该为房地产业的科学化、规范化、规模化和高移化做出贡献（刘亚臣，1993）"。在由我主编的这套丛书多次再版时，我也多次重复这样的观点。今天，应广大房地产业人士与学生的要求，为了便于房地产从业人员充分了解和认识我国的房地产政策，掌握有关房地产经营与管理方面的理论知识和实践技巧，提升行业水平,我们与大连理工大学出版社重新策划组织筛选了一批精品教材,再版为"房地产开发与管理系列经典教材",奉献给我国高校房地产专业的老师和学生以及广大业内人士,并向我国改革开放 30 周年献礼。

本系列教材的编者以沈阳建筑大学骨干师资力量为主体,并吸收了大连理工大学、辽宁大学、辽宁工业大学、辽宁石油化工大学的骨干教师及政府管理部门的人员。1993 年,沈阳建筑大学成为我国最早独立设置房地产经营与管理本科专业的院校之一。1998 年国家教育部学科目录调整后,沈阳建筑大学管理学院一直独立设置房地产学系,其工程管理专业也一直设有房地产经营管理方向。2006 年,国家教育部批准沈阳建筑大学重新设置房地产经营管理本科专业(目录外),并开始面向全国招生。所以,此套教材的编著是以沈阳建筑大学管理学院为主体的参编人员,通过长期的、大量的辛苦工作凝结而成的。为应对房地产经营理论与模式的不断创新,我们在多年教学讲义的基础上,几易其稿,多次与国内外有关专家学者及实践工作者交流探讨,完善该系列教材各学科的知识体系。

本系列教材从房地产开发建设及管理入手,囊括房地产经营管理和房地产开发与管理专业课程设置中的房地产经营管理、房地产市场营销、房地产物业管理、房地产投资分析、房地产估价、房地产会计学、房地产法学、房地产金融与保险、房地产经纪人、房地产经济学和房地产管理信息系统等方面内容。整套教材具有内容简明扼要、通俗易懂、覆盖面宽、理论联系实际、实践指导性强等特色。

本系列教材以中国房地产经营管理体制改革的理论与实践为指导,结合了当前市场的需求,全方位、多角度、深层次地揭示了房地产开发经营各环节可能出现的问题,为房地产开发经营管理、物业管理和中介服务从业人员提供了重要参考。本系列教材既可作为房地产经营管理、房地产开发与管理、工程管理、工商管理专业的相应课程教材或阅读参考书使用,同时也可以作为其他专业了解房地产行业以及房地产有关活动的入门书。我们希望读者能在阅读参考中掌握房地产开发管理的真谛,使本系列教材成为地产人士的良师益友。

本套丛书配有电子课件,如有需要,请与大连理工大学出版社联系。

Tel:0411-84707019

E-mail:kejijiaoyu910@yahoo.cn

刘亚臣

2010 年 8 月

第五版前言

由于房地产具有位置固定性、个别性、使用长期性、投资大量性等特点，以及房地产的质量、性能、产权等情况复杂，使得房地产市场存在严重的信息不充分和信息不对称现象，加上房地产交易过程复杂，交易双方难以相互信任等，决定了人们在房地产交易中需要专业的房地产经纪人员和机构为其提供服务。房地产经纪在提供房地产交易信息、降低交易成本、提高交易效率、保障交易安全、维护交易秩序、优化资源配置等方面起到了重要作用。

我国现代房地产经纪行业是在改革开放之后，随着房地产业的发展而发展壮大的。1994 年，我国《城市房地产管理法》明确了"房地产中介服务机构包括房地产咨询机构、房地产价格评估机构、房地产经纪机构等"，确立了房地产经纪的法律地位。2001 年，原建设部颁发《城市房地产中介服务管理规定》，进一步完善了房地产经纪行业管理法规体系，并根据国际惯例，与人事部联合建立了房地产经纪人员职业资格制度。为引领房地产经纪行业规范健康发展，2006 年，中国房地产估价师与房地产经纪人学会发布了《房地产经纪执业规则》和《房地产经纪业务合同推荐文本》，开通了房地产经纪信用档案，开展了房地产经纪机构资信评价，发布了房地产交易风险提示，通报了房地产经纪典型违法违规案件。经过几年的不懈努力和探索，初步形成了以房地产经纪人员执业资格注册管理制度为核心，以诚信建设和资信评价为基础，以案件通报和风险提示为手段，以规则制定、制度设计为引导的房地产经纪行业自律管理框架体系。目前，全国共有房地产经纪机构 3 万余家，从业人员超过百万人，其中有 3.5万人取得了全国房地产经纪人执业资格，已经成长起一批门店过百、人员上千甚至门店过千、人员上万的大型品牌房地产经纪机构。例如,21世纪不动产的连锁门店数量超过 1000 家,中原地产在内地的连锁门店数量超过900 家,本土的链家地产、我爱我家等机构的门店数量也超过 400 家。房地产经纪行业已经成为我国房地产业的重要组成部分。伴随着我国房地产经纪机构的发展壮大,房地产经纪机构的经营模式不断创新,经营业务不断拓展,现代化、规模化、品牌化已成为我国房地产经纪行业发展的必然趋势。

根据我国房地产经纪行业的发展变化情况和房地产经纪专业知识学习的需要,我们对《房地产经纪人》这本书进行了重新修订。从目前我国房地产经纪机构积极拓展房地产咨询业务的现实状况出发,本次修订增加了房地产咨询等内容,对原书的内容进行了更新和更改,对部分案例也进行了更新和调整。

本书共十二章,包括:第 1 章,绪论(孔凡文);第 2 章,房地产经纪人员(孔凡文);第 3 章,房地产经纪机构(孔凡文,徐玉梅);第 4 章,房地产经纪合同(孔凡文,郑文博);第 5 章 房地产咨询(徐玉梅,郑文博);第 6 章,房地产居间(孔凡文,杨越);第 7 章,房地产转让代理(孔凡文,夏宝晖);第 8 章,房屋租赁代理(孔凡文,李海英);第 9 章,房地产抵押代理(孔凡文,夏宝晖);第 10 章,房地产权属登记代理(孔凡文,李海英);第 11 章,房地产经纪信息(孔凡文,杨越);第 12 章,房地产经纪诚信管理(孔凡文)。

本书可以作为大专院校房地产及相关专业的教学用书,也可以作为房地产和房地产经纪行业的广大理论工作者、实际工作人员、政府管理人员以及全国房地产经纪人执业资格考试备考的学习参考书。

在本书编写过程中,参考了大量有关房地产经纪和房地产中介方面的著作论文及网上资料,在此一并表示最诚挚的感谢!由于编者能力有限,书中内容难免有不妥之处,敬请广大同行和读者批评指正。

编者
2010 年 8 月

目 录

第1章 绪 论 …………………………………… 1

1.1 经纪与经纪人 ………………………………… 2

1.2 房地产经纪与房地产经纪人 ………………… 15

1.3 我国房地产经纪的产生和发展 ……………… 23

第2章 房地产经纪人员 ………………………… 33

2.1 我国房地产经纪人员职业资格 ……………… 34

2.2 房地产经纪人员的职业道德 ………………… 37

2.3 房地产经纪人员的职业修养 ………………… 41

2.4 房地产经纪人员的职业能力 ………………… 43

2.5 房地产经纪人员案例 ………………………… 47

第3章 房地产经纪机构 ………………………… 49

3.1 房地产经纪机构概述 ………………………… 50

3.2 房地产经纪机构的设立 ……………………… 53

3.3 房地产经纪机构的经营模式 ………………… 56

3.4 房地产经纪机构的部门与岗位设置 ………… 59

3.5 房地产经纪机构案例 ………………………… 64

第4章 房地产经纪合同 ………………………… 67

4.1 房地产经纪合同概述 ………………………… 68

4.2 房地产经纪业务合同推荐文本 ……………… 73

4.3 房地产经纪合同案例 ………………………… 107

第5章 房地产咨询 ……………………………… 111

5.1 房地产法律咨询 ……………………………… 112

5.2 房地产金融咨询 ……………………………… 131

5.3 房地产估价咨询 ……………………………… 143

5.4 房地产税收咨询 ……………………………… 150

5.5 房地产咨询实例 ……………………………… 159

第6章 房地产居间 ……………………………… 163

6.1 房地产居间概述 ……………………………… 164

6.2 房地产居间业务操作 …………………………… 167

6.3 房地产居间业务的房源与客源 …………………… 173

6.4 房地产居间合同 …………………………………… 185

6.5 房地产居间案例 …………………………………… 191

第7章 房地产转让代理 ……………………………… 195

7.1 房地产代理概述 …………………………………… 196

7.2 房地产转让一般规定 ……………………………… 203

7.3 国有建设用地使用权转让代理 …………………… 206

7.4 商品房销售代理 …………………………………… 214

7.5 二手房买卖代理 …………………………………… 232

7.6 房地产转让代理案例 ……………………………… 243

第8章 房屋租赁代理 ………………………………… 245

8.1 房屋租赁概述 ……………………………………… 246

8.2 房屋租赁代理业务 ………………………………… 258

8.3 房地产租赁代理案例 ……………………………… 262

第9章 房地产抵押代理 ……………………………… 265

9.1 房地产抵押概述 …………………………………… 266

9.2 房地产抵押合同与抵押登记 ……………………… 270

9.3 抵押房地产的占管与处分 ………………………… 273

9.4 房地产抵押代理案例 ……………………………… 276

第10章 房地产权属登记代理 ……………………… 279

10.1 房地产权属登记概述 …………………………… 280

10.2 土地登记代理 …………………………………… 291

10.3 房屋登记代理 …………………………………… 305

10.4 房地产权属登记代理案例 ……………………… 312

第11章 房地产经纪信息 …………………………… 315

11.1 房地产经纪信息概述 …………………………… 316

11.2 房地产经纪信息管理概述 ……………………… 320

11.3 房地产经纪信息系统实例——MLS系统 ………… 326

第12章 房地产经纪诚信管理 ……………………… 333

12.1 诚信与房地产经纪诚信 ………………………… 334

12.2 我国房地产经纪诚信管理现状 ………………… 339

12.3 房地产经纪诚信体系建设 ……………………… 345

12.4 房地产经纪诚信管理实例 ……………………… 349

第1章

绪 论

1.1 经纪与经纪人

1.1.1 经纪

1. 经纪的内涵

什么是经纪？早在我国东汉时期，文字学家许慎在《说文解字》中就对经纪有过这样的描述："经：织从（通纵）丝也……纪：别丝也。""经：必先有经而后有纬……纪：以网罟喻为政，张三为纲，理之为纪。"意思是说在卖家和买家云集的市场上，如何根据不同选择对象，将其配对成交的行为便是经纪。在辞源中，经纪有5种解释，即：经营；经纪人；料理、安排；买卖；法度、秩序。我国《辞海》把经纪定义为"是为买卖双方介绍交易以获取佣金的中间商"。在现实生活中，经纪即经纪活动，是社会经济活动中的一种中介服务行为，具体是指在市场经济条件下，为促成他人交易而从事的居间、行纪、代理及咨询等的有偿服务活动。因此，经纪是一种商业行为，又是一种法律行为。说它是一种商业行为，是指它是一种有偿的服务活动，是以赢利（佣金）为目的，促成买卖双方成交的中介行为；说它是一种法律行为，是指它是一种行为主体，以独立的自然人或法人地位行事，并承担有关责任，介于商法和民法之间的法律行为。

根据以上解释，"经纪"包括三个方面的内涵：①经纪活动的中介服务对象是买卖双方，即通过提供信息和专业知识服务来进行"牵线说合"，促成买卖双方达成交易；②以获取佣金为目的，即经纪人提供中介服务，以营利为目的，并以"佣金"方式取得其劳动服务的报酬；③中介服务活动是在充分尊重买卖双方权益基础上进行的。

2. 经纪的起源

经纪活动涉及生产、流通、消费等各个环节，它是商品流通的润滑剂，对加速商品流通、实现商品价值、促进社会再生产的顺利进行起着重要作用。从经纪产生的历史看，经纪是商品生产和商品交换发展到一定阶段的产物。它以商品生产和商品交换为其产生和发展的前提，商贸活动是其产生和发展的土壤。其实，经纪本身就是商贸活动中的一种经营方式，经纪人员是为商品生产和商品流通服务的经营者。

在原始社会早期和中期的漫长年代里,没有商品生产和商品交换。到了原始社会后期,人类社会发生了第一次大规模的社会分工,即畜牧业和农业的分离。分工促进了劳动生产率的提高,农业部落和畜牧业部落都有了剩余产品,同时,不同部落都需要自己所不能生产的产品,从而既有了商品交换的需要,又有了商品交换的可能。

随着生产力的进一步发展,在父系氏族公社时期,发生了第二次社会大分工,即手工业和农业的分离。手工业从农业中分离出来,便出现了以交换为目的的商品生产者,使得交换的范围不断扩大,数量也越来越多,商品交换的手段也由直接的物物交换发展为以贵金属货币为媒介的交换。

随着商品生产的进一步发展,商品交换的范围和规模不断扩大,商品生产者用来买卖商品的时间也越来越多。而买卖所费的时间会侵占他们的劳动时间。因此,商品交换活动同商品生产活动便产生了矛盾,特别是在商品行销区域不断扩大和远方市场出现以后,这种矛盾越来越突出。为了解决这种矛盾,客观上要求把商品交换事务从商品生产者那里独立出来,以利于商品生产的发展。于是社会上就出现了一种专门从事商品交换而不从事商品生产的人,这就是第三次社会大分工,即商业从生产中分离出来。第三次社会大分工创造了一个特殊的阶级——商人,创造了一个新的行业——商业,即专职媒介交换的行业。因而商品交换形式也由简单的商品流通形式,发展到以商业为媒介的"货币——商品——货币"的发达商品流通形式。

最初的商品交换是分散进行的,没有固定的场所和时间。随着商品生产的发展,商品交换越来越频繁,于是出现了集市,把众多的买者和卖者集中到一起进行交易。但是在集市上,每一个人市者并非都对市场的情况了如指掌,熟谙交易技巧。这就需要那些经常出入于市场,了解市场情况,熟悉市场行情和交易技巧的人,在市场上充当交易的中介,公正、诚实地为交易双方牵线搭桥,提供服务,从而使交易迅速实现。

到了近代和现代,社会分工日益发展,生产的社会化程度日益提高,市场迅速扩大,商品经济内在的供求矛盾日益突出。一方面,众多的生产者不能及时找到消费者;另一方面,众多的消费者找不到合适的商品。传统的商业形式并不能解决这一矛盾,商业新的组织形式和经营方式不断革新涌现。一部分掌握各种信息和购销渠道的人为交易双方提供信息介绍和牵线服务,促成交易的实现,由此产生了人类经济活动的全新行业——经纪业。尤其是市场的细化和专业化程度的提高,交易的难度和费用的提高,在一些专业市场上更需要那些具有专门知识和交易技巧的人为客户提供服务或代客户进行交易。经纪人员成为市场运行必不可少的部分,并通过提供服务获得经济收入。由此看出,经纪的产生和发展是商品生产和商品交换发展的产物,是社会分工的必然结果。

3.经纪活动的主要方式

一般而言,经纪活动最主要的方式为居间、行纪、代理及相应的咨询活动等。

(1)居间。我国《辞海》对居间的定义是"为双方当事人调介或说合";旧中国《民法总则施行法》第565条定义为"谓当事人之约定,一方为他方报告订约之机会或订约之媒介,他方给付报酬之契约";《日本商法典》第543条定义为"从中介绍他人之间的商业行为的人"。据此,我们可以将居间定义为:为交易双方提供交易信息、机会、条件,从中撮合双方交易成功的商业行为。其特点是:①服务对象和范围广泛;②只以自己的名义替交易双方媒介交易,并不具体代表其中任何一方,因此,一般没有代为订约的权利;③介入交易双方的交易活动的程度较浅,范围较窄,服务内容较为简单,与服务对象的关系多以媒介的具体交易行为为限,时间一般比较短暂,经纪人与委托人之间一般没有长期固定的合作关系。

(2)行纪。是指经纪人受委托人的委托,以自己的名义与第三方进行交易,并承担规定的法律责任的商业行为。在形式上行纪与自营很相似,但是经纪人并未取得交易商品的所有权,他是为委托方的利益而进行活动,作为经纪人仅仅是得到委托人给他的佣金。从事行纪活动的经纪人拥有的权利和承担的责任较重。在通常情况下,经纪人与委托人之间有长期固定的合作关系。所以,行纪具有:①行纪属于自为营业主体,但为委托方的利益而进行活动;②服务对象和范围较广,服务内容和参与程度较深;③以自己的名义进行活动,行纪活动中的权利与责任归行纪人自己等方面的特点。

(3)代理。是指经纪人在受托权限内,以被代理人名义与第三者进行交易,并由被代理人直接承担相应的法律责任的商业行为。代理可分为法定代理、委托代理和指定代理等三类。经纪活动中的代理,就其范围而言,限于商事活动,就其形式而讲,属于委托代理,就其性质而论,属于狭义代理和直接代理。其特征是:①为特定的对象服务,关系比较稳定,具有一定的连续性;②参与服务的程度较深,涉及的服务内容较多,并拥有较大权限,一般能够代表被代理人签订合同;③代理人所进行的代理行为的法律后果直接由被代理人承担。

目前我国对经纪活动的定义相对较广泛,不同的行业有不同的特点,特别是对代理行为的界定尚有不同的观点,对咨询是否属于经纪行为也有争论。但是,不论何种行业的经纪活动,以收取佣金为目的,为促成他人交易而从事中介活动,这一特征却是共同的。经纪人不得向当事人收取佣金以外的酬劳,这也是经纪活动与其他商业活动的一条重要区别。而且,经纪必然包括相应的咨询。根据房地产经纪活动的特点,本书主要介绍的是房地产咨询、代理、居间和行纪等基本形式。

4. 经纪活动的特点

经纪活动作为一种社会服务有以下特点:

(1)活动范围的广泛性。市场上有多少种商品就会有多少种经纪活动,不仅包括有形商品,还包括无形商品。社会需求的千差万别为经纪活动提供了广泛的空间。

(2)活动内容的服务性。在经纪活动中,经纪主体只提供服务,不直接从事经营。经纪人对商品没有所有权、抵押权和使用权,不存在买卖行为。经纪公司的自营买卖不属于经纪行为。

(3)活动目的的报酬性。经纪活动中经纪人所提供的服务是一种商品,因为其有一定的使用价值,因此提供服务的经纪人应当向享受服务的委托人收取合理的佣金。佣金是经纪人应得的合法收入。

(4)活动的隐蔽性和非连续性。在经纪活动进行的过程中,经纪人事先往往不把他的委托人告诉对方,直到合同正式签订时才明确委托人是谁。这些活动往往是针对某一特定业务进行的,大多数经纪人与委托人之间无长期固定的合作关系。

(5)活动责任的明确性。经纪人与委托人之间往往通过签订经纪合同,明确各自的权利和义务,不同的经纪方式承担不同的法律责任和义务。在经纪活动中,明确的法律关系,是双方诚实守信的基础。

5. 经纪收入

经纪人从事经纪活动后获得的劳动报酬称为佣金,佣金是经纪收入的基本来源。由于经纪活动不是买卖商品,而是为他人交易提供中介服务,经纪人在经纪活动中以收取佣金为目的。

经纪人的佣金是劳动报酬、风险报酬和经营收入的综合收入,是委托人依照法律规定或者双方约定,在完成了经纪业务后支付给经纪人的劳动报酬,实现相应权益的一种主要表现形式,是经纪人参与具体的经纪事务,在一定的社会劳动时间内所创造的劳动价值和社会价值的体现,是经纪人的合法收入,受国家法律保护。

佣金由成本和利润两个部分构成。佣金的成本包括"牵线搭桥"的直接费用(差旅费、车船费、资料费、电讯费、打印费等)和长期知识积聚费用的折扣率。根据国家法律和有关规定,佣金的成本和利润可以分开计算,也可以合并计算和收取。

佣金分为法定佣金和自由佣金两种。法定佣金是指经纪人从事特定经纪业务时,按照国家对特定经纪业务规定的佣金标准获得的佣金。这种佣金具有强制效力,当事人各方都必须接受,不得高于或低于国家规定的佣金费率标准。在发展比较成熟、专业化程度比较高的证券、期货和保险市场上,有关法规、规章及规范性文件对经纪人佣金的收付标准都有明确规定。这些规定所包含的一般原则,是按经纪人经纪中介成交金额的一定比例提取的,成交金额越大佣金比例越低。法定佣金在经纪活动中只适用于分工明确、专业性强、经纪活动耗费固定的经纪业务种类,如证券经纪、期货经纪、保险经纪,采用的就是法定佣金。

自由佣金是在国家法律、规章及规范性文件没有明确规定佣金费率标准的市场上,按经纪人与委托人协商确定的佣金标准获得的佣金,并写入委托合同之中。这种由当事人之间协商确定的费率,标准一经确定,即对双方具有约束力,违约者要承担违约责任。在社会经济生活中,大量的是自由佣金。

由于佣金是经纪人提供经纪中介服务的一种特殊价格,所以自由佣金就和商品的市场价格一样,由供求双方协商确定。自由佣金按经纪中介成交额的一定比例提取,数量标准相差很大,经纪中介成交额越大,提取比例越低。比例可以分阶段确定,逐阶段递减。如果成交额非常大,也可以采取封顶的办法,明确规定最多只能收取多少佣金。如果成交额较小,也可以采取保底的办法,明确规定最低应该支付多少佣金。所以说佣金的数额多少要取决于所交易商品的价格。

此外,还可以采取包价的形式确定佣金,经纪人代理委托人进行交易时必须满足委托人规定的最低价,超出最低价的部分,经过测算,得到委托人认可,才可以作为佣金。这里说的包价,不是指差价,一般来说,是不允许用差价作佣金的。

佣金的支付人是经纪业务的委托方或约定的当事人双方。只有经纪合同中规定的经纪业务的委托方或约定的当事人双方,才有支付佣金的义务。支付佣金的方法可以用现金,也可以用转账结算或其他方式。经纪人收取佣金后应当开具发票,并依法缴纳税金和管理费。

除法律、法规、规章另有规定外,佣金的支付时间由经纪人与委托人自行约定。一般情况下,佣金在经纪中介成功,买卖双方签订合同后支付。如果由经纪人撮合而签订合同后,合同没有履行,只要合同不是与经纪人有关而造成合同不能履行,不影响经纪人获得佣金。

如果经纪活动的费用高,需要前期投入;佣金的数额较大,委托人认为经纪业务的难度大,需要提前支付部分佣金,以激励经纪人,委托人可以提前支付部分佣金,待买卖双方签订合同成交后,再支付剩余部分。

经纪人一旦接受委托人的委托,首先要与委托人签订经纪合同,在经纪合同中应该将佣金的数量、支付方式、支付期限及经纪中介交易不成时中介费用的负担等方面明确写入经纪合同。其次是在经纪合同中要明确预付费用条款,规定经纪人可以向委托人预收一定比例的保证金,以保证经纪机构和经纪人的权益。

(1)预收费用。在经纪合同中明确预付费用条款作为经纪人开展经纪业务的费用,经纪人在收到预付费用后,开始为委托人的业务工作。费用在经纪人开展经纪业务活动过程中逐渐支付,以保证经纪活动的正常进行,不论经纪中介是否成功,费用不需要再归还委托人;作为回报条件,合同中规定较低的佣金标准。

(2)预收佣金。经纪合同签订以后,经纪人按约定从委托方先行取得一部分或全部佣金,在完成经纪业务时这部分佣金归经纪人所有,不足部分由委托人补充。如果没有完成全部经纪业务时,应该将部分佣金退还给委托人。这种方法对经纪人有利,但委托人往往不容易接受,有时甚至因为预收佣金使经纪人失去委托的良机或使经纪业务陷入僵局。除非经纪人的资信声誉足以使委托人放心,否则这种方法不可用,何况委托人一般不会轻易支付定金和预付佣金。

(3)签订"专有经纪合同"。这是明确规定经纪人享有某项经纪业务独占的或排他的经纪权利,只要委托人在某区域、某时期发生该项委托业务,就可以要求按合同支付佣金。这样,即便是委托人单独找到了交易的对方,经纪人也仍然有权要求委托人支付佣金。

(4)公证或到工商行政管理机关进行合同监证。工商行政管理机关已明确规定,经纪合同实行监证制度,经纪人与委托人签订合同后,可到工商行政管理机关进行监证或到公证处公证,以确保经纪人的合法权益。

在经济活动中,有一类与佣金貌似相同的东西,那就是回扣。虽然回扣与佣金有很多相似之处,即它们都是商品经济发展的产物,都能起到促进商品流通的作用,给经纪人付佣金和给对方采购员一定的回扣都是企业的促销手段,但两者之间有本质的差别。佣金是经纪人开展经纪业务所得到的合理合法收入,它是由经营收入、劳动收入和风险收入构成的综合体。而回扣既不是风险收入,也不是劳动收入和经营收入,而是由卖方转让给买方的一部分让利。在我国,暗中收受回扣属于违规违法行为。

另外,信息费也是一类易与佣金混淆的概念。在多数情况下,佣金和信息费都是用户为获取某种信息而支付的费用,是收集、加工信息所耗费的人力、物力的补偿,但两者有明显的区别。首先,两者的性质不同。信息费是出卖信息商品的销售收入,无论信息以何种介质为载体,也无论信息有何种用途,只要将信息售出,即可收取,它从属于信息咨询业。而佣金则是一种劳务收入,这种劳务是经纪人为了满足委托人的某种商业需要而付出的,经纪人与委托人之间是一种雇与佣的关系,提供信息往往只是经纪活动中的部分内容,它从属于各种经纪业。其次,两者作用的效果也不同。支付信息费满足了买方的信息需求,卖方只要保证信息准确、及时即可达到加速信息有效传播的效果。而支付佣金则是为了实现买方的某一具体目的，只有当目的实现了，一项经纪业务才算最终完成，它作用的效果是有利于各种资源的合理配置，而不是仅仅提供信息。

1.1.2 经纪人

1. 经纪人的概念

经纪人（Broker 或 Middleman），是指那些在市场上促成买卖双方交易，并以此获取佣金的中间人。经纪人处于独立的中介地位，本身并不占有商品，而是利用自己的知识资本和活动能力，以及广泛的社会联系、独有的供销渠道，为交易双方穿针引线，撮合成交。在市场经济活动中，经纪人消息灵通，办事快捷，服务周到，具有很大的灵活性和独到之处，对交易的完成起了很大的促进作用。

美国市场学家菲利浦·R·特奥拉在《国际市场经营》一书中说"经纪人是提供廉价代理人服务的各种中间人的总称，他们与客商之间无连续性关系。"在经济发达的国家，经纪业很发达，经纪人的社会地位和待遇都很高，各国的称谓也不一样。在美国和英国称经纪人为 Broker 或 Middleman，Broker 比较规范，Middleman 则外延更为宽泛，包括经纪人、代理人、委托人等中介人在内；在法国，称经纪人为 Courtier 即"奔跑的人"；在日本，称经纪人为"周旋屋"或"仲买人"等。

我国《辞海》把经纪人定义为"是为买卖双方介绍交易以获取佣金的中间商人"。《经济大词典》称"经纪人，中间商人，旧时称捐客，处于独立地位，作为买卖双方的媒介，促成交易以赚取佣金的中间商人"。1995 年国家工商行政管理局颁发的《经纪人管理办法》中指出"本办法所称经纪人，是指依照本办法的规定，在经济活动中，以收取佣金为目的，为促成他人交易而从事居间、行纪或者代理等经纪业务的公民、法人和其他经济组织"。

经纪人概念的表述尽管有所不同，但对经纪人的概念所包括的四个方面的内容则是相同的：①经纪人在经纪活动中以收取佣金为目的；②经纪人为促成他人交易而进行服务活动；③经纪人的活动形式主要包括居间、行纪、代理等；④经纪活动主体分别为公民、法人和其他经济组织。这四个共同点表明经纪人的经营性质是经纪人以收取佣金为目的，经纪人经营的特点是经纪人为促成他人交易进行的服务活动。

中间商分经销商和居间人两类，前者包括批发商和零售商，后者包括经纪人、代理人和售托人。经销商的劳动报酬是固定的薪金，而居间人则不同，他们没有委托商品的所有权,不承担经营风险,劳动报酬是一次经纪项目完成后按费率一次付清的,其收入称为佣金。其所以说中间商包括经纪人,是说经纪人是特殊意义的中间商,作为供需双方交易的中介,主要职能是收集、分析和传播有关交易信息,以独立身份合理地促成双方交易,在此基础上获得应有的佣金。但经纪人不等于中间商。

由于传统意义上的经纪人是从事居间活动的,而现在居间已不再是单纯的"牵线搭桥",而是与代理行为紧密地联系在一起的。在代理活动过程中,经纪人一方面是以委托人的名义从事代理活动;另一方面则是以自己的名义从事代理活动,这种以自己的名义从事代理活动的行纪行为,与前者并无本质上的区别,在现实经纪活动中,经纪人往往既从事行纪活动又开展代理业务,很难将二者从经纪人行为中区分开来。所以我国经纪人既包括公民(个人、自然人),也包括合伙组织、法人及其他经济组织。

按照我国现有法律、法规规定,经纪人又可兼代理人,只要委托方愿意将产品的全部或部分交给经纪人向批发商销售,或委托经纪人在市场上代为采购、寻觅原材料,这时经纪人便具有了代理人和经纪人的双重身份,但他们不占有商品,取得的报酬仍是佣金。我国当前的许多经纪公司的经纪人,同时是企业的代理商和代理人。

无论是公民个人还是经济组织都必须依照法定条件及法定程序,进行登记注册,成为个体经纪人,或设立经纪人事务所或其他合伙组织,取得合法资格方能开展经纪活动,依法获取佣金的同时缴纳相应的税金。法人或其他经济组织必须依照有关法律、法规进行登记注册后,方能以法人等经济组织的名义从事经纪活动,否则任何经纪行为都是非法的。

2. 经纪人的特点

经纪人是中介人,也称为居间人,即在商业活动中不归属委托方或第三方,完全处于中间地位。经纪人与委托当事人之间所形成的是一种平等的民事法律关系。因此,经纪人只为委托人实现某种目的创造条件和提供方便,自身并不参加委托事项的投资和具体经营运作,不拥有商品的所有权。与此相应,经纪人的服务收益只是佣金、服务费,而不是投资收益,也不从当事人的任何一方领取薪金。经纪人的特点主要有:

(1)经纪人是以信息为资本。即经纪人主要是凭借掌握的商品供求的市场信息,来进行沟通买卖双方,促进交易的中介服务,并以此赚取佣金。

(2)经纪人与客户之间无连续性关系。经纪人利用大量信息,提供中介服务,其服务的客户范围十分广泛,与客户之间一般不存在固定的、较长时间的协议关系,即与客户之间具有"无连续性关系"的特征。

(3)经纪人应当是具有专业素质和良好声誉的人才。经纪人要提供代理服务,必须熟悉所代理行业的相关专业知识、经济政策和法律法规等。经纪人与客户之间"无连续性关系"的特征,使其必须以良好的声誉来维持持续的经纪活动。

3. 经纪人的职能

经纪人的职能主要包括信息服务、中介服务和代理服务三个方面。

(1)信息服务。信息服务是经纪人的一项基本职能。经纪人的信息服务一般包括信息收集、信息处理和信息传递三方面的内容。其中,信息收集是信息服务的准备阶段;信息处理是信息服务的必要保证,即将收集的信息资料进行分类排列和组合,进行简单分类,在此基础上,需要对各类信息进行必要的加工;信息传递是信息服务的关键阶段,也是实质性的服务阶段。在这一阶段,经纪人需要将自己收集和处理的信息资料传递到需要这些信息资料的客户手中,以便将自己的信息资料转化成价值,并从中获取客户付给的信息服务费。

(2)中介服务。中介服务是经纪人的重要职能。经纪人可以利用自己的专业优势连接市场上的买者和卖者,促使交换的顺利进行。在中介服务中,经纪人实际上起着交换的媒介作用,像桥梁一样将买者和卖者衔接起来。与信息服务不同的是,中介服务直接介入整个交换过程,起着疏通交换渠道的作用,通过协调买者和卖者的经济行为,推动交换的实现。

(3)代理服务。代理服务是经纪人职能中的最高形式。这里的代理区别于一般的商品代理,以不占有商品为前提。在市场经济条件下,特别是在发达的市场经济中,一方面,市场交换随着经济的发展而日益趋于复杂,尤其是客户的选择、价格的确定、合同纠纷的解决等一系列问题都变得更加复杂;另一方面,多数交换的主体或利益主体(如企业、影星、画家、科学家、运动员等)由于社会分工或职业的需要,不可能或不愿意将有限的时间和精力花费在复杂繁琐的交易活动过程中,他们希望经纪人能够代表自己去完成有关工作。在这种条件下,经纪人就必须执行代理服务的职能。

4. 经纪人的权利和义务

经纪人在经纪活动中具有如下权利:

(1)在法律法规允许的范围内开展经纪活动,行使其各项合法权利。

(2)依照合同的约定获取合法佣金,并按照合同要求当事人支付在经纪活动中开支的费用,包括差旅费、利息、电话费、保管费、商品检验费等,但是佣金和各项成本费用应在经纪合同中事先约定,事先没有约定的不得收取。

(3)当委托人故意隐瞒事实真相或有欺诈行为时,经纪人有权拒绝为其提供服务。

(4)发现委托人不具有履约能力时,可立即终止经纪活动。

经纪人在经纪活动中负有以下义务:

(1)如实介绍。经纪人应当按照委托人的要求全面、准确、及时地提供有关信息,以利于委托人作出正确的决定。对于无履约能力的当事人,不得为其经纪。由于经纪人提供虚假信息或未尽到事先约定的职责而使当事人受到损害的,经纪人要承担赔偿责任。

(2)保守机密。如果委托人要求对其商号、姓名及商业事务等保守秘密,经纪人应当遵守。

(3)保管样品。经纪人应当事人的要求在保管各种样品时,不得丢失、损坏和调换,应当将样品一直保管到交易终了。

(4)制作文书。经纪人在经纪活动中对当事人之间已商定的事项应及时制作文书,交当事人各方签名后存证,作为当事人正式签订合同的依据。如有一方不接受文书或不愿在文书上签字,经纪人有义务立即通知另一当事人。

(5)不接受额外给付。只要没有特别约定,经纪人不得接受当事人支付的佣金以外的其他费用。除非事先有特别约定,经纪人无权买卖当事人的财产和劳务。

(6)不从事违禁商品的经纪活动。凡国家禁止流通的商品和服务,经纪人不得进行经纪活动;凡国家限制自由买卖的商品和服务,经纪人应当遵守国家有关规定在核准的经营范围内进行经纪活动。

(7)依法纳税并接受行政监督。在从事经纪活动时,经纪人要自觉接受工商行政管理部门和政府其他有关部门的监督,并依法缴纳税金和行政管理费。

1.1.3 经纪人的作用

经纪人在市场经济中的作用可以概括为沟通作用和中介作用,即沟通供给与需求,提供说合买卖的中介服务。其具体作用的表现是多方面的,对于社会主义市场经济的积极作用也是不容忽视的。

1. 传播经济信息

由于经纪人都是活跃在各个市场的专业人员,他们依靠自身的专业知识,借助中介组织的优势和有效的设备,能够针对性很强地汇集和把握市场供需双方的信息。通过中介过程的实施,买卖双方也就能对自己买卖的商品的行情和有关信息有清晰的了解。

2. 加速商品流通

由于经纪人往往中介的是品种单一的商品,所以常常能较系统和连续地掌握某类商品供求的有关信息,对此类商品的供求变化趋势就能有较准确的分析和判断。同时,经纪人在各自熟悉的专业领域中不断实践,积累了丰富的交易经验和熟练的交易技巧,因此在每个交易环节上,能够综合行情及价格走势,照顾各种交易因素,结合交易规则和法律法规的要求,及时地提出可行的分析和判断,熟练地办理繁琐和复杂的手续,帮助交易双方顺利通过各个交易环节,以理想的价格、最短的时间来完成交易。

3. 有利于资源合理配置

由于经纪人的最基本的作用就是沟通供需双方,发挥信息传播作用,通过委托业务将有关产品竞争力的分析和判断传播给企业,从而为企业调整资源配置提供必要的依据和市场导向。同时,由于经纪人与客户之间具有"无连续性关系"的重要特征,即经纪人是在市场上广泛的客户层面中依据公认的竞价原则为买主寻找卖主,或为卖主寻找买主,这种顺应市场竞争规律的持续的经纪活动过程,会引导企业等买卖双方将资源向合理的方向配置。可见,经纪人的中介服务,能发挥促进资源合理配置的积极作用。

4. 有助于市场规范完善

随着经纪人数量的增加和素质的提高,将加大商品交换的范围,加快商品交换的速度,增加商品交换的数量,进而促使市场更加活跃,这种交互作用将使市场结构不断完善。另外,由于经纪人通过经纪业务可以积累大量交易经验,并且能够加以归纳整理,因此经纪人能把握交易的规律性特点,从而能够通过企业的委托业务,影响企业在竞争中的行为从不规范转向规范。

5. 促进社会经济发展

在市场多样化且瞬息万变的情况下,作为生产企业来讲,委托经纪人来处理涉及市场和交易的问题,可以更加准确地把握市场机遇,及时、优质地解决除生产以外的各种专业难题。这样一来,企业生产的整体成本将随之降低,而企业的竞争力却会增强,整个社会的专业化水平也将大幅度提高。因此,经纪人的服务,可以促进社会经济的发展。

1.1.4 经纪人的分类

经纪人在社会经济生活中分布在各行各业,且多种多样,根据其各自的特点,可以从不同角度、用不同的标准进行分类:

(1)按经纪活动形式分,经纪人可分为居间经纪人、行纪经纪人和代理经纪人。

①居间经纪人。是指在商品交易中经纪人以自己的名义为他人提供交易机会,或促成他人之间进行交易,其活动形式主要以提供信息、牵线搭桥为主,这是我国较为传统的经纪人。

②行纪经纪人。是指经纪人受委托人的委托,以经纪人自己的名义与第三方进行交易,并承担相应的法律责任。行纪经纪人较为明显的特点是经纪人受委托人的委托后,不是以委托人名义而是以经纪人名义直接与第三方进行交易,交易过程中的法律责任由经纪人直接承担。这种经纪人比较典型的是期货经纪公司、证券经纪公司等。

③代理经纪人。是指经纪人受委托人委托,以委托人的名义与第三方进行交易,委托人承担相应的法律责任。代理经纪人的特点是以委托人的名义与第三方进行交易,交易过程中出现的法律责任由委托人直接承担。

(2)按经纪人的组织形式分,经纪人可分为个体经纪人、合伙经纪人、经纪公司和其他兼营经纪业务的经济组织。

①个体经纪人。是指依照个体登记注册及经纪人管理等有关法规,经工商行政管理机关登记注册,以公民个人名义进行经纪活动的经纪人。个体经纪人必须符合法定条件并依法登记注册,以个人名义从事经纪活动,以个人全部财产承担无限责任。

②合伙经纪人。是指由具有经纪资格证书的人员合伙设立的经纪人事务所或其他合伙经纪人组织。合伙经纪人必须依法进行登记注册,并符合法律法规规定的条件;合伙经纪人由合伙人按照出资比例或协议约定,以各自的财产承担责任,合伙人对经纪人事务所的债务承担无限连带责任。

③经纪公司。是指依照国家有关法律法规,经工商行政管理机关登记注册,负有限责任的企业法人。经纪公司的设立必须符合国家有关法律法规及登记机关规定的条件,并按登记机关核准的经营范围从事经纪活动。

④兼营经纪业务的其他经纪组织。是指依法登记注册的既从事其他经营活动又从事经纪活动的各类经济组织,包括合伙组织、企业法人等。兼营经纪业务的其他经济组织,其设立的条件必须符合经纪人管理法规的要求,登记注册后方可开展

经纪业务。

(3)按经纪人经纪的商品服务分,经纪人可分为生产资料经纪人、房地产经纪人、金融经纪人、科学技术经纪人、劳动力经纪人、文化市场经纪人、体育经纪人、交通运输经纪人。

①生产资料经纪人。在生产资料市场中,为生产资料商品买卖牵线搭桥、提供交易信息,或提供行纪及代理服务的经纪人。

②房地产经纪人。在房地产市场中,收集、加工房地产市场信息,提供房地产信息,沟通买卖双方,并代顾客进行房地产投资或交易,以取得佣金收入的中介人。

③金融经纪人。在金融市场上,为买卖双方提供居间、行纪或代理服务的中介人称为金融经纪人。包括资金市场经纪人、证券市场经纪人、保险市场经纪人等。

④科学技术经纪人。在科技市场上,为科技成果的转让与吸收、科技成果的嫁接与辐射等充当媒介的经纪人。这类经纪人的主要业务是沟通专利及非专利技术的转让和吸收。

⑤劳务经纪人。为劳务供求双方牵线搭桥、提供供求信息,或代其寻求就业岗位、招聘有关人员的职业介绍机构及其他形式的经纪人组织。

⑥文化市场经纪人。在演出、出版、娱乐等文化市场上为供求双方充当媒介并收取佣金的经纪人。这类经纪人主要有:艺术经纪人、歌星经纪人、模特经纪人、出版经纪人、娱乐经纪人、音像制品经纪人、电影经纪人等。

⑦体育经纪人。为体育比赛、体育表演、体育用品买卖等活动提供居间、代理服务的经纪人。以代理服务为主即代理运动员、体育活动的各项事项。

⑧交通运输经纪人。为承运方和委托方提供信息或代其办理运输事宜的经纪人。

(4)按商品交割的时间长短不同分,经纪人可分为现货经纪人、期货经纪人。

①现货经纪人。为现货商品买卖双方提供居间、代理等服务的经纪人。

②期货经纪人。代客户在期货交易所内买卖期货合约的经纪人。期货经纪人主要以行纪形式为主,代客户买卖的并非物质形态的商品,而是在交易所内才能进行交易的合约。在我国,期货经纪人主要是期货经纪公司及期货交易所、有代理资格的会员单位。

(5)从职业的归属来划分,经纪人有专门经纪人和兼职经纪人。

①专门经纪人是指那些以从事中介活动为职业的经纪人。

②兼职经纪人或称业余经纪人是指那些在单位上有一份正式工作而利用自己职业的方便和信息灵通的优势从事中介撮合活动的经纪人。

1.2 房地产经纪与房地产经纪人

1.2.1 房地产经纪的内涵、必要性及特性

1.房地产经纪的内涵

根据 2006 年 10 月 31 日建设部、中国房地产估价师与房地产经纪人学会联合发布的《中国房地产经纪执业规则》有关房地产经纪用语定义,房地产经纪,是指以收取佣金为目的,为促成他人房地产交易而提供居间或者代理等专业服务的行为。在这一定义中,应把握三个核心概念:其一,居间,指向委托人报告订立房地产交易合同的机会或者提供订立房地产交易合同的媒介服务,并收取委托人佣金的行为。其二,代理,指以委托人的名义,在授权范围内,为促成委托人与第三方进行房地产交易而提供服务,并收取委托人佣金的行为。其三,佣金,指房地产经纪机构完成受委托事项后,由委托人向其支付的报酬。

2.房地产经纪的必要性

由于经纪活动具有传播经济信息、加速商品流通、优化资源配置等一系列独特作用,因此,经纪活动已成为市场经济活动中一个必不可少的组成部分。对于房地产市场而言,由于房地产商品及其交易的特殊性,房地产经纪活动更是其不可或缺的重要组成部分。

首先,由于房地产价格昂贵,维持房地产这类存货的费用太高,在绝大多数情况下,经销商难以承受,因此房地产不宜通过经销商出售。

其次,房地产是不可移动的独特商品,其交易过程是要把消费者往产品处集中,以达到认识和购买的目的。这对于房地产开发商来说往往并不经济,直接销售力量不强会积压资金。在通常情况下,产销分离是一种合理的选择,经纪人员能以合理的费用提供专业化销售服务。

第三,由于房地产交易的复杂性,使得每一笔交易都需要耗费时日,并且还要懂得有关的法律、财务或估价知识。训练有素的经纪人员能为买卖双方提供各种专业帮助。而且房地产买方大都需要融资,经纪人员熟悉抵押贷款的各种规定,能帮助买主向金融机构筹措购房贷款。因此,在一些市场经济发达的国家,绝大部分房地产交易均经过房地产经纪人员的努力。如在美国,成交的存量房买卖总量当中,约有 80% 的房地产交易是通过房地产经纪人员的经纪服务而成交的。

当前，在房地产市场中，从土地批租到商品房的销售和售后服务，都不再像过去那样由政府包办，层层下达计划任务和指标，而是引入了市场机制，这必然对房地产经纪人员的经纪活动产生了大量的需求。

3. 房地产经纪的特性

(1)房地产经纪的服务性。与其他经纪活动一样，房地产经纪活动是一种服务性的活动，房地产经纪业是服务性行业。作为服务业，房地产经纪业所提供的商品不具有实物状态，而是一种具有动态过程的服务，因此，其质量的高低主要体现在这一过程是否快速、便捷，以及由房地产经纪人员的服务态度给消费者带来的心理感受是否愉快，等等。其次，房地产经纪业作为一种服务性行业，具有生产与消费的同时性，这使得房地产经纪业不能像开发业那样在生产的下一环节去修正上一环节的质量缺陷(如发现工程质量问题后进行适当的返工)，这就要求房地产经纪人员在每一个操作环节都必须体现较高的服务质量。而且，生产和消费的同时性，也意味着房地产经纪人员在业务操作的过程中始终处于与消费者的密切接触状态，这就要求房地产经纪人员具备较高的人际沟通能力。第三，服务业所特有的不可储存性对房地产经纪机构的内部管理以及整个行业管理提出了较高的要求，因为市场对房地产经纪服务的需求是动态变化的，而房地产经纪业的服务供给由于涉及专业人力资源的配置，很难快速地调整以适应需求，所以难免会经常出现供大于求或供不应求的状态。因此，无论是对房地产经纪机构的管理，还是对整个行业的管理，在规模控制方面都必须加强决策的前瞻性。

(2)房地产经纪的专业性。在经济生活的商品体系中，房地产是一种极为特殊的商品。首先，它直接以土地为基本物质构成要素，不仅造成了其空间位置的固定性，还使得它成为一种不完全的劳动产品，因而在价格影响因素和价格形成、运动机制上具有不同于一般完全劳动产品的商品特性。所以房地产经纪人员要把握交易中最敏感、最关键的因素——价格，就必须具备一定的房地产市场和房地产价格评估的专业知识以及丰富的市场经验。其次，房地产作为价值量很大的单项商品，人们在购买房地产商品时，常常不可缺少信贷的支持。因此房地产经纪人员必须具有丰富的金融知识，熟悉各种金融机构的职能以及开办的业务，能够熟练办理各种信贷手续，才能更好地满足客户的需要，为交易双方服务。第三，房地产是人们生活、生产必不可少的基本物质资料，这就要求房地产经纪人员不仅要把握房地产交易作为经济活动的一般规律，还要洞悉和把握其所涉及的社会、情感等因素，尽力促使每一笔交易能产生最大的社会效益。第四，房地产作为不动产，其交易须通过一系列法律程序才能完成，这要求房地产经纪人员须熟悉与房地产交易相关的法律、法规和具体手续。房地产经纪人员还必须对国家的土地制度以及房地产产权制度有一个全面的了解，并对其变化保持较高的灵敏度，才能很好地预测未来房地产的发展趋势，把握时机，促成交易。此外，由于房地产业对国家宏观经济政策以及其他产业政策的反应比较敏感，所以房地产经纪人员必须有较强的政策意识，时刻关注各种政策的变化和新政策的出台，以便在进行经纪活动的时候及时调整不符合市场形势和政策的行为。因此，房地产经纪是一项专业性极强的活动。

(3)房地产经纪的地域性。房地产的空间固定性使房地产经纪活动具有很强的地域性。土地是固定在地球特定的经纬度上的，而房地产又固定在土地上，这种固定性使房地产实体不可能在空间上流动。这就导致了某一地区的房地产经纪人员常常只能掌握该地区的房地产商品和市场信息，从事该地区的房地产经纪活动。对于跨地域的房地产经纪机构，其在不同地域的经纪业务，一般只能由不同的经纪人员来具体从事。由于房地产政策的地方性特点，在国家总的经济政策和房地产政策的指导下，不同省份、不同城市都制定了不同的地方政策，因而房地产经纪人员必须了解地方性房地产政策，才能适应不同地区房地产经纪活动的要求。

1.2.2 房地产经纪活动的基本类型

房地产经纪是指以收取佣金为目的，为促成他人房地产交易而提供居间或者代理等专业服务的行为。从这一定义中可以看出，房地产经纪活动主要包括房地产居间和房地产代理两种基本类型。

1. 房地产居间

根据《中国房地产经纪执业规则》有关房地产经纪用语的定义，房地产居间，是指向委托人报告订立房地产交易合同的机会或者提供订立房地产交易合同的媒介服务，并向委托人收取佣金的行为。

由于房地产业的业务内容丰富、手续繁杂、涉及面广等特点，决定了房地产居间活动对房地产业发展起着重要的作用，成为房地产市场中不可缺少的经营活动。随着房地产业的发展，房地产居间业务量不断提高。为了适应这种市场的需求，不同内容的房地产居间活动也逐步发展成为专业化操作的相对独立的工作领域，如房地产买卖居间、房地产租赁居间、房地产抵押居间、房地产投资居间等。

2. 房地产代理

根据《中国房地产经纪执业规则》有关房地产经纪用语的定义，房地产代理，是指以委托人的名义，在委托协议约定的范围内，为促成委托人与第三人进行房地产交易而提供专业服务,并向委托人收取佣金的行为。

其中,商品房销售代理是中国目前房地产代理活动的主要形式,一般由房地产经纪机构接受房地产开发商委托,负责商品房的市场推广和具体销售工作,在这一代理活动中,常常又滋生出一些其他代理活动,如代理购房者申请个人住房抵押贷款。此外,随着房地产业的发展和房地产市场的拓展和成熟,房地产代理业务也会随之扩大。一些经纪机构开始全程参与房地产开发过程,代理筛选及聘请从设计师到物业管理公司等各类专业机构的活动。

需要说明的是,虽然经纪活动包括居间、代理、行纪等方式,但对于房地产经纪是否存在房地产行纪这一经纪活动的基本类型或基本方式,人们有不同的看法。行纪是指经纪人受委托人的委托,以自己的名义与第三方进行交易,并承担规定的法律责任的商业行为。在形式上行纪与自营很相似,但是经纪人并未取得交易商品的所有权,他是为委托方的利益而进行活动,作为经纪人仅仅是得到委托人给他的佣金。房地产是不动产,传统民法认为行纪存在于动产交易中,不动产中不存在行纪。但在房地产经纪公司的实际运作中,有人认为出现了类似于行纪类型的操作。

其中,一种操作是,经纪公司以公司名义或以某员工名义,将看好的物业买下,并办理过户登记手续,然后即行加价售出。在这种情况下,经纪公司自己买下委托出售人的物业,并会同当事人办理了过户登记,那么其行为已经不是经纪行为了,而是自己是买卖合同的当事人。在买卖合同中,委托出售人与中介方已达成买卖房地产的合意,从理论上看,这应是物业买卖合同。至于将来中介机构再将该物业卖出,也非经纪行为,而是与买方又成立一物业买卖合同。所以在前后两个买卖行为中,都不存在经纪行为。只不过是由于中介公司的操作,使人们将之认为就是中介行为甚至是行纪行为。房地产中介机构的这种低价购进、高价售出赚取差价的行为,是一种违规行为。

另一种操作是,业主在委托经纪公司出售房屋时,与经纪公司在合同中约定委托价格,同时,也约定如经纪公司超出约定的价格促成交易的,按超出部分的百分比取酬或者是全部给经纪公司。经纪公司的这种额外所得有的不叫差价,而叫做奖励金,这与经纪人只获得佣金报酬也是相悖的。

还有一种操作,中介公司看中委托出售的物业后,不将其真实意图告知委托人,而是借口帮助委托出售方办理过户手续为由,取得委托人的授权委托书,然后代表出售方(以出卖人的名义)与购房人签订买卖契约,以高于委托价格出售的方式赚取差价。这其中,中介公司是以委托人名义从事活动,因此不属于行纪行为,其获取利益是没有合法依据的。

上述各种操作都不属于房地产行纪行为,其实质都是房地产经纪公司以不同的方式或手段赚取差价的行为。在实际的操作中,有不少的房地产经纪从业人员存在认识上的错误,认为赚取差价是其从事经纪业务的风险收入,是合理的服务费用,甚至把差价收入作为机构和个人获取暴利的主要手段。房地产经纪机构卖的不是房子,而是服务,是信息,所取得的佣金收入就是服务的报酬。而差价不是经纪机构的劳动报酬,它是经纪机构在信息不对称的情况下获取的额外收入。这些行为严重损害了房地产经纪行业的形象,扰乱了房地产市场的正常交易秩序。为此,2006 年 10 月 31 日,建设部、中国房地产估价师与房地产经纪人学会联合发布的《中国房地产经纪执业规则》第二十七条明确规定:"房地产经纪机构收取佣金不得违反国家法律法规,不得谋取委托协议约定以外的非法收益,不得以低价购进(租赁)、高价售出(转租)等方式赚取差价,不得利用虚假信息骗取中介费、服务费、看房费等费用。"

因此,本书认为,目前我国房地产经纪活动主要包括房地产居间和房地产代理两种基本类型,不再介绍房地产行纪的内容。

1.2.3　房地产经纪人的概念及特点

1. 房地产经纪人的概念

一般而言,房地产经纪人是指在房地产经济活动的各个环节中,收集加工、提供房地产信息,沟通买卖双方,并受客户委托从事房地产居间、代理或行纪业务,以收取佣金为目的的公民、法人和其他经济组织。在我国,根据《中国房地产经纪执业规则》有关房地产经纪用语的定义,房地产经纪人是指通过全国房地产经纪人执业资格考试或者资格互认,取得中华人民共和国房地产经纪人执业资格,并按照有关规定注册,取得中华人民共和国房地产经纪人注册证书,从事房地产经纪活动的专业人员。

房地产经纪人从事经纪活动,应当遵守国家的法律、法规。房地产经纪人的权益受国家法律保护,任何单位和个人不得侵犯。

2. 房地产经纪人的特点

房地产经纪人除了具有一般经纪人的特点之外,还具有以下区别于其他经纪人的特点。

(1)房地产经纪人的专业基础知识扎实。房地产经纪人必须具备扎实的专业基础知识,因为房地产业是以建筑业为依托而发展起来的,建筑工程的许多知识就成为房地产经纪人的必备知识,房屋的建筑结构、建筑工艺以及建筑材料的选用,室内装修的质量、档次等都直接影响房地产商品的价值和使用价值,决定着建筑成本的高低,只有懂得建筑学的专业人员才能对考察的房地产品进行准确估价,并作出合理判断。此外,房地产业作为一个独立的产业,它的发展、运行又具有独自的规律,房地产商品固有的特性、房地产的开发、经营以及房地产市场价格变化规律等房地产业方面的知识也是房地产经纪人不可缺少的知识。例如,房地产商品区域性比较强,不同区域、不同地段、不同具体位置的房屋,由于其周围各种配套设施和交通等便利程度不同,即使其建筑成本相等,其交易价格差异也很大。再例如,房地产商品需求是不断上升的,而供给却是有限的,因而房地产商品的交易价格受需求影响较大,而供给对价格的影响较小。只有熟悉房地产的这些特性,才能很好地进行市场分析,把握市场行情,适应市场交易的需要。总之,作为房地产经纪人必须具有雄厚的建筑学以及房地产业等专业知识,才能在房地产交易的中介活动中,心中有数,游刃有余地进行介绍买卖,牵线搭桥,为房地产交易双方寻找更为满意的交易对象,提高成交率。

(2)房地产经纪人的法律素质较高。无论是哪种交易的经纪人,都必须具有较高的法律素质,而作为房地产经纪人这一点就更为突出。因为无论哪种形式的房地产交易,都要涉及房地产产权归属和转移问题,因而要涉及有关产权的法律、法规,每一笔房地产交易都必须按照复杂的交易程序来进行,稍有不慎就容易引起产权纠纷。这就要求房地产经纪人要通晓有关的法律、法规,只有这样才能够成功地为交易双方服务,使每一笔交易既成功又合法。美国是房地产业发展最早、其法规也较为完善的国家。在早期,美国的房地产交易主要由律师和公证人为买卖双方作见证,并处理产权转移等手续。后来,由于房地产经纪人熟悉了房地产产权的有关法律及产权转移程序,因而他们在中介买卖活动的同时,就可以替双方办理产权转移手续,使买卖双方无需再另请律师或公证人。目前,房地产经纪人在产权转移方面逐渐取代了过去的律师和公证人,使房地产交易的各项手续自始至终由经纪人来独立完成。可见,美国的房地产经纪人之所以能够取代过去的律师,关键在于他们具有较高的法律素质。我国要完善房地产市场,规范房地产市场秩序,也必须培养知法懂法的房地产经纪人。

(3)房地产经纪人的政策意识比较强。房地产业受政策影响比较大。由于土地是最基本的也是最重要的生产要素,房地产又是国民经济各部门发展的基石和物质基础,住宅是关系到国计民生、社会安定的基本生活资料,因而,无论是土地公有制国家,还是土地私有制国家,各国政府都对房地产业采取了相应的政策和措施,并通过制定一系列的法律、法规来影响和控制房地产业,以保证房地产业健康、协调地发展,为人民安居乐业以及国民经济的发展提供物质的及其相关的保障。不同的国家,由于土地所有制以及具体国情的不同,其实施的房地产业政策也不同。房地产经纪人必须对国家的土地产权制度以及房地产政策有一个全面的了解,才能很好地预测房地产的发展趋势,把握时机,促成交易。此外,房地产业对国家宏观经济政策及其他产业政策的反应比较敏感,房地产经纪人必须有较强的政策意识,时刻关注各种政策的变化,以便在进行中介活动中及时调整不符合市场形势和政策的行为。同时,房地产政策的地方性也很突出,在国家总的经济政策以及房地产政策的指导下,不同省份、不同的城市都制定有不同的地方政策,这往往就是房地产交易的具体管理办法和交易规则。因而,房地产经纪人必须了解地方性房地产政策,才能适应不同地区客户的需求。

(4)房地产经纪人的金融知识突出。房地产是商品,而且它更是价值含量大的商品,对大多数人的收入来讲,每一笔房地产交易都是巨额交易,银行即成了房地产交易的后盾,大多数房地产交易都要借助于银行的帮助来实现。一般对于房地产的投资者来说,仅靠自身的能力来支付房地产投资所需要的巨额资金是很困难的,通常要向银行申请贷款;对于房地产的购买者来说,也难以一次付清数额巨大的房地产商品款,同样也需要向银行申请贷款。可见,银行与房地产供求双方都建立了紧密的联系,产生了多种多样的房地产金融业务。不同的金融机构根据房地产的开发者、经营者、购买者的不同情况及申贷条件,以不同的方式开办各种信贷业务。作为房地产经纪人,对于其中介的房地产交易双方的经济实力、资金来源等都要有所了解,才能判断成交的可能性。此外,房地产经纪人也经常周旋于各种金融机构和房地产开发者、经营者和使用者之间,为房地产金融企业寻找可靠的贷款对象,帮助房地产开发者、经营者以及使用购买者办理各种贷款手续。贷款的方式不同,对借款人的申贷条件要求也不同,贷款的程序、手续也各不相同。房地产经纪人必须具有丰富的金融知识,熟悉各种金融机构的职能以及开办的业务,能够熟练办理各种信贷手续,才能更好地满足客户的需要,为交易双方服务。房地产抵押贷款是最普遍、最基本的一种房地产信贷形式,它是银行要求借款人以房地产作抵押并以此作为贷款的物质保证的一种贷款方式。以这种方式贷款确保了银行贷款的安全性。选用这种方式,不仅房地产的投资开发者可以申贷,而且,房地产的经营者以及预购者也可以申贷,只是各自申贷抵押条件不同。可见,房地产经纪人扩大金融知识、掌握各种抵押贷款方式是十分必要的。

1.2.4 房地产经纪人的权利和义务

1. 房地产经纪人的权利

(1)依法开展经纪业务活动的权利。房地产经纪人取得房地产经纪人资格证后,受聘于某房地产经纪机构,或领取营业执照以个体房地产经纪人的身份从事房地产经纪活动,均属合法行为,应当受到国家法律保护。房地产经纪人按照国家有关规定制订各项规章制度,规范和约束执业行为,任何单位和个人都无权阻碍和妨害经纪人从事合法的经纪业务活动,更不得随意取消经纪人资格或吊销其营业执照。

(2)请求和获得报酬的权利。房地产经纪人所提供的服务是有偿服务,当经纪人促成房地产买卖的双方达成了交易,或为顾客提供了咨询服务等,他便有权要求支付合理的佣金,作为他提供劳务的报酬。

(3)请求支付成本费用的权利。房地产经纪人在开展经纪活动的时候,不可避免地要支出一些费用,如为寻找买主而支付的通讯费、交通费、广告费,带客户看房时所支付的展示费等等。经纪人在完成受托的任务后,有权要求支付这一类在经纪成本范围内的有关费用。甚至,即使经纪人未完成受托的任务,但确实支付了经纪成本费用,也可请求支付。当然,在签订经纪合同时,这些问题最好能在合同的有关条款中作详尽的说明。

(4)获得房地产信息、资料权利。房地产经纪人可向房地产交易管理部门查询房地产开发和商品房销售信息,了解房地产市场行情和有关房地产的政策、法规,并可参与房地产市场的展示、交易活动,以及交流、交换;在执业时,根据实施项目的需要,向委托人查阅有关资料和文件、查看现场,并要求委托人予以协助。

(5)保护掌握的信息和积累的各类劳动成果权利。房地产经纪人在执业中掌握的信息和积累的各类劳动成果,可以作为商业秘密,并采取正当措施,维护自身利益。

(6)请求索赔的权利。由于委托人原因,造成房地产经纪人或经纪人员经济损失的,有权向委托人提出索赔。

(7)法律、法规和规章规定的以及双方约定的其他权利。

2. 房地产经纪人的义务

(1)合法经营的义务。房地产经纪人在开展经纪业务时,必须遵守国家的有关法规、法令,严禁违法经营。如不得超越经营范围,套购开发公司商品房出售;不得为国家法律禁止流通的房地产进行中介(如代售宅基地上的合资房,为行政划拨土地的转让作中介等);不得收取佣金以外的额外报酬或好处费等。

(2)诚实介绍的义务。房地产经纪人在进行经纪业务活动时,有必要将当事人应当知道的事实如实告知当事人,如对于房地产的置业者,就必须如实详尽地将有关房屋的质量、年代、位置、真实价格、城市规划的情况、权属情况等问题加以介绍。严禁房地产经纪人利用刊登虚假广告、隐瞒或夸大事实、弄虚作假等手段来欺骗消费者,损害当事人的利益。

(3)尽忠职守的义务。房地产经纪人无论是作为买方或卖方的代理人,均应对委托方尽忠职守,遵从委托方的意旨行事,履行合同。如作为买主的代理人,经纪人的职责就是以尽可能低的价格为买主物色到理想的房源。若房地产经纪人有对委托人不忠、违背委托人意旨、隐瞒委托人、违反合同等行为的出现,将有可能得不到佣金,甚至遭受其他额外损失。

(4)公平中介的义务。房地产经纪人从事居间介绍活动时,对于双方当事人,必须保持其公平的地位,不偏袒任何一方,更不能为了一方利益而损害另一方的利益。房地产经纪人在从事经纪活动时经常具有双重代理的身份,即既是买方代理又是卖方代理。由于买主代理人的职责是以尽可能低的价格物色卖主,而卖主代理人的职责则是以尽可能高的价格物色到买主,所以双重代理的职责往往是相互抵触的。因而经纪人充当双重代理人时,应分外小心,更妥善处理好双方当事人的关系,更公平对待双方当事人,并最好能将其双重代理的身份告知当事人。在美国,法律严格规定,代理人在没有告知双方的情况下,不得充当双重代理角色,否则,除了可能得不到任何佣金之外,还可能受到取消经纪人资格、赔偿受损一方经济损失的处罚。

(5)接受管理监督并依法纳税的义务。房地产经纪人应服从当地房地产经纪主管部门的管理,向主管部门报送业务统计报表,并按经纪业务收入的一定比例交纳管理费。房地产经纪人也应接受财政及税务部门的监督,依法向国家缴纳规定的税费。

(6)法律、法规和规章规定的其他义务。

1.3 我国房地产经纪的产生和发展

1.3.1 我国房地产经纪的历史沿革

我国早在元代时从事经纪活动的人已是大量存在了,当时从事经纪活动即房屋买卖说合的中介被称之为"房牙"。

1840年鸦片战争之后,随着通商口岸的设立以及租界的设立,许多外商意识到在中国搞房地产有利可图,便纷纷投资房地产,从事土地买卖、房屋建造、房屋租赁及房地产抵押等经营活动,在攫取暴利的同时,也活跃了房地产市场。随着房地产市场的兴旺,房地产经纪活动便随之产生。最先出现在中国房地产经纪人历史舞台的是"二房东"们。在当时,大的房地产投资商主要经营的业务是房屋的直接出租,即将其修建的大楼以高价直接出租给各类商店、银行或其他大的承租户。与此同时,由于这些大的房地产投资商不愿直接经营零散的小住户承租业务,所以,他们还采取转手出租的方式进行经营。在转手出租的方式下,大的房地产业主将房产的出租业务委托给一个可信赖的人经营,这个专门为房地产业主经营和转手出租房屋的人,即被称之为"二房东"。"二房东"转手出租房屋,在房租上进行盘剥。同时,"二房东"还伺机以各种名义额外收取费用。由于有"二房东"的帮助,房地产业主基本能够按时收取零散承租者的房租。在旧中国,较早推行转手承租的是上海。其后,全国的各大房地产主相继采取转手出租的方式经营零散承租业务。"二房东"作为一个社会阶层也由此逐渐形成,并一直延续至解放初期。

民国之后,尤其是在20世纪20年代至30年代的10余年中,中国的房地产业处于上升时期,发展较快。国外及国内的一些大房地产投资商大规模兴建高层大厦,出租获利。相继从海外回乡的华人也加入到房地产投资经营行列,使房地产业再掀高潮。相应的房地产经纪活动也十分活跃,出现了一大批专门从事房地产经纪活动的从业人员,如在上海,出现了专靠介绍房屋租赁,从中牟利的房屋经纪人,上海人将其称为"白蚂蚁"。"白蚂蚁"从事经纪活动有两种方式:一是以"顶屋公司"的形式;二是以"单干个体户"的形式。"顶屋公司"有固定的经营场所,以在报纸上刊登广告的方式招揽生意,一般出租人委托公司出租房屋时,只需登记房屋的地点、朝向、大小等情况,并注明"顶手费"的上下幅度即可。而承租人则要向公司填写委托书,并在成交时交付佣金及若干委托费。至于"单干个体户"则以茶楼为其经营的据点,他们在那里交换信息,撮合成交。经纪人所收的佣金一般为成交总额的2.5%左右,其中田单买卖的佣金则高达5%。再如在北京,从事房屋买卖说合的经纪人俗称为"房纤"或"纤手","房纤"们分布于市内各区,每区均有"纤头"(房纤里的代表人物)。纤头们一般配有若干助手,协助其从事房屋交易的经纪活动。买卖撮合成功后,按房屋成交总价,买卖双方共同出资5%作为付给纤手的佣金。

1937年卢沟桥事变后,北平市内的房屋租金不断上涨,房纤见有利可图,也增加了房屋租赁代理内容。房屋租赁,其佣金的收取方式与买卖不同,当时有两份三份之说："两份者,即所租之房,初迁入时,一起交租金两份,又名一茶一房,意即一份为租房,一份为茶钱,作为打扫费之意。其中费由租房人酌给纤手,数约房租之半。其三份者,除一茶一房外,余归中费。"在这一时期,房地产经纪人在从事经纪活动时,多有欺诈、勒索等不适当行为,房地产经纪业在其发展过程中,没有形成行业组织,政府虽对房地产经纪活动进行管理,但力度不够。

解放初期,民间的房地产经纪活动仍较为活跃。如北京,当时专业的和兼职的房纤约有 5000 人,但当时整个房地产经纪活动显得比较混乱。从 50 年代初开始,政府加强了对经纪人的管理,采取了一系列如淘汰、取代、改造、利用以及惩办投机等手段,整治了房地产经纪业,逐步取缔了房地产经纪人或纤手。随后直到 1978 年改革开放前,由于房屋作为"福利品"由国家分配,而不是通过市场交易,随之民间的房屋交易活动也减少到最低限度,在这种情形下,客观上使得房地产经纪活动不被需要。而另一方面,从主观上,政府部门认定经纪活动是一种投机倒把行为,将其视为非法,坚决予以取缔。因此,在这一时期,房地产经纪活动基本消失。

1.3.2 改革开放后我国房地产经纪的发展

改革开放以后,随着我国房地产市场的恢复与发展,我国房地产经纪也得到了恢复与发展。改革开放以来,随着城镇国有土地有偿使用和住房制度改革的逐步推进,特别是 1992 年邓小平同志视察南方讲话的发表,我国房地产业得到了迅猛的发展,房地产经纪人及经纪企业顺应房地产市场发展的要求,如雨后春笋般地涌现出来,房地产经纪作为房地产市场的一个重要环节,发挥了重要的作用。特别是《城市房地产管理法》出台后,房地产经纪行业的地位逐步为社会所承认。

当然,从全国范围来看,房地产经纪的发展是不均衡的,一些经济较发达的城市发展得较早、较快,如深圳,早在 1988 年,深圳国际房地产咨询股份有限公司就得以成立并运作,仅 1993 年一年就批准成立了近 70 家房地产中介服务机构,并从 1994 年开始率先在全国试行房地产中介服务从业人员执业资格考试和持证上岗制度。上海 1992 年 5 月成立了首家房地产中介机构——上海同信房地产信托咨询服务有限公司。而其他一些经济相对落后的中、小城市发展则发展得较晚、较慢。

我国房地产经纪经过改革开放后的一段时间恢复后,逐步走向了规范化发展的道路。

1996 年 1 月 8 日建设部发布了《城市房地产中介服务管理规定》(建设部令第 50 号),自 1996 年 2 月 1 日起施行。该规定对包括房地产价格评估在内的房地中介服务人员资格管理、中介服务机构管理、中介业务管理等作了详细规定。

2001年，建立房地产经纪人员职业资格制度。2001年12月18日，人事部、建设部联合颁发了《房地产经纪人员职业资格制度暂行规定》（人发〔2001〕128号），决定对房地产经纪人员实行职业资格制度，纳入全国专业技术人员职业资格制度统一规划。凡从事房地产经纪活动的人员，必须取得房地产经纪人员相应职业资格证书并经注册生效。房地产经纪人员职业资格包括房地产经纪人执业资格和房地产经纪人协理从业资格。取得房地产经纪人执业资格是进入房地产经纪活动关键岗位和发起设立房地产经纪机构的必备条件。取得房地产经纪人协理从业资格，是从事房地产经纪活动的基本条件。

2002年7月21日，举办了全国房地产经纪人执业资格认定考试。这次认定考试报考人数719人，考试合格人数457人。

2002年8月20日，建设部发布了《关于建立房地产企业及执（从）业人员信用档案系统的通知》（建住房函〔2002〕192号），建立了房地产企业及执（从）业人员信用档案制度。该通知指出：房地产信用档案的建立范围包括房地产中介服务机构和房地产经纪人、房地产经纪人协理。房地产信用档案的内容包括基本情况、业绩及良好行为、不良行为等，以便为各级政府部门和社会公众监督房地产企业市场行为提供依据，为社会公众查询企业和个人信用信息提供服务，为社会公众投诉房地产领域违法违纪行为提供途径。

2002年12月21日，举办了首次全国房地产经纪人执业资格考试。首次执业资格考试合格人数11867人。随后，每年举办一次全国房地产经纪人执业资格考试。

2003年8月12日，国务院发布了《关于促进房地产市场持续健康发展的通知》（国发〔2003〕18号），制定了中介服务市场规则。该通知指出：要健全房地产中介服务市场规则，严格执行房地产经纪人执（职）业资格制度，为居民提供准确的信息和便捷的服务。

根据《人事部、建设部关于印发〈房地产经纪人员职业资格制度暂行规定〉和〈房地产经纪人执业资格考试实施办法〉的通知》（人发〔2001〕128号）规定，取得《房地产经纪人执业资格证书》的人员，必须经过注册登记才能以房地产经纪人名义执业。要求申请注册的人员，应当填写房地产经纪人初始注册申请表，经省、自治区人民政府建设行政主管部门，直辖市人民政府房地产行政主管部门初审合格后，统一报建设部注册。

2004年6月29日，建设部发布了《关于改变房地产经纪人执业资格注册管理方式有关问题的通知》（建办住房〔2004〕43号），改变了注册管理方式。决定将房地产经纪人执业资格注册工作转交中国房地产估价师学会。要求中国房地产估价师学会要通过房地产经纪人执业资格注册工作,将房地产经纪人执业资格注册与房地产经纪行业自律管理结合起来;大力推动房地产经纪行业诚信建设,建立房地产经纪人和房地产经纪机构信用档案;开展房地产经纪机构资信评价,建立房地产交易信息共享系统,促使房地产经纪人和房地产经纪机构为居民提供行为规范、诚实信用、信息准确、高效便捷的服务;制定房地产经纪执业规则,探索房地产经纪损害赔偿和执业风险防范制度。

2004 年 7 月 12 日,中华人民共和国民政部下发了关于中国房地产估价师学会更名的批复,同意中国房地产估价师学会更名为中国房地产估价师与房地产经纪人学会,我国从此组建了全国房地产经纪行业组织。

2004 年 12 月 15 日,由中国房地产估价师与房地产经纪人学会主办的"中国房地产经纪人"网站开通。该网站作为国内房地产经纪行业内最大的信息采集平台(最权威的数据发布源)、最具影响力的交流阵地、最富感染力的业界家园,其宗旨是:以促进房地产经纪行业健康发展为己任,把网站建成联系业内人士间、业内与业外人士的纽带,联结房地产经纪行业与其他相关行业的桥梁。

为了规范房地产经纪行为,提高房地产经纪服务质量,保障房地产交易者的合法权益,维护房地产市场秩序,2006 年 10 月 31 日,建设部、中国房地产估价师与房地产经纪人学会联合发布《中国房地产经纪执业规则》和《房地产经纪业务合同推荐文本》。此次发布的执业规则对房地产经纪的有关重要用语,如房地产经纪、房地产代理、佣金、差价等进行了定义;对房地产经纪机构和房地产经纪人维护声誉、对委托人职责、交易资金监管、佣金收取以及禁止行为等涉及房地产经纪业务的重要内容进行了说明和规定。规则要求,"房地产经纪机构不得赚取差价及谋取合同约定以外的非法收益;不得利用虚假信息骗取中介费、服务费、看房费等费用。"并且,规则规定,房地产经纪机构未完成经纪合同约定事项,或者服务未达到合同约定标准的,不应当收取佣金,但可以依据合同约定,要求委托人支付从事房地产经纪服务已支出的必要费用。房地产经纪机构事先未与委托人就经纪服务费用达成约定的,不得要求委托人承担经纪服务费用。为方便社会公众的使用,在规则发布的同时还推出了《房地产经纪业务合同推荐文本》。这一文本主要包括《房屋出售委托协议》《房地产出租委托协议》《房屋承购委托协议》《房屋承租委托协议》四个合同文本。

2006 年 12 月 29 日,建设部和中国人民银行联合下发了《关于加强房地产经纪管理规范交易结算资金账户管理有关问题的通知》(建住房[2006]321 号),该通知对建立主体诚信、行为规范、监管有力的房地产经纪市场秩序,维护房地产经纪活动当事人的合法权益,就有关问题通知如下:①全面推行房地产经纪机构备案公示制度。②严格实施房地产经纪人员职业资格制度。③规范房地产经纪行为。④加强房地产经纪合同管理。⑤建立存量房交易结算资金管理制度。⑥规范交易结算资金专用存款账户开设和资金划转。⑦加强交易结算资金专用存款账户管理。⑧建立健全办事公开制度。⑨建立和完善信用公示制度。⑩加强房地产经纪行业自律建设。

目前,全国共有房地产经纪机构 3 万余家,从业人员超过百万人,其中有 3.5 万人取得了全国房地产经纪人执业资格。全国已经成长起一批门店过百、人员上千甚至门店过千、人员上万的大型品牌房地产经纪机构。

1.3.3　我国房地产经纪的发展趋势

根据国外及我国港台地区房地产经纪发展情况,结合目前我国房地产经纪现状,我国房地产经纪业将会朝着以下几大趋势发展:

1. 房地产经纪服务诚信化

在行业洗牌的整体趋势下,中介机构想要生存,想要得以发展,就必须接受新的竞争模式。努力贯彻诚信的经营理念,用规范的服务不断深化诚信建设的内涵。教育员工无论是在平时的业务过程当中,还是在内部日常运营过程中,都应该坚持"诚实守信,坦诚待人"的职业道德。经营者对社会的承诺和经营行为都要充分考虑到客户的需求和利益。向社会公开公司的合同条款、收费标准、监督方式等,将公司的各项运作方式公之于众,公开交易价格,公开交易政策,规范服务行为。而规范的服务行为,就是要将服务内容、服务程序、收费标准界定完善,使员工有章可循。同时推行业务公开,实行社会承诺,让群众知情,实行公众举报制度,让公众来监督中介服务人员的活动。此外,还可以考虑建立质检或客服部门,在对各部门进行服务质量稽查的同时,加强对各个部门诚信建设的监督,确保中介公司自身诚信建设落到实处,力图通过各环节的服务,保障买卖双方交易安全,保证各连锁店统一的品质,打造出企业诚信经营、守法经营的良好品牌。

2. 房地产经纪企业的规范化

随着住宅建设的加快、住房制度改革的深化,房地产交易市场将日趋活跃,而房地产经纪业在流通领域的重要性将进一步凸现出来。因此,规范房地产经纪企业的行为,使房地产经纪业健康有序地发展,必将是政府、行业协会及经纪企业自身迫切需要加以解决的问题。一方面,政府将进一步制订、完善房地产经纪业方面的法律、法规及有关规定,进一步加强对房地产经纪企业的监督力度;另一方面,房地产经纪业的行业协会将逐步成立,这对加强行业内部的自律,规范行业行为,加强行业管理、监督起到十分重要的作用;再者,规范化操作也是房地产经纪企业自身发展的需要。特别对于一些有一定规模、实力且欲长远发展的经纪企业更是如此,因为这对于树立其自身的良好形象是必不可少的。

3. 房地产经纪企业的规模化

随着现代服务业的迅猛发展,房地产流通形式不断演进,推动房地产经纪业从传统服务业向现代服务业转型,房地产经纪企业开始以先进的信息技术为依托,提高信息整合、开发与利用的能级,使房地产经纪企业行业知识和技术密集程度大大提高,专业化分工不断向纵深发展,由此也使得房地产经纪业向规模化扩张发展。从目前房地产经纪企业规模化扩张的实践来看,主要有以下几种模式:一是跨地域市场扩张,即一些特大型房地产经纪企业从其注册地的城市向其他城市扩张。二是跨专业市场扩张。随着企业规模的不断扩大,一些特大型房地产经纪企业已不满足于自己原来经营的专业市场,于是开始向其他专业市场扩张,如原来主要经营二手房经纪业务的企业,用自己庞大的业务门店作为销售渠道,承销新建商品房等。三是跨行业扩张。房地产经纪业是房地产中介服务业中的一个分支行业,它与同属房地产中介服务业的房地产估价、房地产咨询在专业上有很强的相关性和互补性。我国一些特大型房地产经纪企业也已开始进行跨行业的扩张。四是综合性扩张。综合性扩张是一些极个别的顶尖房地产经纪企业所采用的扩张模式,即同时进行跨地域、跨专业和跨行业的扩张。目前,我国已出现超大型房地产经纪企业与超大型房地产开发企业建立战略联盟,从而实施综合性扩张的操作方式。

4. 房地产经纪企业的专业化

房地产经纪企业的专业化,有两方面的含义,一是其从业人员操作水平的专业化;二是经纪企业组织分工的专业化。从业人员素质低下,是目前我国大多数经纪企业存在的一个问题,也是致使该行业自身形象难以树立以及难以普遍为社会所认同的一个重要方面。另一方面,随着我国房地产市场逐步发育、完善,对房地产经纪业的服务内容、服务质量提出了更高的要求,如房地产投资分析、房地产营销策划、法律咨询、营销顾问、产品规划等。因此,为了树立自身良好的形象,适应房地产市场的发展需要,房地产经纪企业提高其服务的专业化水平势在必行。只有提高了自身的专业水准,房地产经纪企业的服务才更容易为人们所看重,其服务的价值也容易为人们所接受,公司也才能够发展壮大。

5.房地产经纪企业信息网络化与共享化

当今社会正处于一个信息时代、网络时代,在这样一个时代,客户对房地产经纪企业的服务提出了更高的要求,这就是:方便、迅速、安全。另一方面,房地产经纪企业为了提高成交率,提高服务质量,增加收入,迫切需要改变目前的运作方式。因此,为了适应消费者的需求,以及企业自身经营的需要,房地产经纪企业实行信息网络化与共享化势在必行。房地产经纪企业信息的网络化与共享化可表现为房地产经纪企业内部信息网络化与共享化;房地产经纪企业之间信息网络化与共享化;全国性的房地产经纪企业信息网络化与共享化;房地产经纪企业与客户间信息网络化与共享化等方面。

在房地产网络经纪业务的发展过程中,首先,独立网络经纪人将被引入。所谓独立网络经纪人,是通过网络以个人身份与经纪公司或网站相互合作,代理楼盘销售。其次,房地产网络经纪业务将发展多种服务增加回报渠道,网站一方面可以通过有效的合作方式与一部分充分利用信息的会员建立更密切的关系;另一方面将在用户使用网站信息进行二手房买卖时,到网站指定的银行贷款,根据贷款额,网站再从银行获得相应返佣。再次,房地产经纪网站将开发终端收费模式,采用的商业模式是"服务产业链条的两个终端"——购房者和地产经纪人,并向服务对象的一端收费。此外,在社会监管机制和市场网络服务方面,相关的法律法规配套体系将不断被完善。中国应有自己的房地产网站管理法,这有助于推动房地产网上交易的健康发展,为房地产网站运营创造一个良好的法律政策环境。

6.房地产经纪企业服务的品牌化

品牌创建是企业取得竞争优势的主要途径,只有通过优质服务,塑造强有力的企业品牌形象,才能使消费者对品牌产生信任。在消费者的品牌意识越来越强的今天,服务品牌在市场上的作用日益增大。通过塑造自己的服务品牌,建立起独特的企业形象,才能在今后的市场中独领风骚。进行品牌的建设,一要走专业化经营的道路,根据自己的特点,选取细分市场,不断探索独特的商业运作模式,做足专业化的文章;二要向客户提供可行、周到、贴心的服务,做足服务的文章。那些服务质量低、不讲诚信的企业将被日益成熟的市场所淘汰,而竞争力较强的企业也要不断地提升整体实力,这需要政府、行业组织、企业自身和每一名从业人员的共同努力。

7.房地产经纪服务市场监管主体多元化

过去房地产经纪服务市场的监管主体只有政府,即由政府房地产管理部门主管,由政府工商、税务、物价等管理部门根据职能分工进行协同管理。实践证明,这种单一监管主体模式的监管效率较低,尤其是房地产管理部门直接参与具体事务的管理,与我国完善社会主义市场经济体制、转变政府职能的要求不相符。政府应从具体事务管理中抽身出来,集中精力做好为市场主体服务和创造良好发展环境工作,这才符合我国建立高效运行的政府行政管理体制的原则要求。因此,对房地产经纪服务市场的监管必须由单一监管主体向多元监管主体方向发展,走监管主体多元化道路,即政府行政监管、行业组织自律监管及第三方监管等形式,以提高市场监管效率。

首先,我国房地产经纪行业组织已开始参与行业监管。建设部 2004 年 6 月《关于改变房地产经纪人执业资格注册管理方式有关问题的通知》决定将房地产经纪人执业资格注册工作转交中国房地产估价师与房地产经纪人学会,指出这是贯彻《行政许可法》的重要举措,是充分发挥行业组织自律管理作用的一项积极探索。

其次,银行等第三方也开始参与二手房交易资金的监管。建设部和中国人民银行于 2006 年 12 月联合发布了《关于加强房地产经纪管理规范交易结算资金账户管理有关问题的通知》(以下简称《通知》),规定建立存量房交易结算资金管理制度,发展交易保证机构,专门从事交易资金的监管,不得从事经纪业务。同时,《通知》还明确了各地有关部门的职责,要求各市、县房地产管理部门采取定期或不定期检查的方式,对房地产经纪机构或交易保证机构的客户交易结算资金专用存款账户的开立情况、交易资金支付情况等加强监管,对于违反合同约定使用资金的行为进行严肃查处。根据该《通知》精神,北京、南京、深圳、广州等城市相应制定了实施办法,开展由银行等第三方参与一手房交易资金的监管。

思考题

1. 什么是经纪? 经纪活动的主要方式有哪些?
2. 什么是经纪人? 经纪人的特点有哪些?
3. 经纪人有哪些权利和义务?
4. 房地产经纪的内涵和特性是什么?
5. 房地产经纪活动的基本类型有哪些?
6. 房地产经纪人的概念和特点是什么?
7. 房地产经纪人有哪些权利和义务?
8. 简述我国房地产经纪的发展趋势。

第 2 章

房地产经纪人员

2.1 我国房地产经纪人员职业资格

2.1.1 我国房地产经纪人员职业资格的种类

我国房地产经纪人员即在房地产经纪机构中直接从事房地产经纪业务的执业人员,必须是依法取得房地产经纪人员相应的职业资格证书并经有关主管部门注册生效的房地产经纪人员。未取得房地产经纪人职业资格证书的人员,一律不得执行房地产经纪业务。取得房地产经纪人职业资格证书的人员,只能在其取得的职业资格证书种类所规定允许从事的房地产经纪业务范围内执行房地产经纪业务,不得超越。

根据可从事的房地产经纪业务范围的不同,我国房地产经纪人职业资格分为房地产经纪人执业资格和房地产经纪人协理从业资格两种。房地产经纪人在房地产经纪机构中执行房地产经纪业务;房地产经纪人协理在房地产经纪机构中协助房地产经纪人执行房地产经纪业务。

具体讲,房地产经纪人,是指通过全国房地产经纪人执业资格考试或者资格互认,取得中华人民共和国房地产经纪人执业资格,并按照有关规定注册,取得中华人民共和国房地产经纪人注册证书,从事房地产经纪活动的专业人员。

房地产经纪人协理,是指通过房地产经纪人协理从业资格考试或者资格互认,取得中华人民共和国房地产经纪人协理从业资格,并按照有关规定注册,取得中华人民共和国房地产经纪人协理注册证书,在房地产经纪人的指导和监督下,从事房地产经纪具体活动的协助执行人员。

取得房地产经纪人执业资格是进入房地产经纪活动关键岗位和发起设立房地产经纪机构的必备条件。取得房地产经纪人协理从业资格,是从事房地产经纪活动的基本条件。

2.1.2 房地产经纪人员执业资格考试

1.房地产经纪人执业资格考试

房地产经纪人执业资格实行全国统一大纲、统一命题、统一组织的考试制度,由人事部、建设部共同组织实施,原则上每年举行一次。

凡中华人民共和国公民,遵守国家法律、法规,已取得房地产经纪人协理资格并具备以下条件之一者,可以申请参加房地产经纪人执业资格考试:

(1)取得大专学历,工作满 6 年,其中从事房地产经纪业务工作满 3 年。

(2)取得大学本科学历,工作满 4 年,其中从事房地产经纪业务工作满 2 年。

(3)取得双学士学位或研究生班毕业,工作满 3 年,其中从事房地产经纪业务工作满 1 年。

(4)取得硕士学位,工作满 2 年,从事房地产经纪业务工作满 1 年。

(5)取得博士学位,从事房地产经纪业务工作满 1 年。

房地产经纪人执业资格考试合格,由各省、自治区、直辖市人事部门颁发人事部统一印制,人事部、建设部用印的《中华人民共和国房地产经纪人执业资格证书》。该证书全国范围有效。

2.房地产经纪人协理从业资格考试

房地产经纪人协理从业资格实行全国统一大纲,各省、自治区、直辖市命题并组织考试的制度。

凡中华人民共和国公民,遵守国家法律、法规,具有高中以上学历,愿意从事房地产经纪活动的人员,均可申请参加房地产经纪人协理从业资格考试。房地产经纪人协理从业资格考试合格,由各省、自治区、直辖市人事部门颁发人事部、建设部统一格式的《中华人民共和国房地产经纪人协理从业资格证书》。该证书在所在行政区域内有效。

《中华人民共和国房地产经纪人执业资格证书》、《中华人民共和国房地产经纪人协理从业资格证书》是房地产经纪人进行职业活动的法律凭证,代表持有人具有房地产经纪人的特定身份,可以从事经纪活动。因此,严禁伪造、变造、涂改、租用、出借、转让《中华人民共和国房地产经纪人执业资格证书》或《中华人民共和国房地产经纪人协理从业资格证书》。

2.1.3　房地产经纪人员职业资格注册

根据我国《房地产经纪人员职业资格制度暂行规定》,取得《中华人民共和国房地产经纪人执业资格证书》的人员,必须经过注册登记才能以注册房地产经纪人名义执业。

申请注册的人员必须同时具备以下条件:

(1)取得房地产经纪人执业资格证书。

(2)无犯罪记录。

(3)身体健康,能坚持在注册房地产经纪人岗位上工作。

(4)经所在经纪机构考核合格。

建设部或其授权的机构为房地产经纪人执业资格的注册管理机构。房地产经纪人执业资格注册,由本人提出申请,经聘用的房地产经纪机构送省、自治区、直辖市房地产管理部门(以下简称省级房地产管理部门)初审合格后,统一报建设部或其授权的部门注册。准予注册的申请人,由建设部或其授权的注册管理机构核发《房地产经纪人注册证》。

人事部和各级人事部门对房地产经纪人员执业资格注册和使用情况有检查、监督的责任。房地产经纪人执业资格注册有效期一般为三年,有效期满前三个月,持证者应到原注册管理机构办理再次注册手续。在注册有效期内,变更执业机构者,应当及时办理变更手续。再次注册者,除符合有关规定外,还须提供接受继续教育和参加业务培训的证明。

经注册的房地产经纪人有下列情况之一的,由原注册机构注销注册:

(1)不具有完全民事行为能力。

(2)受刑事处罚。

(3)脱离房地产经纪工作岗位连续 2 年(含 2 年)以上。

(4)同时在 2 个及以上房地产经纪机构进行房地产经纪活动。

(5)严重违反职业道德和经纪行业管理规定。

建设部及省级房地产管理部门,应当定期公布房地产经纪人执业资格的注册和注销情况。

各省级房地产管理部门或其授权的机构负责房地产经纪人协理从业资格注册登记管理工作。每年度房地产经纪人协理从业资格注册登记情况应报建设部备案。

2.1.4 房地产经纪人员的职责

根据我国《房地产经纪人员职业资格制度暂行规定》,房地产经纪人员的职责主要有:

(1)房地产经纪人和房地产经纪人协理,在经纪活动中,必须严格遵守法律、法规和行业管理的各项规定,坚持公开、公平、公正的原则,信守职业道德。

（2）房地产经纪人有权依法发起设立或加入房地产经纪机构,承担房地产经纪机构关键岗位工作,指导房地产经纪人协理进行各种经纪业务,经所在机构授权订立房地产经纪合同等重要业务文书,执行房地产经纪业务并获得合理佣金。

（3）在执行房地产经纪业务时,房地产经纪人员有权要求委托人提供与交易有关的资料,支付因开展房地产经纪活动而发生的成本费用,并有权拒绝执行委托人发出的违法指令。

（4）房地产经纪人协理有权加入房地产经纪机构,协助房地产经纪人处理经纪有关事务并获得合理的报酬。

（5）房地产经纪人和房地产经纪人协理经注册后,只能受聘于一个经纪机构,并以房地产经纪机构的名义从事经纪活动,不得以房地产经纪人或房地产经纪人协理的身份从事经纪活动或在其他经纪机构兼职。

（6）房地产经纪人和房地产经纪人协理必须利用专业知识和职业经验处理或协助处理房地产交易中的细节问题,向委托人披露相关信息,诚实信用,恪守合同,完成委托业务,并为委托人保守商业秘密,充分保障委托人的权益。

（7）房地产经纪人和房地产经纪人协理必须接受职业继续教育,不断提高业务水平。

2.2　房地产经纪人员的职业道德

2.2.1　房地产经纪职业道德的内涵

道德是由一定的社会经济基础所决定的人们的行为规范,这些规范包括善与恶、正义与非正义、荣誉与耻辱、公正与偏私、诚实与虚伪等。职业道德就是指人们在履行本职工作中,从思想到行为应该遵循的独特的道德规范和准则,它是职业范围内的特殊的道德要求,是一般社会道德在人们职业生活中的具体体现。

房地产经纪职业道德是指房地产经纪行业的道德规范和行为准则,它是房地产经纪行业从业人员就这一职业活动所共同认可并拥有的思想观念、情感和行为习惯的总和。其中的思想观念包括职业良心、职业责任感和执业理念等,是对房地产经纪活动的一些基本问题的是非、善恶的根本认识;情感是指房地产经纪人员的职业荣誉感、成就感及在执业活动中的心理习惯等;行为习惯包括房地产经纪人员遵守有关法律、法规和行业规则以及在执业过程中仪表、言谈、举止等方面的修养。

房地产经纪职业道德是内化于房地产经纪人员思想意识和心理、行为习惯的一种修养,它主要通过良心和舆论来约束房地产经纪人员。职业道德一旦形成,会从房地产经纪人员的内心深处产生很大的约束力,并促使房地产经纪人员更为主动地去遵循有关法律、法规和行业规则。我国房地产经纪业和房地产经纪人员恢复发展的时间不长,人员结构较为复杂。因此,强调房地产经纪人员职业道德对房地产经纪行业的规范运作和健康发展有着非常重要的作用。

2.2.2 房地产经纪人员职业道德的基本要求

根据我国房地产经纪行业发展状况,房地产经纪人员应具备以下职业道德:

1.遵纪守法

市场经济是法治经济,遵纪守法是每个公民的基本道德修养。房地产经纪人员的中介服务,涉及许多政策和法律规定,这就要求房地产经纪人员不仅要知法,更重要的是具有法律意识,自觉用法,守法经营。

首先,房地产经纪人员必须保证经纪活动的合法性,严格遵守各项法律、法规和行政规章,认真贯彻党和政府的方针和政策,合法经营。由于房地产交易涉及复杂的法律程序,再加上房地产商品的综合性、复杂性,房地产经纪工作会涉及很多专业知识和技能,所以房地产经纪人员必须遵从政府对房地产经纪行业的上岗、开业规定,不得无照、无证执业和经营。

其次,房地产是不动产,它的产权完全依靠有关的法律文件来证明其存在,其产权交易也必须通过有关的法律程序才能得以完成。所以房地产经纪人员必须清楚相关规律、法规规定,并严格遵守有关的规律、法规。

第三,在经纪活动的各个环节,如接受委托、签订合同、刊登广告、收取佣金等各个环节,也都必须遵守有关法律、法规的规定。

第四,特别坚持"佣金是经纪人经纪收入唯一来源"守则,不违规操作,不谋取违反职业道德的额外收入。当然,经纪人既要依法从事经纪中介活动,努力为客户服务,又要学会用法律保护自己的合法利益。

2.诚实守信

诚实守信是房地产经纪人员从事中介活动的基本要求。市场经济是一种契约经济,诚实守信是市场经济条件下参与经济活动的各个主体应当具备的基本道德要求。诚实守信是维系各个主体之间利益以及各个主体利益与社会利益平衡的基本的道德伦理规范,更是经济活动的一条根本原则。在房地产经纪活动中,要求房地产经纪人必须具备诚实守信的道德素质,遵循诚实守信的原则开展经纪活动。所谓诚实,即要求房地产经纪人在进行经纪活动的过程中,本着实事求是的精神以善意的方式开展经纪活动,不隐瞒、虚构事实,不串通一方恶意欺诈另一方,不乘人之危;而守信则要求房地产经纪人在经纪活动中一诺千金,恪守信用,严格按照合同的条款办事。

首先,房地产经纪人员在进行房地产中介业务时,要实事求是地介绍相关事项,不夸大,也不缩小,更不能掺杂个人意见。当出现一些可能不利于成交的因素时,应诚实地向客户告知。当客户由于不懂专业知识或不具备专业经验而对成交价格等产生不恰当期望时,不能一味迎合客户,应客观地帮客户进行分析,使客户对房地产经纪人员及其机构产生信赖感。

第二,以实际行动真心地表现出以客户的利益为己任。经纪人员的任务就是为客户寻找最合适的交易对象。这种真诚不仅仅靠经纪人员的语言来表达,更主要的是以行动来体现,其中最主要的是在经纪机构的经营方式和服务费用收取上,经纪人员应尽最大力量为客户寻找交易对象,并以成交为收取佣金的前提。如果在交易商品未成交时即收取所谓的"看房费",或者获取佣金之外的其他经济利益,往往会失信于客户。

第三,信守承诺。房地产交易是一个持续较长的动态过程,许多环节都有一个先预约、后执行的过程,因此房地产经纪人员在从事经纪服务的过程中会不断遇到需要事先约定或承诺的情况。如约定看房时间、承诺代办交易过户登记手续、代管买家付现的房款等。如果这类约定和承诺不能如约履行,必然影响买卖双方的交易,并在损害客户利益的同时损害经纪人员及其机构的信誉。

3. 尽职尽责

房地产经纪人员必须有献身经纪事业的工作精神,不怕困难,任劳任怨,全心全意为客户服务,把为客户提供优质的经纪服务作为开展经纪活动的宗旨,把客户的满意程度视为检验经纪工作的标准,并把这一思想贯穿到整个经济活动的全过程。在房地产市场已全面呈现买方市场的形势下,只有树立爱岗敬业、尽职尽责、全心全意的服务意识,才能获得更多的客户信赖、合作和委托,才能赢得良好的信誉和品牌,从而使房地产经纪人在激烈的市场竞争中站稳脚跟。

首先,认真细致地对待房地产经纪活动中的每一个环节。经纪活动中的许多环节都是必不可少的,经纪人员绝不能为图轻松而省略,也不能马马虎虎,敷衍了事。比如,对卖家委托的房源,应充分了解,不仅要通过已有的文字资料了解,还要到现场进行实地勘察。

其次，房地产经纪人员是以自己拥有的房地产专业知识、信息和市场经验来为客户提供服务的。因此，房地产经纪人员要真正承担起自己的职业责任，还必须不断提高自己的专业水平。一方面要加强理论知识学习，掌握日新月异的房地产专业知识及相关科学、技术；另一方面要不断地通过实地考察，与同行及相关人群交流来充实自己的信息量，提高专业技能。

第三，一些房地产交易活动，常常是客户的商业机密或个人隐私，同时，房地产交易还常常涉及客户的很多机密。在房地产经纪活动中，房地产经纪人员由于工作的需要，接触到客户的这类机密。除非客户涉及违法，否则经纪人员绝不能将客户的机密散布出去，更不能以此谋利，应该替客户严守秘密，充分保护客户的利益。

4. 规范服务

坚守"双赢"准则，即房地产经纪人通过经纪活动促成商品交易，使成交双方当事人都成为赢家，双方都有利可图。时刻注意保持自己的中介地位，公正地对待当事人各方，不能偏袒任何一方，不能为了一方利益而损害另一方利益。即使经纪人作为商品交易中某一方的代理人，也要在维护委托人一方利益的同时，兼顾另一方利益，根据商业上互惠互利原则，让对方也有利可得，切莫为了一方而去坑害另一方。

坚持"两见面两公开"原则。在从事经纪活动时，要坚持委托人与被委托人即经纪人直接见面，签订委托合同，并把委托服务费用即佣金，公开列入委托合同中。房地产经纪人经过联络、公关协调，使房地产交易双方——买方与卖方直接见面，签订合同，成交价应公开列入经济合同中。经纪人在居间促成交易过程中，绝不允许在中间弄虚作假，隐瞒欺诈，损害客户利益。

5. 公平竞争

市场经济条件下，房地产经纪活动必然存在着激烈的同行竞争。一方面，通过提供优质规范的中介服务，赢得客户，占领市场。另一方面，房地产经纪人员和经纪机构在市场竞争中，要以他人之长，补己之短，相互合作，在做大业务增量的同时，提高自己的市场份额和收益。那些诋毁同行、恶意削价等不正当的竞争方式，不仅损害他人利益，也不利于自己的长远发展。因此，房地产经纪人员之间，应当相互尊重、团结协作、平等竞争，而不是相互攻击，相互拆台，随意抢夺其他经纪人的客户。要提倡经纪人跨地区、跨部门的联合协作，优势互补，利益共享，共同促进房地产经纪行业的发展。

2.3　房地产经纪人员的职业修养

2.3.1　房地产经纪人员的文化知识修养

一个合格的房地产经纪人员的文化知识应当是多学科的高度复合,而不是文化知识贫乏的"庸才",这是市场经济优胜劣汰法则的要求,也是房地产经纪人员的基本素质条件。由于房地产经纪活动的专业性和复杂性,房地产经纪人员必须拥有丰富完善的知识结构,这一知识结构可分为房地产经纪专业知识,房地产经纪相关知识和房地产经纪其他知识。

1. 房地产法律法规知识

房地产经纪人员从事各项房地产经纪业务必须熟悉和了解房地产及其相关的法律法规知识,包括我国的《宪法》、《物权法》、《城市房地产管理法》、《土地管理法》、《民法通则》、《城乡规划法》、《合同法》、《担保法》以及《城市房地产开发经营管理条例》、《城市房屋拆迁管理条例》、《物业管理条例》、《土地管理法实施条例》、《城镇国有土地使用权出让和转让暂行条例》、《外商投资开发经营成片土地暂行管理办法》、《城市私有房屋管理条例》、《住房公积金管理条例》等等。这些法律法规是房地产经纪人员依法从事房地产经纪活动,提高房地产经纪业务素质的基本保证。

2. 房地产经纪专业知识

房地产经纪专业知识包括经纪学和房地产经纪知识,房地产制度与政策知识,房地产投资开发知识,房地产市场营销知识,房地产经营管理知识,房地产估价知识,房地产测量知识,物业管理知识等。房地产经纪专业知识是房地产经纪人员做好房地产经纪业务工作的基础,房地产经纪人员对自己所从事的业务范围内的知识应该精通,不仅能把握自己业务范围内的各种趋向,而且还能够灵活地运用专业知识。

3. 房地产经纪相关知识

房地产经纪相关知识包括经济学知识,管理学知识,金融保险知识,计算机知识,会计统计知识,建筑知识,城市规划知识等。掌握房地产经纪相关知识,使房地产经纪人员的知识面宽阔,在房地产经纪活动中能更全面地为顾客服务,提高房地产经纪人员的声誉。

4. 房地产经纪其他知识

房地产经纪人员不仅需要上述专业知识和相关知识,还需要掌握一些其他的辅助知识,以提高自身的活动能力和适应能力。这些知识主要包括:社会学、心理学、历史学、传播学、广告学、演讲学、文学、外语等方面的知识。这些知识将会使房地产经纪活动更具有吸引力和艺术性。

2.3.2 房地产经纪人员的心理素质修养

1. 性格修养

房地产经纪人员应具有坦诚自信,乐观开朗的性格。房地产经纪人的职业责任就是促进市场交易,加快交易进程。因此,房地产经纪人员的工作不仅为客户带来效益,促进房地产市场发展,而且对整个经济和社会的发展,都具有积极作用。因此,房地产经纪人员对自己的职业应持有充分的荣誉感和自信心,同时要有开朗坦诚的性格,对人热情真诚,与人为善,豁达大度,给人一种诚恳可信的亲切感。

2. 意志修养

经纪活动是比较艰辛和复杂的,这要求经纪从业人员要有顽强的意志和较强的心理承受能力。在实践中,房地产经纪工作中会经常遭到挫折,房地产经纪人员不仅要以乐观的心态来面对挫折,还需要以坚忍不拔的精神找出原因,认真研究对策来化解挫折。房地产经纪人员应视挫折为正常,而将一帆风顺的交易视作偶然。同时,房地产经纪人员还应具有积极向上的奋进精神,在业务上要有不断开拓的意识和勇气,不断地开拓新市场,建立新的客户群。

3. 情绪修养

房地产经纪业务常常会遇到各种意想不到的情况,经纪人要能够保持稳定的情绪,不能感情用事。就是面对敌意和相当不利的场合,也要能控制自我,冷静而有礼貌、诚恳而不软弱,耐心而不激化矛盾,做到喜不露形,怒不变色,处事稳重。特别是在促使交易的过程中,被拒绝从而导致失败的情形是经常有的,几次业务的失败不等于这项工作的失败,要对自己所从事的职业保持乐观的心态。另外,房地产经纪人员还要树立与同事、同行积极合作、公平竞争的心态,不能因竞争而产生消极、悲观情绪,更不能产生嫉妒、敌视之类的心理情绪。

2.3.3　房地产经纪人员的礼仪修养

1.电话中的礼仪

电话常常是客户与经纪人首次接触的主要方式。如果经纪人通过电话给客户留下了良好的印象，就有利于与客户的进一步接触。因此，电话礼仪非常重要。经纪人员在接听电话时，要采用正确的接听方式和得当的用语，声音应自然、亲切、柔和，使人感受到愉快。

2.仪容与着装

一个人的仪表往往给人产生一定的影响，特别是第一次见面，很容易产生"光环效应"。房地产经纪人员的仪容、着装、姿态、举止和风度反映了这个人的精神状态和内在修养，因此，房地产经纪人员在交往场合应仪表大方、着装端庄、妆饰得体、气质高雅，言谈适度、礼貌待人，给人整洁、稳重、干练和易于接近的感觉。

3.接待客户时的仪态

房地产经纪人员在接待客户时，首先要热情迎接。在与客户交谈时，要坐姿正确，讲究语言艺术，抓住谈话要领，语言表达言辞简洁、清晰，要迅速领悟客户的意图，灵活机智，能迅速、自然地与他人建立良好关系，创造融洽的气氛，顺利地进行交流。对不友好或意想不到的场合，要能够控制自我，冷静、诚恳、耐心而不软弱。面对复杂的局面能够随机应变，巧妙处理。与客户道别时，要礼貌欢送。

2.4　房地产经纪人员的职业能力

2.4.1　房地产经纪人员应具备的基本职业能力

1.调查研究能力

信息是房地产经纪人开展经纪业务的重要资源，房地产经纪人员要掌握大量真实、准确和系统的房地产经纪信息，必须具备调查研究能力。调查研究能力包括：第一，掌握市场信息调查的方法，如资料收集法、询问法、观察法和问卷法等。第二，收集信息能力。根据特定业务需要，准确把握信息收集的内容、重点、渠道，并灵活运用各种信息收集方法和渠道，快速有效地收集到针对性信息。第三，信息处理的能力,如对日常得到的信息进行鉴别、分类、整理、储存和快速检索等。第四,信息分析判断能力,即采用一定的方法对掌握的信息进行分析,进而对市场供给、需求、价格的现状及变化趋势进行判断。对信息的分析方法包括:数学处理分析(根据已有的数据信息计算某些资料指标,如平均单价、收益倍数等)、比较分析(不同地区或不同类别房源的比较、同类房源在不同时间段上的比较等)、因果关系分析等。对市场的判断包括定性的判断,如某种房源的供求状况、价格涨落趋势、价格正常与否等;也包括定量的判断,如某类房地产的市场成交价格在最近一段时间内上涨的幅度等。

2. 人际沟通能力

房地产经纪的服务性决定了房地产经纪人需要不断与人打交道,不仅要与各种类型的客户打交道,还要与客户的交易对象、有可能提供信息的人,以及银行、房地产交易中心、物业管理公司等机构的人员打交道。房地产经纪人员需要通过与这些人员的沟通,将自己的想法传达给对方,并对对方产生一定的影响,使对方在思想上认同自己的想法,并在行动上予以支持,这就要求房地产经纪人必须掌握良好的人际沟通能力。这些能力包括:第一,社交能力。房地产经纪人员一方面要有广泛的联系网,另一方面要有很强的公关意识,懂得社交中各种不同的礼仪、习惯、风俗,会对不同的人在不同的场合采取不同的接待和应酬方式。第二,表达能力。经纪人在各种交易中,必须具备运用语言和行为传递有关信息的能力。表达能力应该富有表现力、吸引力、感染力和说服力。同时语言表达还要准确、适度,千万不能说理无据,强词夺理,任意发挥,不计后果。第三,谈判能力。房地产经纪人员穿梭于委托方与第三方之间,在处理各种各样的业务时,要与委托方和第三方产生一系列的谈判活动,诸如要约、承诺、时间、标的、价格、佣金等。只有通过谈判、甚至是相当持久的谈判,才能达成共识,订立协议,才能使各方都满意。

3. 协调成交能力

房地产经纪人员在促成交易过程中,一方面要协调各种矛盾冲突,了解产生矛盾的症结所在,帮助双方权衡利益关系,促使双方均能有所让步,使供需双方最终都达到满意,实现交易。另一方面,房地产经纪人员应具有把握成交时机,帮助客户消除不必要的犹豫,促使交易成功的能力。由于房地产商品的复杂性、个别性以及价值量大等特点,房地产商品的买卖双方(尤其是买方)都会在最终决定成交的时候产生犹豫。房地产经纪人虽然不能不顾客户的实际情况只求成交,更不能诱使客户成交,但也不能贻误合适的成交时机。因为客户的某些犹豫是不必要的,如不具备专业知识而不能作出正确的判断,甚至是由于其自身在心理或者性格上的不足引起的,如多疑、优柔寡断等。因此,房地产经纪人应能准确判断客户犹豫的真正原因和成交的条件是否成熟,如果成交条件已经成熟,则能灵活使用有关方法来消除客户的疑虑,从而使交易达成。

4. 观察判断能力

观察判断能力是房地产经纪人对供需双方进行观察并善于发现和抓住其典型特征及其内在实际的能力,是经纪人穿梭于供需之间的过程中,判断出供需双方各自的身份、特点、性格的能力。具备这种能力,经纪人能够做到眼观六路,耳听八方,遇事心细,善于联想,获取自己需要的资料和信息,最后勾画出供需双方真实意图的大概轮廓,根据观察所得出的结论,采取相应对策。经纪人的观察能力同时还表现在对社会各种经济现象的表现形式、特点等方面,因为这种敏锐的观察既是收集经济信息最基本的渠道,更是识别信息真假的重要手段。另外,经纪人的观察能力还体现在与供需双方的讨价还价时。在进行谈判的过程中遭到拒绝是经常性的事情,问题在于经纪人观察能力的大小,分辨能力的高低。观察能力强的人能够分辨拒绝的内涵,一种是真正的拒绝,没有谈判的回旋余地;一种是策略性拒绝或犹豫性拒绝。分辨出不同的拒绝性质,采取不同的策略,就可以促进双方交易的达成。

5. 开拓创新能力

开拓创新能力是在现代经济激烈的市场竞争条件下,市场主体所必须具备的一种能力。只有拥有了创新能力,房地产经纪人才能在激烈的市场环境中求得生存和发展。对于房地产经纪工作而言,每一次交易都是一个新的开始,交易的对象在改变,交易的环境在变化,交易中的人际关系在变动,这时既有新的机遇,更多的是挑战。因此,经纪人不能简单地重复过去,而要不断地提高,以此来不断地取得交易的成功。总之,对于房地产经纪人而言,在房地产经纪活动中要注意发挥自身的创新能力,善于发掘和培养新客户,注意开拓新的市场,寻找新的市场机会,从而进行开创性的经纪活动。

2.4.2　房地产经纪人员职业能力的培养

职业能力是房地产经纪人员熟练掌握有关房地产经纪操作方法,并将自己摸索出的一些技巧融入其中,从而形成的一种内化于房地产经纪人员自身的能力。房地产经纪人执业资格考试是政府用来考核准备进入房地产经纪行业关键岗位的人员入门条件的手段,考核内容主要是房地产经纪的基本知识及相关制度、法规和相关学科知识,全面、系统的实务操作方法还需在今后进一步提高。因此,已通过考试的房地产经纪人,并非表明已具备很高的职业能力,应重视自身职业能力的培养,可参加培训、行业报告会等活动,对自己进行继续教育,并在实践中认真学习,不断提高自身的职业能力。但是,不管采用哪些具体方式进行培养,都应注意以下四个方面:

1. 认真学习有关操作方法

随着房地产经纪行业的不断发展,人们总结了很多有效的实务操作方法,房地产经纪人员必须认真学习这些方法,才能逐步形成自己的职业能力。值得注意的是,有一些操作方法常常表面看上去非常简单,房地产经纪人员千万不要因此而草草对待,应该始终以小学生的心态去对待每一个具体的方法。

2. 反复练习,不断实践

技能是一种能力,仅仅知道一种方法是怎样操作的,还并不是自己的能力,只有当自己熟练掌握了这种方法,才真正形成了这种能力。这就如知道如何游泳与自己会游泳是不一样的。那么,如何才能熟练掌握一种方法呢?必须反复练习,不断实践。因此,房地产经纪人应注意在实务操作中反复运用已学到的具体方法进行练习。

3. 形成日常工作习惯

无论是对操作方法的学习,还是练习,很多都要借助良好的工作习惯来形成。如碰到报告会、同行交流等学习机会,就细心倾听报告人、发言人的发言,听到好的方法就认真记录,回去后仔细研读;再如养成每天花一段时间进行案头工作的习惯,包括做笔记和剪报,进行日常的信息收集和整理。良好的工作习惯不仅可创造更多的学习渠道,也创造了大量的练习机会,有助于使各类外在的方法内化为经纪人自身的能力。

4. 勤于思考,善于总结

房地产经纪人员的职业能力是一种带有个性化色彩的东西。房地产经纪人在学习和运用各种操作方法的同时,必须不断地体会其中的奥妙,才能将这些他人总结出来的方法融入自身。而且,方法和能力本身也处于动态的发展之中,房地产经纪人只有在实践中不断揣摩,才能不断改进有关方法,形成自己的技巧,从而提高自身的职业能力。因此,房地产经纪人应在日常的业务操作中,注意对自己具体操作方法的运用进行自我评估和总结,如运用情况是否恰当,熟练程度如何,实际效果怎样,然后思考如何针对问题进行改进的方法。

总之,房地产经纪人员只有勤恳敬业,坚持理论学习和实践锻炼,才能适应不断变化的房地产市场,提高房地产经纪活动的成功率。

2.5　房地产经纪人员案例

经纪人员贪心吃差价　中介公司赔款又受罚[①]

1.案情介绍

高某委托 A 中介公司出售一处物业,与 A 中介公司签订了《独家代理委托书》,约定该物业售价为 40 万元。时隔不久,A 中介公司经纪人王某告知高某,陆某愿意以 40 万元的价格购买该物业,并已支付了 1 万元购房定金给公司。于是,高某与陆某及 A 中介公司签署了三方《房屋买卖合同》,约定该物业售价为 40 万元。合同签订后,A 中介公司将所收买方 1 万元购房定金转交给了高某。经纪人王某称,为了办手续方便,希望高某将《房屋买卖合同》保存在王某处,高某表示同意。

合同签订后不久,高某了解到已签订的三方《房屋买卖合同》中的买方变成了两个人——陆某与另外一个买受人马某,并且该物业售价被改为 45 万元。高某遂找到负责此宗交易的 A 中介公司经纪人员王某了解情况。王某解释说,在签订《房屋买卖合同》之后,陆某认为该物业面积太小,便委托公司以 45 万元的价格将该物业转卖给另一买方马某。高某认为王某没有向自己提供真实的房屋价格行情,其行为是低价买进、高价卖出,非法炒楼,要求 A 中介公司赔偿自己的经济损失。经多次交涉,王某同意给高某 8000 元作为差价补偿,同时王某要求高某签订一份补充协议,同意陆某以 45 万元的价格将该物业转让给马某。

虽然高某得到了 8000 元的差价补偿,但还是认为该数额不足以补偿因王某的"吃差价"行为使自己蒙受的经济损失,最终还是决定向广州市房地产中介服务管理所投诉 A 中介公司经纪人员王某的违规行为。

广州市房地产中介服务管理所对事件经过详细调查后认为,A 中介公司经纪人员王某在提供中介服务活动中,编造虚假买家(陆某是其朋友,经不住王某的游说,将证件提供给了王某用以签订《房屋买卖合同》),篡改交易合同,其目的就是吃差价,给卖家高某和买家马某造成了经济损失,责成 A 中介公司退回差价,并追究有关经纪人员的责任。A 中介公司表示:经纪人员王某"吃差价"行为公司一无所

---

① 张秀智.实用房地产中介纠纷案例分析.北京:东方出版社,2006

知,但愿意先行承担责任垫付5万元给高某和马某,妥善解决有关问题。后来,A中介公司内部处理了经纪人员王某,并责令其将非法获得的5万元差价交还公司。

2.案例分析

本案例中,A中介公司经纪人员王某低价买进、高价卖出,在卖方高某事先不知情的情况下对房屋买卖合同进行修改,擅自增加房屋买受人的行为是一种非常典型的"吃差价"行为。其操作手法主要是中介公司或经纪人员虚构买家(借用他人证件等),与卖家协商交易条件,在达成房屋买卖合同后再偷偷修改合同,增加买受人并篡改交易成交价格。卖家保存好合同原件是防范此类"吃差价"行为的有效方法。

《城市房地产中介服务管理规定》第二十三条规定:"因房地产中介服务人员过失,给当事人造成经济损失的,由所在中介服务机构承担赔偿责任。所在中介服务机构可以对有关人员追偿"。《广州市房地产中介服务管理条例》第三十四条规定:"房地产中介服务人员违法从业或者因提供虚假信息等过错给当事人造成经济损失的,由其所在的中介服务机构承担赔偿责任;中介机构赔偿后,可以向有故意或者重大过失的中介服务人员追偿"。本案例中,A中介公司虽然声称对经纪人员王某的行为毫不知情,但依照规定,其必须承担赔偿责任,本案例中A中介公司也是按照法律、法规的要求先行赔偿了高某和马某的损失。因此,为避免不必要的法律纠纷和经营风险,房地产中介机构建立完善的管理制度,提高经纪人员的素质,规范合同登记、印章审批程序,有助于中介公司在日常业务运营中减少和防范各种纠纷和管理漏洞。

思考题

1. 简述我国房地产经纪人职业资格的种类。
2. 申请注册的房地产经纪人员应具备哪些条件?
3. 房地产经纪人员的职责是什么?
4. 房地产经纪人员职业道德的基本要求有哪些?
5. 房地产经纪人员应具有怎样的知识结构?
6. 房地产经纪人员的职业修养包括哪些方面?
7. 房地产经纪人员应具备哪些职业能力?

第3章

房地产经纪机构

3.1 房地产经纪机构概述

3.1.1 我国房地产经纪机构的基本类型

我国房地产经纪机构,是指依法设立并到工商登记所在地的县级以上人民政府房地产管理部门备案,从事房地产经纪活动的公司、合伙企业、个人独资企业等经济组织。另外,境内外房地产经纪机构在境内外设立的分支机构也可以以自己的名义独立经营房地产经纪业务。

1.房地产经纪公司

房地产经纪公司是指依照《中华人民共和国公司法》和有关房地产经纪管理的部门规章,在中国境内设立的经营房地产经纪业务的有限责任公司和股份有限公司。有限责任公司和股份有限公司都是机构法人。有限责任公司是指股东以其出资额为限对公司承担责任,公司以其全部资产对公司的债务承担责任。股份有限公司是指其全部资本分为等额股份,股东以其所持股份为限对公司承担责任,公司以其全部资产对公司的债务承担责任。出资设立公司的出资者可以是自然人也可以是法人,出资可以是国有资产也可以是国外投资,出资形式可以是货币资本也可以是实物、工业产权、非专利技术、土地使用权作价出资。根据我国《公司法》的规定,全体股东的货币出资金额不得低于有限责任公司注册资本的30%。同时,对作为出资的实物、工业产权、非专利技术或者土地使用权,必须进行评估作价,核实财产,不得高估或者低估作价。土地使用权的评估作价,依照法律、行政法规的规定办理。在资金来源于国外的房地产经纪机构中,按其资金组成形式不同,还可把房地产经纪公司分为中外合资房地产经纪公司、中外合作房地产经纪公司和外商独资房地产经纪公司。

2.合伙制房地产经纪企业

合伙制房地产经纪企业是指依照《中华人民共和国合伙企业法》和有关房地产经纪管理的部门规章,在中国境内设立的由各合伙人订立合伙协议、共同出资、合伙经营、共享收益、共担风险,并对合伙企业债务承担无限连带责任的从事房地产经纪活动的营利性组织。合伙人可以用货币、实物、土地使用权、知识产权或者其他财产权利出资;上述出资应当是合伙人的合法财产及财产权利。对货币以外的出资需要评估作价的,可以由全体合伙人协商确定,也可以由全体合伙人委托法定评估机构进行评估。经全体合伙人协商一致,合伙人也可以用劳务出资,其评估办法由全体合伙人协商确定。合伙企业存续期间,合伙人的出资和所有以合伙企业名义取得的收益(合伙企业财产)由全体合伙人共同管理和使用。合伙人原则上以个人财产对合伙企业承担无限连带责任,但如果合伙人是以家庭财产或夫妻共同财产出资并把合伙收益用于家庭或夫妻生活的,应以家庭财产或夫妻共同财产对合伙企业承担无限连带责任。

3.个人独资房地产经纪企业

个人独资房地产经纪企业是指依照《中华人民共和国个人独资企业法》和有关房地产经纪管理的部门规章,在中国境内设立,由一个自然人投资,财产为投资人个人所有,投资人以其个人财产对企业债务承担无限责任的从事房地产经纪活动的经营实体。

4.房地产经纪机构设立的分支机构

在中华人民共和国境内设立的房地产经纪机构(包括房地产经纪公司、合伙制房地产经纪企业、个人独资房地产经纪企业)、国外房地产经纪机构,经拟设立的分支机构所在地主管部门审批,都可以在中华人民共和国境内设立分支机构。分支机构能独立开展房地产经纪业务,但不具有法人资格。房地产经纪机构的分支机构独立核算,首先以自己的财产对外承担责任,当分支机构的全部财产不足以对外清偿到期债务时,由设立该分支机构的房地产经纪机构对其债务承担清偿责任;分支机构解散后,房地产经纪机构对其解散后尚未清偿的全部债务(包括未到期债务)承担责任。该机构承担责任的形式按照机构的组织形式决定,股份有限公司和有限责任公司以其全部财产承担有限责任,合伙企业和个人独资企业承担无限连带责任。国外房地产经纪机构的分支机构撤销、解散及债务的清偿等程序都按照中国法律进行。

国内房地产经纪机构经国内房地产经纪机构所在地主管部门及拟设立分支机构的境外当地政府主管部门批准,也可在境外设立分支机构。分支机构是否具有法人资格视分支机构所在地法律而定。分支机构撤销、解散及债务的清偿等程序按照分支机构所在地法律进行,但不应该违反中国法律。

3.1.2 房地产经纪机构的权利与义务

1.房地产经纪机构有以下权利

(1)享有工商行政管理部门核准的业务范围内的经营权利,依法开展各项经营活动,并按规定标准收取佣金;

(2)按照国家有关规定制定各项规章制度,并以此约束在本机构中执业经纪人员的执业行为;

(3)委托人隐瞒与委托业务有关的重要事项、提供不实信息或者要求提供违法服务的,房地产经纪机构有权中止经纪业务;

(4)由于委托人的原因,造成房地产经纪机构或房地产经纪人员经济损失的,有权向委托人提出赔偿要求;

(5)可向房地产管理部门提出实施专业培训的要求和建议;

(6)法律、法规和规章规定的其他权利。

2.房地产经纪机构有以下义务

(1)依照法律、法规和政策开展经营活动;

(2)认真履行房地产经纪合同,督促房地产经纪人员认真开展经纪业务;

(3)维护委托人的合法权益,按照约定为委托人保守商业秘密;

(4)严格按照规定标准收费;

(5)接受房地产管理部门的监督和检查;

(6)依法缴纳各项税金和行政管理费;

(7)法律、法规和规章规定的其他义务。

3.1.3 房地产经纪人员与房地产经纪机构之间的关系

房地产经纪机构是房地产经纪人员进行房地产经纪职业活动的载体,是房地产经纪活动的组织者。

房地产经纪人员与房地产经纪机构之间有执业关系。一方面,房地产经纪人员从事房地产经纪活动必须以房地产经纪机构的名义进行,不能以个人的名义进行;房地产经纪人员承接房地产经纪业务由房地产经纪机构统一承接,由房地产经纪机构与委托人签订经纪合同,再由房地产经纪机构指定具体的房地产经纪人承办房地产经纪业务;另一方面,房地产经纪机构必须是由房地产经纪人组成的。根据一般规定,不论是设立房地产经纪公司、房地产经纪合伙企业、房地产经纪个人独资企业,还是设立房地产经纪机构的分支机构,都必须有规定数量的持有《中华人民共和国房地产经纪人执业资格证书》的人员和一定数量的持有《中华人民共和国房地产经纪人协理从业资格证书》的人员。由此可见,没有房地产经纪人员的加入,房地产经纪机构也是无法成立的。

房地产经纪机构与房地产经纪人员之间有法律责任关系。由于房地产经纪业务是由房地产经纪机构统一承接的,房地产经纪合同是在委托人与房地产经纪机构之间签订的,因此,一方面,房地产经纪人员在执业活动中由于故意或过失给委托人造成损失的,由房地产经纪机构统一承担责任,房地产经纪机构向委托人进行赔偿后,可以对承办该业务的房地产经纪人员进行追偿;另一方面,由于委托人的故意或过失给房地产经纪机构或房地产经纪人员造成损失的,应由房地产经纪机构向委托人提出赔偿请求,委托人向房地产经纪机构进行赔偿后,再由房地产经纪机构向房地产经纪人员的损失进行补偿。由于房地产经纪业务的特点决定了房地产经纪人员执业的流动性比较大,由经纪机构统一承接经纪业务并承担法律责任,有利于保护委托人、房地产经纪人员和房地产经纪机构三方的合法权益,也有利于促使经纪机构加强对其执业经纪人员的监督和管理。

　　房地产经纪机构与房地产经纪人员之间有经济关系。由于房地产经纪业务是由房地产经纪机构统一承接的,房地产经纪合同是在委托人与房地产经纪机构之间签订的,因此,由房地产经纪机构统一向委托人收取佣金,并由房地产经纪机构出具发票。经纪机构收取佣金后,应按约定给予具体承接和执行经纪业务的房地产经纪人报酬,报酬的形式可以由经纪机构与经纪人员协商约定,可以是计件的,也可以是按标的提成等。报酬的具体金额或比例由双方约定,但应符合当地当时提供同类服务的正常水平。

3.2　房地产经纪机构的设立

3.2.1　房地产经纪机构设立的条件

　　房地产经纪机构的设立应符合《中华人民共和国公司法》、《合伙企业法》、《个人独资企业法》、《中外合作经营企业法》、《中外合资经营企业法》、《外商独资经营企业法》等法律法规及其实施细则和工商登记管理的规定。此外,设立房地产经纪机构应当具备足够的专业人员:

　　(1)以公司形式设立房地产经纪机构的,应当有 3 名以上持有《中华人民共和国房地产经纪人执业资格证书》的专职人员和 3 名以上持有《中华人民共和国房地产经纪人协理从业资格证书》的专职人员;

　　(2)以合伙企业形式设立房地产经纪机构的,应当有 2 名以上持有《中华人民共和国房地产经纪人执业资格证书》的专职人员和 2 名以上持有《中华人民共和国房地产经纪人协理从业资格证书》的专职人员；

（3）以个人独资企业形式设立房地产经纪机构的，应当有1名以上持有《中华人民共和国房地产经纪人执业资格证书》的专职人员和1名以上持有《中华人民共和国房地产经纪人协理从业资格证书》的专职人员。

房地产经纪机构的分支机构中，持有《中华人民共和国房地产经纪人执业资格证书》和《中华人民共和国房地产经纪人协理从业资格证书》的专职人员的数量应符合有关规定。

设立房地产经纪机构，应当符合拟设立的房地产经纪机构所在地政府有关管理部门的规定。

3.2.2　房地产经纪机构设立的程序

设立房地产经纪机构，应当首先由当地房地产行政管理部门对其各方面条件进行前置审查，经审查合格后，再行办理工商行政登记和税务登记。房地产经纪机构的设立程序一般包括以下几个步骤：

1. 准备阶段

在准备设立房地产经纪机构之前，应充分做好所在地区专业房地产经纪机构存在并发展可能性的市场调研，包括当地房地产发展现状，房地产开发企业和消费者对房地产经纪机构的认知程度，专业房地产经纪人素质和数量及目标，建立良好合作关系的开发企业数量，然后认真准备如下材料，准备报请当地房地产行政主管部门进行审查。

（1）申请报告。阐述成立本机构的意义、作用及本机构的优势等。

（2）经纪机构章程。主管部门已经备案有规范的房地产经纪章程。

（3）企业成立批准文件。有主管部门的企业由主管部门批准成立。

（4）法人代表任职文件。

（5）财政部门或会计师事务所出具的验资证明。

（6）办公场地证明或房屋租赁合同。

（7）拟聘人员花名册、房地产经纪人资格证及其他人员职称证、学历证明等（复印件）。

（8）资质审查表。房地产主管部门对具备条件的单位进行发放，根据审查表的要求补充材料并认真填报审查表。

2. 审查阶段

申请者将资质审查表连同相关材料报请当地房地产行政主管部门后，主管部门将审查申请者的从业资格、经营范围是否合乎有关法律法规,同时相关人员和开业条件的真实性、合法性和有效性。审查内容包括如下几项:

(1)办公场地是否到位;

(2)财务是否独立或分账;

(3)人员是否到位;

(4)是否已经营业;

(5)收费标准;

(6)业务范围及拓展状况。

3. 批复阶段

初审符合条件后,由经办人在资质审批表上签署意见并草拟书面报告,上报主管领导批复,并由房地产行政主管部门颁发《房地产经纪资格证书》。

4. 办照阶段

申请者凭《房地产经纪资格证书》和其他工商行政管理部门要求提供的证件、材料,到与拟成立企业名头级别相符的工商行政管理部门办理工商登记并由工商行政管理部门核发营业执照,然后办理银行开户和税务登记等。

5. 备案、开业阶段

房地产经纪机构在领取工商营业执照后的一个月内,应当持营业执照及必要材料(以房地产行政主管部门要求为准)到当地房地产主管部门或委托机构备案,经登记备案的房地产经纪机构才能专门从事房地产中介活动。

3.2.3　房地产经纪机构的注销

房地产经纪机构的注销,标志着其主体资格的终止。注销后的房地产经纪机构不再有资格从事房地产经纪业务。注销时尚未完成的房地产经纪业务,应与委托当事人协商处理,可以转由他人代为完成,可以终止合同并赔偿损失。在符合法律规定的前提下,经当事人约定,也可以用其他方法。

房地产经纪机构的备案证书被撤销后,应当在规定的期限内,向所在地的工商行政管理部门办理注销登记。

房地产经纪机构歇业或因其他原因终止经纪活动的,应当在向工商行政管理部门办理注销登记后的规定期限内,向原办理登记备案手续的房地产管理部门办理注销手续。

3.3 房地产经纪机构的经营模式

3.3.1 房地产经纪机构经营模式的类型

房地产经纪机构的经营模式是指房地产经纪机构承接及开展业务的渠道及其外在表现形式。根据房地产经纪机构是否通过店铺来承接和开展房地产经纪业务,可以将房地产经纪机构的经营模式分为无店铺模式和有店铺模式。

1. 无店铺模式

无店铺模式的房地产经纪机构并不依靠店铺来承接业务,而是主要靠业务人员乃至机构的高层管理人员直接深入各种场所与潜在客户接触来承接业务。这类机构通常有两种,一种是以个人独资形式设立的房地产经纪机构,另一种是面向机构客户和大宗房地产业主的房地产经纪机构,如专营新建商品房销售代理的房地产经纪机构。商品房销售代理机构的业务开展似乎表现为有店铺——售楼处,但售楼处实质上并不是房地产经纪机构的店铺,不过这类机构通常有固定的办公场所。个人独资机构往往没有固定的办公场所,其所面向的客户大多是零星客户,如单宗房地产的业主、住房消费者,但其中也有少量机构面对大型机构客户,如房地产开发商,从事房地产转让等的居间业务。

2. 有店铺模式

有店铺模式的房地产经纪机构通常依靠店铺来承接业务,通常是面向零散房地产业主及消费者,从事二手房买卖居间和房屋租赁居间、代理的房地产经纪机构。其中,又可根据店铺数量的多少分为单店铺模式、多店铺模式和连锁店模式。

单店铺即只有一个店铺,它通常也是经纪机构唯一的办公场所,这是大多数小型房地产经纪机构所采取的形式。

多店铺模式是指一个房地产经纪机构拥有几个店铺的模式,通常的情况是这些不同店铺分别由房地产经纪机构及其设立的分公司来经营,这些店铺也是它们各自的办公场所。这是一些小型房地产经纪机构有了初步发展以后常采取的经营模式。由于机构的发展还不够成熟,店铺数量也不多,因而这些店铺常常是各自独立经营,未能实现有效的信息联网和连锁经营。

连锁店模式是一些大型房地产经纪机构所采取的经营模式,通常拥有十几家、几十家乃至几百家店铺,且采取信息共享、连锁经营的方式。这一模式包括直营连锁经营模式和特许加盟经营模式两种。

3. 网络经营模式

目前,随着计算机网络技术的发展,房地产经纪行业内还出现了一个新的经营模式——由一家房地产专业网站联合众多中小房地产经纪机构乃至大型房地产经纪机构而组成的网上联盟经营模式,联盟内的各成员机构均可通过一个专业的房地产网站来承接、开展业务。从目前情况来看,参与这种网上联盟的房地产经纪机构大多主要从事二手房买卖和房屋租赁的居间、代理,通常还同时保留其有形的店铺。

3.3.2　房地产经纪机构的连锁店模式

1. 房地产经纪机构直营连锁经营模式

连锁经营模式是零售业在 20 世纪的一项重要发展。直营连锁经营,即由同一公司所有,统一经营管理,具有统一的企业识别系统(CIS),实行集中采购和销售,由两个或两个以上连锁分店组成的一种模式。在一般零售业中,由于连锁经营规模大,具有大量采购大量销售的能力,使其能获得进货价格上的数量折扣,成本较低,从而售价也较低。连锁经营方式下,每家连锁店都有标准的商店门面和平面布置,以便于顾客识别和购物,并增加销售量。与一般零售业的连锁经营有所不同,现代房地产经纪机构进行连锁经营的目的主要是获得更多信息资源,并借助网络技术实现信息资源共享、扩大有效服务半径,以规模化经营实现运营成本的降低。

连锁经营有效地克服了零售企业由于店址固定、顾客分散造成的单店规模小、经营成本高等缺点,使企业可通过统一的信息管理、统一的标准化管理和统一的广告宣传形成规模效益。

2. 房地产经纪机构特许加盟连锁经营模式

特许经营起源于美国,根据我国商务部令 2004 年第 25 号《商业特许经营管理办法》的规定,特许经营是指通过签订合同,特许人将有权授予他人使用的商标、商号、经营模式等经营资源,授予被特许人使用;被特许人按照合同约定在统一经营体系下从事经营活动,并向特许人支付特许经营费。从本质上讲,特许经营是特许体系通过对产品的复制、品牌的复制、经营模式的复制、文化的复制,实行低成本扩张的一种企业发展模式。这种经营模式现已在包括餐饮业、零售商业、房地产中介等多个行业中得到广泛应用。特许经营具有以下 4 个共同特点：

（1）（法人）对商标、服务标志、独特概念、专利、经营诀窍等拥有所有权；

（2）权利所有者授权其他人使用上述权利；

（3）在授权合同中包含一些调整和控制条款，以指导受许人的经营活动；

（4）受许人需要支付权利使用费和其他费用。

特许经营能够在全球范围内得到广泛应用和发展，其主要原因在于，特许经营作为一种企业经营管理模式，有利于企业的快速发展、成长和扩张。对于特许人而言，可以不受资金的限制，迅速扩张规模，在当今经济全球化的趋势下，更可以加快国际化发展战略的实施。特许人还可能降低经营费用，集中精力提高企业管理水平。另一方面，对于那些资金有限、缺乏经验，但又想投资创业的人而言具有极强的吸引力，因为一旦加盟实行特许经营，就可以得到一个已被实践检验行之有效的商业模式和经营管理方法，以及一个价值很高的品牌的使用权，还可以得到特许人的指导和帮助，所有这些都将大大减低他的投资创业风险。

3. 直营连锁经营和特许经营的比较

直营连锁经营和特许经营可能在外在表现的形式上都表现为统一标识系统、统一的经营方式，但对于房地产经纪机构而言，这两种方式却是大不相同的。

在直营连锁经营方式下，整个经纪机构是在一个相对封闭的组织下进行运作，各连锁店之间虽然也可能存在利益竞争关系，但是由于所有的连锁店都为一个机构所拥有，因此各连锁店在整体上的利益关系是一致的，可以通过内部的利益协调机制或者管理层的协调来解决。同时，因为各连锁店隶属于同一个所有者和管理者，对各连锁店具有绝对的控制权，因此作为房地产经纪机构更容易管理，更容易贯彻自己的经营理念。但是，作为连锁经营而言，随着连锁经营规模的扩大，会对房地产经纪机构的人力、财力提出更高的要求，其扩张成本会相对较高。

特许经营模式目前正在为越来越多的大型房地产经纪机构所接受，大型房地产经纪机构正试图通过特许经营来实现低成本、高速扩张，抢占更多的市场份额。但是由于每一家加盟连锁店都是独立的，在目前中国房地产经纪市场尚处于发展的初期，市场竞争十分激烈，整个市场环境的秩序有待进一步规范。在经纪机构人员的素质参差不齐的情况下，对服务质量和信息的监控就显得尤为重要。服务质量和服务水准是特许经营取得成功的基础，由于每一家加盟的经纪机构情况都不同，因此要求每一家加盟店都按统一的标准提供服务是有一定难度的。而与餐饮等其他行业不同的另一个特点是，在房地产经纪企业中，信息是每一家加盟店的重要资源，因而对信息的控制对于整个特许经营体系就显得更为重要。

3.4　房地产经纪机构的部门与岗位设置

3.4.1　房地产经纪机构的部门设置

虽然不同类型房地产经纪机构的部门设置有所差别,但总体来看,各类房地产经纪机构内的部门主要有业务部门、业务支持部门、客户服务部门和其他部门四类。

1.业务部门

业务部门一般由隶属于公司总部的业务部门和分支机构(主要是连锁店)构成。

(1)公司总部的业务部门。在没有连锁店的经纪机构中,业务部门是直接从事经纪业务的部门。而在有连锁店的经纪机构中,其业务部门的主要工作是业务管理和负责规模、资金较大的业务项目。两者会略有不同。

一般情况下,公司总部的业务部门也可以根据需要进行不同的设置:

①根据物业类别不同进行设置。由于不同类型的房地产在交易过程中,客户对象、需求、交易手续等许多方面都具有不同的特性。所以,可以根据房地产类型来设置房地产经纪机构的业务部门,如:住宅部、办公楼部、商铺部等。每一个部门都负责各自类型的房地产经纪业务。

②根据业务类型不同进行设置。例如根据业务类型不同,可以划分为置换业务部、租赁部、销售部等部门。

③根据业务区域范围进行设置。例如根据业务覆盖区域不同,划分为东区业务部、西区业务部、南区业务部、北区业务部等。

(2)连锁店(办事处)。连锁店(办事处)必须有一名以上的取得房地产经纪人执业资格的房地产经纪人。没有取得房地产经纪人执业资格或有效执业资格的房地产经纪机构的分支机构,从事房地产经纪活动都是违规的。

2.业务支持部门

业务支持部门主要是为经纪业务开展提供必需的支持及保障的一些部门。包括交易管理部、评估部、网络信息部、研展部、办证部等。这些部门的设置可以根据公司规模等实际情况的不同作一定的调整。

(1)交易管理部。房地产经纪机构要对所属经纪人的行为承担法律责任。交易管理部门主要负责对房地产经纪人与客户签订的合同进行管理,维护经纪机构的利益。

(2)评估部。评估部主要是对某些需要提供价格意见的业务出具参考意见。这里评估部出具的是供交易双方参考的一个价格参考意见,而非正式的具有法律效力的评估报告(正式的评估报告应该由具有房地产价格评估资质的评估机构出具)。

(3)网络信息部。信息对于房地产经纪机构的意义无异于水与鱼的关系,没有了信息,房地产经纪机构也就失去了在市场上的立足之本,因此信息对于房地产机构而言是非常重要的,信息管理也就显得更加重要。网络信息部的主要职责就是负责信息系统软硬件的管理和维护。

(4)研展部。负责市场调查分析,原业务调整方案的制定,新业务品种的研究等工作。

(5)办证部。负责为客户到房地产交易中心办理房地产权证过户、合同登记备案,以及协助客户办理有关商业贷款、公积金贷款申请手续等。

3. 客户服务部门

这里对客户服务部门的定义是综合性的。它的任务既包含了对客户服务以及受理各类客户的投诉,同时也包括对经纪人业务行为的监督。设立这样一个部门,特别是在中国人世的大背景下是非常重要也是非常有意义的。作为一个服务性行业,经纪业务绝不是"一锤子买卖",售后服务是非常重要的,这直接关系到房地产经纪机构的形象。而对经纪人行为的监察则是保证经纪人在提供服务时能够严格按照公司要求提供规范服务。

4. 其他部门

其他部门主要是指一些常设部门,如行政部、人事部、财务部等。行政部主要负责公司的日常行政工作和事务性工作;人事部主要负责人事考核、人员奖惩,制定员工培训方案,制定员工福利政策等事务;财务部主要负责处理公司内的账务以及佣金、奖金结算等工作。

3.4.2 房地产经纪机构主要岗位设置

根据因事设岗、因岗设人的基本原则,房地产经纪机构主要岗位设置包括以下几方面:

1. 销售序列

(1)销售员岗位

直接上级:案场销售经理(房地产代理机构)或是连锁店经理(房地产居间机构)。

主要工作:

①全力完成公司下达的各项工作指标。

②自觉遵守公司制定的一切规章制度,对同事的不良行为不包庇,不纵容。

③积极参加公司对员工的各项专业知识方面的培训并争取优良成绩。

④培养良好的团队合作精神,提高工作效率。

⑤爱护公司财产,看到他人破坏行为及时阻止。

⑥接洽客户热情、周到,保证自己的服务让客户满意,遇事不与客户争执并及时向上级汇报。

⑦妥善保管销售手册并确保其内容不外泄。

⑧主动配合公司做好针对所在销售个案的调研工作。

⑨认真做好客户登记并确保资料的准确性。

⑩认真填写各类表单,确保内容及数据的准确性。

⑪高资历销售员主动提携帮助其他浅资历销售员,完成团队及个人指标。

⑫严格遵守公司保密制度,维护公司利益。

⑬贯彻实施部门制定的关于公司稽核发现问题的改进计划。

⑭个案销售结束后主动、积极配合市场部做好各类市场调研工作。

(2)案场销售经理岗位

直接上级:销售副总经理

主要工作:

①负责整个案场的管理工作,协调与甲方及施工单位在销售过程中的关系。

②严格执行各项案场工作守则及作业流程。

③具有高尚的品质,良好的职业道德及行为准则;对公司忠诚,杜绝各种不良习气及损害消费者与公司利益行为的发生。

④具有良好的沟通及协调组织能力,对内做好带头表率、上传下达,关心下属员工,为其解决工作中遇阻问题,培训案场人员的团队精神。

⑤具备全面、广泛的专业知识能力;熟悉房地产政策、法规、房产市场发展趋势、本市各区房产地域分布;积累丰富的房地产知识,能从专业的角度分析产品的特征、特性;具有敏锐的判断力及商务谈判技巧。

⑥具有一定的业务培训能力及管理能力;带领团队按时完成公司布置的业绩指标任务,在工作中协助上级领导依据实际情况调整原有的工作程序、管理制度,使各项工作更趋于合理化、规范化。

⑦项目前期做好市场调查分析,配合相关部门制定合理的企划计划与销售计划;统一销售口径,组织小组人员产品培训;做好项目筹备工作。

⑧项目中建立完整的项目销售档案及客户档案;能主动、积极配合领导完成各

项工作;制定周、月工作计划并每周、月进行总结;协助发展商处理定金、合同、按揭等工作;反馈客户意见及市场动态。

⑨销售经理对所有案场工作人员有上岗考核、业务评定、建议停职或推荐调升的权力。

⑩完成销售任务后协助做好个案结案报告,并带领销售员做好公司交办的新任务。

(3)连锁店经理岗位

直接上级:销售副总经理

主要工作:

①根据公司的授权负责该连锁店业务的运营及管理。

②执行公司的有关业务部署。

③负责对连锁店人员的管理和工作评估并及时将有关情况报告公司的有关部门。

(4)销售副总经理岗位

直接上级:总经理

主要工作:

①负责领导各个案场销售经理的工作,对各个案场实施宏观管理、控制。

②负责销售员及各种资源在各案场中调配。

③负责组织各项目的前期谈判和准备工作,以及项目营销方案的审定。

④负责销售员、案场经理的佣金发放、审核等工作。

2.研发序列

(1)项目开发岗位

直接上级:所在部门的部门经理

主要工作:捕捉商机,即针对各种渠道得来的信息进行项目跟踪,与潜在客户(如房地产开发商)进行初步洽谈,形成某种意向后提交给上级。

(2)市场调研岗位

直接上级:所在部门的部门经理

主要工作:分为专案市调、热点楼盘市调、开发市调。专案市调指根据公司项目做的市调工作;热点楼盘市调指围绕市场上新开项目、比较大型个案等做的市调工作;开发市调,通过平时市调对未开盘个案、地块等信息的积累来为开发做一定的基础工作。

(3)信息管理岗位

直接上级:所在部门的部门经理

主要工作:负责管理公司内部初期的商机信息及收集工作。

(4)专案研究岗位

直接上级:所在部门的部门经理

主要工作:对公司项目进行市场专案研究,并撰写研究、策划报告。

(5)市场研究岗位

直接上级:所在部门的部门经理

主要工作:针对房地产市场情况,包括供求情况、交易情况、政策法规等进行总体研究,并撰写研究报告。

3. 管理序列

(1)部门经理岗位

直接上级:分管副总经理

主要工作:具体负责房地产经纪机构内各部门的工作计划制定、工作安排,监控各部门的工作进度,考核本部门的工作人员。

(2)副总经理岗位

直接上级:总经理

主要工作:参与机构整体工作计划的制定,协助总经理分管房地产经纪机构内某一个或几个方面工作。

(3)总经理岗位

主要工作:负责房地产经纪机构的全面管理,包括组织制定和调整机构经营模式、内部组织结构、内部管理制度和任免各岗位的工作人员等。总经理对董事会(有限责任公司或股份责任公司)或投资人(合伙企业)负责。

4. 业务辅助序列

(1)办事员岗位

直接上级:所在部门的部门经理

主要工作:经办产权登记、抵押贷款代办等与业务有关的相关事务。

(2)咨询顾问岗位

直接上级:所在部门的部门经理

主要工作:在一些规模较大的房地产经纪机构内,为提高服务质量,还专门聘请具有专业知识和经验丰富的人员为客户提供信息、法律等方面的咨询。

5. 辅助序列

主要包括会计、出纳,较大规模的房地产经纪机构内通常还有秘书、接应台服务生、保安、司机、保洁员等岗位以辅助机构的运转。

3.5 房地产经纪机构案例

房地产经纪机构违规操作[①]

1.案情介绍

甲房地产经纪公司经理李某,为了扩展公司经营业务,提高公司经济收益,拟在房地产经纪业务中收购一批价格低、有升值潜力的房屋。他要求房地产经纪业务人员在业务开展中,尽可能地压低委托人的出售价格。如遇有合适的房屋便以公司员工的名义买下、囤积,然后伺机加价卖出;如果囤积房屋不很合适,则通过加价挂牌方式以获取差价。

房地产经纪人协理小魏在经纪业务接待中,遇到了客户王某。王某因女儿出国留学,急需一笔费用,拟把其继承的房屋出售。由于王某对房屋出售事项不甚了解,便想委托房地产经纪公司为他操办此事。甲房地产经纪公司委派小魏独立从事该项业务,并与王某进行了洽谈。小魏除了介绍委托代理房屋买卖的有关事项外,还特别向王某提到:"现在这段时间正处在国家宏观经济调控时期,房地产市场受到一定的影响,房屋出售价格相对比较低。"小魏建议王某以20万元的价格挂牌出售该套房屋。王某心想:"甲房地产经纪公司是房地产买卖方面的专业公司,公司业务员熟悉行情,懂得政策,一定比我在行,听他们的指点和建议没错。"于是王某听从了小魏的建议,委托该房地产经纪公司代理出售该房屋,并与公司签订了《房地产代理合同》。合同约定,委托代理期限为自合约签订生效起2个月,委托出售价格20万元,事成之后,王某向甲房地产经纪公司支付房屋售价的2%作为佣金。

业务员小魏为贯彻公司领导意图,将王某委托的房屋以22万元的价格挂牌出售。之后,虽有几个买家有意向购买,但终因价格等多种原因未能成交。

很快一个月过去了,小魏有些着急了。无奈之下,她突然想到乙房地产经纪公司的小夏。小魏打电话给小夏,问他能否帮忙,承接这笔委托业务。小夏向小魏了解了相关情况后,表示可以接受,小魏便将该笔经纪业务转委托乙房地产经纪公司,并由小夏操办。小夏经过努力,终于寻找到买家陈某,以总价22.5万元成交,签订了《房屋买卖合同》,并向陈某收取了房屋成交价的1%作为佣金。之后,甲房地产经纪公司将20万元支付给委托人王某,并按合同约定向王某收取了4000元佣金。房屋差价的2.5万元按2万元和5000元各归甲、乙房地产经纪公司。

[①] 郑龙清. 房地产法规应用实务. 北京:中国建筑工业出版社,2009

经过几个月的业务操作,李经理又搜集到了一些中意的房屋信息。如果把这些房屋全部买下,公司资金负担不了,于是他想到用先期购入的房屋向银行进行抵押,取得抵押贷款后再去购房。以此往复,不仅可以解决资金不足问题,又能收购和掌握一部分房源。但如果按照房地产抵押管理的有关规定,房地产抵押贷款最高额度不得超过抵押房屋市值的70%,这样运作,公司经营资金仍会有不少缺口。再说,一家房地产经纪公司多次买房抵押再买房,不仅政策上有违规嫌疑,操作上也有许多问题。为此李经理冥思苦想,最后他决定尝试以公司所属员工名义购房,再以该员工名义申请抵押贷款。同时李经理又托他的朋友,与主持这些抵押房屋评估工作的丙房地产价格评估公司拉上关系,并要求该公司在评估甲房地产经纪公司员工所抵押房屋的价格时,将价格评估得高一些。丙房地产价格评估公司注册房地产估价师黄某按照其领导的暗示,将甲房地产经纪公司委托的房屋评估价格比市场平均价高估了40%,为此李经理向黄某支付了一定的好处费。

2.案例评析

我国《民法通则》规定,民事活动主体在民事活动中应遵守"自愿、平等、等价有偿、诚实信用"的原则。

房地产中介服务机构和人员为社会和他人提供的是一种经济服务,为此,自觉遵守"诚实信用"原则更为重要。

房地产经纪机构在经纪业务中,应争取为买方委托人买到最低价格的房地产,或者是在预定的价格下,买到最好的房地产;为卖方委托人卖出最高价格的房地产。

房地产价格评估公司应为委托人依据估价技术规范和标准,客观、公正地评估房地产价格。

就本案而言,房地产中介服务机构在开展中介服务中犯有以下错误:

(1)甲房地产经纪公司的领导要求公司所属的房地产经纪人员尽可能压低委托人的房屋出售价格,并伺机赚取差价,以及要求丙房地产价格评估公司高估其拟抵押的房地产价格的做法,既违背了"诚实信用"原则,也违反了房地产经纪行业规则和职业道德守则。

(2)按《房地产经纪人员职业资格制度暂行规定》的要求,房地产经纪人协理不能承担房地产经纪机构关键岗位工作,也不能独立从事房地产经纪工作。小魏只具有房地产经纪人协理资格,应在执业房地产经纪人的指导下,从事与其相适应的工作。在本案中,小魏受公司委派独立受理客户王某委托的事项,其行为已超越了房地产经纪人协理的权利范围,也违背了房地产经纪人资格管理的规定。

(3)甲房地产经纪公司转委托乙房地产经纪公司代理王某委托的房屋出售事

项,按代理的有关法律法规规定,代理人(甲房地产经纪公司)应事先告知委托人,或事后征得委托人同意。但甲房地产经纪公司并未遵守法律规定,擅自转委托,并加价出售,此行为既超越了代理权,也违背了诚信原则。

(4)为防止不公平竞争和保护商业秘密,《城市房地产中介服务管理规定》第二十二条规定:"房地产中介服务人员在房地产中介服务活动中不得同时在两个或两个以上房地产中介服务机构执行业务。"乙房地产经纪公司房地产经纪人员小夏在甲房地产经纪公司兼职,违反了上述规定,应属不正当执业,是一种违规行为。

(5)丙房地产价格评估公司和注册房地产估价师黄某的行为违反了相关规定,违背了职业道德。作为房地产价格评估公司,应按估价企业资质分级要求开展估价业务,敦促公司估价人员遵守职业道德,客观公正地评估房地产价格。作为注册房地产估价师,在从事房地产估价业务时,应遵守法律、法规、行业管理规定和职业道德规范,遵守房地产估价技术规范和规程,保证估价结果的客观和公正。而本案中,公司领导暗示估价人员估价作假,估价人员暗中收受好处费,这些行为均属违规和违法行为,不仅损害了有关当事人的利益,也损害了公司品牌和从业人员执业形象。

(6)甲、乙房地产经纪公司在代理出售王某房屋时,有多收佣金的嫌疑。本来房地产经纪的佣金应按所在地的佣金收取有关规定向委托人收取,但在实际操作中往往由买卖双方各承担50%的佣金。一笔经纪代理业务不管中间转代理几次,都应按经纪代理合同约定的(当然必须符合当地有关部门的规定)标准收取。本案经纪代理合同约定为成交价格的2%,而实际上在此基础上,乙房地产经纪公司又向买受人收取1%的佣金,可以认为这种行为属于多收费的违规行为。

为规范房地产中介服务人员的从业行为,不仅要严把行业准入制度,还要对从业人员加强职业道德教育并推行行业规范建设。

思考题

1.房地产经纪机构主要有哪些类型?

2.房地产经纪机构的主要权利和义务是什么?

3.房地产经纪机构设立需要哪些条件?

4.房地产经纪机构的设立程序有哪些?

5.房地产经纪人员与房地产经纪机构之间的关系如何?

6.房地产经纪机构的经营模式有哪些?

7.直营连锁经营和特许经营模式有何异同?

8.房地产经纪机构内通常有哪些部门?

第4章

房地产经纪合同

4.1 房地产经纪合同概述

4.1.1 房地产经纪合同的含义和特征

根据《中华人民共和国合同法》,合同是指平等主体的自然人、法人、其他组织之间设立、变更、终止民事权利义务关系的协议。房地产经纪合同是《合同法》调整范围内的分类合同,是房地产经纪人为委托人提供房地产交易等事务的劳务而与委托人约定订立的协议形式。房地产经纪合同能够有效保障当事人的合法权益,维护和保证房地产市场交易的安全与秩序,在房地产经纪活动中有着十分重要的作用。房地产经纪人在履行为委托人提供各项劳务服务的义务时,其应当享有的获得报酬的权利只能通过订立合同的方式取得。同样要求房地产经纪人提供服务的委托人,也只有通过合同的形式,才能充分表达自己享有的权利以及应当承担支付报酬的义务。没有其他途径可以如合同一样自愿、公平、充分、自由地表达合同当事人的权利和义务。可以说,在市场经济条件下,合同是唯一合法、有效的形式。

房地产经纪合同有以下主要特征:

1.房地产经纪合同是双务合同

双务合同是指一方当事人所享有的权利就是他方当事人所负担的义务。双方当事人之间存在着互为对价的关系,是商品交换最为典型的法律表现形式。

2.房地产经纪合同是有偿合同

有偿合同是指当事人取得权利必须支付相应代价的合同。一方当事人取得利益,必须向对方当事人支付相应的代价,而支付相应的代价一方,必须取得相应的利益。这种代价可以是金钱,也可以是给付实物或提供劳务。但一方取得的利益与对方支付的代价,不要求在经济上、价值上完全相等,只要达到公平合理的程度即可。

3.房地产经纪合同一般为书面形式的合同

这里需要说明的是,国家《合同法》中规定合同形式分为要式合同和不要式合同。是否是要式合同主要是以是否以法律规定的特定形式要件为主。因此,从这个意义来讲,房地产经纪合同是一种劳务合同,不是直接表现房地产交易关系的合同,可以是不要式合同。

4. 房地产经纪合同主要是从合同

从合同的特点在于它不能独立存在,必须以主合同的存在并有效为前提。房地产经纪合同作为一种劳务合同是以房地产交易合同为主合同的,房地产经纪人在经纪活动中所担负的义务主要是以促成或承担完成房地产的交易为前提的劳务服务。房地产经纪合同在大多数情况下为从合同,但也不排除有的情况下不要求完成实际交易为前提,而仅提供信息服务这种情况下房地产经纪合同就不是从合同。

4.1.2　房地产经纪合同的内容

房地产经纪合同的内容由当事人约定,具体的内容根据当事人不同的需要会有所变化,但合同的主要内容一般应当包括以下条款:

1. 当事人的名称或者姓名和住所

当事人是合同的主体,没有主体,合同就不成立。主体不明确,其权利义务关系就无法明确。房地产权利人的主体与委托房地产经纪人提供劳务服务的经纪合同的主体是有一定区别的。房地产权利人可以是有民事行为能力的成年人,也可以是无民事行为能力的未成年人和成年人。当然,委托人无民事行为能力在订立经纪合同时,应由其法定代理人代理。因此,订立经纪合同时,应当明确主体关系,使合同履行具备法律效力。

2. 标的

合同的标的是合同法律关系的客体。没有标的,合同的权利义务就失去目的,当事人之间就无法建立合同关系。合同的条款中应当清楚、明确标明合同的客体。在房地产经纪合同中对标的(即房地产)的描述应当清楚、明了,并明示主客体关系(即当事人与标的的关系)的各项内容。

3. 服务事项与服务标准

这一条款是表明房地产经纪人的服务能力和服务质量的条款,也是体现房地产经纪人能否促使合同得以履行的主要条款。服务的事项和标准应当明确,不明确是难以保证合同得到正常履行的,这是必须明示的条款。由于劳务活动的不确定性,该条款在合同的履行过程经常会受到委托人的争议或在进行中协商、补充,使合同的内容得到调整。

4.劳务报酬或酬金

酬金是完成服务的价款,也是提供劳务服务的代价。房地产经纪合同是有偿合同,酬金及酬金的标准是合同的主要条款,也属于合同的明示条款。

5.合同的履行期限、地点和方式

履行期限直接关系到合同义务完成的时间,同时也是确定违约与否的因素之一。一般当事人应当在房地产经纪合同中予以约定。履行的地点和履行的方式也应当在合同中予以明确。

6.违约责任

违约责任是当事人违反合同约定时约定承担的法律责任。违约责任条款有利于督促当事人履行合同义务,保护守约方的利益。合同条款中应当明确违约责任。合同中没有约定违约责任的,并不意味违约方不承担违约责任。违约方未依法被免除责任的,守约方仍然可以依法追究其违约责任。

7.解决争议的方式

争议的解决方式是当事人解决合同纠纷的手段和途径。当事人应当在合同中明确选择解决合同争议或纠纷的具体途径,如通过仲裁或诉讼;当事人没有作明确的选择,则应通过诉讼解决合同纠纷。

4.1.3 房地产经纪合同的主要类型

从不同的角度划分,房地产经纪合同有不同的类型。

1.房地产代理合同与房地产居间合同

房地产代理合同与房地产居间合同是房地产经纪合同的最基本的两种形式。其他具体的合同形式基本上都是由这两种形式派生的。

根据《民法通则》第六十三条的规定,代理是指代理人在代理权限内,以被代理人的名义实施民事法律行为,被代理人对代理人的代理行为承担民事责任。被代理人可以委托代理人处理一项或数项或全部事务。房地产的代理行为属民事代理中的一种特殊形式——商事代理。代理行为是受被代理人规定权限限制的行为，委托人没有授权或规定的合同内容代理人就不得超越或无权处理。代理合同的内容不是以双方当事人的意思表示一致作为合同的成立条件，而是以被代理人确定委托代理权限和代理人接受授权为合同的成立条件。

房地产居间合同是指房地产经纪人接受委托，为委托方报告房地产成交机会或撮合委托人与他方成交，委托方给付佣金的合同。

2. 房地产买卖经纪合同与房地产租赁经纪合同

买卖经纪合同是经纪人与委托人通过约定为委托人的房地产买卖活动向其提供劳务服务而订立的合同。房地产买卖活动是房地产的产权关系通过交易行为发生变化的活动。中国现时期各个地区和城市的房地产市场，尤其是比较发达和市场化程度较高的地区和城市的房地产市场，正处于房地产消费和投资的快速增长时期，投资新建的房地产与二手房地产的交易非常活跃。其中，投资新建房地产的投资人（通常称为房地产开发商或业主）委托经纪人为其出售投资新建的期房或现房时，与经纪人订立的经纪合同形式主要是代理合同。而在二手房地产的买卖活动中，房地产买卖的委托人与经纪人订立的经纪合同形式则是以居间合同为主。因此，同样是房地产买卖活动，因为委托人的目的、要求、交易条件、交易习惯等诸多因素的不同，选择的经纪合同形式不同。

租赁经纪合同是经纪人与委托人通过约定为委托人的房屋租赁活动向其提供经纪服务而订立的合同。房屋租赁是反映房地产的债权经营活动的，较之房地产的其他交易活动相对比较复杂。经纪人与委托人为房屋租赁活动约定的经纪合同形式，一般同房地产的买卖活动相似。

3. 一手房经纪合同与二手房经纪合同

一手房和二手房是房地产市场一种习惯叫法，一手房通常是指投资新建用于出售、出租的房地产，房地产市场上把这种新建房屋在建时预售、预租，或建成后出售、出租的首次交易称为一手房交易，在许多情况下，这类房屋未被使用过。二手房是指经过首次交易的房地产，其再度交易，或多次交易都称为二手房交易。

一手房的经纪活动主要发生在一手房卖方与经纪机构之间，因为一手房交易活动中的卖方都是投资新建房屋的投资者。由于新建房屋预（销）售的数量通常比较大，少则几千平方米，多则几万甚至几十万、几百万平方米，因此交易事务庞杂而集中。而且受投资资金、投资建设周期、市场风险等多重压力的影响，卖方通常期望经纪人能运用营销手段,尽快出售、出租房屋以达到自己快速收回资金、降低市场风险的目标。其委托代理合同的内容表现为目标明确、要求具体、事务繁杂、周期严格并具有风险性,同时要求经纪人按照指令和指示办事,不得自行其是。因此,委托人是因其繁杂的特别事务选择能够承担这种事务能力的经纪人授予代理权,并通过订立代理合同督促其完成。一手房经纪合同中,除了前文已述的合同基本条款外,须特别增加经纪机构提取佣金的条件,价格浮动范围,佣金结算的方式和时间,有关广告、售楼处搭建及布置等方面的费用支付问题等条款。

二手房交易中,绝大多数的租售当事人因为不能确定地寻找到期望或满意的交易对象,为了减少盲目的寻找,这类合同大多数是居间合同形式,其特点是合同要求完成的事务应当完备。由于二手房有限,而且多为已使用过的房屋,二手房居间合同就应相应增加有关房屋已使用情况调查、告知责任以及房屋交验责任的条款。此外,由于二手房交易中,委托人常常会要求经纪机构提供一系列相关服务,这时还必须增加与这些相关的补充条款。

4. 房地产买方代理合同与房地产卖方代理合同

买方和卖方是房地产买卖活动中互为相对方的交易主体。买方与卖方各自委托代理人为其提供劳务服务所订立的代理合同,是属于同一类型的合同形式。合同的主要条款没有根本的差异,但是,各自因委托授权的范围、要求、条件、事务的多寡,责任的大小之间的差别,其合同的权利义务关系不同,结果也不同。

对于房地产买方代理合同,主要是为委托人买到最低价格的房地产,或者是在预定的价格下,买到最好的房地产。然而由于对房地产质量、功能方面的评判标准不可能完全统一,因此,在买方代理合同中,如果能约定经纪人应提供的备选房源数量,则可相应减少经纪纠纷。此外,在以上第一种情况下,由于客户有特定的要求,佣金的标准不能等同于一般经纪合同标准,可在合同中特别约定。

对于房地产卖方代理合同,主要是卖方代理业务中,经纪人的基本义务是实现标的物业的最高出售价格。但是由于价格越高,出售的难度也越大,对于批量的一手房预(销)售代理来说,销售进度也会有影响。因此,为了避免经纪纠纷,卖方代理合同中应载明有关交易价格范围、销售时间和进度以及不同价格和销售进度下佣金计算标准的条款。

4.2　房地产经纪业务合同推荐文本

　　为规范房地产经纪行为,提高房地产经纪服务质量,保障房地产经纪活动当事人的合法权益,维护房地产市场秩序,促进房地产经纪行业持续健康发展,2006 年10 月 31 日,建设部、中国房地产估价师与房地产经纪人学会联合发布了《中国房地产经纪执业规则》和《房地产经纪业务合同推荐文本》。其中,《房地产经纪业务合同推荐文本》包括《房屋出售委托协议》、《房屋出租委托协议》、《房屋承购委托协议》和《房屋承租委托协议》。《房地产经纪业务合同推荐文本》可以为经纪活动相关当事人提供一个公正、规范、合理的合同文本,减少房地产经纪市场信息不对称带来的损害,切实维护当事人的合法权益。

4.2.1　房屋出售委托协议

　　见房地产经纪业务合同推荐文本(2006)——房屋出售委托协议。

4.2.2　房屋出租委托协议

　　见房地产经纪业务合同推荐文本(2006)——房屋出租委托协议。

4.2.3　房屋承购委托协议

　　见房地产经纪业务合同推荐文本(2006)——房屋承购委托协议。

4.2.4　房屋承租委托协议

　　见房地产经纪业务合同推荐文本(2006)——房屋承租委托协议。

房地产经纪业务合同推荐文本(2006)

合同编号：＿＿＿＿＿＿＿＿

房屋出售委托协议

中国房地产估价师与房地产经纪人学会　推荐

房屋出售委托协议

委托人：_____

（系房屋出售人）

【本人】【法定代表人】姓名：_____　国籍：_____

【身份证号】【护照号】【营业执照注册号】【　　　】_____

住所：_____

邮政编码：_____　联系电话：_____

受托人：_____

（系房地产经纪机构）

法定代表人：_____

营业执照注册号：_____

房地产管理部门备案号：_____

住所：_____

邮政编码：_____　联系电话：_____

　　根据《中华人民共和国合同法》、《中华人民共和国城市房地产管理法》及其他法律法规，委托人和受托人本着平等、自愿、公平、诚实信用的原则，经协商一致，达成如下协议。

第一条　委托事项

　　委托人为出售《标的房屋信息》（见本协议附件）所特指的房屋（以下简称标的房屋），委托受托人提供本协议第三条约定的服务。

　　【受托人指派】【委托人选定】注册在受托人名下的下列房地产经纪人为本协议委托事项的承办人，执行委托事项：

　　承办人姓名：_____性别：_____身份证件号码：_____。

　　房地产经纪人注册号：_____。

　　承办人选派注册在受托人名下的下列房地产经纪人协理为本协议委托事项的协办人，协助承办人执行委托事项：

　　协办人姓名：_____性别：_____身份证件号码：_____。

第二条　标的房屋信息

　　签订本协议时，受托人应凭借自己的专业知识和经验，向委托人全面、详细询问为促成委托人与第三人进行标的房屋买卖所必需的标的房屋情况，要求委托人如实提供相应的资料;委托人应对其提供的情况和资料的真实性承担法律责任。

受托人应根据委托人提供的情况和资料,到标的房屋现场及有关部门进行必要的调查、核实,并与委托人共同如实填写《标的房屋信息》。

《标的房屋信息》为本协议的重要组成部分。

第三条 服务内容

委托人委托受托人提供下列第_____项服务(可多选):

(一)提供与标的房屋买卖相关的法律法规、政策、市场行情咨询。

(二)寻找承购人。

(三)在本协议第四条约定的期限内代管标的房屋。

(四)协助委托人与承购人达成房屋买卖合同。

(五)代办房地产估价、公证手续。

(六)为委托人代办税费缴纳事务。

(七)代办解除标的房屋抵押贷款手续。

(八)代办房屋产权及附属设施过户手续。

(九)代理移交房屋、附属设施及家具设备等。

(十)代办各种收费设施的交接手续。

(十一)其他(请注明)_____

_____。

受托人为完成委托代办事项而向委托人收取证件、文件、资料时,应向委托人开具规范的收件清单,并妥善保管;完成委托代办事项后,应及时将上述证件、文件、资料退还委托人。

第四条 委托期限与方式

(一)委托期限按照下列第____种方式确定(只可选一项):

1.自____年____月____日起,至____年____月____日止。期限届满,本协议自行终止。

2.自本协议签订之日起,至委托人与承购人签订房屋买卖合同之日止。

3.其他(请注明)_____。

(二)委托人【承诺】【不承诺】在委托期限内本协议约定的委托事项为独家委托。

第五条 委托出售价格

委托人要求标的房屋的出售总价不低于【人民币】【   】大写_____元(小写_____元)。实际成交价高于前款约定最低出售价的,高出部分属委托人所有。

第六条 服务费用支付

（一）佣金

在本协议第四条约定的期限内委托人与承购人达成房屋买卖合同的，委托人应向受托人支付佣金。

1.佣金的支付标准及金额按照下列第＿＿＿种方式确定（只可选一项）：

（1）按房屋买卖合同中载明的成交价的大写百分之＿＿＿（小写＿＿＿％）计付佣金。

（2）按固定金额【人民币】【 】大写＿＿＿＿＿＿＿＿元（小写＿＿＿＿元）支付佣金。

（3）其他（请注明）＿＿＿＿＿＿＿＿＿＿＿＿＿＿。

2.佣金的支付时间按照下列第＿＿＿种方式确定（只可选一项）：

（1）自房屋买卖合同签订之日起＿＿＿日内支付。

（2）于房屋买卖合同签订之日，支付佣金总额的大写百分之＿＿＿＿＿＿＿＿＿（小写＿＿＿＿％）；于房屋产权过户手续完成之日，支付佣金总额的大写百分之＿＿＿＿＿＿（小写＿＿＿＿％）；于房屋交付完成之日，支付佣金总额的大写百分之＿＿＿（小写＿＿＿％）。

（3）其他（请注明）＿＿＿＿＿＿＿＿＿＿＿＿＿＿＿。

3.在本协议第四条约定的期限内未能达成房屋买卖合同的，对受托人为完成委托事项已支出的必要费用，按照下列第＿＿＿种方式处理（下列选项只有一项有效，填写两项或两项以上者，按照有利于委托人的选项执行）：

（1）由受托人承担。

（2）以【人民币】【 】大写＿＿＿＿＿＿＿＿元（小写＿＿＿元）为限，自委托期限届满之日起＿＿＿日内支付。

（3）按上列约定佣金支付标准的大写百分之＿＿＿（小写＿＿＿％）计算，自委托期限届满之日起＿＿＿日内支付。

（4）由委托人和受托人根据受托人完成的工作量另行议定。

（5）其他（请注明）＿＿＿＿＿＿＿＿＿＿＿＿＿＿＿。

4.受托人收取佣金后，应向委托人开具正式发票。

（二）代办事项服务费

受托人完成本协议第三条约定的代办事项的，委托人应按照下列第＿＿＿种方式向受托人支付服务费（下列选项只有一项有效，填写两项或两项以上者，按照有利于委托人的选项执行）：

1.由受托人承担。

2.按受托人经营场所明示的收费标准，自委托事项完成之日起＿＿＿日内或＿＿

_____支付。

3.按受托人经营场所明示的收费标准的大写百分之____（小写____%），自委托事项完成之日起____日内或_____支付。

4.按固定金额【人民币】【　　】大写_____元（小写_____元），自委托事项完成之日起_____日内或_____支付。

5.其他（请注明）_____。

受托人收取代办服务费后，应向委托人开具正式发票。

（三）代缴税费

受托人在完成委托事项中，代委托人向第三方缴纳的税费，按照下列第____种方式处理（下列选项只有一项有效，填写两项或两项以上者，按照有利于委托人的选项执行）：

1.委托人按委托人和受托人认同的估算金额预付给受托人，待约定的代缴税费事项完成、委托期限届满或者本协议终止（以先者为准）时，受托人凭缴纳税费收据与委托人结算，如有差额多退少补。

2.由受托人提供收费标准与金额，委托人按代办进程将应缴税费付给受托人，委托其代为向第三方缴纳。

3.其他（请注明）_____。

第七条　交易过错责任承担

委托人因与本项委托直接关联的交易与承购人发生权属纠纷且委托人属过错方的，除受托人能证明属于委托人过错、应由委托人承担责任的外，受托人作为专业机构应承担过错责任，对委托人应承担的民事责任承担连带责任。

受托人不得在本协议以外的补充约定中，设立明示或者暗示与本条款相冲突的免除受托人责任的条款。

第八条　违约责任

（一）委托人违约责任

1.委托人故意提供虚假的标的房屋情况和资料的，受托人有权单方解除本协议，给受托人造成损失的，委托人应依法承担赔偿责任；

2.委托人泄露由受托人提供的承购人资料，给受托人、承购人造成损失的，委托人应依法承担赔偿责任；

3.委托人在委托期限内自行与第三人达成交易的，应按照本协议约定的标准向受托人支付佣金。但委托人在本协议第四条第二款中不承诺为独家委托，并能证明该项交易与受托人的服务没有直接因果关系的除外。

（二）受托人违约责任

1.受托人违背执业保密义务,不当泄露委托人商业秘密或个人隐私,给委托人造成损害的,应按照＿＿＿＿＿＿＿＿标准支付违约金,约定违约金不足以弥补委托人损失的,委托人有权要求补充赔偿。

2.受托人有隐瞒、虚构信息或恶意串通等影响委托人利益的行为,委托人除有权解除本协议、要求退还已支付的相关款项外,受托人还应按照＿＿＿＿＿＿＿＿标准,向委托人支付违约金。

3.在委托代办事项中,受托人因工作疏漏,遗失委托人的证件、文件、资料、发票等,应给予相应经济补偿。

（三）委托人与受托人之间有付款义务而延迟履行的,应按照迟延天数乘以应付款项的大写百分之＿＿＿（小写＿＿＿%）计算迟延付款违约金支付给对方,但不超过应付款总额。

第九条　协议变更与解除

（一）协议变更

在本协议履行期间,任何一方要求变更本协议条款,应书面通知对方。经双方协商一致,可达成补充协议。补充协议为本协议的组成部分,与本协议具有同等效力。

若经双方协商一致,无需签订补充协议的,应将变更事项简记于本协议的附注栏内。

（二）协议解除

1.委托人有确凿证据证明受托人有与其执业身份不相称的行为且将影响委托人利益的,可于委托期限届满前,书面通知受托人解除本协议,受托人应在收到通知之日起＿＿＿日内将预收的费用退还委托人。

2.受托人有确凿证据证明委托人隐瞒重要事实且足以影响交易安全的,可于委托期限届满前,书面通知委托人解除本协议,已收费用不予退还,并可依法追偿约定的或已发生的费用。

第十条　争议处理

因履行本协议发生争议,由争议双方协商解决,协商不成的,双方【同意】【不同意】由标的房屋所在地的房地产经纪行业组织调解。

调解不成或者不同意调解的,按照下列第＿＿＿种方式解决:

1.提交＿＿＿＿＿＿＿＿仲裁委员会仲裁。

2.依法向人民法院起诉。

第十一条　协议生效

本协议一式＿＿＿份,具有同等法律效力,委托人＿＿＿份,受托人＿＿＿份。

本协议自双方签订之日起生效。

委托人(签章)：　　　　　　　受托人(签章)：

　　　　　　　　　　　　　　　承办人(签章)：

　　　　　　　　　　　　　　　协办人(签章)：

签订地点：

签订日期：　　　年　　月　　日

附 注 栏

变更日期	变更事项	双方签字确认

附件

标的房屋信息

委托出售房屋可公开基本信息
位置：_____省(自治区、直辖市)_____市(县)_____(区) _____路_____(巷)(胡同)_____小区 用途：_____ 建筑结构：_____ 户型：_____室_____厅_____卫_____厨或平房_____间 面积：建筑面积：_____平方米 使用面积：_____平方米 套内建筑面积：_____平方米 装修：【毛坯房】【粗装修】【精装修】【　　】
委托出售房屋其他可公开基本信息

委托出售房屋的权益信息

1. 所有权人：_____ 。

2. 共有权人：_____（没有共有权人的填写"无"，不宜留空）。

3. 房屋所有权人持有_____颁发的所有权证书，证书号_____证书复印件见粘贴页。

4. 房屋所有权性质：【私房】【已购公有住房】【商品房】【经济适用住房】【 】。

5. 房屋所占土地性质：【国有划拨】【国有出让】【农民集体【 】。

6. 该房屋享有的附属权益：_____（如树木、合法搭建、车位、会所、公用物业受益、公共维修基金等）。

7. 属于有限责任公司、股份有限公司所有的，有无公司董事会、股东大会审议同意【出售】【出租】的合法书面文件，见粘贴页。

8. 属于国有或集体资产的，有无政府主管部门的批准文件，见粘贴页。

9. 属于共有财产的，有无共有权人同意转让的书面证明，见粘贴页。

10. 有无司法机关或者行政机关依法裁定，决定查封或者以其他形式限制权利的情况。

11. 有无抵押等他项权利设置情况，若有，有无取得抵押权人等他项权利人书面同意买卖的证明，见粘贴页。

12. 有无承租人占用房屋，若有，有无承租人放弃优先购买权的书面声明，见粘贴页。

13. 承租人放弃优先购买权，承购人购房后应继续履行租赁合同到合同期满_____年___月___日，租赁合同见粘贴页。

14. 委托出售房屋是否被列入拆迁公告范围内。

15. 其他已知可能影响出售的情况：_____
_____。

委托出售房屋的区位信息

坐落：_____省(自治区、直辖市)_____市(县)_____区
_____镇_____街(巷)(胡同)_____小区___号楼_____号房

通邮地址：_____邮政编码：_____

在 _____街道办事处_____居民委员会辖区

在 _____公安局_____派出所管辖区

附近500米内的地标性建筑物：_____

附近500米内的商场、超市：_____

附近500米内的学校、医院：_____

附近500米内的公交车站：_____

其他便利条件：_____
_____

	委托出售房屋的实物信息	

建成年月：_____年___月

设计用途：_____

建筑结构：砖混　砖木　框架　框剪　_____

户型特点：平层　错层　跃层　复式　_____

垂直通行设施：垂直电梯___部　步梯___处

配套设施设备：

供水：自来水　矿泉水　热水　中水　_____

供电：220V　　380V　可负荷_____KW

供燃气：天然气　煤气　_____

外供暖气：汽暖　水暖　供暖周期_____

自备采暖：电暖　燃气采暖　燃煤采暖_____

空调：中央空调　自装柜机___台　自装挂机___台

电视馈线：无线　有线（数字、模拟）

电话：外线号码　　　内线号码

互联网接入方式：拨号　宽带　ADSL　_____

随房屋家具、电器、用品清单

名称	数量	成新率	名称	数量	成新率
双人床			电视		
单人床			冰箱		
床头柜			洗衣机		
梳妆台			热水器		
衣柜			空调		
书柜			燃气灶		
写字台			排油烟机		
沙发			饮水机		
茶几			电话机		
椅子			吸尘器		
餐桌					
电视柜					

委托出售房屋的债权债务信息
水费:价格 _____ 预付余额 _____ 欠费额 _____ 近期交费凭证见粘贴页
电费:价格 _____ 预付余额 _____ 欠费额 _____ 近期交费凭证见粘贴页
燃气费:价格 _____ 预付余额 _____ 欠费额 _____ 近期交费凭证见粘贴页
固定电话费:价格 _____ 预付余额 _____ 欠费额 _____ 近期交费凭证见粘贴页
物业管理费:价格 _____ 预付余额 _____ 欠费额 _____ 近期交费凭证见粘贴页
供暖费:价格 _____ 预付余额 _____ 欠费额 _____ 近期交费凭证见粘贴页
电视收视费:价格 _____ 预付余额 _____ 欠费额 _____ 近期交费凭证见粘贴页
互联网费:价格 _____ 预付余额 _____ 欠费额 _____ 近期交费凭证见粘贴页

粘　贴　页

房地产经纪业务合同推荐文本(2006)

合同编号:＿＿＿＿＿＿＿＿

房屋出租委托协议

中国房地产估价师与房地产经纪人学会　推荐

房屋出租委托协议

委托人：＿＿＿＿＿＿＿＿＿＿＿＿＿＿＿＿＿＿＿＿＿＿

（系房屋出租人）

【本人】【法定代表人】姓名：＿＿＿＿＿＿＿　国籍：＿＿＿＿＿＿

【身份证号】【护照号】【营业执照注册号】【　　　】＿＿＿＿＿＿＿

住所：＿＿＿＿＿＿＿＿＿＿＿＿＿＿＿＿＿＿＿＿＿＿＿＿＿

邮政编码：＿＿＿＿＿＿＿＿＿＿　联系电话：＿＿＿＿＿＿＿＿＿

受托人：＿＿＿＿＿＿＿＿＿＿＿＿＿＿＿＿＿＿＿＿＿＿＿

（系房地产经纪机构）

法定代表人：＿＿＿＿＿＿＿＿＿＿＿＿＿＿＿＿＿＿＿＿＿

营业执照注册号：＿＿＿＿＿＿＿＿＿＿＿＿＿＿＿＿＿＿＿＿

房地产管理部门备案号：＿＿＿＿＿＿＿＿＿＿＿＿＿＿＿＿＿

住所：＿＿＿＿＿＿＿＿＿＿＿＿＿＿＿＿＿＿＿＿＿＿＿＿＿

邮政编码：＿＿＿＿＿＿＿＿＿＿　联系电话：＿＿＿＿＿＿＿＿＿

根据《中华人民共和国合同法》、《中华人民共和国城市房地产管理法》及其他法律法规，委托人和受托人本着平等、自愿、公平、诚实信用的原则，经协商一致，达成如下协议。

第一条　委托事项

委托人为出租《标的房屋信息》（见本协议附件）所特指的房屋（以下简称标的房屋），委托受托人提供本协议第三条约定的服务。

【受托人指派】【委托人选定】注册在受托人名下的下列房地产经纪人为本协议委托事项的承办人，执行委托事项：

承办人姓名：＿＿＿＿性别：＿＿＿身份证件号码：＿＿＿＿＿＿

房地产经纪人注册号：＿＿＿＿＿＿＿＿＿＿。

承办人选派注册在受托人名下的下列房地产经纪人协理为本协议委托事项的协办人，协助承办人执行委托事项：

协办人姓名：＿＿＿＿性别：＿＿＿身份证件号码：＿＿＿＿＿。

第二条　标的房屋信息

签订本协议时，受托人应凭借自己的专业知识和经验，向委托人全面、详细询问为促成委托人与第三人进行标的房屋租赁所必需的标的房屋情况，要求委托人如实提供相应的资料;委托人应对其提供的情况和资料的真实性承担法律责任。

受托人应根据委托人提供的情况和资料,到标的房屋现场及有关部门进行必要的调查、核实,并与委托人共同如实填写《标的房屋信息》。

《标的房屋信息》为本协议的重要组成部分。

第三条　服务内容

委托人委托受托人提供下列第_____项服务(可多选):

(一)提供与标的房屋租赁相关的法律法规、政策、市场行情咨询。

(二)寻找承租人。

(三)在本协议第四条约定的期限内代管标的房屋。

(四)协助委托人与承租人达成房屋租赁合同。

(五)为委托人代办税费缴纳事务。

(六)代理交接房屋、附属设施及家具设备等。

(七)代办各种收费设施的交接手续。

(八)其他(请注明)_____

_____。

受托人为完成委托代办事项而向委托人收取证件、文件、资料时,应向委托人开具规范的收件清单,并妥善保管;完成委托代办事项后,应及时将上述证件、文件、资料退还委托人。

第四条　委托期限与方式

(一)委托期限按照下列第____种方式确定(只可选一项):

1.自____年____月____日起,至____年____月____日止。期限届满,本协议自行终止。

2.自本协议签订之日起,至委托人与承租人签订房屋租赁合同之日止。

3.其他(请注明)_____。

(二)委托人【承诺】【不承诺】在委托期限内本协议约定的委托事项为独家委托。

第五条　委托出租价格

委托人要求标的房屋的【月】【季】【年】【　　】租金不低于【人民币】【　　】大写_____元(小写_____元)。实际租金高于前款约定最低租金的,高出部分属委托人所有。

第六条　服务费用支付

(一)佣金

在本协议第四条约定的期限内委托人与承租人达成房屋租赁合同的,委托人应向受托人支付佣金。

1.佣金的支付标准及金额按照下列第____种方式确定(只可选一项):

(1)按房屋租赁合同中载明的【月】【季】【年】【　　】租金的大写百分之___(小写___%)计付佣金。

(2)按固定金额【人民币】【　　】大写_____元(小写_____元)支付佣金。

(3)其他(请注明)_____。

2.佣金的支付时间按照下列第____种方式确定:

(1)自房屋租赁合同签订之日起____日内支付。

(2)其他(请注明)_____。

3.在本协议第四条约定的期限内未能达成房屋租赁合同的,对受托人为完成委托事项已支出的必要费用,按照下列第____种方式处理(下列选项只有一项有效,填写两项或两项以上者,按照有利于委托人的选项执行):

(1)由受托人承担。

(2)以【人民币】【　　】大写_____元(小写___元)为限,自委托期限届满之日起____日内支付。

(3)按上列约定佣金支付标准的大写百分之_____(小写___%)计算,自委托期限届满之日起____日内支付。

(4)由委托人和受托人根据受托人完成的工作量另行议定。

(5)其他(请注明)_____。

4.受托人收取佣金后,应向委托人开具正式发票。

(二)代办事项服务费

受托人完成本协议第三条约定的代办事项的,委托人应按照下列第____种方式向受托人支付服务费(下列选项只有一项有效,填写两项或两项以上者,按照有利于委托人的选项执行):

1.由受托人承担。

2.按受托人经营场所明示的收费标准,自委托事项完成之日起____日内或_____支付。

3.按受托人经营场所明示的收费标准的大写百分之_____(小写___%),自委托事项完成之日起____日内或_____支付。

4.按固定金额【人民币】【　　】大写_____元(小写_____元),自委托事项完成之日起____日内或_____支付。

5.其他(请注明)_____。

受托人收取代办服务费后,应向委托人开具正式发票。

(三)代缴税费

受托人在完成委托事项中,代委托人向第三方缴纳的税费,按照下列第____种方式处理(下列选项只有一项有效,填写两项或两项以上者,按照有利于委托人的选项执行):

1.委托人按委托人和受托人认同的估算金额预付给受托人,待约定的代缴税费事项完成、委托期限届满或者本协议终止(以先者为准)时,受托人凭缴纳税费收据与委托人结算,如有差额多退少补。

2.由受托人提供收费标准与金额,委托人按代办进程将应缴税费付给受托人,委托其代为向第三方缴纳。

3.其他(请注明)_____。

第七条　交易过错责任承担

委托人因与本项委托直接关联的交易与承租人发生房屋租赁权纠纷且委托人属过错方的,除受托人能证明属于委托人过错、应由委托人承担责任的外,受托人作为专业机构应承担过错责任,对委托人应承担的民事责任承担连带责任。

受托人不得在本协议以外的补充约定中,设立明示或者暗示与本条款相冲突的免除受托人责任的条款。

第八条　违约责任

(一)委托人违约责任

1.委托人故意提供虚假的标的房屋情况和资料的,受托人有权单方解除本协议,给受托人造成损失的,委托人应依法承担赔偿责任;

2.委托人泄露由受托人提供的承租人资料,给受托人、承租人造成损失的,委托人应依法承担赔偿责任;

3.委托人在委托期限内自行与第三人达成交易的,应按照本协议约定的标准向受托人支付佣金。但委托人在本协议第四条第二款中不承诺为独家委托,并能证明该项交易与受托人的服务没有直接因果关系的除外。

(二)受托人违约责任

1.受托人违背执业保密义务,不当泄露委托人商业秘密或个人隐私,给委托人造成损害的,应按照_____标准支付违约金,约定违约金不足以弥补委托人损失的,委托人有权要求补充赔偿。

2.受托人有隐瞒、虚构信息或恶意串通等影响委托人利益的行为,委托人除有权解除本协议、要求退还已支付的相关款项外,受托人还应按照_____标准,向委托人支付违约金。

3.在委托代办事项中,受托人因工作疏漏,遗失委托人的证件、文件、资料、发票等,应给予相应经济补偿。

(三)委托人与受托人之间有付款义务而延迟履行的,应按照迟延天数乘以应付款项的大写百分之____(小写____%)计算迟延付款违约金支付给对方,但不超过应付款总额。

第九条　协议变更与解除

(一)协议变更

在本协议履行期间,任何一方要求变更本协议条款,应书面通知对方。经双方协商一致,可达成补充协议。补充协议为本协议的组成部分,与本协议具有同等效力。

如经双方协商一致,无需签订补充协议的,应将变更事项简记于本协议的附注栏内。

(二)协议解除

1.委托人有确凿证据证明受托人有与其执业身份不相称的行为且将影响委托人利益的,可于委托期限届满前,书面通知受托人解除本协议,受托人应在收到通知之日起____日内将预收的费用退还委托人。

2.受托人有确凿证据证明委托人隐瞒重要事实且足以影响交易安全的,可于委托期限届满前,书面通知委托人解除本协议,已收费用不予退还,并可依法追偿约定的或已发生的费用。

第十条　争议处理

因履行本协议发生争议,由争议双方协商解决,协商不成的,双方【同意】【不同意】由标的房屋所在地的房地产经纪行业组织调解。

调解不成或者不同意调解的,按照下列第____种方式解决:

1.提交_____仲裁委员会仲裁。

2.依法向人民法院起诉。

第十一条　协议生效

本协议一式____份,具有同等法律效力,委托人____份,受托人____份。

本协议自双方签订之日起生效。

委托人(签章):　　　　　　　　受托人(签章):

　　　　　　　　　　　　　　　承办人(签章):

　　　　　　　　　　　　　　　协办人(签章):

签订地点:

签订日期:　　　　年　　月　　日

附 注 栏

变更日期	变更事项	双方签字确认

附件

标的房屋信息

委托出租房屋可公开基本信息
位置：_____省（自治区、直辖市）_____市（县）_____（区） _____路_____（巷）（胡同）_____小区 用途：_____ 建筑结构：_____ 户型：____室____厅____卫____厨或平房____间 面积:建筑面积:_____平方米;使用面积:_____平方米 套内建筑面积:_____平方米 装修:【毛坯房】【粗装修】【精装修】【　　】
委托出租房屋其他可公开基本信息

委托出租房屋的权益信息
1.所有权人：_____。 2.共有权人：_____（没有共有权人的填写"无"，不宜留空）。 3.房屋所有权人持有_____颁发的所有权证书,证书号_____证书复印件见粘贴页。 4.房屋所有权性质:【私房】【已购公有住房】【商品房】【经济适用住房】【　　】。 5.房屋所占土地性质:【国有划拨】【国有出让】【农民集体】【　　】。 6.该房屋享有的附属权益:_____（如树木、合法搭建、车位、会所、公用物业受益、公共维修基金等）。 7.属于共有财产的,有无共有权人同意出租的书面证明,见粘贴页。 8.有无司法机关或者行政机关依法裁定,决定查封或者其他形式限制权利的情况。 9.委托出租房屋是否被列入拆迁公告范围内。 10.其他已知可能影响出租的情况:_____ _____。

委托出租房屋的区位信息

坐落：＿＿＿＿＿省（自治区、直辖市）＿＿＿＿市（县）＿＿＿＿区
＿＿＿＿＿镇＿＿＿＿街（巷）（胡同）＿＿＿＿小区＿＿号楼＿＿＿号房

通邮地址：＿＿＿＿＿＿＿＿＿＿＿＿邮政编码：＿＿＿＿＿＿

在 ＿＿＿＿＿＿＿＿街道办事处＿＿＿＿＿＿居民委员会辖区

在 ＿＿＿＿＿＿＿公安局＿＿＿＿＿＿＿派出所管辖区

附近500米内的地标性建筑物：＿＿＿＿＿＿＿＿＿＿＿＿＿

附近500米内的商场、超市：＿＿＿＿＿＿＿＿＿＿＿＿＿＿

附近500米内的学校、医院：＿＿＿＿＿＿＿＿＿＿＿＿＿＿

附近500米内的公交车站：＿＿＿＿＿＿＿＿＿＿＿＿＿＿

其他便利条件：＿＿＿＿＿＿＿＿＿＿＿＿＿＿＿＿＿＿＿＿
＿＿＿＿＿＿＿＿＿＿＿＿＿＿＿＿＿＿＿＿＿＿＿＿＿＿＿＿

委托出租房屋的实物信息

建成年月：＿＿＿＿＿年＿＿＿月

设计用途：＿＿＿＿＿＿＿＿＿

建筑结构：砖混 砖木 框架 框剪 ＿＿＿＿

户型特点：平层 错层 跃层 复式 ＿＿＿＿

垂直通行设施：垂直电梯＿＿＿部 步梯＿＿处

配套设施设备：

供水：自来水 矿泉水 热水 中水 ＿＿＿＿

供电：220V 380V 可负荷＿＿＿＿kW

供燃气：天然气 煤气 ＿＿＿＿

外供暖气：汽暖 水暖 供暖周期＿＿＿＿＿＿＿

自备采暖：电暖 燃气采暖 燃煤采暖 ＿＿＿＿＿＿＿＿

空调：中央空调 自装柜机＿＿＿台 自装挂机＿＿＿台

电视馈线：无线 有线（数字、模拟）

电话：外线号码＿＿＿＿＿＿＿ 内线号码

互联网接入方式：拨号 宽带 ADSL ＿＿＿＿＿

随房屋家具、电器、用品清单

名称	数量	成新率	名称	数量	成新率
双人床			电视		
单人床			冰箱		
床头柜			洗衣机		
梳妆台			热水器		
衣柜			空调		
书柜			燃气灶		
写字台			排油烟机		
沙发			饮水机		
茶几			电话机		
椅子			吸尘器		
餐桌					
电视柜					

委托出租房屋的债权债务信息
水费:价格_____ 预付余额_____ 欠费额_____ 近期交费凭证见粘贴页
电费:价格_____ 预付余额_____ 欠费额_____ 近期交费凭证见粘贴页
燃气费:价格___ 预付余额_____ 欠费额_____ 近期交费凭证见粘贴页
固定电话费:价格_____ 预付余额_____ 欠费额_____ 近期交费凭证见粘贴页
物业管理费:价格_____ 预付余额_____ 欠费额_____ 近期交费凭证见粘贴页
供暖费:价格_____ 预付余额_____ 欠费额_____ 近期交费凭证见粘贴页
电视收视费:价格_____ 预付余额_____ 欠费额_____ 近期交费凭证见粘贴页
互联网费:价格_____ 预付余额_____ 欠费额_____ 近期交费凭证见粘贴页

粘 贴 页

房地产经纪业务合同推荐文本（2006）

合同编号：＿＿＿＿＿＿＿＿＿

房屋承购委托协议

中国房地产估价师与房地产经纪人学会　推荐

房屋承购委托协议

委托人：_____

（系房屋承购人）

【本人】【法定代表人】姓名：_____ 国籍：_____

【身份证号】【护照号】【营业执照注册号】【　　】_____

住所：_____

邮政编码：_____ 联系电话：_____

受托人：_____

（系房地产经纪机构）

法定代表人：_____

营业执照注册号：_____

房地产管理部门备案号：_____

住所：_____

邮政编码：_____ 联系电话：_____

根据《中华人民共和国合同法》、《中华人民共和国城市房地产管理法》及其他法律法规，委托人和受托人本着平等、自愿、公平、诚实信用的原则，经协商一致，达成如下协议。

第一条　委托事项

委托人为购买《房屋需求信息》（见本协议附件）所要求的房屋（以下简称意愿购买房屋），委托受托人提供本协议第三条约定的服务。

【受托人指派】【委托人选定】注册在受托人名下的下列房地产经纪人为本协议委托事项的承办人，执行委托事项：

承办人姓名：_____ 性别：_____ 身份证件号码：_____

房地产经纪人注册号：_____。

承办人选派注册在受托人名下的下列房地产经纪人协理为本协议委托事项的协办人，协助承办人执行委托事项：

协办人姓名：_____ 性别：_____ 身份证件号码：_____。

第二条　房屋需求信息

签订本协议时，受托人应凭借自己的专业知识和经验，向委托人详细询问其意愿购买房屋的用途、区位、价位、户型、面积、建成年份或新旧程度等要求;委托人应对其购买意愿表示的真实性承担法律责任。

受托人应根据委托人的购买意愿,与委托人共同如实填写《房屋需求信息》。

《房屋需求信息》为本协议的重要组成部分。

第三条　服务内容

委托人委托受托人提供下列第_____项服务(可多选):

(一)提供与意愿购买房屋买卖相关的法律法规、政策、市场行情咨询。

(二)寻找意愿购买房屋及其出售人。

(三)对符合委托人购买《房屋需求信息》要求且得到委托人基本认可的房屋进行产权调查和实地查验。

(四)协助委托人与出售人达成房屋买卖合同。

(五)代办房地产估价、公证手续。

(六)为委托人代办税费缴纳事务。

(七)代办购房抵押贷款手续。

(八)代办房屋产权及附属设施过户手续。

(九)代理查验并接受房屋、附属设施及家具设备等。

(十)代办各种收费设施的交接手续。

(十一)其他(请注明)_____

_____。

受托人为完成委托代办事项而向委托人收取证件、文件、资料时,应向委托人开具规范的收件清单,并妥善保管;完成委托代办事项后,应及时将上述证件、文件、资料退还委托人。

第四条　委托期限与方式

(一)委托期限按照下列第____种方式确定(只可选一项):

1.自____年____月____日起,至____年____月____日止。期限届满,本协议自行终止。

2.自本协议签订之日起,至委托人与出售人签订房屋买卖合同之日止。

3.其他(请注明)_____。

(二)委托人【承诺】【不承诺】在委托期限内本协议约定的委托事项为独家委托。

第五条　委托承购价格

委托人要求委托承购的房屋总价不高于【人民币】【　　　】大写_____元(小写_____元)。委托人支付的价格应与出售人得到的价格相同。

第六条　服务费用支付

（一）佣金

在本协议第四条约定的期限内委托人与出售人达成房屋买卖合同的，委托人应向受托人支付佣金。

1.佣金的支付标准及金额按照下列第＿＿＿种方式确定（只可选一项）：

（1）按房屋买卖合同中载明的成交价的大写百分之＿＿＿（小写＿＿＿％）计付佣金。

（2）按固定金额【人民币】【　　　】大写＿＿＿＿＿＿元（小写＿＿＿＿元）支付佣金。

（3）其他（请注明）＿＿＿＿＿＿＿＿＿＿＿＿＿＿＿＿＿＿。

2.佣金的支付时间按照下列第＿＿＿种方式确定（只可选一项）：

（1）自房屋买卖合同签订之日起＿＿＿日内支付。

（2）于房屋买卖合同签订之日，支付佣金总额的大写百分之＿＿＿（小写＿＿＿％）；于房屋产权过户手续完成之日，支付佣金总额的大写百分之＿＿＿（小写＿＿＿％）；于房屋交付完成之日，支付佣金总额的大写百分之＿＿＿（小写＿＿＿％）。

（3）其他（请注明）＿＿＿＿＿＿＿＿＿＿＿＿＿＿＿＿＿＿。

3.在本协议第四条约定的期限内未能达成房屋买卖合同的，对受托人为完成委托事项已支出的必要费用，按照下列第＿＿＿种方式处理（下列选项只有一项有效，填写两项或两项以上者，按照有利于委托人的选项执行）：

（1）由受托人承担。

（2）以【人民币】【　　　】大写＿＿＿＿＿＿＿＿＿＿元（小写＿＿＿元）为限，自委托期限届满之日起＿＿＿日内支付。

（3）按上列约定佣金支付标准的大写百分之＿＿＿（小写＿＿＿％）计算，自委托期限届满之日起＿＿＿日内支付。

（4）由委托人和受托人根据受托人完成的工作量另行议定。

（5）其他（请注明）＿＿＿＿＿＿＿＿＿＿＿＿＿＿＿＿＿＿。

4.受托人收取佣金后，应向委托人开具正式发票。

（二）代办事项服务费

受托人完成本协议第三条约定的代办事项的，委托人应按照下列第＿＿＿种方式向受托人支付服务费（下列选项只有一项有效，填写两项或两项以上者，按照有利于委托人的选项执行）：

1.由受托人承担。

2.按受托人经营场所明示的收费标准，自委托事项完成之日起＿＿＿日内或＿＿＿＿＿＿＿＿＿＿＿＿＿支付。

3.按受托人经营场所明示的收费标准的大写百分之____(小写____%),自委托事项完成之日起____日内或_____支付。

4.按固定金额【人民币】【　　　】大写_____元(小写_____元),自委托事项完成之日起_____日内或_____支付。

5.其他(请注明)_____。

受托人收取代办服务费后,应向委托人开具正式发票。

(三)代缴税费

受托人在完成委托事项中,代委托人向第三方缴纳的税费,按照下列第____种方式处理(下列选项只有一项有效,填写两项或两项以上者,按照有利于委托人的选项执行):

1.委托人按委托人和受托人认同的估算金额预付给受托人,待约定的代缴税费事项完成、委托期限届满或者本协议终止(以先者为准)时,受托人凭缴纳税费收据与委托人结算,如有差额多退少补。

2.由受托人提供收费标准与金额,委托人按代办进程将应缴税费付给受托人,委托其代为向第三方缴纳。

3.其他(请注明)_____。

第七条　交易过错责任承担

委托人因与本项委托直接关联的交易与出售人发生权属纠纷且委托人属过错方的,除受托人能证明属于委托人过错、应由委托人承担责任的外,受托人作为专业机构应承担过错责任,对委托人应承担的民事责任承担连带责任。

受托人不得在本协议以外的补充约定中,设立明示或者暗示与本条款相冲突的免除受托人责任的条款。

第八条　违约责任

(一)委托人违约责任

1.委托人故意提供虚假的房屋需求信息的,受托人有权单方解除本协议,给受托人造成损失的,委托人应依法承担赔偿责任;

2.委托人泄露由受托人提供的出售人资料,给受托人、出售人造成损失的,委托人应依法承担赔偿责任;

3.委托人在委托期限内自行与第三人达成交易的,应按照本协议约定的标准向受托人支付佣金。但委托人在本协议第四条第二款中不承诺为独家委托,并能证明该项交易与受托人的服务没有直接因果关系的除外。

(二)受托人违约责任

1.受托人违背执业保密义务,不当泄露委托人商业秘密或个人隐私,给委托人造成损害的,应按照_____标准支付违约金,约定违约金不足以弥补委托人损失的,委托人有权要求补充赔偿。

2.受托人有隐瞒、虚构信息或恶意串通等影响委托人利益的行为,委托人除有权解除本协议、要求退还已支付的相关款项外,受托人还应按照_____标准,向委托人支付违约金。

3.在委托代办事项中,受托人因工作疏漏,遗失委托人的证件、文件、资料、发票等,应给予相应经济补偿。

(三)委托人与受托人之间有付款义务而延迟履行的,应按照迟延天数乘以应付款项的大写百分之____(小写____%)计算迟延付款违约金支付给对方,但不超过应付款总额。

第九条　协议变更与解除

(一)协议变更

在本协议履行期间,任何一方要求变更本协议条款,应书面通知对方。经双方协商一致,可达成补充协议。补充协议为本协议的组成部分,与本协议具有同等效力。

若经双方协商一致,无需签订补充协议的,应将变更事项简记于本协议的附注栏内。

(二)协议解除

1.委托人有确凿证据证明受托人有与其执业身份不相称的行为且将影响委托人利益的,可于委托期限届满前,书面通知受托人解除本协议,受托人应在收到通知之日起____日内将预收的费用退还委托人。

2.受托人有确凿证据证明委托人隐瞒重要事实且足以影响交易安全的,可于委托期限届满前,书面通知委托人解除本协议,已收费用不予退还,并可依法追偿约定的或已发生的费用。

第十条　争议处理

因履行本协议发生争议,由争议双方协商解决,协商不成的,双方【同意】【不同意】由标的房屋所在地的房地产经纪行业组织调解。

调解不成或者不同意调解的,按照下列第____种方式解决:

1.提交_____仲裁委员会仲裁。

2.依法向人民法院起诉。

第十一条　协议生效

本协议一式____份,具有同等法律效力,委托人____份,受托人____份。

本协议自双方签订之日起生效。

委托人(签章):　　　　　　　受托人(签章):
　　　　　　　　　　　　　　承办人(签章):
　　　　　　　　　　　　　　协办人(签章):

签订地点:
签订日期:　　　年　　月　　日

附 注 栏

变更日期	变更事项	双方签字确认

附件

房屋需求信息

用途:_____。

区位:_____市_____区_____附近
_____米内的范围。

价位:单价【人民币】【　　】_____元/平方米至_____元/平方米,总价【人民币】【　　】_____
_____元至_____元。

户型:_____室_____厅_____卫_____厨或_____。

面积:【建筑面积】【使用面积】【　　】_____平方米至_____平方米。

新旧:【房屋建成年份】【新旧程度】【　　】:_____。

其他要求:_____

_____

委托人和受托人对上述信息签字确认:

委托人:　　　　　　　受托人:
　　　　　　　　　　　承办人:
　　　　　　　　　　　协办人:

签订地点:
签订日期:　　　年　　月　　日

房地产经纪业务合同推荐文本(2006)

合同编号:＿＿＿＿＿＿＿＿

房屋承租委托协议

中国房地产估价师与房地产经纪人学会　推荐

房屋承租委托协议

委托人：_____

（系房屋承租人）

【本人】【法定代表人】姓名：_____ 国籍：_____

【身份证号】【护照号】【营业执照注册号】【 】_____

住所：_____

邮政编码：_____ 联系电话：_____

受托人：_____

（系房地产经纪机构）

法定代表人：_____

营业执照注册号：_____

房地产管理部门备案号：_____

住所：_____

邮政编码：_____ 联系电话：_____

根据《中华人民共和国合同法》、《中华人民共和国城市房地产管理法》及其他法律法规，委托人和受托人本着平等、自愿、公平、诚实信用的原则，经协商一致，达成如下协议。

第一条　委托事项

委托人为租赁《房屋需求信息》（见本协议附件）所要求的房屋（以下简称意愿租赁房屋），委托受托人提供本协议第三条约定的服务。

【受托人指派】【委托人选定】注册在受托人名下的下列房地产经纪人为本协议委托事项的承办人，执行委托事项：

承办人姓名：_____性别：____身份证件号码：_____

房地产经纪人注册号：_____。

承办人选派注册在受托人名下的下列房地产经纪人协理为本协议委托事项的协办人，协助承办人执行委托事项：

协办人姓名：_____性别：____身份证件号码：_____。

第二条　房屋需求信息

签订本协议时，受托人应凭借自己的专业知识和经验，向委托人详细询问其意愿租赁房屋的用途、区位、租金水平、户型、面积、建成年份或新旧程度等要求；委托人应对其租赁意愿表示的真实性承担法律责任。

受托人应根据委托人的租赁意愿,与委托人共同如实填写《房屋需求信息》。

《房屋需求信息》为本协议的重要组成部分。

第三条　服务内容

委托人委托受托人提供下列第_____项服务(可多选):

(一)提供与意愿租赁房屋租赁相关的法律法规、政策、市场行情咨询。

(二)寻找意愿租赁房屋及其出租人。

(三)对符合委托人租赁《房屋需求信息》要求且得到委托人基本认可的房屋进行产权调查和实地查验。

(四)协助委托人与出租人达成房屋租赁合同。

(五)为委托人代办税费缴纳事务。

(六)代理交接房屋、附属设施及家具设备等。

(七)代办各种收费设施的交接手续。

(八)其他(请注明)_____

_____。

受托人为完成委托代办事项而向委托人收取证件、文件、资料时,应向委托人开具规范的收件清单,并妥善保管;完成委托代办事项后,应及时将上述证件、文件、资料退还委托人。

第四条　委托期限与方式

(一)委托期限按照下列第____种方式确定(只可选一项):

1.自____年____月____日起,至____年____月____日止。期限届满,本协议自行终止。

2.自本协议签订之日起,至委托人与出租人签订房屋租赁合同之日止。

3.其他(请注明)_____。

(二)委托人【承诺】【不承诺】在委托期限内本协议约定的委托事项为独家委托。

第五条　委托承租价格

委托人要求委托承租的房屋【月】【季】【年】【　　　】租金不高于【人民币】【　　　】大写_____元(小写_____元)。委托人支付的租金应与出租人得到的租金相同。

第六条　服务费用支付

(一)佣金

在本协议第四条约定的期限内委托人与出租人达成房屋租赁合同的,委托人应向受托人支付佣金。

1.佣金的支付标准及金额按照下列第____种方式确定(只可选一项):

(1)按房屋租赁合同中载明的【月】【季】【年】【   】租金的大写百分之____(小写____%)计付佣金。

(2)按固定金额【人民币】【   】大写_____元(小写_____元)支付佣金。

(3)其他(请注明)_____。

2.佣金的支付时间按照下列第____种方式确定(只可选一项):

(1)自房屋租赁合同签订之日起____日内支付。

(2)其他(请注明)_____。

3.在本协议第四条约定的期限内未能达成房屋租赁合同的,对受托人为完成委托事项已支出的必要费用,按照下列第____种方式处理(下列选项只有一项有效,填写两项或两项以上者,按照有利于委托人的选项执行):

(1)由受托人承担。

(2)以【人民币】【   】大写_____元(小写____元)为限,自委托期限届满之日起____日内支付。

(3)按上列约定佣金支付标准的大写百分之____(小写____%)计算,自委托期限届满之日起____日内支付。

(4)由委托人和受托人根据受托人完成的工作量另行议定。

(5)其他(请注明)_____。

4.受托人收取佣金后,应向委托人开具正式发票。

(二)代办事项服务费

受托人完成本协议第三条约定的代办事项的,委托人应按照下列第____种方式向受托人支付服务费(下列选项只有一项有效,填写两项或两项以上者,按照有利于委托人的选项执行):

1.由受托人承担。

2.按受托人经营场所明示的收费标准,自委托事项完成之日起____日内或_____支付。

3.按受托人经营场所明示的收费标准的大写百分之____(小写____%),自委托事项完成之日起____日内或_____支付。

4.按固定金额【人民币】【   】大写_____元(小写_____元),自委托事项完成之日起____日内或_____支付。

5.其他(请注明)_____。

受托人收取代办服务费后,应向委托人开具正式发票。

（三）代缴税费

受托人在完成委托事项中，代委托人向第三方缴纳的税费，按照下列第＿＿＿种方式处理（下列选项只有一项有效，填写两项或两项以上者，按照有利于委托人的选项执行）：

1.委托人按委托人和受托人认同的估算金额预付给受托人，待约定的代缴税费事项完成、委托期限届满或者本协议终止（以先者为准）时，受托人凭缴纳税费收据与委托人结算，如有差额多退少补。

2.由受托人提供收费标准与金额，委托人按代办进程将应缴税费付给受托人，委托其代为向第三方缴纳。

3.其他（请注明）＿＿＿＿＿＿＿＿＿＿＿＿＿＿＿＿＿＿＿＿＿＿。

第七条　交易过错责任承担

委托人因与本项委托直接关联的交易与出租人发生房屋租赁权纠纷且委托人属过错方的，除受托人能证明属于委托人过错、应由委托人承担责任的外，受托人作为专业机构应承担过错责任，对委托人应承担的民事责任承担连带责任。

受托人不得在本协议以外的补充约定中，设立明示或者暗示与本条款相冲突的免除受托人责任的条款。

第八条　违约责任

（一）委托人违约责任

1.委托人故意提供虚假的房屋需求信息的，受托人有权单方解除本协议，给受托人造成损失的，委托人应依法承担赔偿责任；

2.委托人泄露由受托人提供的出租人资料，给受托人、出租人造成损失的，委托人应依法承担赔偿责任；

3.委托人在委托期限内自行与第三人达成交易的，应按照本协议约定的标准向受托人支付佣金。但委托人在本协议第四条第二款中不承诺为独家委托，并能证明该项交易与受托人的服务没有直接因果关系的除外。

（二）受托人违约责任

1.受托人违背执业保密义务，不当泄露委托人商业秘密或个人隐私，给委托人造成损害的，应按照＿＿＿＿＿＿＿＿＿＿标准支付违约金，约定违约金不足以弥补委托人损失的，委托人有权要求补充赔偿。

2.受托人有隐瞒、虚构信息或恶意串通等影响委托人利益的行为，委托人除有权解除本协议、要求退还已支付的相关款项外，受托人还应按照＿＿＿＿＿＿＿＿＿＿标准，向委托人支付违约金。

3.在委托代办事项中，受托人因工作疏漏，遗失委托人的证件、文件、资料、发票等，应给予相应经济补偿。

（三）委托人与受托人之间有付款义务而延迟履行的,应按照迟延天数乘以应付款项的大写百分之____（小写____%）计算迟延付款违约金支付给对方,但不超过应付款总额。

第九条　协议变更与解除

（一）协议变更

在本协议履行期间,任何一方要求变更本协议条款,应书面通知对方。经双方协商一致,可达成补充协议。补充协议为本协议的组成部分,与本协议具有同等效力。

如经双方协商一致,无需签订补充协议的,应将变更事项简记于本协议的附注栏内。

（二）协议解除

1.委托人有确凿证据证明受托人有与其执业身份不相称的行为且将影响委托人利益的,可于委托期限届满前,书面通知受托人解除本协议,受托人应在收到通知之日起____日内将预收的费用退还委托人。

2.受托人有确凿证据证明委托人隐瞒重要事实且足以影响交易安全的,可于委托期限届满前,书面通知委托人解除本协议,已收费用不予退还,并可依法追偿约定的或已发生的费用。

第十条　争议处理

因履行本协议发生争议,由争议双方协商解决,协商不成的,双方【同意】【不同意】由标的房屋所在地的房地产经纪行业组织调解。

调解不成或者不同意调解的,按照下列第____种方式解决:

1.提交____仲裁委员会仲裁。

2.依法向人民法院起诉。

第十一条　协议生效

本协议一式____份,具有同等法律效力,委托人____份,受托人____份。

本协议自双方签订之日起生效。

委托人（签章）：　　　　　　　　受托人（签章）：

　　　　　　　　　　　　　　　　承办人（签章）：

　　　　　　　　　　　　　　　　协办人（签章）：

签订地点：

签订日期：　　　　年　　　月　　　日

附 注 栏

变更日期	变更事项	双方签字确认

附件

房屋需求信息

用途：_____ 。

区位：_____市_____区_____附近
_____米内的范围。

租金：【月】【季】【年】【   】租金【人民币】【   】_____元至_____元，单位【月】【季】【年】【   】租
金【人民币】【   】_____元/平方米至_____元/平方米。

户型：____室____厅____卫____厨或_____。

面积：【建筑面积】【使用面积】【   】_____平方米至_____平方米。

新旧：【房屋建成年份】【新旧程度】【   】：_____。

其他要求：_____
_____

委托人和受托人对上述信息签字确认：

委托人：   受托人：

承办人：

协办人：

签订地点：

签订日期：   年   月   日

4.3 房地产经纪合同案例

韩XX与房地产经纪公司委托代理合同纠纷①

1.案情摘要

2005年9月8日,韩XX与北京某房地产经纪有限公司(以下简称经纪公司)签订了编号为05B296号的委托代理购房协议。协议约定:韩XX委托经纪公司购买位于北京市丰台区兆丰园三区11号楼1001号之房产,产权证号为丰私04133。经纪公司代理行为至韩XX与此房产原产权人或代理人在房地产交易管理部门签订买卖契约并交纳各项税费后终止。此房产的转让金额为682000元,其中包括房屋购房款、中介代理费和过户税费。韩XX应在2005年9月8日支付购房定金5万元,剩余购房款632000元于2005年10月10日前付给经纪公司。双方商定经纪公司在收到韩XX全部款项及各项确认手续完备的情况下,自此房产可上市出售的确认工作完成之日起15个工作日内,完成此房产的交易过户手续。韩XX应按期支付购房款及双方约定的各项费用。如果由于韩XX原因导致上述房产权属变更手续无法完成,该项定金作为违约金不予退还。

2005年9月7日、8日,韩XX分两次向经纪公司共支付定金5万元。此后,韩XX又向经纪公司支付了10万元的购房款。

2005年10月12日,经纪公司向韩XX发出告知函,称由于韩XX未依约定将剩余房款交付经纪公司,导致房产无法按约定时间正常过户,经纪公司视韩XX违约,其所交纳的购房定金不予退还,已交纳的10万元前期购房款应尽快领回。事后,韩XX领回了10万元前期购房款。

2.各方主张

原告:

(1)被告经纪公司在协议签订之后,多次无故拖延并拒绝安排我与房主相见,而且提出增加购房款等无理要求,违约在先。

(2)协议签订之后,我得知该房已被房主办理了抵押按揭手续,而被告经纪公司未尽告知义务,故要求解除委托协议,请求判令经纪公司返还已付的5万元人民币。

---

① 陈文. 房地产诉讼与仲裁案例精解. 北京:法律出版社,2008

被告：

（1）原告韩XX主张解除委托协议缺乏事实和法律依据。韩XX委托我公司购买的北京市丰台区兆丰园三区11号楼1001号房产从未办理过抵押登记，我公司也不存在未履行告知义务的事实。

（2）早在韩XX主张解除委托协议前，我公司就于2005年10月12日因韩XX的违约行为而解除该委托协议，此后双方也未重新签订协议。

（3）我公司不退还韩XX交付的5万元定金的行为符合双方的合同约定和法律规定。依据委托协议第14条第1款"甲方（韩XX）于2005年10月10日前将余款632000元付给乙方（经纪公司）"、第6条"甲方责任之四为按期支付购房款"以及第11条第2款"由于甲方原因导致上述房产权属变更登记手续无法完成，该项定金作为违约金不予退还"之规定，韩XX的行为已构成违约，我公司有权依据上述规定将定金作为违约金不予退回。

3. 裁判要旨

（1）双方当事人签订的委托代理购房协议系双方真实意思表示，且不违反相关法律、法规的规定，合法有效，双方均应按照协议的约定履行。

（2）被告经纪公司并无证据证明韩XX迟延交付房款，将导致诉争房产权属变更登记手续无法完成，故经纪公司亦无权依据合同约定占有定金不予返还，判决被告于判决生效后十日内退还韩XX定金5万元。

4. 办案借鉴

依据《合同法》第94条之规定，当事人一方迟延履行义务，合同相对人因此行使合同解除权主要有以下两种情形：

第一种情形是因一方迟延履行主要债务而行使法定合同解除权。

此时，须同时具备两个条件，第一个条件是当事人一方迟延履行的必须是主要债务。这里所谓"主要债务"，是决定合同性质的基本义务，比如买卖合同中卖方应履行的交付并转移标的物所有权的义务，以及买方应支付价款的义务。迟延履行主要债务，会使合同期望利益不能实现。第二个条件是债务人须经催告后在合理期限内仍不履行主要债务。这里的"催告"是指债权人在主债务人的履行期限届满之后，给予债务人的合理宽限期限，以要求其履行合同。只有在合理宽限期届满之后，债务人仍不履行合同的情况下，债权人方享有合同解除权。

本案中，原告在约定的2005年10月10日前，只将购房款632000元中的10万元交予被告，很明显是迟延履行主要债务。但遗憾的是，被告并未对原告的迟延履行行为进行催告，而是于两天之后，即10月12日，直接通知原告解除合同，缺少了依据该款规定行使合同解除权的必要程序和期限,系行使权利不当,被告单方解除合同存在过错。

另一种情形是因当事人一方迟延履行债务或者有其他违约行为致使不能实现合同目的。此时,债务人的迟延履行行为须构成根本违约,即合同目的处于落空的状态。而衡量是否是根本违约,一般应考虑时间因素的重要性。如果时间因素对合同目的的实现十分重要,则违反规定履行期限将导致合同目的落空,此时应允许解除合同,否则,即应采取其他补救措施而不能直接解除合同。

本案中,原告迟延付清购房款两天,并不足以造成委托代理购房合同目的不能实现,因为《委托代理购房合同》中约定,被告在收到原告购房款后,还要确认买卖双方各项手续是否完备,要在该房产可上市交易的确认工作完成之日起 15 日之内,才能完成房产交易过户手续。可见,买卖双方的交易日期并不确定。因此,虽然《委托代理购房合同》中约定,"由于韩 XX 原因导致上述房产权属变更手续无法完成,该项定金作为违约金不予退还",但因被告无法提供依原计划该房屋权属变更的具体日期,原告的行为又如何造成该交易日期的无限期拖延?故被告亦无权依此约定主张将定金作为违约金。

原判存在的瑕疵是,未能充分论述在原告存在违约行为的情况下,被告亦错误地单方行使了解除权的合同效力问题,以及判令被告返还 5 万元定金的法理依据,是否是因双方均有过错而判令解除合同,从而恢复原状,由收受定金的一方予以返还。

思考题

1. 简述房地产经纪合同的含义和特征。

2. 房地产经纪合同的内容主要有哪些?

3. 房地产经纪合同主要有哪些类型?

4. 建设部、中国房地产估价师与房地产经纪人学会联合发布的《房地产经纪业务合同推荐文本》包括哪几种文本?

第5章

房地产咨询

　　房地产咨询是一种中介服务,在房地产经纪业务中也会涉及房地产咨询工作。房地产咨询的内容包括房地产法律咨询、房地产投资咨询、房地产企业管理咨询、房地产企业经营咨询、房地产市场信息咨询、房地产金融咨询、房地产价格咨询、房地产税收咨询、房地产纠纷及处理咨询等许多方面。本章主要介绍房地产法律咨询、房地产金融咨询、房地产估价咨询、房地产税收咨询等内容。

5.1　房地产法律咨询

　　从广义上说,房地产法包括调整房地产产权、开发、经营、使用、交易、服务、管理及其他与房地产有关的各种社会关系的法律、法规和规章。从立法层次上看,房地产法律体系主要包括:宪法;全国人民代表大会及其常务委员会颁布的法律;国务院发布的房地产方面的行政法规;地方性法规;国务院部委制定的部门规章和有立法权的地方政府制定的政府规章;房地产技术规范以及最高人民法院的司法解释等。由于相关法规内容已在本书其他章节作了一定介绍,本节重点介绍与房地产经纪活动密切相关的《物权法》、《合同法》、《消费者权益保护法》、《反不正当竞争法》等法律内容。

5.1.1　物权法

　　《物权法》是确认财产归属和利用关系的基本法律,是调整财产关系的重要法律之一。我国《物权法》明确了国有财产、集体财产和私有财产的范围、行使与保护;规定了所有权、用益物权、担保物权以及占有的内容;确认了业主的建筑物区分所有权、土地承包经营权、宅基地使用权等重要的物权类型。

1. 物与物权的基本规定

　　根据我国《物权法》,物,包括不动产和动产;物权,是指权利人依法对特定的物享有直接支配和排他的权利,包括所有权、用益物权和担保物权。

　　国家、集体、私人的物权和其他权利人的物权受法律保护,任何单位和个人不得侵犯。

　　不动产物权的设立、变更、转让和消灭,应当依照法律规定进行登记;动产物权的设立和转让,应当依照法律规定进行交付。

　　物权的取得和行使,应当遵守法律,尊重社会公德,不得损害公共利益和他人合法权益。

2.所有权

所有权是所有权人对自己的不动产或者动产,依法享有占有、使用、收益和处分的权利。所有权分为国家所有权和集体所有权、私人所有权;业主的建筑物区分所有权;相邻关系和共有等。

(1)国家所有权和集体所有权、私人所有权

①国家所有权

a.国家所有权及其行使主体。法律规定属于国家所有的财产,属于国家所有即全民所有。国有财产由国务院代表国家行使所有权;法律另有规定的,依照其规定。

b.国家所有权的客体范围。我国国家所有权的客体范围是:矿藏、水流、海域属于国家所有;城市的土地属于国家所有;法律规定属于国家所有的农村和城市郊区的土地,属于国家所有;森林、山岭、草原、荒地、滩涂等自然资源,属于国家所有,但法律规定属于集体所有的除外;法律规定属于国家所有的野生动植物资源,属于国家所有;无线电频谱资源属于国家所有;法律规定属于国家所有的文物,属于国家所有;国防资产属于国家所有;铁路、公路、电力设施、电信设施和油气管道等基础设施,依照法律规定为国家所有的,属于国家所有。国家所有的财产受法律保护,禁止任何单位和个人侵占、哄抢、私分、截留、破坏。

②集体所有权

a.集体所有权的客体范围。集体所有的不动产和动产包括:法律规定属于集体所有的土地和森林、山岭、草原、荒地、滩涂;集体所有的建筑物、生产设施、农田水利设施;集体所有的教育、科学、文化、卫生、体育等设施;集体所有的其他不动产和动产。集体所有的财产受法律保护,禁止任何单位和个人侵占、哄抢、私分、破坏。

b.集体所有权的主体与行使。农民集体所有的不动产和动产,属于本集体成员集体所有。

对于集体所有的土地和森林、山岭、草原、荒地、滩涂等,依照下列规定行使所有权:属于村农民集体所有的,由村集体经济组织或者村民委员会代表集体行使所有权;分别属于村内两个以上农民集体所有的,由村内各该集体经济组织或者村民小组代表集体行使所有权;属于乡镇农民集体所有的,由乡镇集体经济组织代表集体行使所有权。

③私人所有权

根据《物权法》的规定,私人对其合法的收入、房屋、生活用品、生产工具、原材料等不动产和动产享有所有权。私人合法的储蓄、投资及其收益受法律保护。国家依照法律规定保护私人的继承权及其他合法权益。私人的合法财产受法律保护,禁止任何单位和个人侵占、哄抢、破坏。

（2）业主的建筑物区分所有权

①业主的建筑物区分所有权的定义

业主的建筑物区分所有权包括业主对建筑物内的住宅、经营性用房等专有部分享有所有权，对专有部分以外的共有部分享有共有和共同管理的权利。

②业主对其建筑物专有部分享有的权利和承担的义务

业主对其建筑物专有部分享有占有、使用、收益和处分的权利。业主行使权利不得危及建筑物的安全，不得损害其他业主的合法权益。

③业主的建筑物区分所有权中共有权的规定

业主对建筑物专有部分以外的共有部分，享有权利，承担义务；不得以放弃权利为由不履行义务。业主转让建筑物内的住宅、经营性用房，其对共有部分享有的共有权和共同管理的权利一并转让。

④建筑区划内的道路、绿地以及其他公共场所、公用设施和物业服务用房权属的规定

建筑区划内的道路，属于业主共有，但属于城镇公共道路的除外。建筑区划内的绿地，属于业主共有，但属于城镇公共绿地或者明示属于个人的除外。建筑区划内的其他公共场所、公用设施和物业服务用房，属于业主共有。

⑤建筑区划内车位权属的规定

建筑区划内，规划用于停放汽车的车位、车库应当首先满足业主的需要。建筑区划内，规划用于停放汽车的车位、车库的归属，由当事人通过出售、附赠或者出租等方式约定。占用业主共有的道路或者其他场地用于停放汽车的车位，属于业主共有。

（3）相邻关系

①因用水、排水产生的相邻关系规定

不动产权利人应当为相邻权利人用水、排水提供必要的便利。对自然流水的利用，应当在不动产的相邻权利人之间合理分配。对自然流水的排放，应当尊重自然流向。

②邻地通行权的规定

不动产权利人对相邻权利人因通行等必须利用其土地的，应当提供必要的便利。

③因修建施工、安设管线等产生相邻关系的规定

不动产权利人因建造、修缮建筑物以及铺设电线、电缆、水管、暖气和燃气管线等必须利用相邻土地、建筑物的，该土地、建筑物的权利人应当提供必要的便利。

④因通风、采光和日照产生相邻关系的规定

建造建筑物，不得违反国家有关工程建设标准，妨碍相邻建筑物的通风、采光和日照。

⑤因排污产生的相邻关系规定

不动产权利人不得违反国家规定弃置固体废物,排放大气污染物、水污染物、噪声、光、电磁波等有害物质。

⑥相邻权的义务和损害赔偿责任

不动产权利人挖掘土地、建造建筑物、铺设管线以及安装设备等,不得危及相邻不动产的安全。

不动产权利人因用水、排水、通行、铺设管线等利用相邻不动产的,应当尽量避免对相邻的不动产权利人造成损害;造成损害的,应当给予赔偿。

(4)共有

①共有的概念和形式

不动产或者动产可以由两个以上单位、个人共有。共有包括按份共有和共同共有。按份共有人对共有的不动产或者动产按照其份额享有所有权。共同共有人对共有的不动产或者动产共同享有所有权。

②共有财产处分和重大修缮决定的规定

处分共有的不动产或者动产以及对共有的不动产或者动产作重大修缮的,应当经占份额三分之二以上的按份共有人或者全体共同共有人同意,但共有人之间另有约定的除外。

③共有财产分割的规定

共有人约定不得分割共有的不动产或者动产,以维持共有关系的,应当按照约定,但共有人有重大理由需要分割的,可以请求分割;没有约定或者约定不明确的,按份共有人可以随时请求分割,共同共有人在共有的基础丧失或者有重大理由需要分割时可以请求分割。因分割对其他共有人造成损害的,应当给予赔偿。

共有人可以协商确定分割方式。达不成协议时,共有的不动产或者动产可以分割并且不会因分割减损价值的,应当对实物予以分割;难以分割或者因分割会减损价值的,应当对折价或者拍卖、变卖取得的价款予以分割。

共有人分割所得的不动产或者动产有瑕疵的,其他共有人应当分担损失。

④按份共有物优先购买权的规定

按份共有人可以转让其享有的共有的不动产或者动产份额。其他共有人在同等条件下享有优先购买的权利。

⑤共有的不动产或者动产产生的债权债务的承担的规定

因共有的不动产或者动产产生的债权债务,在对外关系上,共有人享有连带债权,承担连带债务,但法律另有规定或者第三人知道共有人不具有连带债权债务关系的除外;在共有人内部关系上,除共有人另有约定外,按份共有人按照份额享有债权、承担债务,共同共有人共同享有债权、承担债务。偿还债务超过自己应当承担份额的按份共有人,有权向其他共有人追偿。

3.用益物权

用益物权是用益物权人对他人所有的不动产或者动产,依法享有占有、使用和收益的权利。根据《物权法》的规定,我国的用益物权包括土地承包经营权、建设用地使用权、宅基地使用权和地役权等。

(1)土地承包经营权

土地承包经营权是土地承包经营权人依法对其承包经营的耕地、林地、草地等享有占有、使用和收益的权利。土地承包经营权人有权从事种植业、林业、畜牧业等农业生产。

耕地的承包期为三十年。草地的承包期为三十年至五十年。林地的承包期为三十年至七十年;特殊林木的林地承包期,经国务院林业行政主管部门批准可以延长。

(2)建设用地使用权

建设用地使用权是建设用地使用权人依法对国家所有的土地享有占有、使用和收益的权利,建设用地使用权人有权利用该土地建造建筑物、构筑物及其附属设施。

建设用地使用权可以在土地的地表、地上或者地下分别设立。新设立的建设用地使用权,不得损害已设立的用益物权。设立建设用地使用权,可以采取出让或者划拨等方式。

(3)宅基地使用权

宅基地使用权是宅基地使用权人依法对集体所有的土地享有占有和使用的权利,宅基地使用权人有权依法利用该土地建造住宅及其附属设施。

(4)地役权

地役权是地役权人有权按照合同约定,利用他人的不动产,以提高自己的不动产的效益。其中所称他人的不动产为供役地,自己的不动产为需役地。

地役权不得单独转让。土地承包经营权、建设用地使用权等转让的,地役权一并转让,但合同另有约定的除外。

地役权不得单独抵押。土地承包经营权、建设用地使用权等抵押的,在实现抵押权时,地役权一并转让。

需役地以及需役地上的土地承包经营权、建设用地使用权部分转让时,转让部分涉及地役权的,受让人同时享有地役权。

供役地以及供役地上的土地承包经营权、建设用地使用权部分转让时,转让部分涉及地役权的,地役权对受让人具有约束力。

4. 担保物权

所谓担保物权,是指为了保证债权的实现,由债务人或第三人提供特定的物或者权利作为担保,当债务人到期不履行债务时,担保物权人可以通过对担保物折价、拍卖或者变卖等手段行使优先受偿权,使债权得到实现。我国《物权法》规定了抵押权、质权和留置权三种担保物权。担保物权的直接意义在于保证债务的履行,确保债权的实现,在宏观层次上担保物权还具有促进融资等重要的社会功能。

(1)抵押权

①抵押权的含义

抵押权是为担保债务的履行,债务人或者第三人不转移财产的占有,将该财产抵押给债权人的,债务人不履行到期债务或者发生当事人约定的实现抵押权的情形时,债权人有权就该财产优先受偿的权利。

②可以用于抵押财产的种类

根据我国《物权法》的规定,债务人或者第三人有权处分的下列财产可以抵押:建筑物和其他土地附着物;建设用地使用权;以招标、拍卖、公开协商等方式取得的荒地等土地承包经营权;生产设备、原材料、半成品、产品;正在建造的建筑物、船舶、航空器;交通运输工具;法律、行政法规未禁止抵押的其他财产。抵押人可以将上述所列财产一并抵押。

《物权法》还规定,以建筑物抵押的,该建筑物占用范围内的建设用地使用权一并抵押。以建设用地使用权抵押的,该土地上的建筑物一并抵押。乡镇、村企业的建设用地使用权不得单独抵押。以乡镇、村企业的厂房等建筑物抵押的,其占用范围内的建设用地使用权一并抵押。

③不得作为抵押财产的范围

根据我国《物权法》的规定,下列财产不得抵押:土地所有权;耕地、宅基地、自留地、自留山等集体所有的土地使用权,但法律规定可以抵押的除外;学校、幼儿园、医院等以公益为目的的事业单位、社会团体的教育设施、医疗卫生设施和其他社会公益设施;所有权、使用权不明或者有争议的财产;依法被查封、扣押、监管的财产;法律、行政法规规定不得抵押的其他财产。

④最高额抵押权

最高额抵押权,又称为最高限额抵押权,是指为担保债务的履行,债务人或者第三人对一定期间内将要连续发生的债权提供抵押担保的,债务人不履行到期债务或者发生当事人约定的实现抵押权的情形时,抵押权人有权在最高债权额限度内就该担保财产优先受偿。最高额抵押权是适应现代经济发展的需要而出现的一种新型抵押担保物权,现代各国立法中大多规定了该制度。与一般抵押权相比,最高额抵押权具有以下三个方面的特殊性:

第一,相对的独立性。一般抵押权具有从属性,必须先有主债权的存在,才设定抵押权,主债权转让抵押权也随之发生转让。但最高额抵押权的设定不以主债权的存在为前提,其也随着某一债权的消灭而消灭。在设定最高额抵押权时,主债权可能并未发生,其在将来是否发生也并不确定。在最高额抵押权中,在其担保的债权确定前,部分债权转让时,最高额抵押权并不发生转让,当然当事人另有约定的,其也可以发生转让。

第二,所担保的债权具有不确定性。最高额抵押权所担保的债权在将来是否发生,如果发生其数额是多少均不确定。当然不确定性是相对的,经当事人的同意,最高额抵押权设立前已经存在的债权,也可以转入最高额抵押担保的债权范围。

第三,最高额抵押权存在最高债权额限度。最高债权额限度是指抵押权人基于最高额抵押权所能够优先清偿的债权的最高限额,抵押权人在实现最高额抵押权时,如果实际发生的债权余额高于最高限额的,以最高限额为限,超过部分不具有优先受偿的效力;如果实际发生的债权余额低于最高限额的,以实际发生的债权余额为限就抵押财产优先受偿。

(2)质权

①质权的含义

质权是指债权人因担保其债权而占有债务人或第三人提供的财产,于债务人不履行债务时,得以其所占有的标的物的价值优先于其他债权人受偿的一种担保物权。设定质权的行为为质押;债务人或第三人交由债权人占有的特定财产为质物;债权人为质权人;提供特定财产出质的债务人或第三人为出质人。

②质权的种类

质权一般可以分为动产质权和权利质权。

a.动产质权

动产质权是指债务人或者第三人将其动产移交给债权人占有,以该动产作为债权的担保,债务人到期不履行债务或发生当事人约定的实现质权的情形时,债权人有权就该动产优先受偿。移交的动产为质押财产,也就是质物;提供该动产的债务人或第三人为出质人;债权人为质权人。

动产质权具有以下特征:首先,须以他人的动产为标的;其次,须转移标的物的占有;第三,须是以质物所卖得价金优先受偿的权利。

b. 权利质权

权利质权是指以所有权以外的可让与的财产权利为标的而设定的质权。其与动产质权的基本区别即在于是以财产权利而非动产为标的。根据我国《物权法》规定,债务人或者第三人有权处分的下列权利可以出质:汇票、支票、本票;债券、存款单;仓单、提单;可以转让的基金份额、股权;可以转让的注册商标专用权、专利权、著作权等知识产权中的财产权;应收账款;法律、行政法规规定可以出质的其他财产权利。

（3）留置权

留置权是一种重要的担保物权,是指当债务人不履行到期债务时,债权人可以留置已经合法占有的债务人的动产,并有权就该动产优先受偿的权利。留置权与抵押权、质权相比具有不同之处,留置权是法定担保物权,其成立条件由法律规定,当该条件成立时留置权自动发生,不用当事人设定;留置权是发生二次效力的担保物权,留置权人首先可以留置债务人的动产,对债务人起到敦促的作用,在留置一段时间后债务人仍不履行债务的,留置权人可以将留置物变价以优先受偿债权。留置权的消灭原因也有特殊之处。

5. 占有

所谓占有,是指民事主体对于物进行实际的管领、控制的事实状态。占有作为一种事实,反映的是一种人对物的管领关系,所以占有的客体以物为限。

占有的成立至少必须具备两个要件:一是在主观上,占有人必须具有占有的意思;二是在客观上,占有要求占有人事实上控制或者管领了某物。

占有是物权法中的一项重要制度,与严格意义上的物权不同,占有所调整的是民事主体对于物的实际控制和管领状态。占有制度具有独特的社会功能,在《物权法》颁布之前,我国的民事法律规范中没有关于占有制度的明确和系统的规定。《物权法》当中对于占有作出了规定,并且是独立成编,位列物权法之末,填补了制度性空白,具有重要意义。

5.1.2　合同法

1. 合同法概述

（1）合同的概念和特征

合同又称契约,是平等主体的自然人、法人或其他组织之间设立、变更、终止民事权利义务关系的意思表示一致的协议。

合同具有以下几个特征：

第一，合同是平等主体之间的民事法律关系。合同当事人的法律地位平等，一方不得凭借行政权力、经济实力等将自己的意志强加给另一方。

第二，合同是两方以上当事人的法律行为。合同的主体必须有两个或两个以上，合同的成立是各方当事人意思表示一致的结果。

第三，合同是从法律上明确当事人之间特定权利与义务关系的文件。通过合同在当事人之间设立、变更、终止某种特定的民事权利义务关系，以实现当事人的特定经济目的。

第四，合同是具有相应法律效力的协议。合同依法成立后，当事人各方都必须全面正确履行合同规定的义务，不得擅自变更或解除。当事人不履行合同中规定的义务，要依法承担违约责任。

（2）合同法的概念和特征

合同法是调整平等主体之间的交易关系的法律，主要规范合同的订立、效力、履行、变更、转让、终止、违反合同的责任等问题。

第一，合同法以任意性规范为主。市场经济的本质是自由和竞争的经济，社会资源的交换应当在市场主体之间自由地进行，政府对经济活动的干预应在合理的范围内。因此，合同法采取了约定优先的原则，即有约定的依约定、无约定的依法定的规则，当事人依法享有自愿订立合同的权利。在合同的效力认定方面，尽量减少了政府不必要的行政干预。

第二，合同法以平等协商和等价有偿为原则。合同法规范的对象是交易关系，决定了合同法较之于民法等其他法律更强调平等协商和等价有偿原则。

（3）合同的分类

①典型合同与非典型合同

根据法律是否设有规范并赋予一个特定名称，可将合同分为典型合同和非典型合同。典型合同又称有名合同，指法律设有规范，并赋予一定名称的合同。《合同法》规定的买卖、赠与、借款等合同为典型合同。非典型合同又称无名合同，是指法律未特别规定，也未赋予一定名称的合同。

②双务合同与单务合同

根据合同当事人是否互相享有权利、承担义务，可将合同分为双务合同与单务合同。双务合同是指双方当事人互相享有权利、承担义务的合同，如买卖、租赁等合同。单务合同是指仅有一方当事人承担义务的合同，如赠与、借用等合同。

③有偿合同与无偿合同

根据合同当事人是否为从合同中得到的利益支付代价，可将合同分为有偿合同与无偿合同。有偿合同是指当事人为从合同中得到利益需要支付相应代价的合同，如买卖合同。无偿合同是指当事人不需为从合同中得到的利益支付相应代价的合同，如赠与合同。

④诺成合同与实践合同

根据合同是自当事人意思表示一致时成立，还是在当事人意思表示一致后，仍须有实际交付标的物的行为才能成立，可将合同分为诺成合同与实践合同。诺成合同是当事人意思表示一致即告成立的合同；实践合同是在当事人意思表示一致后，仍须有实际交付标的物的行为才能成立的合同。通常，确认某种合同是否属于实践合同除须根据商务惯例外，还应有法律明确规定。

⑤要式合同与不要式合同

根据法律是否要求合同必须符合一定的形式才能成立，可将合同分为要式合同与不要式合同。要式合同是指根据法律规定必须采用特定形式的合同，例如，房屋租赁合同必须采用书面形式。不要式合同是指当事人订立的合同依法并不需要采用特定的形式，当事人可以采用口头方式，也可以采用书面形式。除法律有特别规定以外，合同均为不要式合同。

⑥主合同与从合同

根据合同是否必须以其他合同的存在为前提而存在，可将合同分为主合同与从合同。主合同指不以其他合同的存在为前提即可独立存在的合同。从合同是指不能独立存在而以其他合同的存在为存在前提的合同。例如，甲与乙订立借款合同，丙为担保乙偿还借款而与甲签订保证合同，则甲乙之间的借款合同为主合同，甲丙之间的保证合同为从合同。

2. 合同的订立

（1）合同的内容

合同的内容即合同当事人订立合同的各项具体意思表示，具体体现为合同的各项条款。在不违反法律强制性规定的情况下，合同的内容由当事人约定，一般包括以下条款：①当事人的名称或者姓名和住所；②标的，即合同双方当事人权利义务所共同指向的对象；③数量；④质量；⑤价款或者报酬；⑥履行期限、地点和方式；⑦违约责任；⑧解决争议的方法。

在订立合同时，当事人可参照各类合同的示范文本。

（2）合同的形式

合同的形式有书面形式、口头形式和其他形式。法律、行政法规规定采用书面形式的，应当采用书面形式。当事人约定采用书面形式的，应当采用书面形式。凡房屋转让合同、房屋租赁合同都应当采用书面形式。

（3）合同的订立程序

当事人订立合同，应当具有相应的民事权利能力和民事行为能力。当事人依法可以委托代理人订立合同。当事人订立合同，采取要约和承诺的方式进行。当事人意思表示真实一致时，合同即可成立。

①要约

要约是指希望与他人订立合同的意思表示。该意思表示应当符合下列规定：a.内容具体明确，即表达出订立合同的意思，包括一经承诺合同即可成立的各项基本条款；b.表明经受要约人承诺，要约人即受该意思表示约束。

②承诺

承诺是指受要约人同意接受要约的条件以缔结合同的意思表示。承诺必须由受要约人向要约人作出。由于要约原则上是向特定人发出的，因此只有接受要约的特定人即受要约人才有权作出承诺，受要约人以外的第三人无资格向要约人作出承诺。同时，承诺必须向要约人作出，如果向要约人以外的其他人作出，则只能视为对他人发出要约，不能产生承诺效力。承诺必须在规定的期限内到达要约人，只有到达要约人时承诺才能生效。

3. 合同的生效

合同的生效是指已经成立的合同开始发生以国家强制力进行保障的法律约束力，即合同发生法律效力。合同生效应具备以下三个条件：

（1）当事人具有相应的民事行为能力

只有具备相应的民事行为能力，即能够正确理解自己行为的性质和后果、独立表达自己意思的能力，才能成为合同的主体，其合同行为才能发生法律效力。无民事行为能力的自然人一般不能自己订立合同；限制民事行为能力的自然人只能订立与其年龄、智力相适应的合同。例外的是，根据《最高人民法院关于贯彻执行〈中华人民共和国民法通则〉若干问题的意见》第6条规定："无民事行为能力人、限制民事行为能力人接受奖励、赠与、报酬，他人不得以行为人无民事行为能力、限制民事行为能力为由，主张以上行为无效"。

（2）意思表示真实

这是指缔约人的表示行为应当真实地反映其内心的效果意思，即其效果意思与表示行为相一致。

（3）不违反法律和社会公共利益

无效合同是相对于有效合同而言的，是指合同虽然已经成立，但因其在内容和形式上违反了法律、行政法规的强制性规定和社会公共利益,因此应确认为无效。有下列情形之一的合同无效:①一方以欺诈、胁迫的手段订立合同,损害国家利益;②恶意串通,损害国家、集体或者第三人利益;③以合法形式掩盖非法目的;④损害社会公共利益;⑤违反法律、行政法规的强制性规定。

4.合同的履行

合同的履行是指债务人全面地、适当地完成其合同义务,债权人的合同债权得到完全实现,如交付约定的标的物;完成约定的工作并交付工作成果;提供约定的服务等。

合同生效后,当事人就质量、价款或者报酬、履行地点等内容没有约定或者约定不明确的,可以协议补充;不能达成补充协议的,按照合同有关条款或者交易习惯确定。当事人就有关合同内容不明确,按照合同有关条款或者交易习惯仍不能确定的,适用下列规定:

(1)质量要求不明确的,按照国家标准、行业标准履行;没有国家标准、行业标准的,按照通常标准或者符合合同目的的特定标准履行。

(2)价款或者报酬不明确的,按照订立合同时履行地的市场价格履行;依法应当执行政府定价或者政府指导价的,按照规定履行。

(3)履行地点不明确,给付货币的,在接受货币一方所在地履行;交付不动产的,在不动产所在地履行;其他标的,在履行义务一方所在地履行。

(4)履行期限不明确的,债务人可以随时履行,债权人也可以随时要求履行,但应当给对方必要的准备时间。

(5)履行方式不明确的,按照有利于实现合同目的的方式履行。

(6)履行费用的负担不明确的,由履行义务一方负担。

执行政府定价或者政府指导价的,在合同约定的交付期限内政府价格调整时,按照交付时的价格计价;逾期交付标的物的,遇价格上涨时,按照原价格执行;价格下降时,按照新价格执行。逾期提取标的物或者逾期付款的,遇价格上涨时,按照新价格执行;价格下降时,按照原价格执行。

5.违约责任

违约责任也称违反合同的民事责任,指合同当事人因不履行合同义务或者履行合同义务不符合约定,而向对方承担的民事责任。

(1)违约的形式

①预期违约。也称先期违约,是指在履行期限到来之前,一方无正当理由而明确表示其在履行期到来后将不履行合同,或者其行为表示其在履行期到来以后将

不可能履行合同。

②实际违约。是指履行期限到来后,当事人不履行或不完全履行合同义务。实际违约行为的类型有拒绝履行、迟延履行、不适当履行、部分履行。

(2)违约责任的承担方式

①继续履行。继续履行也称强制继续履行、依约履行、实际履行。作为一种违约后的补救方式,继续履行是指在一方违反合同时,另一方有权要求其依据合同的规定继续履行。

②赔偿损失。赔偿损失又称违约赔偿损失,是指违约方因不履行或不完全履行合同义务而给对方造成损失,依法和依据合同的规定应承担赔偿损失的责任。

③给付违约金。是指由当事人通过协商预先确定的、在违约发生后作出的独立于履行行为以外的给付。违约金是由当事人协商确定的,其数额是预先确定的。违约金的约定虽然属于当事人所享有的合同自由的范围,但这种自由不是绝对的,而是受限制的。《合同法》第114条规定:"约定的违约金低于造成的损失的,当事人可以请求人民法院或者仲裁机构予以增加;约定的违约金高于造成的损失的,当事人可以请求人民法院或者仲裁机构予以适当减少。"

④定金罚则。《合同法》规定:"当事人可以依照《担保法》约定一方向对方给付定金作为债权的担保。债务人履行债务后,定金应当抵作价款或者收回。给付定金的一方不履行约定的债务的,无权要求返还定金;收受定金的一方不履行约定的债务的,应当双倍返还定金。"因此,定金具有惩罚性,是对违约行为的惩罚。《担保法》规定定金的数额不得超过主合同标的额的20%这一比例为强制性规定,当事人不得违反。如果当事人约定的定金比例超过了20%,并非整个定金条款无效,而只是超过部分无效。例如,双方约定的定金比例为合同总价款的25%,则超过部分的5%为无效。

定金与预付款的区别在于:预付款是由双方当事人商定的在合同履行前所支付的一部分价款。预付款的交付在性质上是一方履行主合同的行为,合同履行时预付款要充抵价款,合同不履行时预付款应当返还。预付款的适用不存在制裁违约行为的问题,无论发生何种违约行为,都不发生预付款的丧失和双倍返还。所以,预付款与定金的性质是完全不同的。

当事人既约定违约金,又约定定金的,一方违约时,对方可以选择适用违约金或者定金条款。这就是说,定金和违约金不能同时并用,只能选择其一适用,适用了定金责任就不能再适用违约金责任,适用了违约金责任就不能再适用定金责任,二者只能是单罚而不能是双罚,否则会给违约方施以过重的责任,是不公平的。当然,选择定金还是选择违约金,这一权利属于守约方。

　　定金责任与赔偿损失的区别在于:定金责任不以实际发生的损害为前提,定金责任的承担也不能替代赔偿损失。所以,在既有定金条款又有实际损失时,应分别适用定金责任和赔偿损失的责任,二者同时执行,这与前面所讲的定金与违约金的关系是不同的。当然,如果同时适用定金和赔偿损失,其总值超过标的物价金总和的,法院应酌减定金的数额。

5.1.3　消费者权益保护法

1.消费者权益保护法概述

(1)消费者权益保护法的概念

　　消费者权益保护法是调整在保护公民消费权益过程中所产生的社会关系的法律规范的总称。一般情况下,我们所说的消费者权益保护法是指 1993 年 10 月 31日颁布、1994 年 1 月 1 日起施行的《消费者权益保护法》。该法的颁布实施,是我国第一次以立法的形式全面确认消费者的权利。此举对保护消费者的权益,规范经营者的行为,维护社会经济秩序,促进社会主义市场经济健康发展具有十分重要的意义。

(2)消费者权益保护法的特点

①以专章规定消费者的权利,表明该法以保护消费者权益为宗旨。

②特别强调经营者的义务。

③鼓励、动员全社会为保护消费者合法权益共同承担责任,对损害消费者权益的不法行为进行全方位监督。

④重视对消费者的群体性保护,以专章规定了消费者组织的法律地位。

2.消费者的权利

(1)安全保障权

　　消费者在购买、使用商品和接受服务时享有人身、财产安全不受损害的权利。

(2)知悉真情权

　　消费者享有知悉其购买、使用的商品或者接受的服务的真实情况的权利。

(3)自主选择权

　　消费者享有自主选择商品和服务的权利,包括:有权自主选择提供商品或者服务的经营者;有权自主选择商品品种或者服务方式;有权自主决定是否购买任何一种商品或是否接受任何一项服务;有权对商品或服务进行比较、鉴别和选择。经营者不得以任何方式干涉消费者行使自主选择权。

（4）公平交易权

公平交易是指经营者与消费者之间的交易应在平等的基础上达到公正的结果。公平交易权体现在两个方面：第一，交易条件公平，即消费者在购买商品或接受服务时，有权获得质量保证、价格合理、计量正确等公平交易条件；第二，不得强制交易，即消费者有权按照真实意愿从事交易活动，对经营者的强制交易行为有权拒绝。

（5）获取赔偿权

获取赔偿权也称消费者的求偿权。依照《消费者权益保护法》第11条的规定，消费者因购买、使用商品或者接受服务受到人身、财产损害的，享有依法获得赔偿的权利。享有求偿权的主体包括：商品的购买者、使用者；服务的接受者；第三人，指消费者之外的因某种原因在事故发生现场而受到损害的人。

求偿的内容包括：①人身损害的赔偿，无论是生命健康还是精神方面的损害均可要求赔偿；②财产损害的赔偿，依照消费者权益保护法及合同法等相关法律的规定，包括直接损失及可得利益的损失。

（6）结社权

消费者享有依法成立维护自身合法权益的社会团体的权利。目前，中国消费者协会及地方各级消费者协会已经成立。实践证明，消费者组织的工作对推动我国消费者运动的健康发展，沟通政府与消费者的联系，解决经营者与消费者的矛盾，更加充分地保护消费者权益，起到了积极的作用。

（7）获得相关知识权

消费者享有获得有关消费和消费者权益保护方面的知识的权利。消费知识主要指有关商品和服务的知识；消费者权益保护知识主要指有关消费者权益保护方面及权益受到损害时如何有效解决方面的法律知识。

（8）受尊重权

消费者在购买、使用商品和接受服务时，享有其人格尊严、民族风俗习惯得到尊重的权利。人格权是消费者人身权的主要组成部分。尊重他人的人格尊严和不同民族的风俗习惯，是一个国家和社会文明进步的重要标志，也是法律对人权保障的基本要求。我国是一个多民族国家，尊重各个民族尤其是少数民族的风俗习惯，关系到国家的安定团结，关系到各民族的长久和睦，《消费者权益保护法》将人格尊严和民族风俗习惯专条加以规定，是对消费者精神权利的有力保障，也是党和国家民族政策在法律上的体现。

（9）监督批评权

消费者享有对商品和服务以及保护消费者权益工作进行监督的权利。监督权是上述各项权利的必然延伸，对消费者权利的切实实现至关重要。这种监督权的表现,一是有权对经营者的商品和服务进行监督,在权利受到侵害时有权提出检举或控告;二是有权对国家机关及工作人员进行监督,对其在保护消费者权益工作中的违法失职行为进行检举、控告;三是表现为对消费者权益工作的批评、建议权。

3.经营者的义务

(1)履行法定义务及约定义务

经营者向消费者提供商品和服务,应依照法律、法规的规定履行义务。双方有约定的,应按照约定履行义务,但双方约定不得违法。

(2)接受监督的义务

经营者应当听取消费者对其提供的商品或服务的意见,接受消费者的监督。

(3)保证商品和服务安全的义务

经营者应当保证其提供的商品或服务符合保障人身、财产安全的要求。经营者应当做到以下两点。

①对可能危及人身、财产安全的商品和服务,应做出真实说明和明确的警示,标明正确使用及防止危害发生的方法。

②经营者发现其提供的商品或者服务存在严重缺陷,即使正确使用或接受服务仍然可能对人身、财产造成危害的,应立即向政府有关部门报告和告知消费者,并采取相应的防范措施。

(4)提供真实信息的义务

经营者应当向消费者提供有关商品和服务的真实信息,不得作引人误解的虚假宣传。真实的信息是消费者自主选择商品或服务的前提和基础,经营者不得以虚假宣传误导甚至欺骗消费者。对消费者关于质量、使用方法等问题的询问,经营者应做出明确的、完备的、符合实际的答复。此外,商店提供商品应明码标价,即明确单位数量的价格,以便于消费者选择,同时防止经营者在单位数量或重量价格上随意更改。

(5)出具凭证或单据的义务

经营者提供商品或者服务,应按照国家规定或商业惯例向消费者出具购货凭证或者服务单据;消费者索要购货凭证或者单据的,经营者必须出具。

(6)保证质量的义务

经营者有义务保证商品和服务的质量。该义务体现在两个方面。第一,经营者应当保证在正常使用商品或者接受服务的情况下其提供的商品或者服务应当具有的质量、性能、用途和有效期限;但消费者在购买该商品或者接受服务前已经知道其存在瑕疵的除外。第二,经营者以广告、产品说明、实物样品或者其他方式表明商品或者服务的质量状况的,应当保证提供的商品或者服务的实际质量状况与表明的质量状况相符。

(7)不得从事不公平、不合理交易的义务

经营者不得以格式合同、通知、声明、店堂告示等方式做出对消费者不公平、不合理的规定,或者减轻、免除其损害消费者合法权益应当承担的民事责任。格式合同是经营者单方拟定的,或者只能接受,而无改变其内容的机会;或者只能拒绝,但却无法实现或难以实现消费需求,当该经营者处于独家垄断地位时更是如此。经营者做出的通知、声明、店堂告示等亦属于单方意思表示,侧重于保护经营者的利益。因此,在上述情况下,经营者的格式合同、通知、声明、店堂告示等含有对消费者不公平、不合理规定的,或者减轻、免除其损害消费者合法权益应当承担的民事责任的,其内容无效。

(8)不得侵犯消费者人格权的义务

消费者的人格尊严和人身自由理应依法获得保障。经营者不得对消费者进行侮辱、诽谤,不得搜查消费者的身体及其携带的物品,不得侵犯消费者的人身自由。

4. 消费争议解决的途径

(1)协商

当消费者和经营者因商品或服务发生争议时,协商和解应作为首选方式。协商和解必须在自愿平等的基础上进行。重大纠纷,双方立场对立严重,要求相距甚远的,可寻求其他解决方式。

(2)调解

消费者协会是依法成立的对商品和服务进行社会监督的保护消费者合法权益的社会团体。消费者协会作为保护消费者权益的社会团体,调解经营者和消费者之间的争议,应依照法律、行政法规及公认的商业道德从事,并由双方自愿接受和执行。

(3)向有关行政部门申诉

政府有关行政部门依法具有规范经营者的经营行为,维护消费者合法权益和市场经济秩序的职能。消费者权益争议涉及的领域很广,当权益受到侵害时,消费者可根据具体情况,向不同的行政职能部门,如物价部门、工商行政管理部门、技术质量监督部门等提出申诉,求得行政救济。

(4)提请仲裁

由仲裁机构解决争端,在国际国内商贸活动中被广泛采用。消费者权益争议亦可通过仲裁途径予以解决。不过,仲裁必须具备的前提条件是双方订有书面仲裁协议(或书面仲裁条款)。在一般的消费活动中,大多数情况下没有必要也没有条件签订仲裁协议。因此,在消费领域,很少有以仲裁方式解决争议的。

(5)向人民法院提起诉讼

《消费者权益保护法》及相关法律都规定,消费者权益受到损害时,可径直向人民法院起诉;也可因不服行政处罚决定而向人民法院起诉。司法审判具有权威性、强制性,是解决各种争议的最后手段。消费者为求公正解决争议,可依法行使诉讼权。

5.1.4　反不正当竞争法

1.反不正当竞争法的调整对象

《反不正当竞争法》是调整市场竞争过程中因规制不正当竞争行为而产生的社会关系的法律规范的总称。《反不正当竞争法》于 1993 年 9 月 2 日颁布,1993 年 12 月 1 日起实施。其后国家工商行政管理局针对几种特殊的不正当竞争行为,发布了相关的行政规章:《关于禁止公用企业限制竞争行为的若干规定》、《关于禁止有奖销售活动中不正当竞争行为的若干规定》、《关于禁止仿冒知名商品特有名称、包装、装潢的不正当竞争行为的若干规定》、《关于禁止侵犯商业秘密行为的若干规定》、《关于禁止商业贿赂行为的暂行规定》。此外,在其他法规中,也有涉及竞争规范的内容,如《商标法》、《专利法》、《著作权法》、《价格法》、《广告法》、《招标投标法》等。

所谓不正当竞争行为,是指经营者违反法律规定,损害其他经营者的合法权益,扰乱社会经济秩序的行为。

所谓经营者,是指从事商品经营或者营利性服务的法人、其他经济组织和个人。由于我国的特殊情况,《反不正当竞争法》亦调整在政府及其经营者之间产生的与竞争有牵涉的关系。

2.不正当竞争的行为

(1)经营者的不正当竞争行为

根据《反不正当竞争法》的规定,经营者的不正当竞争行为主要体现在以下几个方面。

①经营者采用下列不正当手段从事市场交易,损害竞争对手。

a.假冒他人的注册商标。

b.擅自使用知名商品特有的名称、包装、装潢,或者使用与知名商品近似的名称、包装、装潢,造成和他人的知名商品相混淆,使购买者误认为是该知名商品。

c.擅自使用他人的企业名称或者姓名,使人误认为是他人的商品。

d. 在商品上伪造或者冒用认证标志、名优标志等质量标志，伪造产地，对商品质量作引人误解的虚假表示。

②经营者采用财物或者其他手段进行贿赂以销售或者购买商品。在账外暗中给予对方单位或者个人回扣的，以行贿论处；对方单位或者个人在账外暗中收受回扣的，以受贿论处。

经营者销售或者购买商品，可以以明示方式给对方折扣，可以给中间人佣金。经营者给对方折扣、给中间人佣金的，必须如实入账。接受折扣、佣金的经营者必须如实入账。

③经营者利用广告或者其他方法，对商品的质量、制作成分、性能、用途、生产者、有效期限、产地等作引人误解的虚假宣传。

广告的经营者不得在明知或者应知的情况下，代理、设计、制作、发布虚假广告。

④经营者采用下列手段侵犯商业秘密。

a. 以盗窃、利诱、胁迫或者其他不正当手段获取权利人的商业秘密。

b. 披露、使用或者允许他人使用以前项手段获取的权利人的商业秘密。

c. 违反约定或者违反权利人有关保守商业秘密的要求，披露、使用或者允许他人使用其所掌握的商业秘密。

第三人明知或者应知前款所列违法行为，获取、使用或者披露他人的商业秘密，视为侵犯商业秘密。

商业秘密，是指不为公众所知悉，能为权利人带来经济利益，具有实用性并经权利人采取保密措施的技术信息和经营信息。

⑤经营者以排挤竞争对手为目的，以低于成本的价格销售商品。有下列情形之一的，不属于不正当竞争行为：销售鲜活商品；处理有效期限即将到期的商品或者其他积压的商品；季节性降价；因清偿债务、转产、歇业降价销售商品。

⑥经营者销售商品，违背购买者的意愿搭售商品或者附加其他不合理的条件。

⑦经营者从事下列有奖销售：采用谎称有奖或者故意让内定人员中奖的欺骗方式进行有奖销售；利用有奖销售的手段推销质次价高的商品；抽奖式的有奖销售，最高奖的金额超过 5000 元。

⑧经营者捏造、散布虚假事实，损害竞争对手的商业信誉、商品声誉。

⑨其他不正当行为。

(2)政府及其所属部门的不正当竞争行为

根据《反不正当竞争法》的规定，政府及其所属部门的不正当竞争行为主要体现在：政府及其所属部门滥用行政权力，限定他人购买其指定的经营者的商品，限制其他经营者正当的经营活动；政府及其所属部门滥用行政权力，限制外地商品进入本地市场,或者本地商品流向外地市场。

(3)公用企业或者其他依法具有独占地位的经营者的不正当竞争行为

公用企业或者其他依法具有独占地位的经营者,限定他人购买其指定的经营者的商品,以排挤其他经营者的公平竞争,属于不正当竞争行为。

3.反不正当竞争法规定的法律责任

(1)民事责任

为保护合法经营者的正当竞争权利,《反不正当竞争法》第 20 条规定:经营者违反本法规定,对被侵害的经营者造成损害的,应承担损害赔偿责任;并且应承担被侵害的经营者因调查该经营者侵害其合法权益的不正当竞争行为所支付的合理费用。此条规定适用于《反不正当竞争法》禁止的所有违法行为造成的损失。

《反不正当竞争法》还设有民事行为无效的规定。例如,第 27 条中的:"中标无效",就是专门针对招标投标中的不正当竞争行为而设置的。

(2)行政责任

各级工商行政管理部门是《反不正当竞争法》规定的监督检查部门,具有行政执法职能。因此,《反不正当竞争法》几乎对每一种不正当竞争行为都规定了制裁措施。这些行政制裁措施归纳起来有:责令停止违法行为,消除影响;没收违法所得;罚款;吊销营业执照;责令改正;给予行政处分。

(3)刑事责任

我国《反不正当竞争法》规定,对下列三种行为,即商标侵权行为、销售伪劣商品行为、商业贿赂行为可以追究刑事责任。此外,《广告法》《价格法》《招标投标法》中也有刑事制裁的规定;《刑法》也将侵犯商业秘密犯罪作为罪行之一予以制裁。

5.2　房地产金融咨询

5.2.1　房地产金融的概念和贷款的种类

1.房地产金融的概念

房地产金融是指银行或非银行金融机构以房地产为特定的对象,在房地产开发、流通和消费过程中,通过货币流通和信用渠道所进行的筹集资金、融通资金、风险保险及相关金融服务活动的总称。

房地产金融业务主要包括吸收房地产存款、开办住房储蓄、办理房地产贷款业务,特别是房地产抵押贷款业务、从事房地产投资、发行房地产股票和债券,等等。目前,我国房地产金融还可以概括为政策性房地产金融和商业性房地产金融。

2.房地产贷款的种类

房地产贷款是指与房产或地产的开发、经营、消费活动有关的贷款。其主要包括土地储备贷款、房地产开发贷款、个人住房贷款、商业用房贷款等。

从不同角度,房地产贷款有不同的分类,其中,按照贷款的政策要求分类,有政策性房地产贷款、商业性房地产贷款和组合型房地产贷款。

(1)政策性房地产贷款

政策性房地产贷款主要是指国家为了扶持房地产经济的发展,按照国家优惠政策的要求,在房地产消费领域给予符合政策要求的房地产经济活动发放的贷款。政策性房地产贷款利率较低、期限较长,有特定的服务对象,其放贷支持的主要是商业性银行在初始阶段不愿意进入或不涉及的领域。

①个人住房政策性贷款

个人住房政策性贷款是个人购房者在购买住房时发放的贷款。目前,我国的政策性房地产贷款主要是指个人住房政策性贷款,也称个人住房公积金贷款。个人住房政策性贷款是指以住房公积金为资金来源,一般由各级住房公积金管理中心向参加住房公积金缴存的在职职工发放的定向用于购买、建造、翻建、大修自住普通住房的政策性专项贷款。

②土地开发贷款

目前,我国商业银行发行的土地开发贷款主要面向的是政府园区的土地开发,一般是满足县及县以上城市规划区内特定园区的土地收购征用、开发的融资需求。

③土地储备贷款

土地储备贷款是指为解决政府土地储备机构因依法合规收购、储备、整理、出让土地等前期相关工作而产生的资金需求而发放的贷款。贷款用于收购、储备的土地应为可出让的商品住宅、商业设施等经营性用地,符合有权部门批准的城市规划和土地利用总体规划,并已列入当地政府的年度土地储备计划。涉及农用地的贷款,应具备合法的农用地转用手续和征地手续。

(2)商业性房地产贷款

商业性房地产贷款是银行用其信贷资金发放的自营性贷款,主要面向房地产开发和消费领域。

①土地和房屋开发贷款

土地开发和商品房贷款是商业银行以城市住宅及其配套工程为投放重点,向从事城镇房地产开发建设的企业发放的商业性贷款,是我国房地产经济发展中最主要的贷款种类。

这类贷款的发放条件一般包括贷款企业在中国建设银行开立账户,办理结算;企业自有流动资金占生产流动资金的 30%;有健全的管理机构和财务管理制度;具备有权部门下达的年度开发计划和经有权机关批准的开发项目规划设计;开工前预收购房款不低于开发项目总造价的 30%;有偿还贷款本息的能力;提供相应的开发方案或可行性报告。

②个人住房商业贷款

个人住房商业贷款也称个人住房抵押贷款,是指具有完全民事行为能力的自然人,购买城镇自住住房时,以其所购买的产权住房(或银行认可的其他担保方式)为抵押,作为偿还贷款的保证而向银行申请的住房商业性贷款。抵押贷款是商业性贷款中的一种贷款方式。

(3)组合型房地产贷款

组合型房地产贷款主要是指个人住房组合贷款。个人住房组合贷款一般是指住房公积金贷款和住房商业贷款两项贷款的合称。组合贷款只有缴存公积金的职工才可以申请。个人住房组合贷款是指对按时足额缴存住房公积金的职工在购买、大修各类型住房时,中国建设银行同时为其发放公积金个人住房贷款和自营性个人住房贷款而形成的特定贷款组合。

5.2.2　个人住房商业贷款

个人住房商业贷款利率相对高一些,但贷款额度、期限所受限制较小。

1.个人住房商业贷款的审查

个人住房商业贷款的审查,包括借款人申请材料审查、借款人资信审查、抵押物审查、质押权利审查、对保证人的审查等。信贷人员按照安全性、效益性、流动性的原则,评估申请人所要求贷款的可行性,提出贷款额度、期限、利率、担保方式以及其他贷款决策方面的具体意见。

借款人申请个人住房商业贷款应向贷款行提交下列材料:

(1)合法的身份证件;

(2)借款人偿还能力证明材料;

(3)合法的购(建造、大修)房合同、协议或(和)其他批准文件;

(4)抵押物或质押权利清单、权属证明文件,有处分权人出具的同意抵押或质

押的证明,贷款行认可的评估机构出具的抵押物估价报告书;

(5)保证人出具的同意提供担保的书面承诺及保证人的资信证明;

(6)借款人用于购买(建造、大修)住房的自筹资金的有关证明。

2.个人住房商业贷款的审批与发放

个人住房商业贷款的额度最高为所购(建造、大修)住房价款或评估价值的80%,贷款期限最长为30年。在实际操作中,由于各地的经济状况不同、住房价格不同,并且考虑到借款人的年龄、工作性质、所购买的房屋类型、经济收入、还款能力、提供的担保方式等均不相同,视具体情况采取不同的贷款期限和额度。

银行与借款人应根据借款用途、不同的贷款担保方式签订有关合同。

(1)抵押贷款。贷款行与借款人签订《个人住房借款合同》,同时与抵押人签订《个人住房抵押合同》。

(2)质押贷款。贷款行与借款人签订《个人住房借款合同》,同时与出质人签订《个人住房质押合同》,

(3)保证贷款。贷款行与借款人签订《个人住房借款合同》,同时与保证人签订《个人住房保证合同》。

根据《担保法》的规定,贷款行与抵押人签订抵押合同后,双方必须办理抵押物登记手续。登记后,所有能够证明抵押物权属的证明文件(原件),均应按规定手续交贷款行保管并承担保管责任。以所购房屋为抵押的,如抵押人未取得《房屋所有权证》,贷款行和抵押人可持依法生效的《商品房预售合同》(期房)或《房屋买卖合同》办理抵押备案手续,待办妥抵押物的《房屋所有权证》后,再正式办理抵押登记手续。

根据中国人民银行的有关规定,用财产做抵押的,须办理抵押财产保险,保险期不得短于借款期限,借款合同有效期内,投保人不得以任何理由中断或撤销保险。抵押期间,保险单正本由贷款行保管,有关保险手续借款人可到贷款行认可的保险公司或委托贷款行办理,并特别约定一旦发生保险事故,保险人应将保险赔偿金直接划付至贷款行指定的账户。

贷款行与借款人签订借款合同后,根据贷款担保的方式和当地的实际情况,都可以要求办理公证,合同公证时应办理具有强制执行效力的公证。

贷款行在收到抵押物收押证明,办妥保险、公证后,按借款合同约定的放款日期办理放款手续。如遇中国人民银行法定贷款利率调整时,执行最新牌告利率。

3.个人住房商业贷款的回收

借款人应按借款合同约定的还款计划、还款方式偿还贷款本息。目前个人住房贷款采取委托扣款方式和柜面还款方式两种。

根据中国人民银行的规定,借款人可以根据需要在借款合同中约定还款方法。贷款期限在 1 年以内(含 1 年)的,采取到期一次还本付息方式,贷款期限在 1 年以上的,采取分期还款方式。分期还款方式有以下两种:

(1)等额本息还款法

借款人每期以相等的金额(分期还款额)偿还贷款,其中每期归还的金额包括每期应还利息、本金,按还款间隔逐期归还,在贷款截止日期前全部还清本息。

设贷款总额为 Y,贷款期数为 n,贷款利率为 i,已还至第 k 期,则:

$$分期还款额 = \frac{Y_i(1+i)^n}{(1-i)^n - 1}$$

$$贷款余额 = Y \times \frac{(1+i)^n - (1+i)^k}{(1+i)^n - 1}$$

"分期还款额"又称"每期还款额";"贷款余额"又称"贷款剩余本金"。

(2)等额本金还款法

借款人每期须偿还等额本金,同时付清本期应付的贷款利息,而每期归还的本金等于贷款总额除以贷款期数。

设贷款总额为 Y,贷款期数为 n,贷款利率为 i,已还至第 k 期,则:

$$分期还本额 = \frac{Y}{n}$$

$$k\ 期还款额 = \frac{Y}{n} + \left(1 - \frac{(k-1)}{n}\right) \times Y \times i$$

$$贷款余额 = \left(1 - \frac{k}{n}\right) \times Y$$

4.个人住房商业贷款的违约责任及处置

违约是指借款合同当事人不履行合同义务或者履行合同义务不符合约定,违约一方应承担相应的违约责任。个人住房商业贷款的违约方可能为贷款人、借款人或保证人。

(1)违约情形

①贷款人未按合同约定的时间、数额和方式向借款人提供借款;

②借款到期,借款人未按合同约定清偿全部贷款本息;

③借款人擅自改变贷款用途,挪用贷款;

④借款期间,借款人未按约定的分期还款计划按时、足额归还贷款本息;

⑤借款人擅自将抵押物拆除、转让、出租或重复抵押等;

⑥借款人拒绝或妨碍贷款行对贷款使用情况和抵押物使用情况实施监督检查;

⑦借款人提供的文件、资料不实，已经或者可能造成贷款损失；

⑧借款人与他人签订有损贷款行权益的合同或协议；

⑨保证人违反保证条款或丧失承担连带担保责任能力，抵押物因意外毁损不足以清偿贷款本息或质押权利价值明显减少影响贷款行实现质权，而借款人未按要求落实新保证或新抵（质）押；

⑩借款人在合同履行期间死亡、宣告失踪或丧失民事行为能力后，其遗产或财产继承人、受遗赠人、监护人、财产代管人拒绝继续履行原借款合同；

⑪借款人在合同履行期间中断或撤销保险；

⑫借款人其他违反借款合同的行为。

（2）违约的处置方式

违约发生后，根据违约原因和违约性质采取不同的处置方式，一般的方法有催收、延长贷款期限、停止发放或提前收回已发放贷款本息、收取违约金、要求保证人承担保证责任、处置抵（质）押物。

（3）抵押物和质押权利的处置

①抵押物的处置方式

贷款行根据实际情况可以通过与借款人协商处置抵押物和依法处置抵押物。

贷款行与借款人协商处置抵押物时，通过变卖、拍卖方式或根据协议处置抵押物，所得款项用于清偿借款人所欠银行的本息，余额归借款人；并签订书面协议，使贷款行取得抵押物的处置权。

贷款行依法处置抵押物时，贷款行与借款人无法达成一致意见时，可通过申请强制执行公证条款（借款合同已含强制执行公证条款）或通过法院诉讼程序依法取得抵押物处置权，并采取公开拍卖、再交易等方式对抵押物进行处置。

②质押权利的处置方式

贷款行根据实际情况通过出质人以现金清偿、协议处理质物受偿、申请法院拍卖质物受偿、采取兑现或提货措施受偿等方式处置质押物。

5.2.3 个人住房公积金贷款

1.个人住房公积金贷款的含义

个人住房公积金贷款是指以住房公积金为资金来源，向缴存住房公积金的职工发放，定向用于在本市行政区域内购买、建造、翻建、大修自有住房的专项住房消费贷款。职工购买的住房包括商品住房、限价商品房、定向销售（安置）经济适用住房、私产住房、公有现住房。个人住房公积金贷款是以公积金作为资金来源的政策性较强的一种贷款,实行存贷结合,先存后贷、整借零还、贷款担保的原则。

2. 个人住房公积金贷款与一般个人住房贷款的区别

(1)性质不同

个人住房公积金属于政策性个人住房贷款,资金来源为单位和个人共同缴存的公积金存款。一般个人住房贷款属于商业银行自主发放的商业性贷款,资金来源为银行自行吸收的各类存款。

(2)发放方式不同

个人住房公积金贷款的贷款人是住房公积金管理中心,贷款风险由住房公积金管理中心承担。贷款方式属委托贷款,由住房公积金管理中心委托指定银行办理发放手续,并签订委托合同。一般个人住房贷款由商业银行发放,贷款风险由银行自己承担。

(3)贷款对象不同

个人住房公积金贷款对象是指住房公积金缴存人和汇缴单位的离退休职工。商业银行发放的一般个人住房贷款可对一切具有完全民事行为能力、符合银行规定的贷款条件的自然人发放贷款。

(4)贷款条件不同

在贷款额度、期限上有不同的规定。另外,个人住房公积金贷款利率比一般个人住房贷款利率优惠。

个人住房公积金贷款可分为两类:一类是纯公积金贷款(一般称为住房公积金个人购房贷款),即职工仅申请住房公积金贷款;另一类是组合贷款(一般称为个人住房担保组合贷款)。组合贷款是申请的住房公积金贷款不足以支付购买住房所需费用时,购房者既申请公积金贷款,同时又向商业银行申请一般个人住房贷款,两部分贷款一起构成组合贷款。

3. 个人住房公积金贷款的对象及条件的规定

个人住房公积金贷款是公积金管理机构运用所归集的公积金委托银行向职工个人购、建自住住房,或者翻修、大修自住住房时发放的贷款。这里所指的住房应该是本市城镇区域内,职工能获得房屋产权的住房。借款人应为本市正常履行住房公积金缴存义务的职工。借款人向银行偿还公积金贷款的担保是以其所拥有的产权住房做抵押物。个人住房公积金贷款的贷款基金主要来源于单位和职工缴存的住房公积金。

申请个人住房公积金贷款的职工,必须符合下列 8 个条件:

（1）具有本市城镇常住户口，或者本市其他有效居留身份。

（2）具有完全民事行为能力，具有稳定的职业和收入，有偿还贷款本息的能力，信用良好。

（3）未到法定离退休年龄（国家另有规定可延长的按其规定执行，但最大应未到65周岁）。

（4）购买住房的，须具有符合法律规定的购买住房的合同或协议；建造、翻修住房的，须具有规划、土地管理部门批准的文件；大修自有住房的，须具有规划管理部门批准的文件。

（5）开立住房公积金账户1年以上，在申请住房公积金贷款前连续逐月缴存住房公积金满1年，并且所在单位不存在欠缴情况。

（6）未负有住房公积金贷款债务。

（7）已按本办法规定支付首付款或自筹资金。

（8）同意按照本办法规定提供担保。

职工已使用配偶住房公积金申请个人住房公积金贷款的，贷款还清前，其配偶不能申请个人住房公积金贷款。

4. 个人住房公积金贷款的程序（组合贷款）

个人住房公积金贷款的程序（组合贷款）一般包括借款申请、贷款初审、签订借款合同和抵押合同或质押合同（贷款担保）、办理抵押登记、办理保险手续、贷款资金的请领和划拨、贷款使用。

（1）借款申请

借款人应携带贷款申请资料提出贷款申请，贷款承办银行应当时受理并进行审核，审核确认后指导借款人打印《个人住房公积金（组合）贷款申请表》，并由借款人确认。购买商品住房申请贷款时需提供的资料如下：

第一部分：个人资料。

借款人在申请贷款时应提供个人资料，有配偶、未成年子女或其他共同购房人的也应提供相关资料。

①借款人及配偶

a.借款人及配偶身份证（身份证丢失或过期的，提供临时身份证或户籍所在地户籍管理部门开具的贴有照片的身份证明）及复印件4份。配偶为军官或士兵的，提供军官证或士兵证及复印件3份；配偶为"非中国"公民或港、澳、台侨胞的，提供护照及复印件3份。

b.结婚证或同户籍户口簿或民政部门出具的婚姻证明及复印件3份。

c.借款人及配偶住房公积金龙卡。

d.借款人及配偶正楷人名章。

e.借款人本市户口簿或蓝印户口簿或暂住证及复印件 2 份。

f.借款人年龄已满法定退休年龄但国家另有规定的,提供相关证件及复印件 3 份。

g.借款人无配偶的,应在贷款承办银行签订《无配偶声明》3 份。

②未成年子女

借款人与未成年子女共同购房的,提供同户籍户口簿及复印件 3 份;不在同一户籍的,提供未成年子女出生证或户籍管理部门出具的证明文件及复印件 3 份。

③其他共同购房人

非同一家庭成员共同购买一套住房的,提供其他共同购房人资料:

a.其他共同购房人身份证及复印件 4 份。

b.其他共同购房人有配偶的,提供配偶身份证及复印件 3 份,结婚证或与配偶同户籍户口簿或民政部门婚姻证明及复印件 3 份;无配偶的应在贷款承办银行签订或提供经公证的《无配偶声明》3 份。

第二部分:购房资料。

①《商品房买卖合同》4 份及复印件 1 份。

②《销售不动产统一发票》或《新建商品房预售资金缴款凭证》及复印件 4 份。

第三部分:担保资料。

①保证担保

采用保证担保方式的,应提供《房屋登记证明》(登记类别为所有权预告登记)及复印件 2 份。借款人有配偶或有共同购房人的,借款人配偶或共同购房人及配偶应在贷款承办银行签订或提供经公证的《房屋共有权人同意抵押声明》3 份。

②抵押担保

采用抵押担保方式的,应提供《新建住宅商品房准许使用证》(或质量证书、开发商房地产权证)复印件 2 份。

借款人有配偶或有共同购房人的,借款人配偶或共同购房人及配偶应在贷款承办银行签订或提供经公证的《同意以共有财产抵押(质押)保证书》2 份。

③质押担保

采用质押担保方式的,应提供以下资料:

a.住房公积金管理中心和贷款承办银行认可的银行存单或国库券等有价证券及复印件 1 份。

b.借款人有配偶的,配偶应在贷款承办银行签订或提供经公证的《同意以共有财产抵押(质押)保证书》2份。

第四部分:住房公积金管理中心和贷款承办银行要求提供的其他材料。

(2)贷款初审

贷款银行根据借款人及其配偶的住房公积金缴存情况、年龄及借款人所购(或建、修、置换)房屋价格,计算借款人实际贷款最高限额,确定贷款期限。

①公积金贷款的贷款期限

一般购买商品房、限价商品房、定向销售(安置)经济适用住房的,贷款期限不得超过30年;购买私产住房的,不得超过20年;购买公有现住房或建造、翻建、大修自有住房的,不得超过10年。

借款人年龄与贷款期限之和不得超过法定退休年龄后5年。法定退休年龄一般按照女性55岁、男性60岁计算;国家另有规定的,退休年龄按其规定执行,但最高不得超过65周岁。

借款人最长贷款期限不得超过上述两种方法计算的低值。

②公积金贷款的贷款额度

住房公积金贷款额度的计算,要根据还贷能力、贷款成数、住房公积金账户内存储余额倍数和贷款最高限额4个条件来确定,4个条件算出的最小值就是借款人最高可贷数额。其计算方法如下。

a.按照还贷能力计算的贷款额度

按照还贷能力计算贷款额度的计算公式为:

[(借款人月工资总额+借款人所在单位住房公积金月缴存额)×还贷能力系数-借款人现有贷款月应还款总额]×贷款期限(月)

使用配偶额度的计算公式为:

[(夫妻双方月工资总额+夫妻双方所在单位住房公积金月缴存额)×还贷能力系数-夫妻双方现有贷款月应还款总额]×贷款期限(月)

其中,还贷能力系数为40%;月工资总额=公积金月缴额÷(单位缴存比例+个人缴存比例)。

b.按照房屋价格计算的贷款额度

按照房屋价格计算贷款额度的计算公式为:

$$贷款额度=房屋价格×贷款成数$$

其中,贷款成数根据购、建、修房屋的不同类型来确定。一般购买商品住房、限价商品住房、定向销售(安置)经济适用住房、私产住房的,贷款额度不超过所购房屋价格(评估价格)的80%;购买公有现住房的,贷款额度不超过所购房屋价格的70%;建造、翻建、大修自有住房的,贷款额度不超过建、修住房所需费用的70%。

c. 按照住房公积金账户储存余额倍数计算的贷款额度

单笔住房公积金贷款额度不得高于借款人或夫妻双方住房公积金账户储存余额的 20 倍,借款人或夫妻双方住房公积金账户储存余额小于 1 万元的按 1 万元计算。

d. 按照贷款最高限额计算的贷款额度

使用职工本人住房公积金申请住房公积金贷款的,贷款最高限额 40 万元;同时使用职工本人及其配偶住房公积金申请住房公积金贷款的贷款最高限额 60 万元。以上条件可随政策变化调整。

③公积金贷款的利率

公积金贷款的利率一般按照国家规定在住房公积金存款利率的基础上加规定利差,并随住房公积金存款计算利率的调整而调整。例如,2008 年 9 月 16 日,5 年以内贷款利率为 5.13%,5 年以上贷款利率为 5.59%;2008 年 10 月,5 年以内贷款利率为 4.32%,5 年以上贷款利率为 4.86%;2009 年 1 月 1 日,5 年以内贷款利率为 3.33%,5 年以上贷款利率为 3.87%。

初审后经贷款银行审查借款人具备贷款资格,确定贷款额度和贷款期限后,领取借款合同、抵押合同、代扣委托协议书、抵押申请登记表等表格,正确填写需借款方填写的条款。

(3)贷款担保(签订借款合同和抵押合同或质押合同)

目前,住房公积金贷款的担保方式有抵押加担保、抵押加购房综合保险、质押、房地产担保公司担保 4 种方式。

①抵押加担保。借款人将所购的住房抵押给银行,同时还要由具有法人资格、符合担保条件的第三方给予担保。

②抵押加购房综合保险。如果不选择第三方担保,可以在办理房屋抵押时,买一份综合保险,它将为借款人提供保证保险。

③质押。质押是把相当于贷款额的动产或财产权利押给银行,如债券、存单等。

④房地产担保公司担保。

(4)办理抵押登记

用房产抵押的,借款人和贷款银行在填写好的《房屋他项权申请登记表》上加盖抵押人和抵押权人印章。抵押双方当事人到房屋坐落地的产权管理部门办理抵押登记手续。

借款人用共有人、第三方自然人的房产进行担保抵押的,须与共有人、第三方自然人签订公证书,明确共有人、第三方自然人同意该房产进行抵押并对借款人借款的偿还负有连带责任。

（5）办理保险手续

用房屋抵押的，贷款银行凭《房屋他项权证》或《房地产抵押权证明书》同借款人办理《抵押住房保险》或《建（修）房综合保险》手续。

（6）贷款资金的请领和划拨

借款人办完担保和保险手续后，将资料交贷款银行，贷款银行开出《职工个人住房组合贷款指标通知书》，填报《职工个人住房组合贷款基金请领表》，然后将借款合同等贷款材料和贷款指标通知书、基金请领表上报住房公积金管理中心，请领住房公积金贷款资金。住房公积金管理中心经审核同意后，将贷款资金划入贷款银行。

（7）贷款使用

借款人到贷款银行办理贷款使用手续。用于购房的贷款，贷款银行将所贷款项以转账方式划入售房单位、卖房人或置换企业账户；用于新建和大修私房的贷款，由借款人按借款合同规定支取。

5. 个人住房公积金贷款的偿还

（1）还款方式

贷款期限为一年的，实行到期一次还本付息、利随本清的还款方式；贷款期限在一年以上的，借款人可以采用等额本息或等额本金两种按月分期归还方式。还款方式一经确定，不得更改。

（2）提前还款

目前，个人住房公积金贷款的提前还款可以采用提前一次性归还全部贷款本息、提前归还部分贷款本金两种方式。对提前还款的还款额、提前还款次数、已贷款时间等都没有限制，也没有收取违约金的要求。

（3）逾期贷款

借款人未按借款合同规定按月偿还贷款本息的，逾期部分按中国人民银行有关规定计收逾期利息。当发生下列情况之一时，贷款银行除就逾期部分计收逾期利息外，有权会同有关部门处理抵押物或质押物。

①借款人超过借款合同最后还款期限3个月仍未还清贷款本息的；

②借款人在还款期内连续6个月未偿还贷款本息的。

（4）还款后抵押物的注销

借款人用房产抵押申请贷款的，在还清贷款本息后，应在一个月内到产权管理部门领取《房屋他项权证注销申请书》，办理注销抵押手续。

(5)其他相关规定

①贷款期限在一年内(含一年)的贷款,实行合同利率,遇法定利率调整,不分段计息。贷款期限在一年以上的贷款,遇法定利率调整,于次年 1 月 1 日起,按相应利率档次执行新的利率。

②每月还款日为贷款发放日在当月的对应日,没有对应日的为该月末最后一天。

③借款人可以在每月还款日到贷款承办银行偿还贷款本息或委托贷款承办银行通过信用卡、储蓄卡、存折等方式代扣。

5.3　房地产估价咨询

5.3.1　房地产价格的构成、特点及影响因素

1.房地产价格及其构成

房地产价格是为获得他人房地产所必须付出的代价,通常用货币表示,用货币来偿付。房地产价格主要由土地价格、房地产开发经营成本和利润、房地产税等构成。

2.房地产价格的特点

由于房地产本身的特性,与整个市场价格体系中的其他价格类型相比,房地产价格也是最复杂的一类价格,有一系列独有的特点:

(1)房地产价格是关于房地产权利的价格;

(2)房地产价格具有显著的个别性;

(3)房地产价格的总体水平具有周期性循环和螺旋式上升趋势;

(4)房地产价格有多种表现方式。

3.影响房地产价格的因素

总体上说,房地产价格主要是由房地产需求和供给关系决定的,在房地产需求和供给共同作用形成房地产价格的基础上,房地产实际交易价格是受多种因素的影响而形成的。具体来讲,这些影响因素主要有以下几方面:

(1)经济因素

影响房地产价格的经济因素,主要是指经济发展状况,储蓄、消费和投资水平,财政收支和金融状况,物价水平尤其是建筑材料价格水平等。大体来说,经济发展速度越快,储蓄、投资和消费水平就越高,财政金融状况就越好,对房地产的需求量

就会越大,房地产的价格就会越高;否则就相反。同样,物价水平提高,也会引起房地产价格的上升。

（2）物理因素

影响房地产价格的物理因素,主要是指房地产自身自然或物理性质等因素,如房地产所处的位置,房屋的结构、类型等。一般地,房地产所处的位置不同,其价格会有很大的不同。这是由于占房地产价格相当比重的地产价格,在城市的不同地段存在着很大的差别。如繁华的市中心的地价与城市边缘地段的地价有时会相差几倍甚至是几十倍。另外,房屋本身的质量也会影响房地产价格。

（3）环境因素

影响房地产价格的环境因素主要是指房地产周围环境的状况,如噪声、大气污染状况、绿化状况、环境整洁度等。

（4）政策因素

政策因素主要是影响房地产价格的制度、政策、法规、行政措施等,如土地制度、住房制度、城市规划、城市发展战略、土地利用规划等。

（5）社会因素

社会状况对房地产价格也有重大的影响。社会因素主要是政治安定状况、社会治安水平、房地产运行状况、城市化水平以及人口状况等。一般来说,政局稳定,则人们乐于投资购置房地产,从而使房地产需求量上升,加剧房地产的供给短缺,导致房地产价格上涨;反之则会导致房地产价格下跌。同样,政策法规的稳定性和连续性也会促使房地产价格稳定上扬。

（6）心理因素

人们的心理状态对房地产价格也有重大影响,主要表现为购买或出售的心态、欣赏趣味、时尚风气及对享受、舒适程度的追求等。

另外,国际政治环境状况、国际经济发展状况、国际市场竞争状况等也会在一定程度上影响国内的房地产价格。

5.3.2 房地产估价方法体系

房地产估价是指专业估价人员根据估价目的,遵循估价原则,按照估价程序,选用适宜的估价方法,并在综合分析影响房地产价格因素的基础上,对房地产在估价时点的客观合理价格或价值进行估算和判定的活动。

房地产估价的方法主要有市场比较法、成本法、收益法、假设开发法、基准地价修正法、路线价法、长期趋势法等。对于一宗具体的房地产商品,其价格可以从三个方面来考察:一是市场上同类房地产商品的成交价格;二是房地产商品开发建设的成本;三是房地产商品的收益能力。

虽然房地产经纪人的工作与房地产估价师的工作有性质上的区别,但由于房地产经纪人需要在业务中协调交易双方对价格的认识,这就要求房地产经纪人自身首先对房地产的真实价值有一个准确的判断,因此房地产经纪人如果掌握一些常用的估价方法,将有助于自己的工作。一般而言,最适合房地产经纪人借鉴的估价方法是市场比较法。

1. 市场比较法

(1)市场比较法的基本原理

①市场比较法的概念

市场比较法是将估价对象与在估价时点相近日期有过交易的类似房地产进行比较,对这些类似房地产的已知价格作适当的修正,以此估算估价对象的客观合理价格或价值的方法。市场比较法又称市价比较法、交易实例比较法、买卖实例比较法、现行市价法,有时简称比较法或市场法。采用市场比较法估价求得的价格,称为比准价格。

②市场比较法适用的条件

只要有类似房地产的合适交易实例即可利用。具体说,市场比较法要在同一地区或同一供求范围内的类似地区中,与估价对象房地产相类似的房地产交易实例较多时,才是有效的方法。利用市场比较法时,需进行各种修正,要经验丰富,判断准确。

(2)市场比较法的估价步骤

①搜集交易实例

拥有大量房地产交易实例资料,是运用市场比较法估价的先决条件。如果交易实例资料太少,不仅会影响估价结果的准确性和客观性,甚至会使市场比较法无法采用。因此,估价人员应通过各种途径尽可能多地搜集房地产交易实例。

搜集房地产交易实例的一般途径有:查阅政府有关部门房地产交易的申报登记资料;查阅各种报刊上关于房地产租售的信息;以购买房地产者的身份,与房地产经办人和交易当事人洽谈,了解各种信息;通过各类房地产交易展示会,索取资料,掌握信息;同行之间相互提供信息资料;其他途径获取资料。

②选取可比实例

用做比较参照的交易实例,简称可比实例。选取可比实例就是从已搜集和积累的大量交易实例中,选取与估价对象房地产条件相同或相似的、成交日期与估价时点相近的、成交价格为正常价格或可修正为正常价格的交易实例。

运用市场比较法估价应根据估价对象的状况和估价目的,从搜集的交易实例中选取 3 个以上的可比实例。如果可比实例少于 3 个,其代表性较差,可能造成估价结果因其个别性出现偏差,难以客观地反映市场状况。

③建立价格可比基础

建立价格可比基础主要是为后面进行交易情况、交易日期和区域因素、个别因素的修正服务。因为已选取的若干个可比实例之间及其与估价对象之间,可能在付款方式、成交单价、货币种类、货币单位、面积内涵和面积单位等方面存在不一致,无法进行直接的比较修正,因此,需要对它们进行统一换算处理,使其表述口径一致,以便进行比较修正。

④进行交易情况修正

交易情况修正,是排除交易行为中的某些特殊因素所造成的可比实例的成交价格偏差,将其成交价格修正为正常价格。由于房地产的特殊性和房地产市场的不完全性,交易价格往往在交易过程中受当时当地一些特殊因素的影响而发生偏差,不宜直接作为基准用于估价对象,必须预先对交易中的某些不正常的情况加以修正,使其成为正常的交易价格后,才能作为估算估价对象价格的比准值。

⑤进行交易日期修正

交易日期修正,是将可比实例在其成交日期时的价格修正到估价时点的价格。

⑥进行区域因素修正

进行区域因素修正,应将可比实例在其外部环境状况下的价格调整为估价对象外部环境状况下的价格。影响房地产价格的区域因素主要包括:繁华程度、交通便捷程度、环境、景观、公共设施配套完备程度、城市规划限制等。

⑦进行个别因素修正

进行个别因素修正,应将可比实例在其个体状况下的价格调整为估价对象个体状况下的价格。有关土地方面的个别因素修正的内容主要应包括:面积大小、形状、临路状况、基础设施完备程度、土地平整程度、地势、地质水文状况、规划管制条件、土地使用权年限等;有关建筑物方面的个别因素修正的内容主要应包括:新旧程度、装修、设施设备、平面布置、工程质量、建筑结构、楼层、朝向等。

⑧求出比准价格

所选取的若干个可比实例价格经比较修正后,可选用简单算术平均法、加权算术平均法、中位数法、众数法等计算综合结果。

2. 成本法

(1)成本法基本原理

①成本法的概念

成本法是求取估价对象在估价时点的重置价格或重建价格,扣除折旧,以此估算估价对象的客观合理价格或价值的方法。成本法又称原价法、承包商法、成本逼近法,在旧有房地产估价方面通常称为重置成本法或重建成本法。采用成本法求得的价格,称为积算价格。

②成本法适用的条件

成本法主要适用于:

a.既无收益又很少交易的房地产估价,如学校、图书馆、医院、政府办公楼、公园等公共建筑、公益设施的估价。

b.单纯建筑物估价。

c.独立或狭小市场上无法运用市场比较法进行估价的房地产。

③成本法的估价步骤

a.搜集有关成本、税费、开发利润等资料。

b.估算重置价格或重建价格。

c.估算折旧。

d.求出积算价格。

④成本法的基本公式

a.新开发土地的成本法基本公式:

新开发土地价格=取得待开发土地费用+开发土地所需费用+正常利税

b.新建房地产的成本法基本公式:

新建房地价格=取得土地费用+建造建筑物费用+正常利税

c.旧有房地产成本法基本公式:

旧有房地产价格=旧有房地产的重新建造成本-旧有房地产中建筑物折旧

其中:

旧有房地价格=土地重新取得价格+建筑物重新建造成本-建筑物折旧

旧有建筑物价格=建筑物重新建造成本-建筑物折旧

(2)重置价格或重建价格

重置价格或重建价格应是取得或重新开发建造全新状态下的房地产所需的各项必要成本费用和应纳税金、正常利润之和。

房地产重置价格或重建价格的构成可细分为:土地取得费用、开发成本、管理费用、投资利息、销售税费、开发利润等。

(3)建筑物折旧

建筑物折旧是各种原因造成的价值损失,包括物质上的、功能上的和经济上的。折旧方法主要有:直线法、双倍余额递减法、年数合计法、成新折扣法等。

3. 收益法

(1)收益法的原理

①收益法的概念

收益法是预计估价对象未来的正常净收益,选用适当的资本化率将其折现到估价时点后累加,依此估算估价对象的客观合理价格或价值的方法。采用收益法估价求得的价格称为收益价格。

②收益法适用的范围

收益法适用于有收益或有潜在收益的房地产估价,对于政府机关、学校、公园等公用、公益房地产的估价大多不适用。

③收益法的估价步骤

a. 搜集有关收入和费用的资料。

b. 估算潜在毛收入:假定房地产在充分利用、无空置状态下可获得的收入。

c. 估算有效毛收入:由潜在毛收入扣除正常的空置、拖欠租金以及其他原因造成的收入损失后所得到的收入。

d. 估算运营费用:维持房地产正常生产、经营或使用必须支出的费用及归属于其他资本或经营的收益。

e. 估算净收益:由有效毛收入扣除合理运营费用后得到的归属于房地产的收益(有效毛收入－运营费用)。

f. 选用适当的资本化率。

g. 选用适宜的计算公式求出收益价格。

其中,潜在毛收入、有效毛收入、运营费用、净收益均以年度计。收益法估价的关键是估价对象年净收益和资本化率的确定。

④收益法的基本计算公式

a. 有限年期且其他因素不变的计算公式:

$$V = \frac{a}{r}\left[1 - \frac{1}{(1+r)^n}\right]$$

式中　V—— 房地产价格;

　　　　a—— 房地产净收益(纯收益);

　　　　r—— 房地产资本化率;

　　　　n—— 房地产使用年限或收益年限。

b. 无限年期且其他因素不变的计算公式:

$$V = \frac{a}{r}$$

式中 V、a、r 的含义同有限年期的计算公式。

（2）净收益的求取

净收益应根据估价对象的具体情况，按下列规定求取：

①出租型房地产，应根据租赁资料计算净收益，净收益为租赁收入扣除维修费、管理费、保险费和税金。租赁收入包括有效毛租金收放和租赁保证金、押金等的利息收入。维修费、管理费、保险费和税金应根据租赁契约规定的租金含义取舍。若保证合法、安全、正常使用所需的费用都由出租方承担，应将四项费用全部扣除；若维修、管理等费用全部或部分由承租方负担，应对四项费用中的部分项目作相应调整。

②商业经营型房地产，应根据经营资料计算净收益。净收益为商品销售收入扣除商品销售成本、经营费用、商品销售税金及附加、管理费用、财务费用和商业利润。

③生产型房地产，应根据产品市场价格以及原材料、人工费用等资料计算净收益，净收益为产品销售收入扣除生产成本、产品销售费用、产品销售税金及附加、管理费用、财务费用和厂商利润。

④尚未使用或自用的房地产，可比照有收益的类似房地产的有关资料按上述相应的方式计算净收益，或直接比较得出净收益。

估价中采用的潜在毛收入、有效毛收入、运营费用或净收益，除有租约限制的之外，都应采用正常的数据。

有租约限制的租约期内的租金宜采用租约所确定的租金，租约期外的租金应采用正常客观的租金。

利用估价对象本身的资料直接推算出的潜在毛收入、有效毛收入、运营费用或净收益，应与类似房地产的正常情况下的潜在毛收入、有效毛收入、运营费用或净收益进行比较。若与正常客观的情况不符，应进行适当的调整修正。

（3）资本化率的确定

资本化率的实质是一种投资收益率。资本化率应按下列方法分析确定：

①市场提取法：应搜集市场上三宗以上类似房地产的价格、净收益等资料，选用相应的收益法计算公式，求出资本化率。

②安全利率加风险调整值法：以安全利率加上风险调整值作为资本化率。安全利率可选用同一时期的一年期国债年利率或中国人民银行公布的一年定期存款年利率；风险调整值应根据估价对象所在地区的经济现状及未来预测、估价对象的用途及新旧程度等确定。

③复合投资收益率法：将购买房地产的抵押贷款收益率与自有资本收益率的加权平均数作为资本化率，按下列公式计算：

$$R = M \times R_M + (1-M)R_E$$

式中 R——资本化率（%）；

      M——贷款价值比率（%），抵押贷款额占房地产价值的比率；

      R_M——抵押贷款资本化率（%），通常为抵押贷款利率；

      R_E——自有资本要求的正常收益率（%）。

④投资收益率排序插入法：找出相关投资类型及其收益率、风险程度，按风险大小排序，将估价对象与这些投资的风险程度进行比较，判断、确定资本化率。

5.4 房地产税收咨询

我国现行的房地产税收主要有房产税、城镇土地使用税、耕地占用税、土地增值税、契税。其他与房地产紧密相关的税种主要有固定资产投资方向调节税、营业税、城市维护建设税和教育费附加、所得税、印花税等。

5.4.1 房产税

房产税是《中华人民共和国房产税暂行条例》设定的，以房产为课税对象，向产权所有人征收的一种税。

1.纳税人

凡是中国境内拥有房屋产权的单位和个人都是房产税的纳税人。产权属于全民所有的，以经营管理的单位和个人为纳税人；产权出典的，以承典人为纳税人；产权所有人、承典人均不在房产所在地的，或者产权未确定以及租典纠纷未解决的，以房产代管人或者使用人为纳税人。

2.课税对象

房产税的课税对象是房产。条例规定，房产税在城市、县城、建制镇和工矿区征收。

3.计税依据

对于非出租的房产，以房产原值一次减除 10%～30% 后的余值为计税依据。具体减除幅度由省、自治区、直辖市人民政府确定。

对于出租的房产，以房产租金收入为计税依据。租金收入是房屋所有权人出租房产使用权所得的报酬，包括货币收入和实物收入。对以劳务或其他形式为报酬抵付房租收入的，应根据当地房产的租金水平，确定一个标准租金额按租计征。

4.税率

房产税采用比例税率。按房产余值计征的,税率为 1.2%;按房产租金收入计征的,税率为 12%。

5.纳税地点和纳税期限

(1)纳税地点

房产税在房产所在地缴纳。房产不在同一地方的纳税人,应分别向房产所在地的税务机关纳税。

(2)纳税期限

房产税按年计征,分期缴纳。具体纳税期限由各省、自治区、直辖市人民政府规定。房产税减免按《中华人民共和国房产税暂行条例》等规定执行。

5.4.2　城镇土地使用税

城镇土地使用税(以下简称土地使用税)是以城镇土地为课税对象,向拥有土地使用权的单位和个人征收的一种税。

1.纳税人

在城市、县城、建制镇、工矿区范围内使用土地的单位和个人,为城镇土地使用税(以下简称土地使用税)的纳税人,应当依照条例的规定缴纳土地使用税。其中所称单位,包括国有企业、集体企业、私营企业、股份制企业、外商投资企业、外国企业、其他企业和事业单位、社会团体、国家机关、军队以及其他单位;所称个人,包括个体工商户以及其他个人。

2.课税对象

土地使用税在城市、县城、建制镇和工矿区征收,课税对象是上述范围内的土地。

3.计税依据

土地使用税的计税依据是纳税人实际占用的土地面积。纳税人实际占用的土地面积,是指由省、自治区、直辖市人民政府确定的单位组织测定的土地面积。

4.适用税额和应纳税额的计算

土地使用税采用分类分级的幅度定额税率。每平方米的年幅度税额按城市大小分 4 个档次:①大城市 1.5~30 元;②中等城市 1.2~24 元;③小城市 0.9~18元;④县城、建制镇、工矿区 0.6~12 元。

省、自治区、直辖市人民政府,应当在规定的税额幅度内,根据市政建设状况、经济繁荣程度等条件,确定所辖地区的适用税额幅度。市、县人民政府应当根据实际情况,将本地区土地划分为若干等级,在省、自治区、直辖市人民政府确定的税额幅度内,制定相应的适用税额标准,报省、自治区、直辖市人民政府批准执行。

经省、自治区、直辖市人民政府批准,经济落后地区土地使用税的适用税额标准可以适当降低,但降低额不得超过所规定最低税额的30%。经济发达地区土地使用税的适用税额标准可以适当提高,但须报经财政部批准。

5. 纳税地点和纳税期限

(1)纳税地点

土地使用税由土地所在的税务机关征收。土地管理机关应当向土地所在地的税务机关提供土地使用权属资料。纳税人使用的土地不属于同一省(自治区、直辖市)管辖范围的,应由纳税人分别向土地所在地的税务机关缴纳;在同一省(自治区、直辖市)管辖范围内,纳税人跨地区使用的土地,其纳税地点由省、自治区、直辖市税务机关确定。

(2)纳税期限

土地使用税按年计算,分期缴纳。各省、自治区、直辖市可结合当地情况,分别确定按月、季或半年等不同的期限缴纳。

城镇土地使用税减免按《中华人民共和国城镇土地使用税暂行条例》等规定执行。

5.4.3 耕地占用税

耕地占用税是对占用耕地建房或者从事其他非农业建设的单位和个人征收的一种税。

1. 纳税人

凡占用耕地建房或者从事其他非农业建设的单位和个人,都是耕地占用税的纳税人,包括国有企业、集体企业、私营企业、股份制企业、外商投资企业、外国企业、其他企业和事业单位、社会团体、国家机关、部队以及其他单位;所称个人,包括个体工商户以及其他个人。

2. 课税对象

耕地占用税的课税对象,是占用耕地从事其他非农业建设的行为。耕地是指用于种植农作物的土地,占用前3年内用于种植农作物的土地,也视为耕地。

3. 税率和适用税额

根据《中华人民共和国耕地占用税暂行条例》第五条的规定,耕地占用税实行定额税率,具体分 4 个档次:

(1)人均耕地不超过 1 亩的地区(以县级行政区域为单位,下同),每平方米为 10 元至 50 元;

(2)人均耕地超过 1 亩但不超过 2 亩的地区,每平方米为 8 元至 40 元;

(3)人均耕地超过 2 亩但不超过 3 亩的地区,每平方米为 6 元至 30 元;

(4)人均耕地超过 3 亩的地区,每平方米为 5 元至 25 元。

国务院财政、税务主管部门根据人均耕地面积和经济发展情况确定各省、自治区、直辖市的平均税额。

各地适用税额,由省、自治区、直辖市人民政府在本条第一款规定的税额幅度内,根据本地区情况核定。各省、自治区、直辖市人民政府核定的适用税额的平均水平,不得低于条例第二款规定的平均税额。

4. 计税依据

耕地占用税以纳税人实际占用的耕地面积为计税依据,按照规定的适用税额一次性征收。

5. 加成征税

(1)经济特区、经济技术开发区和经济发达且人均耕地特别少的地区,适用税额可以适当提高,但是提高的部分最高不得超过《中华人民共和国耕地占用税暂行条例》第五条第三款规定的当地适用税额的 50%。

(2)占用基本农田的,适用税额应当在《中华人民共和国耕地占用税暂行条例》第五条第三款、第六条规定的当地适用税额的基础上提高 50%。

耕地占用税减免按《中华人民共和国耕地占用税暂行条例》等规定执行。

5.4.4 土地增值税

土地增值税是对有偿转让国有土地使用权及地上建筑物和其他附着物的单位和个人征收的一种税。

1. 纳税人

凡有偿转让国有土地使用权、地上建筑物及其他附着物(以下简称转让房地产)并取得收入的单位和个人为土地增值税的纳税人。

各类企业单位、事业单位、国家机关、社会团体和其他组织,以及个体经营者、外商投资企业、外国企业及外国驻华机构、外国公民、华侨、港澳同胞等均在土地增值税的纳税义务人范围内。

2. 征税范围

土地增值税的征税范围包括国有土地、地上建筑物及其他附着物。转让房地产是指转让国有土地使用权、地上建筑物和其他附着物产权的行为,不包括通过继承、赠与等方式无偿转让房地产的行为。

3. 课税对象和计税依据

土地增值税的课税对象是有偿转让房地产所取得的土地增值额。土地增值税以纳税人转让房地产所取得的土地增值额为计税依据,土地增值额为纳税人转让房地产所取得的收入减除规定扣除项目金额后的余额。纳税人转让房地产所取得的收入,包括转让房地产的全部价款及相关的经济利益,具体包括货币收入、实物收入和其他收入。

4. 税率和应纳税额的计算

土地增值税实行四级超额累进税率:

(1)增值额未超过扣除项目金额50%的部分,税率为30%;

(2)增值额超过扣除项目金额50%,未超过100%的部分,税率为40%;

(3)增值额超过扣除项目金额100%,未超过200%的部分,税率为50%;

(4)增值额超过扣除项目金额200%以上部分,税率为60%。

每级“增值额未超过扣除项目金额”的比例均包括本比例数。

为简化计算,应纳税额可按增值额乘以适用税率减去扣除项目金额乘以速算扣除系数的简便方法计算,速算公式如下:

土地增值额未超过扣除项目金额50%的,应纳税额＝土地增值额×30%;

土地增值额超过扣除项目金额50%,未超过100%的,应纳税额＝土地增值额×40%－扣除项目金额×5%;

土地增值额超过扣除项目金额100%,未超过200%的,应纳税额＝土地增值额×50%－扣除项目金额×15%;

土地增值额超过扣除项目金额200%的,应纳税额＝土地增值额×60%－扣除项目金额×35%。

5. 扣除项目

土地增值税的扣除项目为:

（1）取得土地使用权时所支付的金额；

（2）土地开发成本、费用；

（3）新建房及配套设施的成本、费用，或者旧房及建筑物的评估价格；

（4）与转让房地产有关的税金；

（5）财政部规定的其他扣除项目。

上述扣除项目的具体内容为：

（1）取得土地使用权所支付的金额，是指纳税人为取得土地使用权所支付的地价款和按国家统一规定缴纳的有关费用。凡通过行政划拨方式无偿取得土地使用权的企业和单位，则以转让土地使用权时按规定补交的出让金及有关费用，作为取得土地使用权所支付的金额。

（2）开发土地和新建房及配套设施（以下简称房地产开发）的成本，是指房地产开发项目实际发生的成本（以下简称房地产开发成本），包括土地征用及拆迁补偿、前期工程费、建筑安装工程费、基础设施费、公共配套设施费、开发间接费。其中：①土地征用及拆迁补偿费，包括土地征用费、耕地占用税、劳动力安置费及有关地上、地下附着物拆迁补偿的净支出和安置拆迁用房支出等；②前期工程费，包括规划、设计、项目可行性研究、水文、地质、勘察、测绘、"三通一平"等支出；③建筑安装工程费，是指以出包方式支付给承包单位的建筑安装工程费和以自营方式发生的建筑安装工程费；④基础设施费，包括开发小区内道路、供水、供电、供气、排污、排洪、通讯、照明、环卫、绿化等工程发生的支出；⑤公共配套设施费，包括不能有偿转让的开发小区内公共配套设施发生的支出；⑥开发间接费，是指直接组织、管理开发项目发生的费用，包括工资、职工福利费、折旧费、修建费、办公费、水电费、劳动保护费、周转房摊销等。

（3）开发土地和新建房及配套设施的费用（以下简称房地产开发费用），是指与房地产开发项目有关的销售费用、管理费用和财务费用。财务费用中的利息支出，凡能够按转让房地产项目计算分摊并提供金融机构证明的，允许据实扣除，但最高不能超过商业银行同类同期贷款利率计算的金额。其他房地产开发费用，按取得土地使用权所支付的金额和开发土地、新建房及配套设施的成本两项规定计算的金额之和的 5％以内计算扣除。凡不能按转让房地产项目计算分摊利息支出或不能提供金融机构证明的，房地产开发费用按取得土地使用权所付的金额和开发土地、新建房及配套设施的成本两项规定计算的金额之和的 10％以内计算扣除。上述计算扣除的具体比例，由省、自治区、直辖市人民政府规定。

（4）旧房及建筑物的评估价格，是指在转让已使用的房屋及建筑物时，由政府批准设立的房地产估价机构评定的重置成本价乘以成新度折扣率后的价格。评估价格须经当地税务机关确认。

(5)与转让房地产有关的税金,是指在转让房地产时已缴纳的营业税、城市维护建设税、印花税。因转让房地产缴纳的教育费附加也可视同税金予以扣除。

(6)对从事房地产开发的纳税人可按取得土地使用权所支付的金额和开发土地、新建房及配套设施的成本两项规定计算的金额之和,加计20%扣除。

另外,对纳税人成片受让土地使用权后,分期分批开发、分块转让的,其扣除项目金额的确定,可按转让土地使用权的面积占总面积的比例计算分摊;或按建筑面积计算分摊;也可按税务机关确认的其他方式计算分摊。

纳税人有下列情形之一者,按照房地产评估价格计算征收土地增值税:

(1)隐瞒、虚报房地产价格的;

(2)提供扣除项目金额不实的;

(3)转让房地产的成交价格低于房地产评估价格,又无正当理由的。

土地增值税减免按《中华人民共和国土地增值税暂行条例》等规定执行。

5.4.5 契税

契税是在土地、房屋权属发生转移时,对产权承受人征收的一种税。

1.纳税人

《中华人民共和国契税暂行条例》规定,在中华人民共和国境内转移土地、房屋权属,承受的单位和个人为契税的纳税人,应当依照该条例的规定缴纳契税。

转移土地、房屋权属是指下列行为:

(1)国有土地使用权出让;

(2)土地使用权转让,包括出售、赠与和交换;

(3)房屋买卖;

(4)房屋赠与;

(5)房屋交换。

下列方式视同转移土地、房屋权属,予以征税:

(1)以土地、房屋权属作价投资、入股;

(2)以土地、房屋权属抵债;

(3)以获奖方式承受土地、房屋权属;

(4)以预购方式或者预付集资建房款方式承受土地、房屋权属。

2.课税对象

契税的课税对象是发生产权转移变动的土地、房屋。

3. 税率

契税的税率为 3％～5％，各地适用税率，由省、自治区、直辖市人民政府在规定的幅度内按照本地区的实际情况确定，并报财政部和国家税务总局备案。

4. 计税依据

契税的计税依据是房屋产权转移时双方当事人签订的契约价格。征收契税，一般以契约载明的买价、现值价格作为计税依据。但是，为了保护房屋产权交易双方的合法权益，体现公平交易，避免发生隐价、瞒价等逃税行为，征收机关认为有必要时，也可以直接或委托房地产估价机构对房屋价值进行评估，以评估价格作为计税依据。

房屋产权的转移必然连带着土地权属的变动。房地产价格会因所处地理位置等条件的不同或高或低，这也是土地价格的一种体现。考虑到实际交易中房产和地产的不可分性，也为防止纳税人通过高估地产价格逃避税收和便于操作，在房地产交易契约中，无论是否划分房产的价格和土地的价格，都以房地产交易契约价格总额为计税依据。土地使用权交换、房屋交换时，以所交换的土地使用权、房屋的价格的差额为计税依据。

5. 纳税环节和纳税期限

契税的纳税环节是在纳税义务发生以后，办理契证或房屋产权证之前。按照《中华人民共和国契税暂行条例》规定，纳税人应当自纳税义务发生之日起 10 日内，向土地、房屋所在地的契税征收机关办理纳税申报，并在契税征收机关核定的期限内缴纳税款。

契税减免按《中华人民共和国契税暂行条例》等规定执行。

5.4.6　相关税收

1. 固定资产投资方向调节税

固定资产投资方向调节税是对单位和个人用于固定资产投资的各种资金征收的一种税。在中国境内进行固定资产投资的单位和个人，为固定资产投资方向调节税的纳税人。

固定资产投资方向调节税以在我国境内所有用于固定资产投资的各种资金为课税对象。纳税人用各种资金进行固定资产投资，不论其投资来源渠道如何，都属于征税范围。

固定资产投资方向调节税以固定资产投资项目实际完成的投资额为计税依

据。它根据国家产业政策和经济规模实行差别税率,具体适用税率为 0%、5%、10%、15%、30%五个档次。对经济适用房,不论是房地产开发企业还是其他企事业单位投资建设,一律按零税率项目对待。

《固定资产投资方向调节税税目税率表》由国务院定期调整。从 1995 年起,固定资产投资方向调节税暂停征收。

2. 营业税、城市维护建设税和教育费附加

(1)营业税是对提供应税劳务、转让无形资产和销售不动产的单位和个人开征的一种税。销售不动产的营业税税率为 5%。

(2)城市维护建设税(以下简称城建税)是随增值税、消费税和营业税附征并专门用于城市维护建设的一种特别目的税。

城建税以缴纳增值税、消费税、营业税的单位和个人为纳税人。

城建税实行的是地区差别税率,按照纳税人所在地的不同,税率分别规定为7%、5%、1%三个档次,具体是:纳税人所在地在城市市区的,税率为 7%;在县城、建制镇的,税率为 5%;不在城市市区、县城、建制镇的,税率为 1%。

(3)教育费附加是随增值税、消费税和营业税附征并专门用于教育的一种特别目的的税。教育费附加的税率在城市一般为营业税的 3%。

3. 企业所得税

在中华人民共和国境内,企业和其他取得收入的组织为企业所得税的纳税人。企业分为居民企业和非居民企业。

企业所得税的税率为 25%。非居民企业在中国境内未设立机构、场所的,或者虽设立机构、场所但取得的所得与其所设机构、场所没有实际联系的,应当就其来源于中国境内的所得缴纳企业所得税,适用税率为 20%。

企业每一纳税年度的收入总额,减除不征税收入、免税收入、各项扣除以及允许弥补的以前年度亏损后的余额,为应纳税所得额。企业的应纳税所得额乘以适用税率,减除依照《中华人民共和国企业所得税法》关于税收优惠的规定减免和抵免的税额后的余额,为应纳税额。

4. 个人所得税

个人所得税的纳税人,在中国境内有住所,或者无住所而在中国境内居住满一年的个人,从中国境内和境外取得所得的,以及在中国境内无住所又不居住或者无住所而在境内居住不满一年的个人,从中国境内取得所得的,均为个人所得税的纳税人。

个人所得包括下列各项,应缴纳个人所得税:①工资、薪金所得;②个体工商户的生产、经营所得;③对企事业单位的承包经营、承租经营所得;④劳务报酬所得;

⑤稿酬所得；⑥特许权使用费所得；⑦利息、股息、红利所得；⑧财产租赁所得；⑨财产转让所得；⑩偶然所得；⑪经国务院财政部门确定征税的其他所得。

个人所得税的税率，根据个人所得项目不同，税率不同。其中财产租赁所得、财产转让所得适用比例税率，税率为20%。

《中华人民共和国个人所得税法》及其实施条例规定，个人转让住房，以其转让收入额减除财产原值和合理费用后的余额为应纳税所得额，按照"财产转让所得"项目缴纳个人所得税。

5. 印花税

印花税是对因商事活动、产权转移、权利许可证照授受等行为而书立、领受的应税凭证征收的一种税。

印花税的纳税人为在中国境内书立领受税法规定的应税凭证的单位和个人，包括国内各类企业、事业、机关、团体、部队及中外合资企业、中外合作企业、外商独资企业、外国公司和其他经济组织及其在华机构等单位和个人。

印花税的征收范围主要是经济活动中最普遍、最大量的各种商事和产权凭证，具体包括以下几项：

(1)购销、加工承揽、建设工程勘察设计、建设安装工程承包、财产租赁、货物运输、仓储保管、借款、财产保险、技术等合同或者具有合同性质的凭证；

(2)产权转移书据；

(3)营业账簿；

(4)权利、许可证照；

(5)经财政部确定征税的其他凭证。

印花税的税率采用比例税率和定额税率两种。对一些载有金额的凭证，如各类合同、资金账簿等，采用比例税率。税率共分5档：千分之一、万分之五、万分之三、万分之零点五、万分之零点三。

对一些无法计算金额的凭证，或者虽载有金额，但作为计税依据明显不合理的凭证，采用定额税率，每件缴纳一定数额的税款。

5.5　房地产咨询实例

刘某今年31岁，家住天津市，为某机关公务员。其妻子29岁，为某高校教师。两人打算今年预购一套65万元商品住宅。其父母只能为其支付20万元房款，还差 45 万元。如果刘某办理职工个人住房公积金贷款,大概只能贷款 34 万元。刘某与其妻子商定申请夫妻双职工公积金贷款。刘某本人月工资收入为 3000 元,公积金账户余额现为 3 万元左右,每月缴存公积金 560 元。其妻子月工资收入为 2800 元,公积金账户余额现为 2.5 万元左右,每月缴存公积金 450 元。两人工作状况稳定,欲申请 20 年期公积金贷款。根据天津市的有关规定,他们在办理公积金贷款时应考虑的问题如下:

1. 刘某申请双职工住房公积金贷款额度如何确定?

住房公积金贷款额度的计算,要根据还贷能力、贷款成数、住房公积金账户内存储余额倍数和贷款最高限额 4 个条件来确定,依据 4 个条件算出的最小值就是借款人最高可贷数额。计算方法如下:

(1)按月工资总额计算的贷款额度为

$$(3000+2800+560+450)\times 40\% \times 12\times 20=65.376(万元)$$

(2)按购房款计算的最高贷款额度为

$$650000\times 70\% =45.5(万元)$$

(3)按住房公积金余额计算的贷款额度为

$$(30000+25000)\times 20=110(万元)$$

(4)住房公积金贷款最高限额 70 万元(2009 年天津市规定夫妻双职工贷款)刘某最终可贷款额为 45.5 万元,全部可申请住房公积金贷款。

2. 贷款程序如何?

程序:(1)借款申请;(2)贷款初审;(3)贷款担保;(4)办理抵押登记;(5)办理保险手续;(6)贷款资金的申领和划拨;(7)贷款使用。

3. 刘某应提供的主要资料有哪些?

(1)借款人及配偶身份证、复印件 4 份。

(2)结婚证或同户籍户口簿或民政部门出具的婚姻证明及复印件 3 份。

(3)借款人及配偶住房公积金龙卡。

(4)借款人及配偶正楷人名章。

(5)借款人本市户口簿或蓝印户口簿或暂住证及复印件 2 份。

(6)《商品房买卖合同》4 份及复印件 1 份。

(7)《销售不动产统一发票》或《新建商品房预售资金缴款凭证》及复印件 4 份。

(8)缴纳税费证明。

(9)采用抵押担保方式的,应提供《新建住宅商品房准许使用证》(或质量证书、开发商房地产权证)复印件 2 份。

借款人有配偶或有共同购房人的,借款人配偶或共同购房人及配偶应在贷款承办银行签订或提供经公证的《同意以共有财产抵押保证书》2 份。

(10)住房公积金管理中心和贷款承办银行要求提供的其他材料。

4.刘某选择哪种还款方式最合适？月还款额为多少？是否影响其家庭生活？

(1)借款人可以采用等额本息或等额本金两种按月分期归还方式。

等额本息还款方式是每月以相等的额度平均偿还贷款本息,其中归还的本金和利息的配给比例是逐月变化的,利息逐月递减,本金逐月递增。等额本金还款方式是每月等额偿还贷款本金,贷款利息随本金逐月递减。

等额本息和等额本金还款方式分别适合不同的借款人,没有绝对的好坏之分。等额本息每月还款固定,适用于在整个贷款期内家庭收入有稳定来源的借款人,如国家机关、科研所、教学单位人员等。等额本金还款方式每月的偿还额逐月减少,开始还款的压力较大,后期压力较小,较适合于已经有一定的积蓄,但预期收入可能逐渐减少的借款人,如中老年职工家庭,在退休后收入可能随之递减,可以选择等额本金还款方式。

因为刘某夫妻双方为公务员和教师,收入稳定,因此其适合采用等额本息的还款方式。

(2)每月还款额计算公式为：

$$月应偿还贷款金额本息合计=贷款本金\times\left[\frac{月利率\times(1+月利率)^{还款月数}}{(1+月利率)^{还款月数}-1}\right]$$

$$=450000\times\left[\frac{3.87\%/12\times(1+3.87\%/12)^{240}}{(1+3.87\%/12)^{240}-1}\right]$$

$$=2696.15(元)$$

(3)月还款额占家庭收入比例为：

$$2696.15\div5800=46\%$$

因此,不会影响其家庭生活。

5.刘某除了要考虑还款额外,还要考虑其他哪些相关费用？

(1)律师费:一般为申请贷款额的 3%,由律师事务所收取。

(2)评估费:新建商品房个人住房贷款不需支付评估费,但利用政策性公积金住房贷款的申请人签订购房合同后,需要支付最低 100 元以上的评估费。

(3)保险费:保险费等于房价总额×费用系数×贷款年限。申请人一次交清,由保险公司收取。

(4)印花税:申请贷款额的 0.05%,由税务局收取。

(5)银行开户费:人民币 10 元,由银行收取。

另外,还有抵押登记费、担保费等。

6.刘某在申请贷款时应考虑哪些问题?

(1)对家庭现有经济实力作综合评估;

(2)对家庭未来收入及支出作出合理的预期;

(3)学会计算自己的还款能力;

(4)尽可能用足公积金贷款;

(5)贷款期限尽可能长(5～7年的贷款利率是相同的);

(6)如提前还款,余额的计算;

(7)若提前还款,需到保险公司退还提前期内的保费。

思考题

1.根据我国《物权法》,物权包括哪些权利?

2.国家所有权的客体范围是什么?

3.《物权法》中业主的建筑物区分所有权有哪些具体规定?

4.什么是用益物权?用益物权的种类有哪些?

5.试述合同的概念和特征。

6.合同生效应具备什么条件?

7.违约责任的承担方式有哪些?

8.根据《消费者权益保护法》,消费者的权利和经营者的义务各有哪些?

9.根据《反不正当竞争法》,经营者的不正当竞争行为有哪些?

10.个人住房商业贷款的程序是什么?

11.住房公积金贷款的程序是什么?

12.影响房地产价格的因素有哪些?

13.房地产估价方法主要有哪些?

14.什么是房产税?房产税的计税依据和税率是怎样规定的?

15.什么是城镇土地使用税?目前城镇土地使用税的税率是多少?

16.什么是土地增值税?土地增值税的课税对象、计税依据、税率和应纳税额的计算是如何规定的?

17.什么是契税?契税的纳税人、税率及计税依据是怎样规定的?

第 6 章

房地产居间

6.1 房地产居间概述

6.1.1 居间及其特点

1.居间与居间人的含义

在经济领域中,居间活动是在买卖双方之间进行沟通、协调、撮合,促成他人交易的一种商业服务行为。居间作为经纪的一种形式,其宗旨是把同一商品的买卖双方(即一般所谓上、下家)联系在一起,以促成交易后取得合理佣金的服务。以收取佣金为目的,从事居间业务的个人(或机构)称为经纪人或居间人,俗称中介人、介绍人等。中国历史上大量存在过的"掮客"、"纤手"、"跑合人"都是居间人的别称。现代社会广泛存在的交易所的经纪人也是居间人。无论何种居间,居间人都不是委托人的代理人,而只是居于交易双方当事人之间起介绍、协助作用的中间人。

居间业务根据居间人所接受委托内容的不同,既可以是只为委托人提供订约机会的报告居间,也可以是为促成委托人与第三人订立合同进行介绍或提供机会的媒介居间,还可以是报告居间与媒介居间兼而有之的居间活动。

所谓报告订约机会,是指居间人接受一方委托人的委托,寻觅、搜索信息报告委托人,从而提供订立合同的机会。德国民法典、瑞士债务法等称此类居间人为报告居间人或指示居间人;所谓提供订立合同的媒介服务,是指介绍双方当事人订立合同,居间人不但要向委托人报告订约的机会,而且还要进一步周旋于委托人与第三人之间,努力促成其合同成立。德国商法典、日本民法典等称此类居间人为媒介居间人。两种情况,只有中介活动成功,促成合同成立,居间人才能取得合同约定或者法律规定的报酬。

居间制度源于古希腊、古罗马帝国时期,当时的社会发展处于简单商品经济形态,任何人都可为居间活动。到了欧洲中世纪,居间活动受到了一定的限制,从自由经营主义转为干涉主义,国家对其行业进行了控制,使居间人带有公职人员的性质。如法国商法典把居间人分为两种,一种是特权居间人,此等中间人须经政府的任命,居于公务员的地位,具有特殊的权利及义务,而另一种是除第一种以外的居间人。英国的居间人须经地方官署许可才可以执业;德国旧商法规定,居间人是一种官吏。到了近代,随着社会的进步及商品生产与流通领域的飞速发展,居间活动又开始兴旺,很多国家都对居间活动采用了完全自由经营主义来调整居间法律关系。德国民法典首先把居间活动作为民事合同的一种作了规定。以后大多数国家的民商法典和民商理论上都承认居间合同为一种独立的典型合同。在大陆法国家的立法上,采民商分立的国家,一般以商法调整媒介居间,以民法调整指示居间;在采民商合一的国家,则不作媒介居间与指示居间的区分。

2. 居间活动的特点

居间活动一般具有下列特点:

(1)居间活动是商业性质的服务,提供的是服务。当买卖双方在居间人的居间服务作用下成交时,享受此种服务的委托人或买卖双方都要支付一定的佣金。但居间活动本身不是商品生产,所以不能提供实体性商品。

(2)居间活动是非连续性的活动。一旦委托事项完成,委托关系也随之终止,不存在长期固定的合作关系。因此,要求居间活动尽力完满完成委托业务工作事项,不留尾巴。

(3)居间活动主要是为委托方提供信息服务,具有一定的经营风险,居间人较易被委托人"甩掉",从而在时间和精力上遭受损失。

(4)居间活动法律性强,活动内容和行为都要符合法律的规定,同时也受到法律的保护。在活动中违反了合同约定和法律规范,都要承担民事责任。

6.1.2 房地产居间概念与特点

1. 房地产居间的含义

房地产居间是指以房地产或有关房地产的业务为对象,通过居间人的协调,促成交易双方达成交易,居间人依法取得合理的中介报酬的经营活动。房地产居间业务,根据居间人所受委托内容的不同,可分为指示居间和媒介居间。指示居间是指居间人仅为委托人报告订约机会的居间;媒介居间是指居间人仅为委托人订约撮合、媒介的居间。在房地产居间活动中,一方当事人为居间人,即房地产经纪人,另一方为委托人,即与居间人签订居间合同的当事人。相对人为委托人的交易方。委托人支付给居间人的报酬称为佣金。

由于房地产业的业务内容丰富、手续繁杂、涉及面广等特点,决定了房地产居间活动对房地产业发展起着重要的作用,成为房地产市场中不可缺少的经营活动。随着房地产业的发展,房地产居间业务量不断提高。为了适应这种市场的需求,不同内容的房地产居间活动也逐步发展成为专业化操作的相对独立工作领域,如房地产买卖居间、房地产投资居间、房地产抵押居间、房地产租赁居间等等。

2.房地产居间活动的特征

(1)房地产居间人只以自己的名义进行活动。房地产居间中经纪人只以自己的名义为委托人报告订约机会或替交易双方媒介交易,并不具体代表其中任何一方。因此,居间人没有代为订立合同的权利。如果经纪人代理委托人签订合同,这时经纪人的身份就不是居间人了,而是代理人的身份了。代理人与相对人签订合同只能以被代理人的名义,而不能以代理人自己的名义签订。经纪人在居间活动中的法律地位与在代理中的法律地位是不一样的。

(2)房地产居间活动业务内容广。房地产居间活动可以渗透到房地产经济活动的整个过程,从房地产项目的筹划开始就可以涉足,在融资筹资、地块选取、规划设计、施工、销售各个阶段,都可以发挥牵线搭桥的作用。所以,在房地产整个经济活动过程中,无不渗透着房地产居间活动。房地产居间业务可以包括房屋买卖居间、房屋租赁居间、房屋置换居间、土地使用权转让居间等。

(3)介入房地产交易活动程度较浅。房地产居间人介入交易双方的交易活动程度较浅。居间人只是向委托人报告成交机会或撮合双方成交,起到穿针引线、牵线搭桥的作用,其服务内容较为简单,参与双方交易过程的时间也比较短。

(4)是一种有偿的商业服务行为。房地产居间是一种有偿的商业服务。任何一种居间行为都是有偿的,只要经纪人完成了约定的居间活动,促成交易双方成交,经纪人就有权收取佣金。由于房地产的价值大,因此,佣金收入也较高。

(5)房地产居间业务专业性强。房地产居间活动要求经纪人具有一定的房地产专业知识。房地产是一种特殊的商品,交易双方投入的资金比较大,当事人对这种不动产的交易行为都比较慎重。随着市民文化素质的提高,对房地产经纪人的要求也越来越高。房地产居间活动要求房地产经纪人具有丰富的房地产业务知识及有关法律和税务知识;对当地社区环境、经济条件熟悉,能掌握市场行情;消息灵通,反应灵敏,判断力强;并且信誉良好,诚实可靠,按职业道德准则办事。

6.1.3 房地产居间的原则

(1)热忱服务的原则。房地产居间活动必须始终保持满腔的热忱,诚恳对待委托人和潜在的买主。无论潜在买主有无可能变为现实,经纪人都要一视同仁,绝不能冷落只问不买的顾客。热忱不是虚情,尤其不能过分殷勤,使人反感。热忱是发自内心的感情,热忱服务不但要反映在态度上,更重要的是体现在居间活动的整个过程中,体现在办事效率和认真的作风上,不能买卖合同订好以后,就判若两人。

(2)恪守合同的原则。一旦委托合同或买卖合同签订生效以后,当事人应当按照合同的约定全面履行自己的义务,任何一方不得擅自变更或解除合同,如果不履行合同义务或者履行合同义务不符合约定,应当承担违约责任。按约履行即指当事人依照合同规定的标的、质量、数量、期限、地点、方式等内容完成自己的义务。恪守合同还要秉承诚实、守信、善意、不滥用权利或者规避义务的原则。除应履行法律和合同规定的义务外,还应履行依此原则产生的附随义务,即当事人依据合同的性质、目的和交易习惯履行通知、协助、保密等义务。

(3)合理佣金的原则。房地产居间活动要付出劳动,佣金即为经纪人付出劳动的代价。佣金的收取要坚持合理的原则。合理尺度应有一定的标准。如房地产买卖,一般规定为房地产交易价格的 1%～3%;如房屋租赁,佣金一般为一个月房租的 70% 或一个月的租金。有些智力型的中介活动,一般按项目工程总额的一定比例提取作为佣金。至于有些法规没有规定的,可以在委托合同中双方约定。绝不可以私下乱收佣金及各种名目的费用。佣金收取的时间也应在委托合同中约定。

(4)公正公平的原则。房地产居间活动是在买卖双方之间进行的,也有的中介业务是直接与委托人之间进行的。因此,坚持公正公平的原则,是使交易双方都得到满意的基础,尤其是穿梭于买卖双方的经纪人,绝不能偏袒一方,欺骗一方,更不能联合一方,坑害一方。如若不然,既违反职业道德,又有失公正公平之原则,更是法律所不容许的。买卖要公平、处事要公正,只有这样,经纪人才能赢得客户的信任,才能不断提高自己的知名度,才能创出自己的品牌。

(5)自律自重的原则。房地产居间活动很容易受到来自各方的金钱物质的诱惑,在金钱物质面前,经纪人如何保持清醒的头脑,自律自重很重要。这就要求经纪人应不断加强自己的道德修养,增强自己的法制观念,不断审视自己的行为是否符合经纪人的职业道德,始终坚持一个真正的经纪人应该具有的职业道德。

6.2　房地产居间业务操作

6.2.1　房地产居间业务操作流程

1.房地产居间业务开拓

业务开拓是具体居间业务开始前的准备工作。业务开拓的主要工作是客户开拓,即争取客户。一般房地产经纪机构都会通过广告宣传和公共关系活动来宣传自己,吸引客户,开拓市场。但是更重要的是在所承接的每一项业务中,要切实为客户提供高质量的服务,以质量和信誉来赢得客户信任。目前,越来越多的房地产经纪机构注重运用品牌战略来稳步开拓市场,争取客户。对于面向大量零散客户的房地产经纪机构而言,房地产居间业务的开拓常常是与店铺的新设或迁址分不开的。

2.房地产居间业务洽谈

当委托人已有初步委托意向时,房地产经纪机构就要派出房地产经纪人与其进行业务洽谈。业务洽谈时首先要倾听客户的陈述,充分了解委托人的意图与要求,衡量自身接受委托、完成任务的能力。其次,查验有关证件如身份证明、公司营业执照、房地产权证等相关证明文件,了解委托人的主体资格,生产经营状况及信誉,然后,向客户告知自己及房地产经纪机构的姓名、名称、资格以及按房地产经纪执业规范必须告知的所有事项。最后,双方就居间方式、佣金标准、服务标准以及拟采用的居间经纪合同类型及文本等关键事项与客户进行协商,对委托达成共识,这是居间业务洽谈中最重要的内容。

3.房地产查验

由于房地产商品的特殊性及其权属内容的复杂性,房地产查验就成为房地产经纪人在签订正式居间合同的前期准备工作。房地产经纪人要对接受委托的房地产的权属状况、文字资料、现场情况等进行查验。查验的主要内容有:

(1)房地产的物质状况,包括房地产所处地块的具体位置和形状、朝向、房屋建筑的结构、设备、装修情况、房屋建筑的成新。

(2)房地产的权属情况

①房地产权属的类别与范围。需要特别指出的是,房地产权属是否清晰,是能否交易的必要前提。对权属有争议的、未取得房地产权证的、房屋被司法或行政部门依法限制和查封的、依法收回房地产权证等的产权房,都不得转让、出租、抵押,因而涉及此类物业的房地产居间业务,房地产经纪人不能接受。

②房地产其他权利设定情况。即是否设定抵押权、租赁权。如果有,权利人是谁?期限如何确定?诸如此类的情况,对标的物交易的难易、价格、手续均会产生重大影响,必须在事先搞清楚。

(3)房地产的环境状况。包括标的房地产相邻的物业类型、周边的交通、绿地、生活设施、自然景观、污染情况等。

4. 签订房地产居间合同

房地产经纪人接受委托人的委托,应签订房地产居间合同。房地产居间合同的当事人双方既可以都是自然人或法人,也可以一方是自然人另一方是法人。自然人必须具有完全民事行为能力。签订房地产居间合同既可采用政府制订的房地产居间合同示范文本,也可由双方共同协商,自行拟订合同。

5. 信息的收集与传播

房地产经纪人受理了委托业务后,首先应收集房地产标的物信息、与委托房地产相关的市场信息和委托方信息,在此基础上对以上信息辨别、分析、整理后,房地产经纪人对委托标的物可能的成交价格就有了一定的把握。

接下来是进行信息传播,以吸引潜在的交易对象。信息传播的主要内容是委托标的物和委托方的信息(主要在代理销售商品房时)。传播方式可以通过报纸、电视广告、经纪机构店铺招贴、人员推介、网络、邮发函件等方式。

6. 买方或承租方看房

由于房地产是不动产,现场看房是房地产交易中必不可少的环节。从事居间业务,房地产经纪人有义务引领买方(承租方)现场查验标的房地产的结构、设备、装修等实体状况和物业的使用状况、环境状况,并充分告知与该房地产标的物有关的一切有利或不利因素。

7. 撮合成交

在这一阶段,房地产经纪人要尽力促使交易的成功,主要工作是协调交易双方的矛盾,促使双方对交易达成共识。通常情况下,交易双方总是各自站在自己立场上考虑问题,常常难以就成交价格、合同条款等达成一致意见。这就需要房地产经纪人以专业经纪人的身份和经验协调双方的认识,解决双方间的矛盾,使双方达成交易共识。居间人撮合成交的过程因经纪活动的情况各异而有所不同。

一是居间人作为中介人不参与成交谈判和合同的签订。即仅报告订约机会。在这种情况下,居间人完成牵线搭桥的任务,把买卖双方拉到一起后,经纪活动就已完成。在这种情况下,居间人促成双方成交的工作要在买卖双方见面前完成。居间人要把买卖双方需求的详细情况分别告知对方,等到双方基本上取得一致,只剩下签合同的具体工作时,居间人才让双方见面。这样,就增大了成交的把握,也让客户感到居间人确实做了许多工作,认为付给居间人佣金是应该的,从而减少被客户抛弃的风险。为减少被抛弃的风险,双方首次见面的时间、地点最好由居间人确定。

二是居间人作为中介人参与合同签订的全过程。即撮合媒介交易双方成交。在这种情形下,居间人除了要为双方签订合同提供具体的信息资料外,还要在双方有分歧时做一定的协调工作,直到双方签约成交才能提取佣金。应当指出的是,居间人在整个经纪活动中的法律地位既不是任何一方的代理人,也不是任何一方的保证人,其身份仍然是中介人。即使居间人在合同上签字,其身份的性质并未改变。居间人对其签字只承担见证责任。

8. 协助房地产权属登记(备案)

房地产是不动产,其交易行为的生效必须要通过权属转移过户、登记备案来实现。在这一阶段,房地产经纪人要协助交易双方办理权属登记(备案)工作,如告诉房地产受让人(承租人)登记机关的工作地点、办公时间、必须准备的材料等。

要注意的是,在房地产代理业务中,房地产经纪人要代理委托人办理房地产权属登记备案,但在房地产居间业务中,房地产经纪人不能亲自代理委托人进行房地产权属登记备案,只能协助其办理相关手续。这也是代理和居间的区别。

9. 房地产交验

物业交验是房地产交易过程中容易暴露问题和产生矛盾的一环。房地产经纪人应在交易合同所约定的交房日之前,先向转让方(出租方)确认交房时间,然后书面通知受让方(承租方)。物业交接时受让方(承租方)要校对物业实际情况是否与合同约定相符,如房屋质量、设备、装修的规格等。这时房地产经纪人必须充分发挥自己的专业知识和经验,协助受让方(承租方)进行核对。

10. 佣金结算与提取

房地产交易过程完成后,房地产经纪人应及时与交易双方进行佣金结算,佣金金额和结算方式应按居间合同的约定来确定。

居间人的佣金根据居间业务的不同有多种计算方式。如房屋买卖居间一般以房屋的成交价按比例提取,而房屋租赁居间也可以以年租金按比例提取,商业习惯中也有提取相当于一个月或半个月的租金作为佣金。

提取佣金的方法主要有以下三种:

(1)在成交前提取佣金。这种情况不太多。这种佣金相当于信息咨询费,每笔佣金的数量也不大。一般的做法是居间人可以要求委托人预付部分佣金或提供保证金,其余的在成交后支付。

(2)在买卖双方成交后提取佣金。这是一种较普遍的方式。在这种情况下提取佣金,对居间人来说风险较大。因此,居间人应该与委托人事先签订书面的居间合同。

（3）根据口头协议在成交后提取佣金。这种方式是业余居间人常采用的。这种做法虽然简便，但风险大，居间人容易被抛弃。

11. 售后服务

售后服务是房地产经纪机构提高服务质量，稳定老客户、吸引新客户的重要环节。居间业务的售后服务内容可包括三个主要方面：一是延伸服务，如作为买方居间人时可为买方进一步提供装修、家具配置、搬家等信息咨询服务；第二是改进服务，即了解客户对本次交易的满意程度，对客户感到不满意的环节进行必要的补救；第三是跟踪服务，即了解客户是否有新的需求意向，并提供针对性的服务。如买了二室户住房的客户，一段时间后又要买更大的住房等。这样做，既能为客户提供最大的便利，也有助于今后业务的进一步开拓。

6.2.2　房地产居间操作应注意的问题

1. 运用政策要准确

房地产居间活动中，会遇到许多政策法规问题，尤其是当前我国正在建设社会主义市场经济新体制的过程中，房地产业政策法规的变化速度和新旧法规更替的频率也相当高。政府部门为完善房地产法律制度和调控房地产市场，不断推出新的政策法规来规范和引导房地产经济发展。这就要求房地产经纪人不断学习新的政策法规，用以指导自己的居间活动。准确地贯彻运用房地产经济政策法规既有一个学习问题，也有一个政策水平问题。房地产政策的运用，必须要准确。

2. 承接业务要量力

房地产居间活动的内容很多，有的经纪业务量很大，有的经纪业务技术含量高。相对来讲，对于技术含量高、业务量大的经纪项目，佣金也颇丰厚，很有诱惑力。但是如果经纪人没有必要的专业知识，没有足够的人手，去承接本不该承接的业务，往往会给双方带来损失。虽然业务可以再转委托，但还是应该把立足点放在自己身上为好；我们提倡大胆、创新，但要以自己的艺高和扎实的专业知识为基础。因此，经纪人承接业务要量力，去干自己能干的事，在学习和实践中不断提高自己，当自己有了把握再来接受高层次业务的委托。

3. 产权关系要明确

在房地产产权转移过程中，首先要明确房地产权属关系。房地产的交易归根到底是权属的交易，这也是因为房地产本身固定性的特征所造成的。由于房地产不能移动,就不能像其他商品那样一手交钱,一手交货。能证明房地产是谁的,必须是房地产权证,当然还附之以其他证明,如身份证等。对于共有房地产转让,委托人还要出示其他共有人的书面同意转让的证明。即使在准确无误地反映了该房地产是委托人所有的情况下,你还要了解该房地产是不是可以转让,若属于房地产转让办法规定的不得转让范围的房地产,即使有房地产权证,也无济于事。因此,房地产经纪人在承接房地产转让委托事宜时,必须弄清楚产权关系,并首先要查看房地产权证。

4.合同理解要一致

房地产居间活动中,会涉及各类合同。经纪人与委托人要签订居间合同;委托人与第三者要签订买卖合同或租赁合同或其他合同等。一般合同都有固定的标准格式,可以免除不少不必要的麻烦。唯有合同中的补充条款,精明的委托人是不肯放弃这种权利的。在没有违反法律规定的范围内,应以维护委托人和经纪人的利益为订立原则来补充条款,补充条款虽然没有标准格式,但文字的表达必须要反映意志的一致性。房地产经纪人在与委托人签订居间合同时,不可忘记"合同理解要一致"的要求。同时,在协助委托人与第三者签订买卖合同或租赁合同等合同时,也要注意这一点,以免造成不必要的损失。

5.履行合约要守信

房地产居间合同一旦签订生效,就具有法律效力。合约双方都要严格遵守,不得违反。房地产经纪人要创自己的品牌,要使自己的业务不断拓展,信誉是立业的根本,良好的信誉是经纪人致富的基础。在现代经济社会,履行经济合约,是经纪人最起码的法律常识,而促成和履约的前提就是信誉。经纪人履约守信,要言必信,行必果,要树立良好的信誉形象,这样才会客户盈门,财源不断。所以说,实事求是、优质服务是经纪人良好信誉的基础,遵纪守法是经纪人良好信誉的保障。

6.信息传递要迅速

信息具有时效性,房地产信息也不例外,这是基本特征之一。处理后的信息要及时在相关人员之间传递,才能发挥信息的作用。房地产信息传递有两个基本要求,一是传递速度要快,以体现其时间价值;二是传递质量要高、要准确、要有针对性。信息传递快的前提是信息源要畅通,对所收集的信息的处理也要迅速。作为房地产经纪人,在开展居间活动中除了要注意各方面的信息外,更重要的应该是关注来自房地产市场的信息,尤其是供求双方的信息,然后快速采取适当的方式将供求双方撮合起来,促成买卖的成功。在市场经济条件下,市场情况瞬息万变,信息生成速度快,数量多,活动极为频繁,时效性极强,且具有流动性、随机性和不规则性的特点,房地产经纪人必须要学会捕捉和利用那些稍纵即逝的机会,把房地产市场信息转化为自己的财富,这也是一个成功的房地产经纪人在开展居间活动中所应有的信息意识。

6.3　房地产居间业务的房源与客源

一项房地产交易的成功取决于有需求的买方,一个愿意以适当的价格出售或出租的卖方,再加上房地产经纪人的撮合。客源为交易解决了需求的前提,房源为交易提供了供给的前提,房源与客源的开拓与获取是房地产居间业务的核心工作。

6.3.1　房地产居间业务的房源

1.房源的概念和构成要素

在房地产居间业务中,房源通常被认为是委托房地产经纪人出售或出租的房屋。但深入全面地考虑,房源不仅包括委托出售或出租的房屋,还包括该房屋的业主(委托人),即房源应当是指业主(委托人)及其委托出售或出租的房屋。

因此,房源的构成要素包括房源的物理状态、房源的用途及其权属状况和房源的业主(委托人)心理状态等。

(1)房源的物理状态。房源的物理状态指房屋的区位(地段)、建筑外观、面积、朝向、空间格局、新旧程度等。一般情况下,他们在交易过程中是固定不变的。房源的物理状态决定了房源的使用价值,所以也在一定程度上决定了房源的市场价格。

(2)房源的用途及其权属状况。房屋的用途通常可分为居住用房与非居住用房两大类。房屋的用途并不是固定不变的,在某些情况下可能改变。房屋的权属状况一般由特定的法律性文件反映,如房地产证等,其内容主要包括产权性质(如商品房、已购公有住房、经济适用住房、单位集资房等)、业主姓名、土地使用年限等。房屋的权属状况也是可能改变的。

(3)房源的业主(委托人)心理状态。房源的业主(委托人)心理状态随着时间的推移往往会发生变化,从而对房源中的某些因素产生影响。其中,价格因素最容易受到影响。房源价格是由业主(委托人)决定的,他们对市场信息的了解程度以及其出售或出租的心态,是他们决定房源价格的重要依据,这两个依据在现实中都容易发生变化。

房源是房地产经纪公司不可或缺的资源,从某种程度上来讲,它决定了一个房地产经纪公司生存、发展的空间与潜力。

2.房源的分类

房源一般按照使用性质可以分成住宅、商铺、写字楼、仓库、车房和厂房。

(1)住宅

住宅一般是中介公司中数量最大,同时也是交易量最大的一种房源。住宅可以根据产权性质和使用类别进行细分。

①按产权性质进行细分

按照产权性质进行细分,住宅可分为商品房、经济适用住房、廉租住房、限价商品住房、公共租赁房、房改房、集资房等。

a.商品房是指在市场经济条件下,房地产开发商通过出让方式取得土地使用权后开发建设,按市场价出售的房屋。商品房购买者拥有房屋的完全产权。

b.经济适用住房。根据2007年11月19日建设部等发布的《经济适用住房管理办法》规定,经济适用住房是指政府提供政策优惠,限定套型面积和销售价格,按照合理标准建设,面向城市低收入住房困难家庭供应,具有保障性质的政策性住房。经济适用住房建设用地以划拨方式供应。经济适用住房的价格确定应当以保本微利为原则。其销售基准价格及浮动幅度,由有定价权的价格主管部门会同经济适用住房主管部门,依据经济适用住房价格管理的有关规定,在综合考虑建设、管理成本和利润的基础上确定并向社会公布。房地产开发企业实施的经济适用住房项目利润率按不高于3%核定;市、县人民政府直接组织建设的经济适用住房只能按成本价销售,不得有利润。

经济适用住房购房人拥有有限产权。购买经济适用住房不满5年,不得直接上市交易,购房人因特殊原因确需转让经济适用住房的,由政府按照原价格并考虑折旧和物价水平等因素进行回购。购买经济适用住房满5年,购房人上市转让经济适用住房的,应按照届时同地段普通商品住房与经济适用住房差价的一定比例向政府交纳土地收益等相关价款,具体交纳比例由市、县人民政府确定,政府可优先回购;购房人也可以按照政府所定的标准向政府交纳土地收益等相关价款后,取得完全产权。经济适用住房上市交易,必须符合有关政策规定并取得完全产权。在取得完全产权前,经济适用住房购房人只能用于自住,不得出售、出租、闲置、出借,也不得擅自改变住房用途。

c.廉租住房。廉租住房是指政府以货币补贴或实物配租的方式,向城市低收入住房困难家庭提供的社会保障性质的住房。根据 2007 年 11 月 8 日建设部等发布的《廉租住房保障办法》,城市低收入住房困难家庭,是指城市和县人民政府所在地的范围内,家庭收入、住房状况等符合市、县人民政府规定条件的家庭。廉租住房保障方式实行货币补贴和实物配租等相结合。货币补贴是指县级以上地方人民政府向申请廉租住房保障的城市低收入住房困难家庭发放租赁住房补贴,由其自行承租住房。实物配租是指县级以上地方人民政府向申请廉租住房保障的城市低收入住房困难家庭提供住房,并按照规定标准收取租金。廉租住房建设用地采取划拨方式,保证供应。

d. 限价商品住房。限价商品住房是指采取限套型、限房价、竞地价、竞房价的办法,以公开出让方式确定开发建设单位而建设的普通商品住房。限价商品住房的销售价格实行政府指导价管理。《北京市限价商品住房管理办法(试行)》规定,限价商品住房供应对象为本市中等收入住房困难的城镇居民家庭、征地拆迁过程中涉及的农民家庭及市政府规定的其他家庭。限价商品住房购房人进行房屋权属登记时,房屋行政主管部门应在房屋权属证书上注明"限价商品住房"字样。购房人取得房屋权属证书后 5 年内不得转让所购住房。确需转让的,可向户口所在区县住房保障管理部门申请回购,回购价格按购买价格并考虑折旧和物价水平等因素确定。回购的房屋继续作为限价商品住房向符合条件的家庭出售。购房人在取得房屋权属证书 5 年后转让所购住房的,应按届时同地段普通商品住房和限价商品住房差价的一定比例交纳土地收益等价款。

e. 公共租赁住房。公共租赁住房是指由政府、企业或其他机构投资建设和经营,限定户型面积、供应对象和租赁水平,面向"夹心层"群体出租的政策性、公共性社会保障住房。根据 2010 年 6 月 8 日国家住房和城乡建设部等七部门联合发布的《关于加快发展公共租赁住房的指导意见》(建保〔2010〕87 号)的规定,公共租赁住房供应对象主要是城市中等偏下收入住房困难家庭。有条件的地区,可以将新就业职工和有稳定职业并在城市居住一定年限的外来务工人员纳入供应范围。公共租赁住房供应范围和供应对象的收入线标准、住房困难条件,由市、县人民政府确定。已享受廉租住房实物配租和经济适用住房政策的家庭,不得承租公共租赁住房。公共租赁住房产权实行"谁投资、谁所有"的原则,投资者权益可依法转让。

f. 房改房就是单位、机关、企业等部门分配给职工的住房,房改后由职工按规定购买。房改房包括以标准价和成本价购买的公房。房改房在符合规定的条件下,可以在市场上进行交易。

g. 集资房是指由政府、单位、个人三方面共同承担,通过筹集资金而建造的一种住房。职工个人可按房价全额或部分出资,政府及相关部门在用地、信贷、建材供应、税费等方面给予部分减免。

②按使用类别细分

如果按使用类别来分,住宅又可以分成普通住宅、复式住宅、别墅三种。

a.普通住宅一般按照户型进行分类,如两房一厅、三房两厅等。

b.复式住宅在概念上是一层,并不具备完整的两层空间,但层高比普通住宅高(通常层高2.8米),可以局部掏出夹层,安排卧室或书房等,用楼梯联系上下,其目的是在有限的空间增加使用面积,提高住宅的空间利用率。

c.别墅可以分为休闲型和住宅型两种,一般建造在城市郊区附近。

(2)商铺

商铺是经营者为顾客提供商品交易、服务及感受体验的场所。商铺首先是商品交易的场所,而且包含了服务功能和感受体验的功能。如果按照所在地点来划分,商铺又可以分为铺面房和铺位。

①铺面房,是指临街有门面,可开设商店的房屋,俗称店铺或街铺。

②铺位,一般是指大型综合百货商场、大卖场、专业特色街、购物中心等整体商用物业中的某一独立单元或某些独立的售货亭、角等,俗称店中店。

(3)写字楼

写字楼一般分两种:纯写字楼和商住楼。商住楼与居住楼的不同在于商住楼更倾向于商务活动,而非家庭居住。纯写字楼完全不具备居住的配套设施,并且是不允许居住的建筑。尽管写字楼与商住楼都是以商务活动为主的建筑设置,但商住楼比写字楼多了在私有空间中居住的配套设施和功能条件。

(4)仓库、车房和厂房

除了以上三种常见类型以外,房源还包括仓库、车房和厂房,不过数量和交易量一般都比较少。

3. 房源的开拓与获取

充足的房源信息是房地产居间业务的关键资源。房地产经纪人应当深入了解搜集房源信息的渠道,并由此获取丰富而有效的房源资料,促进房地产居间业务的开展。

目前,房源开拓与获取的渠道主要有小业主和大业主两种。

(1)小业主。这里所讲的小业主,是指普通的消费者,他们单个拥有的房屋数量不多,一般为一套或几套。目前,小业主这部分的房源是房地产居间业务中最重要的房源。针对小业主房源的开拓渠道主要有以下几个:

①报纸广告。由于报纸信息传递迅速、传播面广,报纸广告是房地产经纪公司

最常用的宣传方式之一。一般来说，房地产经纪公司除了在广告中刊登"放盘热线电话"及"放盘地点"（一般为房地产经纪公司及其分支机构的办公地点）等"求盘"信息外，还会发布一些被该公司所掌握的房源信息，尽可能充分地利用广告资源，吸引各类目标客户。

房地产经纪公司一般应选择在当地发行量最大、消费者最爱阅读的报纸刊登广告，以保证广告效果。较理想的做法是定期刊登，如每周刊登一次或两次等，从而不间断地对消费者进行信息轰炸，使他们在有房地产交易的需求时，立即就会想起该公司。

②路牌广告。在某些街边、路口发布路牌广告，或在大厦和住宅小区出入口等的宣传栏上张贴房地产经纪公司的宣传海报，吸引过路者观看，也是房地产经纪公司宣传公司形象从而开拓房源的一个较好方式。路牌广告的优势是目标性强，会给周边居民留下深刻印象。其不足之处是信息传播面较窄，总体影响力不及报纸广告。

③派发宣传单张。选择一些目标客户，通过寄发（直邮）、当面派发房地产经纪公司的宣传单张，以引起客户关注，获取房源信息。这种方式比路牌广告的目标性更强，成本也较低，被许多房地产经纪公司所采用。但此类信息如果过多过滥，会引起信息接收者的反感，起不到应有的宣传效果。因此，采用这一方式的房地产经纪公司，应努力在宣传单张的设计及派发方式上进行创新，以保证宣传效果。

④电话访问。在获知目标客户的电话号码后，对其进行电话访问，咨询其房屋资料，是可以立即见效的一种开拓房源的渠道。

通过这种渠道开拓房源的房地产经纪公司应当注意两点：一是电话访问目标客户的有效率必须保持在一定水平线上，否则投入的成本可能会过高；二是要对负责电话访问工作的人员进行到位的培训，以使他们掌握高水准的业务操作技巧，保证电话访问的效果，就算被访问的客户一时之间不能提供可以利用的房源信息，也能给客户留下较好印象，树立公司的良好形象。

⑤互联网。随着电子科技的发展，互联网已成为人们传播、获取各类资讯的新兴渠道。因此，在网上刊登广告也成为房地产经纪公司的一种重要选择。尤其是在购房者年龄越来越趋年轻的形势下，这一渠道被不少房地产经纪公司看好。

有些有条件的房地产经纪公司还建立自己的网站，以便更集中地宣传自己的优势，同时也更及时地发布房源的供求信息。更重要的一点是：拥有自己网站的房地产经纪公司，可以在网站上实现与客户的"现场互动"，通过技术支持，使客户可以随时将自己的房源信息传输到该网站上。

⑥直接接触。房地产经纪人直接与目标客户接触，从而获取有关的房源资料，

也是目前较常用的一种开拓房源的渠道。在这里,可以将与目标客户的直接接触分成两种:一种是对于一些可能会出租、出售的房屋,房地产经纪人上门找到其业主去了解洽谈;另一种是在某些公共场合,如房地产拍卖会、房地产展销会、楼盘的售楼部等,房地产经纪人主动与现场的买家(或潜在买家)接触,以获得房源信息。

另外,还有一些其他的开拓房源的渠道,如有的房地产经纪公司对于一些能够提供有效信息的个人(或机构),给予信息费,以此获得房源信息;也有的房地产经纪公司会去搜集广告媒介发布的其他供求者的信息,为自己所用;还有些房地产经纪人会依靠自己的人际关系网去搜集信息。

(2)大业主。大业主是相对于小业主而言的,它通常指的是一些拥有批量房屋的单位,如房地产开发商、资产管理公司等。对于这些大业主,房地产经纪公司一般采用"主动出击"的方式去获得其房源资料,即根据这些大业主的具体情况,制定有关处理方案,并派专人(或工作小组)去洽谈、跟进。

就目前来讲,大业主主要有以下几种类型:

①房地产开发商。房地产开发商的楼盘销售了一段时间后,会剩下一些"货尾"单位。这时从成本等角度考虑,房地产开发商会将这些"货尾"单位委托给房地产经纪公司销售或出租。有些房地产经纪公司为了争取到这些"货尾"单位的独家代理权,会主动联系该房地产开发商,精心提供处理方案。

②房地产相关行业。在某些情况下,楼盘的房地产开发商会利用其房屋去抵工程款、材料款甚至广告费等,从而使房地产相关行业的某些单位,如建筑商、材料商甚至广告商等拥有批量房屋。这些单位通常也会将所得到的房屋委托给房地产经纪公司销售或出租。

③大型企事业单位。有些大型企事业单位会拥有数量可观的待处理的房屋,如他们与房地产开发商合作开发楼盘后"分得"的房屋、单位员工集资开发的房屋等。因为这些单位往往不具备销售或出租这些房屋的专业资源,所以会将这些房屋委托给房地产经纪公司销售或出租。

④资产管理公司。资产管理公司往往会拥有一些作为抵押物或不良资产的房地产,房地产经纪公司如果能为其提供合适的销售或租赁方案,资产管理公司一般会愿意将这些房地产委托给房地产经纪公司销售或出租。

⑤银行。与资产管理公司相类似,银行有时也会拥有一些作为抵押物或不良资产的房地产。房地产经纪公司也可主动开拓这一渠道获取房源。

4. 房源的管理与利用

(1)房源信息的处理。在房地产居间业务中,房地产经纪人所需要的房源信息不是零星的、孤立的、个别的,而必须是大量的、系统的、连续的。因此,在搜集到大量的房源信息后,还必须对他们进行到位的处理,才能真正让其在居间业务中发挥效用。房源信息的处理方式主要有:

①纸张载体。将房源的有关信息记录在纸张上,按照一定的标准装订成册,这是以"纸张"作为载体的房源信息处理方式。由于这种方式在对房源资料进行查询、更新时效率较低,已逐渐被淘汰。目前,仍旧采用这种方式管理房源信息的一般是一些规模较小的房地产经纪公司。

②计算机。利用计算机记录、更新房源的有关信息,比"纸张载体"的效率要高,但相对于更先进的计算机联机系统而言,它在信息共享等方面仍存在较大不足,因此,具备足够的经济实力的房地产经纪公司,往往宁愿投入更大的成本,建立计算机联机系统。

③计算机联机系统。计算机网络技术的发展,使房源信息的处理更为便捷,信息的传递也更为快速。这是目前许多大型的房地产经纪公司所采用的房源信息处理方式。它具有的超大容量信息存储、自动化的信息处理和快速传输等功能,大大提高了房源信息处理的效率。

(2)房源信息的共享。房源信息的共享可通过不同的方式实现,这主要依据市场现状以及房地产经纪公司自身的特点进行设定。下面主要介绍私盘制、公盘制和分区公盘制等几种方式,每种方式各有优劣之处,适合不同规模、不同发展阶段的房地产经纪公司。

①私盘制。房源信息由接受业主(委托人)委托的房地产经纪人录入,其他房地产经纪人只能看到房源的基本情况,业主的联络方式只有该接受委托的房地产经纪人拥有。其他房地产经纪人要联系该物业的业主(委托人),只有通过该房地产经纪人。当其他房地产经纪人促成交易后,该房地产经纪人可分得部分佣金。

私盘制的优点是保障了搜集房源信息的房地产经纪人的利益,有利于提高其搜集房源信息的积极性。因为房地产经纪人搜集的房源信息越多,促成交易的机会就越大,他所分到的佣金也就越多。而且,在这种制度下,房地产经纪人一般不会存在"留盘"行为(即将搜集到的房源信息"据为己有",不与其他同事分享)。

私盘制的缺点是在多数情况下,每宗交易需要两个房地产经纪人跟进(一个是搜集了房源信息的房地产经纪人,一个是接触需求方的房地产经纪人),工作效率较低。如果两个房地产经纪人配合不当,还可能导致交易的失败。

②公盘制。公盘制是指将所有房源信息完全共享。目前,我国大部分房地产经纪公司采用的是公盘制。

公盘制的优点是使每个房地产经纪人的"生意面"达到最广,工作效率也较高,一般情况下，一宗交易只需要一个房地产经纪人跟进。

公盘制的缺点是不利于激发房地产经纪人搜集房源信息的积极性，部分房地产经纪人为了个人的利益，会出现"留盘"行为，而且房源信息较容易外泄。因为房地产经纪人开展居间业务时存在着明显的区域性，如在 A 区工作的房地产经纪人甲一般不会去做 B 区的业务，这时甲就有可能将自己在公司里获知的 B 区的房源信息，透露给在 B 区为其他房地产经纪公司工作的房地产经纪人。

③分区公盘制。分区公盘制是在同一区域工作的房地产经纪人可共享该区域的所有房源信息，如果需要跨区开展业务，则要与其他区域的房地产经纪人合作，从而拆分佣金。

分区公盘制的优点是在一定程度上综合了公盘制与私盘制的优点，既保证了房地产经纪人搜集房源信息的积极性，又使每位房地产经纪人的"生意面"都比较广，工作效率也较高。这主要是因为房地产的地域性很强，房地产经纪人主要在自己所在店铺附近拓展业务，"跨区"的个案较为少见。

分区公盘制的缺点是房地产经纪公司对于分区的处理较为复杂。一些处于分区边缘的店铺，较难界定其业务拓展范围。

在美国流行的 MLS(Multiple Listing Service)，其实质是私盘制。MLS 即多重房源上市服务系统，房地产经纪人凭密码进入该系统查询房源，带领客户看房，最终实现交易。而提供房源信息的房地产经纪人，则一般可以分得交易佣金的50%。在香港地区，一般房地产经纪公司采用的是公盘制，部分大型房地产经纪公司则采用分区公盘制。

(3)房源信息的更新。由于房源具有变动性等特征，必须对房源信息不断地进行更新，以保证其有效性。一般来说，对房源信息的更新要注意以下 3 点：

①周期性访问。对房源的业主(委托人)进行周期性访问，是保证房源信息有效性的重要手段。对于一些较为"冷门"的房源，也应该组织定期访问，不应被遗忘。

②访问信息的累积。对房源的每一次访问，都应将有关信息记录下来，它可以反映业主(委托人)的心态变化，为以后的再次访问提供参考，提高工作效率。

③房源的循环利用。处在待售或待租状态的房源被称为"活跃房源"，他们在居间业务中的作用不言而喻。已完成交易的房源属"不活跃房源"，他们的作用有时则会被房地产经纪人忽略，因而也就将他们"打入冷宫"，不再注意对他们进行更新。这种做法是不科学的。因为随着时间的推移，这些"不活跃房源"也有可能再次变为"活跃房源"，从而再次实现交易。

6.3.2 房地产居间业务的客源

1.客源的概念和构成要素

房地产居间业务的客源是对购买或租赁房屋有现实需求或潜在需求的客户,是需求者及其需求意向的统一体。

客源的构成要素包括需求者和需求意向。其中,需求者,包括个人和单位。个人的信息包括姓名、性别、年龄、职业、住址、联系方式等;单位的信息包括单位名称、性质、地址、法定代表人、授权委托人、联系方式等。需求意向,包括需求类型(购买或租赁),房屋的位置、面积、户型、楼层、朝向、价格(或租金)、产权和购买方式等信息。

2.客源的分类

按不同的方法,可对客源作不同的分类。

(1)按客户的需求类型,可分为买房客户与租房客户。

(2)按客户需求的物业类型,可分为住宅客户、写字楼客户、商铺客户和工业厂房客户。

(3)按客户的性质,可分为机构客户和个人客户。

(4)按与本房地产经纪机构打交道的情况,可分为新客户、老客户、未来客户和关系客户,或曾经发生过交易的客户及正在进行交易的客户、即将进行交易的客户等。

3.客源开拓与获取的方法

(1)门店揽客法。门店揽客法是利用房地产经纪机构的店铺或办公场所争取上门客户的一种方法。这是目前房地产经纪机构,特别是开设店铺经营网络的一种主要争取客源的方法。这种方法简便易行,成本低,而且上门客通常意向较强,信息较有效。房地产经纪人对上门客应积极主动,从问询需求介绍,进而提供信息和置业咨询,最终达成购房或租房意向,留下姓名、联系电话和所需房屋的地段、面积和特别的要求。

(2)广告揽客法。广告揽客法是以报纸宣传栏或广播电视宣传单张为主的广告方式吸引客户的揽客方式。揽客广告可以单独出,更多的是与房源销售广告一起出,从房源和客源两个角度来做宣传,广告形式的选择取决于宣传对象的范围、广告成本和广告效果。随着媒体的发展,广告越来越多样化,除了传统的报纸、广播电视和张贴路牌广告外,现在又增加了网络广告、直邮广告,这些都是房地产经纪人可以利用的方式。与其他揽客方式相比,广告揽客时效性强、效果直接,但成本相对较高。房地产经纪机构和房地产经纪人要探索适合特定地域市场、特定客户的有效广告方式,提升效果。

(3)人际网络揽客法。人际网络揽客法是以自己认识的人及亲朋好友的信赖为基础,形成人际网络介绍客户的揽客方法。这种揽客法不受时间、场地的限制,是房地产经纪人个人可以操作的方法。房地产经纪人应培养自己的交际能力,不断结识新朋友,维系老朋友,以自己的人格魅力争取他们的支持,介绍客户。这种揽客法无需成本,简便易行,介绍来的客户效率高,成交可能性大。作为一名房地产经纪人,能否利用自己的人际网络争取客户是其成功的基本保障。

(4)客户介绍揽客法。客户介绍揽客法是利用服务过的客户建立良好的客户关系来介绍客源的方法。以往服务的客户是对房地产经纪人服务的最佳证人,在服务中通过直面的接触所建立的信赖是房地产经纪人的宝贵资源,一项交易的过程就是关系的建立过程,依托这种信赖和客户关系,请求客户的帮助发展客源,使其成为自己的信息源、客户源和宣传员。这样,房地产经纪人做的时间越长,资源积累就越多,客源信息就源源不断。客户能够介绍潜在客户的前提是对房地产经纪人过去服务的满意,因而房地产经纪人在服务客户过程中,应以争取客户满意为目标,将服务与拓展融为一体。当客户满意你的服务时,他就愿意为你介绍客户。同时,要以一定的方式向客户发出介绍客户的需要和请求,例如:"如果您有朋友想买房或卖房,或者咨询,请介绍给我,我一定不会让您失望。"或者以提供某种优惠服务或附加服务为条件来吸引客户为你介绍客户。客户介绍揽客法是一种非常有效的开拓客源的方法,而且成本低,效果好。

(5)讲座揽客法。这是通过向社区或团体或特定人群举办讲座来发展客源的方法。讲座可以是房地产知识介绍,也可以是房地产市场分析或房地产投资信息的提供,或房地产交易流程、产权办证问题的介绍。通过讲座,发掘潜在客户,启发购房愿望,促成需求实现。在讲座时可以发放介绍你自己、公司和服务的免费资料,创造客户接触机会,增加客源。通过讲座可以培养客户对房地产经纪人和房地产经纪公司服务的信赖和专业信任,同时也传播房地产信息和知识,减少未来客户在交易过程中的难度。在做社区业务时,此种方法适用。但讲座的组织准备工作尤为关键,主题、时间、场地和邀请方式及主讲人的演讲技巧决定着其效果。

(6)会员揽客法。会员揽客法是通过成立客户俱乐部或客户会的方式吸收会员并挖掘潜在客户的方法。这种方法通常是大的房地产经纪机构或房地产开发商为会员提供的特别服务和享受某些特别的权益,如服务费打折、信息提供等方式吸引准客户入会。入会的会员因为利益牵引而在需要买房或租房时成为客户,发生交易。会员资料是房地产经纪人能够利用的重要资料,这些资料在促成交易时如果充分利用,将会发挥很大的价值。会员揽客法因成立客户会的难度大而较少使用。

(7)团体揽客法。团体揽客法是以团体如公司或机构为对象开拓客源的方法。房地产经纪人利用与团体的联系发布信息,宣传公司,从而争取客户的委托。这种方法通常和讲座揽客法或服务费打折、提供特别服务的方式一并使用,或者设台咨询,或者争取机构领导的支持来组织某些活动,以加强联系,征求客源。

除上述七种方法外,还有一些其他方法,如陌生拜访法、邮件揽客法等。在实际房地产经纪活动中,客户开拓往往是采用多种方法,灵活运用。不同区域、不同房地产市场和不同的客户类型,适用的方法可能有很大差异。房地产经纪人通过实践,不断总结不同方法的适用条件和效果,针对目标客户,采用最有效的一种或几种方法的组合,以提高开拓效率。

4. 客源的管理与利用

(1)客源管理的内容

①基础资料:客户姓名、性别、年龄、籍贯;家庭地址、电话、传真、E-mail;家庭人口、子女数量、年龄、入学状况、职业、工作单位、职务;文化程度等。

②需求状况:所需房屋的区域、类型、房型、面积;目标房屋的特征,如卧室、浴室、层高、景观、朝向;特别需要,如车位、通讯设施、是否有装修;单价和总价、付款方式、按揭成数;配套因素的要求,如商场、会所、学校等。

③交易记录:委托交易的编号、时间;客户来源;推荐记录、看房记录、洽谈记录、成交记录;有无委托其他竞争对手等。

客源管理实际上就是建立一个以客户为中心的记录或数据库,是利用计算机等现代管理手段对客源信息进行分类和系统管理。它不仅包括曾经作为委托人完成交易的人,也包括那些提出需求或打过电话的潜在客户和与交易活动有关的关系人或供应商,还可包括那些房地产经纪人定为目标想进行交易的潜在客户或委托人。

客源管理是从搜集信息、整理信息和存档开始。房地产经纪人随身携带的笔记本或掌上电脑是搜集信息的重要工具,而分类整理填入表格和输入电脑是最终结果。房地产经纪机构越来越倚重客户管理数据库和房源管理软件。这些数据库和软件的强大功能为房地产经纪人管理房源、客源和查询、使用、分析提供重要保证。

(2)客源的利用

客源的挖掘和建立是为了促成交易，赚取服务佣金。如何善用客源，提高成交率是房地产经纪人的主要工作目标之一。

①客源的共享、更新和分工负责。对客源资料的共享、更新及与客户保持联系，是客源资源有效利用的前提。在房地产经纪机构内部或房地产经纪团队中，客源资料只有共享才能产生效益，那种试图垄断客源的做法只会使客户流失，成交率低下。客源的资料更新也很重要，客户的需求实际上是不断变化的，如客户的联络方式变化、需求变化或客户已与竞争对手联系上等，如果不及时更新，客源信息就会过时而成为无用信息，因此，房地产经纪机构应有人负责与客户保持联系，更新客源资料，这样才能使客源信息有效、准确，才能使今天的客户线索成为明天的销售客户。

②客源利用的三大秘诀。成功的销售人员拥有的三个销售秘诀：

一是"四十五规则"：45％的潜在客户将转为和别人做生意。在一年中，所获得的客户线索中将有45％成为竞争对手的买家，而其中的22％或25％将在前六个月中完成转变。这同时说明，有45％的客户线索有做成业务的可能。例如你有10个客户线索，你有可能做成4～5笔，一旦你未做成，别人就会做成。尽管这个调研来的数据可能因地而异，因客源质量的不同而不同，但成功的销售人员的经验也告诉我们，在客户线索和成交之间有一定的比例关系。你越努力，成交率就会越高。

二是出色的房地产经纪人对每一个客源信息穷追不舍，直到潜在的客户购买或者离去。出色的房地产经纪人不会轻易放弃一个客户线索，不停地和客户联系直到得到回应。尽管最终的成交率是10％或20％，但必须为那10％或20％的客户而与90％或80％的潜在客户联系。没有100％的争取就没有那10％或20％的成交。对于客户来讲，他们有自己的购房时间表，他们有自己的选择标准，可能一个月，也可能五个月，但都会有机会。随着时间的推移，有些房地产经纪人放弃，而坚持的房地产经纪人就有更多机会。

三是客源信息越陈旧，竞争就越不激烈。这个道理最简单不过，但人们往往忽略，房地产经纪人将焦点放在开发新客户上，而旧的客源信息不意味着没有价值。一个成功的房地产经纪人要善用旧的客源信息，其实那里面也有宝藏。

6.3.3　客源和房源的关系

房源和客源存在如下关系：

(1)互为条件,缺一不可。房源和客源都是一项交易促成的不可或缺的条件。有客无房或有房无客,均不可能达成交易。一个房地产经纪公司的竞争力表现在其房源和客源的充裕度及房地产经纪人的撮合能力上,一个房地产经纪人的能力也表现在其获取和利用房源、客源和撮合的能力。在成熟的市场环境下,一个房地产经纪公司或房地产经纪人可以只有房源或只有客源,但必须在另一个房地产经纪公司或房地产经纪人处获取相对应的客源或房源,大家合作完成交易,因而从整个交易的完成来看,两者也是缺一不可的。

(2)在房源和客源的市场营销活动中,两者相得益彰。房源开拓和客源开拓有共同的手段,也有不同的做法。有些营销行动既增加客源,也增加房源,侧重点可以不同,但两个目标均可兼顾。房源广告可以吸引很多客户,客源广告也可以吸引众多的房源信息。对某一个客户而言,既可能成为客源,也可能成为房源的提供者,在同一时间或不同时间角色互换或重叠。因而房源、客源都是客户信息的不同方面,市场营销往往可达一石二鸟、相得益彰的效果。

(3)互为目标,不断循环。在房地产经纪人的活动中,某些时候是有了房源需要去找客户,这时的起点为具体的房源信息;另外一些时候则是有了客户需求,需要去寻找合适的房源,这时的起点为客户,目标对象为房源。正是在这种不断的目标对象转换中沟通供给与需求信息,达成交易。一个客户有效需求可能要提供几个甚至几十个可选择的房源,一个房屋如果要出手,也可能需找几个甚至几十个客户去看房和洽谈。无论起点是什么,房地产经纪人必须认定一方为确定的信息,否则便无从下手,无法推进。

6.4　房地产居间合同

6.4.1　房地产居间合同概念

合同是平等主体的自然人、法人、其他组织之间设立、变更、终止民事权利义务关系的协议。合同作为一种协议,其本质是一种合意,必须是两个以上意思表示一致的民事法律行为。合同当事人作出的意思表示必须合法,这样才能具有法律约束力。

居间合同是指当事人双方约定一方接受他方的委托,并按照他方的指示要求,为他方提供订立合同的机会或者充当为订约媒介服务,委托人给付报酬的合同。在居间合同中,接受委托报告订立合同机会或者提供交易媒介的一方为居间人,给付报酬的一方为委托人。

房地产居间合同是指房地产经纪人接受委托，为委托方报告房地产成交机会或撮合委托人与他方成交，委托方给付佣金的合同。

6.4.2 房地产居间合同的法律特征

1. 居间合同以促成委托人与第三人订立合同为目的

在居间合同中，居间人是为委托人提供服务的，这种服务表现为报告订约的机会或为订约的媒介。居间合同的标的是居间人进行居间活动的结果，其目的在于通过居间活动获取报酬。居间人的活动只有促成委托人与第三人之间建立起有效的合同关系才有意义。

2. 居间人在合同关系中处于介绍人的地位

居间合同的客体是居间人依照合同的约定实施中介服务的行为。无论何种居间，居间人都不是委托人的代理人或当事人一方，居间人只是按照委托人的指示，为委托人报告有关可以与委托人订立合同的第三人，给委托人提供订立合同的机会，或者在当事人之间充当"牵线搭桥"的媒介作用，并不参加委托人与第三人之间具体的订立合同的过程，他的角色只是一个中介服务人，只是在交易双方当事人之间起介绍、协助作用。

3. 居间合同具有诺成性、双务性和不要式性

居间合同的诺成性是指，只要委托人与居间人意思表示一致，居间人就负有依委托人的指示进行居间的义务，而一旦居间人的活动取得结果，委托人就应支付报酬，合同即成立，而无需以实物的交付作为合同成立的要件。

居间合同的双务性是指，居间合同一经成立，当事人双方均需承担一定的义务。就居间人而言，居间人有据实报告的义务；对委托人而言，合同因居间而成立后有支付报酬的义务。

居间合同的不要式性是指，当事人可以采取口头或者书面形式，居间合同的成立也不需采用特定的形式。如果约定不明确，应当遵循交易惯例。

4. 居间合同具有有偿性

居间人以收取报酬为业，居间人促成合同成立后，委托人当然要向居间人支付报酬，作为对居间人活动的报偿。不要报酬促进他人订立的合同，不是居间合同，而是一种服务性活动，行为人不承担居间合同中的权利义务。

6.4.3　房地产居间合同与相关合同的关系

1.居间合同与委托合同、行纪合同的相同点

委托合同属于服务性合同,服务合同包括保管、行纪、居间、委托等很多种类的合同,它们之间有一个共同的特征,即标的是提供劳务,而不是物的交付。但它们相互之间又有其各自的特征。

居间合同与委托合同、行纪合同,三者的相同点都是属于提供劳务性质的合同。

2.居间合同与委托合同、行纪合同的不同点

(1)居间合同的居间人,限于报告订约机会或媒介订约,其服务的范围有限制,只是介绍或协助委托人与第三人订立合同,居间人本人并不参与委托人与第三人之间的合同;委托合同的受托人办理委托事务时,以委托人或者以自己的名义进行活动,代委托人与第三人订立合同,依照委托人的指示参与并可决定委托人与第三人之间的关系内容,处理事务的后果直接归于委托人;行纪合同的行纪人是行纪合同的一方当事人,行纪人以自己的名义为委托人办理交易事务,与第三人发生直接的权利义务关系,处理事务的后果是间接地而不是直接地归于委托人。

(2)居间合同的居间人,是为委托人提供与第三人订立合同的机会,其行为本身不具有法律意义;委托合同的受托人是按委托人的要求处理受托事务,处理的事务可以是有法律意义的事务,也可以是非法律意义的事务;行纪合同的行纪人则是按委托人的要求,从事购销、寄售等特定的法律行为,行纪人受托的事务只能是法律行为。

(3)居间合同是有偿合同,但居间人只能在有居间结果时才可以请求报酬,并且在为订约媒介居间时可从委托人和其相对人双方取得报酬;委托合同可以是有偿的,也可以是无偿的;行纪合同都是有偿合同,行纪人却仅从委托人一方取得报酬。

6.4.4　房地产居间合同的主要内容

房地产居间合同主要内容包括以下几方面:

(1)居间合同应明确双方当事人的名称(姓名),法人单位应写明单位地址及法定代表人姓名,公民个人应写明其身份证号码。

（2）居间合同要明确委托的居间事项。委托事项须具体约定所委托的是提供订约机会，还是媒介合同的成立，所约定的事项应明确、具体。

（3）居间合同要明确居间业务的报酬以及报酬的计算方式、支付的时间和支付方式。居间合同是有偿合同，居间人的报酬是居间合同的核心内容。居间人所获得的报酬习惯上称为佣金或居间费。

（4）违约责任。违约责任是指当事人不履行合同应承担的法律后果。违约责任的形式有违约金、赔偿金和继续履行合同。如有特殊要求，当事人可以约定保密条款等。

房地产居间合同文本格式见第4章中的房地产经纪业务合同推荐文本（2006）。

6.4.5　房地产居间合同当事人的权利和义务

1.房地产居间人的权利和义务

（1）房地产居间人的权利。房地产居间人在从事居间活动中有以下权利：

①获得报酬的权利。居间人取得报酬必须具备两个要件：一是所介绍的合同必须成立；二是合同的成立，与居间人的介绍有因果关系。只有两者同时具备，居间人才能取得报酬。

报酬支付的前提，须是居间人促成委托人与第三人的合同成立。

委托人支付报酬是以居间人已为委托人提供了订约机会或经介绍完成了居间活动，并促成了合同的成立为前提条件。所谓促成合同成立，是指合同合法、有效的成立，如果所促成的合同属无效或可撤销的合同，不能视为促成合同成立，居间人仍不能请求支付报酬。由于居间合同可以随时终止，有时不免会发生委托人为了逃避支付报酬的义务，故意拒绝居间人已经完成了的中介服务，而后再与因中介而认识的第三人订立合同。就此情况，居间人并不因此而丧失报酬的请求权，因为居间人行使报酬请求权，是以委托人与第三人的合同成立为前提，而不是以该合同是否得到履行为要件。如甲委托乙租房子，乙为其找到价格便宜的房主丙，甲为了不支付居间费，而假借房子的质量不好，终止了居间合同，而后甲又擅自找到丙要求租房。应该认为，甲的行为无疑是违背了诚实信用的原则，因此委托人仍然需要支付报酬。

委托人是否给付居间人报酬及其支付数额，原则上应按照居间合同约定。这里合同的约定，可以是以书面形式或者口头形式明确的，如果居间合同中对于居间人的报酬没有约定或者约定不明确，委托人和居间人可以协议补充；如果仍然达不成补充协议的,应当按照合同的有关条款,或者商业交易习惯来确定;如果还是解决不了,可以根据居间人的劳务合理确定,所谓合理应考虑诸多原因,如居间人所付出的时间、精力、物力、财力、人力以及居间事务的难易程度等因素,合理确定。

同时,受益的当事人负有平均负担报酬的义务。委托人支付居间费用以居间事务的不同而有不同的标准。对报告居间,因居间人仅向委托人报告订约机会,而不与其相对人发生关系,因此,居间人的报酬应当由委托人给付。在媒介居间合同,居间人不仅向委托人提供报告订约机会,而且还要找第三人促成合同订立,由于有了居间人的中介活动,使得委托人与第三人双方发生了法律关系,委托人与第三人都因此而受益,因此,一般情况下,除合同另有约定或另有习惯外,居间人的报酬原则上应由因媒介居间而订立合同的委托人与第三人双方平均负担。

②获得居间活动的费用权利。居间活动费是指居间人从事居间活动支出的必要费用。一般情况下,居间活动的费用,委托人与居间人在订立居间合同时,已将居间活动支出的费用一并包含在报酬之内了,不用分别订立两种费用。而居间的报酬只有在促成合同成立的情况下才发生。因此,合同法规定,居间人促成合同成立的,居间活动的费用,由居间人负担。其含义是费用已作为成本计算在报酬之内,居间人不得再另外请求给付费用。

如果居间未促成合同成立,居间人无报酬的情况下,才可以请求委托人支付从事居间活动支出的必要费用。我国《合同法》第四百二十七条规定,"居间人未促成合同成立的,不得要求支付报酬,但可以要求委托人支付从事居间活动支出的必要费用。"居间活动费用是居间人在促使合同成立的活动中支出的必要费用,与报酬不是一个概念。因此,有时居间人虽然为促成合同成立付出了劳务和费用,但合同未促成,仍不能请求支付报酬。只能请求委托人支付从事居间活动支出的必要费用,如居间活动中支出的车马费等。委托人对居间人所支出费用的承担应以该费用合理、必要为前提,所谓合理、必要可以理解为,为找到货源四处奔波的交通费、住宿费、保险费等。对于居间人挥霍铺张或玩忽职守而支出的不合理费用,如超标准住宿,委托人有权依照诚实信用和公平的原则予以拒付。

(2)房地产居间人的义务。房地产居间人在从事居间活动中应履行以下义务:

①居间人的报告义务。居间人的报告义务是居间人在居间合同中承担的主要义务,居间人应依诚实信用原则履行此项义务。

订约的有关事项,包括相对人的资信状况、生产能力、产品质量以及履约能力等与订立合同有关的事项。订立合同的有关事项根据不同的合同还有许多不同的事项。对居间人来说,不可能巨细了解,只需就其所知道的情况如实报告委托人就可以了。但作为居间人应当尽可能掌握更多的情况,提供给委托人,以供其选择。

依德国的有关判例和学说,依照诚实信用原则,居间人就一般对于订约有影响的事项虽不负有积极的调查义务,但就所知事项负有报告于委托人的义务。

委托人与居间人订立居间合同,往往是由于信息不够灵通,才请居间人为自己办理事务,其目的就在于通过居间人找到订约的机会。而这一目的的达到,居间人按照委托人的要求采取实事求是的态度据实报告是十分重要的。报告不真实,将误导委托人订立有可能受到损害的合同,这与居间合同的本意是完全违背的。

②赔偿损失的义务。法律规定居间人有如实报告的义务。我国《合同法》第四百二十五条第二款规定:"居间人故意隐瞒与订立合同有关的重要事实或者提供虚假情况,损害委托人利益的,不得要求支付报酬并应当承担损害赔偿责任。"根据本款规定,居间人承担损害赔偿责任应当具备以下三个条件:

第一,居间人有损害委托人利益的主观上的故意。如果是由于居间人的过失,如疏忽大意没有报告已知的重要事实,或者是居间人不知道的重要事实,则不构成承担责任的条件。

第二,有实施侵害委托人利益的客观上的行为。即:a. 故意隐瞒与订立合同有关的重要事实。与订立合同无关的事实居间人没有义务报告;且必须是重大的事实,例如相对人濒临破产,已无力履行义务。所谓重大事实的衡量标准是因不知道这些事实订立的合同将引起委托人的损害。b. 提供虚假情况,这也是居间人的故意行为。这种行为有可能是居间人单方实施的,如为了取得报酬,提供虚假情况使委托人订立了合同;也可能是居间人与相对人恶意串通提供的虚假情况。

第三,须有委托人损害事实的发生。没有损害也就无须赔偿。但居间人不得要求支付报酬。

诚实信用原则应是居间人履行合同指导思想之一。居间合同的履行过程中,居间人必须实事求是地就自己所实际掌握的信息,如实地向委托人提供最方便、最有利、最有价值、最及时的订约渠道,并保证提供的信息真实和可靠,没有任何隐瞒欺骗或掺杂任何自己主观臆测,对于有影响的事项及商业信息,如第三人的资信状况、支付能力、标的物是否有瑕疵等,居间人都必须据实、公正地报告,而不得弄虚作假,从中盘剥渔利,不得与第三人恶意串通损害委托人的利益,也不得恶意促成委托人与第三人订立合同。如果居间人没有尽到以上这些忠实的义务,反而为获取居间报酬而故意作虚假介绍,或者是与一方当事人事先串通好,故意告知虚假事实以促成委托人与第三人订立合同,从而损害了委托人或者第三人的合法利益。这些情况一旦发生,居间人非但无权向委托人请求居间报酬,而且还应当就自己因故意提供虚假情况而给委托人造成的损失承担赔偿责任。例如,甲委托乙为其购买原装彩色电视机一台。经乙寻找认识了丙,在丙向乙介绍产品时,乙发现彩电不是原装的,而是组装的,但想到优厚的劳务费,况且丙暗中又给了乙"好处费",于是,乙没有将实情告诉给甲。在甲与丙签订买卖合同后,甲发现了问题,便向丙提出损害赔偿要求。此案中的乙为了拿到居间劳务费,不仅没有履行据实报告的义务,而且还采取隐瞒真相的手段,与第三人恶意串通而损害了甲的合法权益。因此,乙不仅无权向甲主张居间报酬的请求权,而且就其故意造成的损失承担损害赔偿责任。

除上述义务外,基于诚实信用原则,居间人还负有其他一些义务。例如,居间人不得对交易双方订立合同实施不利影响,从而影响合同的订立或损害委托人的利益;在居间活动中应当遵守法律、法规和国家政策,遵循商事惯例和交易习惯,不得从事违法的居间活动等。

2.委托人的权利和义务

(1)委托人的权利。委托人的权利主要有:

①有权要求居间人按合同约定实施居间行为。居间人必须按合同约定的居间事项和要求为委托人寻找订立合同的机会。如果由于居间人不能履行其约定的义务,委托人有权拒绝支付酬金。

②有权要求居间人赔偿违约行为造成的损失。如果由于居间人的不实报告,或隐瞒实情,造成委托人利益损害,委托人有权就居间人的违约行为要求赔偿其损失,并终止合同。

(2)委托人的义务。委托人主要有以下义务:

①明确交代委托事项,以便居间人能正确、高效地完成委托事项。

②给付佣金,佣金的数额、给付时间、支付方式等,由当事人约定。当事人未约定的,应视合同为有偿合同,其数额由当事人约定或依国家规定或遵循商事习惯。习惯上,佣金应于委托人与相对人成交之后支付。

6.5 房地产居间案例

房屋买卖居间合同中的格式条款效力如何认定[①]

1.案情简介

原告:上海搏邦地产投资顾问有限公司。

被告:毛艺霖。

---

① 张宏斌. 房地产典型案例评析. 北京:中国民主法制出版社,2008

2006 年 5 月 19 日,上海搏邦地产投资顾问有限公司(以下简称搏邦公司)与毛艺霖(买受方)和案外人庄焕华、庄静雯(出卖方)签订《房地产买卖居间协议》一份,约定搏邦公司作为居间人将案外人坐落于本市浦东新区浦明路 99 弄 32 号 102 室的房屋介绍给毛艺霖购买,该房总房款为人民币 245 万元,并约定了付款方式、意向金的数额及处理办法。协议第十条还约定,由于毛艺霖的原因导致房地产买卖合同未签订的,应向搏邦公司支付总房款 2% 的违约金。协议签订后,毛艺霖依约支付给搏邦公司意向金 5000 元。后毛艺霖与案外人因故未签订房地产买卖合同,搏邦公司遂诉至原审法院,以毛艺霖在签订《房地产买卖合同》时提出不合理的贷款要求被拒后即拒绝签订该买卖合同为由,要求判令毛艺霖依约支付违约金 49000 元。毛艺霖则表示,在《房地产买卖居间协议》中约定买受方和出卖方向居间人支付违约金的条款属"霸王条款",故要求撤销该条款。

2. 审判结论

一审法院经审理后认为,搏邦公司与毛艺霖及案外人签订的《房地产买卖居间协议》第十条的约定,系搏邦公司提供的格式条款,且排除了合同相对方的主要权利,加重了相对方的责任,应认定为无效。据此,一审法院遂判决:原告上海搏邦地产投资顾问有限公司要求被告毛艺霖支付违约金人民币 49000 元的诉讼请求不予支持。

搏邦公司不服提起上诉。

二审法院经审理后认为,一审认定事实清楚,适用法律正确,应以支持。遂判决驳回上诉,维持原判。

3. 焦点问题

本案在审理中的争议焦点有两个:

(1)违约金条款是否属于加重对方责任、排除对方主要权利的格式条款;

(2)居间人的权利如何维护。

4. 判例研究

(1)违约金条款是否属于加重对方责任、排除对方主要权利的格式条款

本案主要争议焦点是搏邦公司与毛艺霖及案外人签订的《房地产买卖居间协议》第十条的效力。该条约定,"由于毛艺霖的原因导致房地产买卖合同未签订的,应向搏邦公司支付总房款 2% 的违约金"。对于该条款的效力,存在两种观点:一种观点认为,搏邦公司与毛艺霖及案外人签订的《房地产买卖居间协议》,系各方当事人真实意思表示,并不违反法律法规的规定,故合同效力应予确认,各方当事人应完全履行合同之义务。现因毛艺霖的原因导致房屋买卖双方未签订合同,故搏邦公司有权依照协议第十条的约定,向毛艺霖主张违约金。另一种观点认为,搏邦

公司与毛艺霖及案外人签订的《房地产买卖居间协议》第十条的约定,系搏邦公司提供的格式条款,且排除了合同相对方的主要权利,加重了相对方的责任,应认定为无效。本案的处理采纳了第二种观点。

根据合同法第三十九条、第四十条的规定,认定格式条款无效需满足两个要件:其一,该条款系格式条款;其二,该条款存在合同法第五十二条和第五十三条规定的情形,或格式条款提供方免除其责任,加重对方责任,排除对方主要权利。本案系争条款符合上述两个要件。

首先,本案系争条款系格式条款。所谓格式条款,依照合同法是指当事人为了重复使用而预先拟订,并在订立合同时未与对方协商的条款。因此,格式条款具有预先拟订、适用不特定相对人、定型化即不加协商等特点。本案中,搏邦公司提供的《房地产买卖居间协议》,是搏邦公司在与毛艺霖及案外人订约以前就已经预先制定出来的,而非在双方当事人反复协商的基础上制定出来的;该协议适用于与搏邦公司订约的不特定的委托人,搏邦公司未能举证证明,其在与毛艺霖订立《房地产买卖居间协议》时曾采用合理的方式提请对方就加重对方责任的条款予以注意,并与之进行协商,故系争条款具备格式条款的属性。

其次,该格式条款加重了对方的责任,排除了对方的主要权利。作为居间人,其职责是向委托人报告订立合同的机会或者提供订立合同的媒介服务,并以促成交易成功为前提收取委托人的支付报酬。故居间的功用在于提供交易机会,辅助性地为交易双方的良好磋商创造条件,而不能通过特别约定强迫他人签订合同,限制交易当事人的自由缔约权利。本案中,格式条款的设置意味着居间合同一经签订则房屋买卖必须成交,否则委托人即应向居间人承担违约责任。也就是说,搏邦公司利用格式条款使自己居于无论居间行为是否成功均可获得相应报酬的有利地位,而增加了委托人在居间不成情况下仍需支付违约金的义务,限制了委托人与出卖人进一步协商和自由缔约的权利。

因此,法院认为,系争条款属无效的格式条款,搏邦公司在买卖双方未成功签订《房地产买卖合同》时无权要求按约收取违约金。

(2)居间人的权利如何维护

依照合同法的规定,在居间合同中只有居间人的居间活动达到目的,即促成委托人与第三人之间的合同成立的,委托人才负有给付报酬的义务。而居间人的活动能否达到目的有着不确定性,不是完全可由居间人的意志决定的。有时,尽管居间人为了促成合同的成立也尽了向委托人报告或者媒介的义务,但合同却因种种原因没有成立。在此情况下,居间人从事居间行为势必支出一定必要的费用,倘无补偿,亦属不公平。为此,合同法第四百二十七条规定,"居间人未促成合同成立的,不得要求支付报酬,但可以要求委托人支付从事居间活动支出的必要费用。"因此,本案中,博邦公司虽不能请求委托人支付报酬及支付违约金,但依法可以请求其支付为居间活动支出的必要费用。

在居间活动未成功的情况下,居间人固然可以请求委托人支付必要费用,但必要费用与报酬毕竟不是同一概念,而且在数额上往往也相差很大。房地产居间人在居间活动中往往要在为委托人提供权籍调查、使用情况调查、行情调查、确定成交意向、订立交易合同等基本服务内容,并完成交易过户、户口迁移、房屋入住手续后,才能按约收取相应费用;而委托人与第三人之间最终是否签订《房地产买卖合同》有着不确定性,甚至有些委托人违背诚实信用原则抛开居间人与第三人"手拉手"私下成交。因此,居间人在与委托人签订居间合同时,就居间人前期的报告、媒介、陪同看房、参与协商等服务活动,可约定按服务项目实行菜单式收费,如此才可以有效起到制约委托人以及弥补居间人成本损失的作用,最终达到减少双方纷争的目的。

思考题

1. 房地产居间的含义和特征是什么?
2. 简述房地产居间业务的操作程序。
3. 房地产居间的操作应注意哪些方面问题?
4. 什么是房源?如何开拓和获取房源?
5. 房源信息的共享方式有哪些?
6. 什么是客源?客源开拓的方法有哪些?
7. 怎样做好客源的管理和利用工作?
8. 试述房地产居间人的权利和义务。

第 7 章

房地产转让代理

7.1 房地产代理概述

7.1.1 代理

1.代理的概念和特征

代理是代理人在代理权限内,以被代理人的名义实施的、其民事责任由被代理人承担的法律行为。代理具有以下特征:

(1)代理人必须在代理权限范围内实施代理行为。无论代理权的产生是基于何种法律事实,代理人都不得擅自减少或扩大代理权限,代理人超越代理权限的行为不属于代理行为,被代理人对此不承担责任。在代理关系中,委托代理中的代理人应根据被代理人的授权范围进行代理,法定代理和指定代理中的代理人也应在法律规定或指定的权限范围内实施代理行为。

(2)代理人以被代理人的名义实施代理行为。代理人只有以被代理人的名义实施代理行为,才能为被代理人取得权利和设定义务。如果代理人是以自己的名义为法律行为,这种行为是代理人自己的行为而非代理行为。这种行为所设定的权利与义务只能由代理人自己承受。

(3)代理人在被代理人的授权范围内独立地表现自己的意志。在被代理人的授权范围内,代理人以自己的意志去积极地为实现被代理人的利益和意愿进行具有法律意义的活动。它具体表现为代理人有权自行解决他如何向第三人作出意思表示,或者是否接受第三人的意思表示。

(4)被代理人对代理行为承担民事责任。代理是代理人以被代理人的名义实施的法律行为,所以在代理关系中所设定的权利义务,当然应当直接归属被代理人享受和承担。被代理人对代理人的代理行为承担民事责任,既包括对代理人在执行代理任务的合法行为承担民事责任,也包括对代理人不当代理行为承担民事责任。

2.代理的种类

以代理权产生的依据不同,可将代理分为委托代理、法定代理和指定代理。

(1)委托代理。委托代理,是基于被代理人对代理人的委托授权行为而产生的代理。委托代理关系的产生,需要在代理人与被代理人之间存在基础法律关系,如委托合同关系、合伙合同关系、工作隶属关系等,但只有在被代理人对代理人进行授权后,这种委托代理关系才真正建立。

在委托代理中,被代理人所作出的授权行为属于单方的法律行为,仅凭被代理人一方的意思表示,即可以发生授权的法律效力。被代理人有权随时撤销其授权委托。代理人也有权随时辞去所受委托。但代理人辞去委托时,不能给被代理人和善意第三人造成损失,否则应负赔偿责任。

(2)法定代理。法定代理是指根据法律的直接规定而产生的代理。法定代理主要是为维护无行为能力或限制行为能力人的利益而设立的代理方式。我国《民法通则》规定,无民事行为能力人、限制行为能力人的监护人是他们的法定代理人。

(3)指定代理。指定代理是根据人民法院和有关单位的指定而产生的代理。指定代理只在没有委托代理人和法定代理人的情况下适用。在指定代理中,被指定的人称为指定代理人。依法被指定为代理人的,如无特殊原因,不得拒绝担任代理人。

3.无权代理

无权代理是指行为人没有代理权而以他人名义进行民事、经济活动。无权代理包括以下几种情况:

(1)没有代理权的代理行为;

(2)超越代理权限的代理行为;

(3)代理权终止后的代理行为。

对于无权代理行为,"被代理人"当然可以不承担法律责任。《民法通则》规定,无权代理行为"只有经过被代理人的追认,被代理人才承担民事责任。未经追认的行为,由行为人承担民事责任",但"本人知道他人以自己的名义实施民事行为而不作否认表示的,视为同意"。

4.代理关系的终止

(1)委托代理关系的终止。委托代理关系可因下列原因终止:

①代理期间届满或者代理事项完成;

②被代理人取消委托或代理人辞去委托;

③代理人死亡或代理人丧失民事行为能力;

④作为被代理人或者代理人的法人终止。

(2)指定代理或法定代理关系的终止。指定代理或法定代理可因下列原因终止:

①被代理人取得或者恢复民事行为能力;

②被代理人或代理人死亡；

③指定代理的人民法院或指定单位撤销指定；

④监护关系消灭。

7.1.2 房地产代理业务的主要类型

根据服务对象的不同，房地产代理业务可分为卖方代理和买方代理。委托人为房地产开发商、存量房的所有者或是出租房屋的业主的代理行为称为卖方代理。相对应的，受需要购买或承租房屋的机构或个人委托而进行的代理行为称为买方代理。

1.房地产卖方代理业务

房地产卖方代理是指房地产经纪人受委托人委托，以委托人名义出租、出售房地产的经纪行为。房地产卖方代理的委托人为房地产开发商、存量房的所有者或是出租房屋的业主。

房地产卖方代理业务按委托人的不同可以分为以下 3 类：

(1)商品房销售代理。是指房地产经纪人接受房地产开发商的委托，按委托人的基本要求进行商品房销售并收取佣金的行为。房地产经纪人必须经房地产开发商委托，在委托范围内(如价格浮动幅度、房屋交付使用日期等)替开发商行使销售权。

(2)房屋出租代理。是指房地产经纪人为房屋出租人代理出租房屋，促成出租者出租房屋成功而收取佣金的行为。房屋出租代理按房屋存在形式可分为现房出租代理、在建商品房预租代理、商品房先租后售代理等。

(3)二手房出售代理。是指房地产经纪人受存量房屋所有权人委托，将其依法拥有的住房进行出售的代理。现实经纪活动中常称为二手房卖出代理。在存量房出售代理业务中，房屋置换的代理成为一种比较常见的房地产代理方式。

目前在中国房地产经纪业，卖方代理是最主要的代理业务。

2.房地产买方代理业务

房地产买方代理业务是指房地产经纪人受委托人委托，以委托人名义承租、购买房地产的经纪行为。房地产买方代理的委托人为需要购买或承租房屋的机构或个人，即购房者或承租者。由于受消费习惯、交易成本等因素的影响，目前房地产买方代理业务的发展还不是很成熟，这方面的业务主要集中在境外公司和个人在中国境内承租房屋的代理上。从业务总量上看，买方代理业务远远少于房地产卖方代理业务。

7.1.3 房地产代理业务的种类

房地产代理业务存在于房地产开发和经营管理的各个环节中,其中主要有:

(1)房地产转让代理;

(2)房地产租赁代理;

(3)房地产抵押代理;

(4)房地产产权登记代理;

(5)房地产营销代理;

(6)其他房地产代理业务。

本章主要介绍房地产转让代理。

7.1.4 房地产代理的操作程序

房地产代理的形式虽然较多,但从其实质上而言,主要是确定了经纪人作为代理商与开发商或业主的权利义务关系。而房地产代理作为一种中介活动有其自身的规律。房屋买卖代理业务是房地产代理业务中最为广泛的,下面以房屋买卖代理业务为例,介绍代理业务一般的操作步骤:

1. 确定委托代理关系

房地产经纪人与开发商或业主通过签订委托合同,得到开发商的授权委托,取得代理商的身份,并在委托合同中明确代理方式、中介费用的支取方式及其比例等。经纪人在接受委托时应审查开发商有无《商品房销售许可证》,涉外销售的,还应有《涉外销售许可证》。对二级市场上委托出售的房屋应审查有无《房屋所有权证》和《土地使用权证》。如果不具备这些合法权证,该房销售前景再好,中介利益再大,都不能接受委托,以免引起纠纷。

2. 进行市场销售的可行性论证

经纪人取得代理商身份后,就应着手进行市场销售前景的分析、论证。对房地产这种特殊商品来说,其所处的地理位置是至关重要的。当然,房屋的价格及其建筑风格、品位也决定了其消费对象和消费层次。因此,对代理项目应从其所处的区域、地段、投资结构、平面布局、小区环境以及开发商或业主的报价等进行市场可行性论证,把握市场的消费层次及其特点。

3. 制订促销计划

代理商在进行了可行性论证的基础上,针对确定的消费层次设计促销广告、制作售楼书、楼盘模型,并确定房屋的基价、楼层价、朝向价。

4. 与客户接洽、谈判、签约

(1)接受客户的咨询,介绍所代理物业。客户由于对房地产市场行情及房屋的建筑性质等缺乏了解,所要咨询的内容较多。代理商应着重介绍以下几方面:首先是要了解客户所需房的性质及类型,是住宅还是商业用房,房型及层次、地段等。然后,代理商就应针对客户的需求有选择地向客户推荐自己所代理的物业。代理商的介绍除了要让客户了解物业的面积大小、平面布置、层次、朝向、价格及物业管理情况外,还应介绍该物业的建筑性质是砖混结构、砖木结构还是钢混结构或浇注式框架结构等。通常,代理商都应备有售楼说明书、房屋价目表等供客户查阅、询问。

(2)与客户签订购房意向书或购房委托书。客户如有购房意向,首先应要求其与代理商签订《购房意向书》或与经纪人确定委托代理关系,签订《购房委托书》,然后可以带客户去现场看房。《购房委托书》的签订意味着客户承认了经纪人的代理身份或者是代理商接受了客户的委托,这是代理中介活动具有实质意义的关键一步。

(3)现场看房。在客户已有明确的购房意向后,就可以带客户到现场看房:看房时,代理人可以要求客户在售楼现场进行看房登记。然后,由代理人带客户进入现场看房。客户自己也可以直接去现场看房,客户也应在售楼现场登记并支付一定的看房费或钥匙押金。进行看房登记,代理人一方面可以统计客户对各类房屋的需求情况,另一方面也可以让业主了解物业的销售情况,为以后支付代理费提供依据。

(4)签约、付款。在客户正式选中房后,就应该要求客户签订购房协议。代理人代表业主签订售房协议必须要有业主的《授权委托书》。代理商在与客户签约时也应要求客户出示本人身份证。合同签订后,在买主付清房款后,双方应到房地产交易市场及产权监理处办理登记过户手续。

5. 代理费的取得

(1)代理费的收取。房地产代理商的代理费应当向委托人(业主)收取而不能向交易相对人即第三方收取。目前,代理业务较难开展或者说客户不太愿意找代理商买房,其中原因之一就是客户误认为代理商收取的代理费是要由客户来承担的,找代理商实际上是多了一道收费环节。因此,代理商在与客户签约之时就应向其说明,以消除其误解。

(2)收费标准。1995 年 7 月 17 日,国家计划委员会和建设部联合发布了《关于房地产中介服务收费的通知》(计价格〔1995〕971 号)。该文件所规定的收费标准对各地的房地产代理商的收费具有指导作用。其中规定,房地产经纪费根据代理项目的不同实行不同的收费标准:

①房屋租赁代理收费,无论成交的租赁期限长短,均按半月至一月成交租金额标准,由双方协商议定一次性计收。

②房屋买卖代理收费,按成交价格总额的 0.5%～2.5%计收。

③实行独家代理的,收费标准由委托方与房地产中介机构协商,可适当提高,但最高不超过成交价格的 3%。

土地使用权转让代理收费办法和标准另行规定。

房地产经纪费由房地产经纪机构向委托人收取。

7.1.5　房地产代理业务中的委托合同

1.委托合同的概念和特征

委托合同是指依双方当事人约定,一方为他方处理事务的合同。在委托合同关系中,一方当事人为委托人,另一方为受托人。在房地产代理业务中,委托人为业主(开发商),受托人为房地产经纪人。房地产经纪人与业主订立委托合同,确立了代理关系后,房地产经纪人即成为代理商。

代理商的代理资格是通过签订委托合同确立的,这是一种典型的委托代理形式。当然,代理商与业主签订委托合同后,具体的代理权限还需由业主以《授权委托书》的形式以明确具体的代理权限。如果是全权代理,还需填写《特别授权委托书》。委托合同并不能代替《授权委托书》,两者不能等同。委托合同是一种双方行为,而授权委托书是单方法律行为。委托合同用以确立代理关系,而《授权委托书》用以明确具体的代理权限。

委托合同有如下特征:

(1)委托合同的目的是处理或管理委托人的事务。房地产代理业务中的委托合同是业主(开发商)委托房地产经纪人销售、租赁其物业,或为业主代为办理产权登记过户等手续,由业主支付一定费用的商业行为。

(2)委托合同为诺成合同。委托合同只要双方当事人意思表示一致,合同即告成立。

(3)委托合同为不要式合同。委托合同原则上为不要式合同,当事人可以根据实际情况选择适当的形式(口头合同或书面合同)。但是,由于房地产买卖或租赁是对不动产的一种重大处置行为,为慎重起见,最好采用书面形式。在产权登记过户的代理行为中要求要有书面的《授权委托书》。

2.委托合同双方的义务和责任

(1)受托人的义务和责任。受托人的义务和责任主要有:

①办理委托事务的义务。这是受托人的主要义务。

②报告义务。受托人应将委托事务的开展情况向委托人报告。当委托事务终了,受托人应将办理委托事务的始末经过、各种账目、收支计算等向委托人报告。受托人此项义务的具体内容可根据代理业务的具体形式而定,法律并无强制规定。

③转移利益的义务。受托人应将因办理委托事务取得的各种利益及时转移给委托人。该项利益包括取得的房款、租金等。

④受托人的责任。受托人不履行或不完全履行上述义务,即应承担相应的民事责任。受托人不办理委托事务或疏于必要的谨慎和注意,应承担过失的违约责任。如果受托人不听从委托人的指示,不及时报告有关情况,也应承担过失的违约责任。如果受托人不及时将有关权利和利益转移给委托人,应视为对委托人财产权的侵占,应承担违约责任或侵权责任。

(2)委托人的义务和责任。委托人的义务和责任主要有:

①支付费用的义务。无论委托合同是否有偿,委托人都有义务提供和补偿委托事务必要的费用。如代为办理产权登记过户必须缴纳的税费,应由委托人承担。

②付酬的义务。房地产代理业务为有偿的商业行为,委托人应向受托人支付约定的报酬。报酬的支付时间,通常在委托事务完成之后,但也可提前支付或分期支付。如委托事务非因受托人的过失而未能完成,委托人应就已完成的部分支付报酬。

③赔偿责任。委托人非因受托人的过错中途终止委托合同,应负赔偿责任。受托人在处理委托事务时,非因自己的过错而受到的损害,得向委托人请求赔偿。如代理商在接受委托后,即着手市场调研,进行广告宣传,而此时委托人(如开发商)却单方终止委托,决定自己销售。此种情况下,委托人应承担违约责任,赔偿代理商因从事前期工作所造成的损失。

3.委托合同的终止

委托合同的终止原因一般有以下几种情况:

(1)委托事务处理完毕;

(2)合同履行已不可能;

(3)合同期限届满;

(4)合同的解除条件成熟;

(5)当事人一方终止合同。

7.2　房地产转让一般规定

7.2.1　房地产转让的概念

我国《城市房地产管理法》规定:"房地产转让是指房地产权利人通过买卖、赠与或者其他合法方式将其房地产转移给他人的行为。"建设部发布的《城市房地产转让管理规定》(1995 年 8 月 7 日发布,2001 年 8 月 15 日修正)对此概念中的其他合法方式作了进一步的细化,规定其他合法方式主要包括下列行为:

(1)以房地产作价入股与他人成立企业法人,房地产权属发生变更的;

(2)一方提供土地使用权,另一方或者多方提供资金,合资、合作开发经营房地产,而使房地产权属发生变更的;

(3)因企业被收购、兼并或合并,房地产权属随之转移的;

(4)以房地产抵债的;

(5)法律、法规规定的其他情形。

房地产转让的实质是房地产权属发生转移。《城市房地产管理法》规定,房地产转让时,房屋所有权和该房屋所占用范围内的土地使用权同时转让。

7.2.2　房地产转让的分类

根据转让的对象,房地产转让可分为地面上有建筑物的转让和地面上无建筑物的转让。地面上无建筑物的房地产转让,习惯上又被称为土地使用权转让。《城市房地产管理法》将原来的土地使用权转让与房屋所有权转移合并为一个整体通称为房地产转让,对于规范房地产市场行为,加强市场统一管理,具有积极的作用。

根据土地使用权的获得方式,房地产转让可分为出让方式取得的土地使用权转让和划拨方式取得的土地使用权转让。

根据转让的方式,房地产转让可分为有偿和无偿两种方式,有偿转让主要包括房地产买卖、房地产入股等行为,无偿转让主要包括房地产赠与、房地产继承等行为。

房地产买卖是指房地产所有权人(包括土地使用权人)将其合法拥有的房地产以一定价格转移给他人的行为。房地产赠与是指房地产所有权人(包括土地使用权人)将其合法拥有的房地产无偿赠送给他人,不要求受赠人支付任何费用或为此承担任何义务的行为。房地产买卖属于双务行为,即买卖双方均享有一定的权利,并需承担一定的义务;房地产赠与属于单务行为,受让人不需承担任何义务。正是由于这一点,在实践中,经常会出现为了某种目的将房地产买卖变相转为房地产赠与的行为,需要在管理实践中严格区分并加以管理。

7.2.3 房地产转让的条件

房地产转让最主要的特征是发生权属变化,即房屋所有权与房屋所占用的土地使用权发生转移。《城市房地产管理法》及《城市房地产转让管理规定》都明确规定了房地产转让应当符合的条件,采取排除法规定了下列房地产不得转让:

(1)对以出让方式取得土地使用权用于投资开发的,按照土地使用权出让合同约定进行投资开发,属于房屋建设工程的,应完成开发投资总额的 25% 以上;属于成片开发的,形成工业用地或者其他建设用地条件。同时规定应按照出让合同约定已经支付全部土地使用权出让金,并取得土地使用权证书。作出此项规定的目的,就是严格限制炒买炒卖地皮牟取暴利,并切实保障建设项目的实施。

(2)司法机关和行政机关依法裁定、决定查封或以其他形式限制房地产权利的。司法机关和行政机关可以根据合法请求人的申请或社会公共利益的需要,依法裁定、决定限制房地产权利,如查封、限制转移等,在权利受到限制期间,房地产权利人不得转让该项房地产。

(3)依法收回土地使用权的。根据国家利益或社会公共利益的需要,国家有权决定收回出让或划拨给他人使用的土地,任何单位和个人应当服从国家的决定,在国家依法作出收回土地使用权决定之后,原土地使用权人不得再行转让土地使用权。

(4)共有房地产,未经其他共有人书面同意的。共有房地产,是指房屋的所有权、土地使用权为两个或两个以上权利人所共同拥有。共有房地产权利的行使需经全体共有人同意,不能因某一个或部分权利人的请求而转让。

(5)权属有争议的。权属有争议的房地产,是指有关当事人对房屋所有权和土地使用权的归属发生争议,致使该项房地产权属难以确定。转让该类房地产,可能影响交易的合法性,因此在权属争议解决之前,该项房地产不得转让。

(6)未依法登记领取权属证书的。产权登记是国家依法确认房地产权属的法定手续,未履行该项法律手续,房地产权利人的权利不具有法律效力,因此也不得转让该项房地产。

(7)法律和行政法规规定禁止转让的其他情况。法律、行政法规规定禁止转让的其他情形,是指上述情形之外,其他法律、行政法规规定禁止转让的其他情形。

7.2.4　房地产转让的程序

房地产转让应当按照一定的程序,经房地产管理部门办理有关手续后,方可成交。2001 年 8 月 15 日修改后的《城市房地产转让管理规定》对房地产转让的程序作了如下规定:

(1)房地产转让当事人签订书面转让合同;

(2)房地产转让当事人在房地产转让合同签订后 90 日内持房地产权属证书、当事人的合法证明、转让合同等有关文件向房地产所在地的房地产管理部门提出申请,并申报成交价格;

(3)房地产管理部门对提供的有关文件进行审查,并在 7 日内作出是否受理申请的书面答复,7 日内未作书面答复的,视为同意受理;

(4)房地产管理部门核实申报的成交价格,并根据需要对转让的房地产进行现场查勘和评估;

(5)房地产转让当事人按照规定缴纳有关税费;

(6)房地产管理部门办理房屋权属登记手续,核发房地产权属证书。

此外,凡房地产转让或变更的,必须按照规定的程序先到房地产管理部门办理交易手续和申请转移、变更登记的,然后凭变更后的房屋所有权证书向同级人民政府土地管理部门申请土地使用权变更登记,不按上述法定程序办理的,其房地产转让或变更一律无效。

7.2.5　房地产转让合同

房地产转让合同是指房地产转让当事人之间签订的用于明确各方权利、义务关系的协议。房地产转让时,应当签订书面转让合同。合同的内容由当事人协商拟定,一般应包括:

(1)双方当事人的姓名或者名称、住所;

(2)房地产权属证书名称和编号；

(3)房地产坐落位置、面积、四至界限；

(4)土地宗地号、土地使用权取得的方式及年限；

(5)房地产的用途或使用性质；

(6)成交价格及支付方式；

(7)房地产交付使用的时间；

(8)违约责任；

(9)双方约定的其他事项。

7.3 国有建设用地使用权转让代理

7.3.1 国有建设用地使用权出让

1.国有建设用地使用权的概念

根据《中华人民共和国物权法》,建设用地使用权是建设用地使用权人依法对国家所有的土地享有占有、使用和收益的权利,建设用地使用权人有权利用该土地建造建筑物、构筑物及其附属设施。建设用地使用权可以在土地的地表、地上或者地下分别设立。《物权法》的相关规定表明,建设用地使用权是在国有土地上设立的。以往对城市国有土地统称的"国有土地使用权"现在应称为"国有建设用地使用权",国土部门对此已作了相关修改。例如,国土资源部已将《招标拍卖挂牌出让国有土地使用权规定》修改为《招标拍卖挂牌出让国有建设用地使用权规定》。

2.国有建设用地使用权出让的概念

根据《城镇国有土地使用权出让和转让暂行条例》,土地使用权出让是指国家以土地所有者的身份将土地使用权在一定年限内让与土地使用者,并由土地使用者向国家支付土地使用权出让金的行为。

国有建设用地使用权出让不包括地下资源、埋藏物和市政公共设施。城市规划区内集体所有的土地,经依法征收转为国有土地后,该国有土地的使用权方可有偿出让。

按照《城镇国有土地使用权出让和转让暂行条例》规定,土地使用权出让应当签订出让合同。土地使用者应当在签订土地使用权出让合同后 60 日内,支付全部土地使用权出让金。逾期未全部支付的,出让方有权解除合同,并可请求违约赔偿。出让方应当按照合同规定,提供出让的土地使用权。未按合同规定提供土地使用权的,土地使用者有权解除合同,并可请求违约赔偿。

需要说明的是,土地使用权出让也叫土地批租,因为国有土地使用权出让改革主要是借鉴我国香港的土地批租制度实行的。所谓土地批租,就是土地所有权与使用权相分离,土地所有者不直接使用经营土地,而把土地使用经营权有偿、有年期地租让给土地使用者。

3.国有建设用地使用权出让的年限

根据《城镇国有土地使用权出让和转让暂行条例》,土地使用权出让最高年限按下列用途确定:

(1)居住用地 70 年;

(2)工业用地 50 年;

(3)教育、科技、文化、卫生、体育用地 50 年;

(4)商业、旅游、娱乐用地 40 年;

(5)综合或其他用地 50 年。

4.国有建设用地使用权出让的方式

1990 年国务院发布的《中华人民共和国城镇国有土地使用权出让和转让暂行条例》中规定,土地使用权出让可以采取协议、招标和拍卖方式。2002 年 5 月 9 日,国土资源部发布了《招标拍卖挂牌出让国有土地使用权规定》,出现了挂牌出让国有土地使用权方式。2007 年 3 月 16 日第十届全国人民代表大会第五次会议通过的《中华人民共和国物权法》规定,国有建设用地使用权出让可采取招标、拍卖、协议等出让方式。2007 年 9 月 28 日,国土资源部发布《招标拍卖挂牌出让国有建设用地使用权规定》(国土资源部令第 39 号)(该规定是对 2002 年 5 月 9 日国土资源部发布的《招标拍卖挂牌出让国有土地使用权规定》进行修改形成的),对国有建设用地使用权招拍挂出让范围、挂牌出让截止期限、缴纳出让价款和发放国有建设用地使用权证书等作出明确规定。因此,目前我国国有建设用地使用权出让方式有招标出让、拍卖出让、挂牌出让和协议出让四种。

(1)招标出让国有建设用地使用权

招标出让国有建设用地使用权,是指市、县人民政府国土资源行政主管部门(以下简称出让人)发布招标公告,邀请特定或者不特定的自然人、法人和其他组织参加国有建设用地使用权投标,根据投标结果确定国有建设用地使用权人的行为。

(2)拍卖出让国有建设用地使用权

拍卖出让国有建设用地使用权,是指出让人发布拍卖公告,由竞买人在指定时间、地点进行公开竞价,根据出价结果确定国有建设用地使用权人的行为。

(3)挂牌出让国有建设用地使用权

挂牌出让国有建设用地使用权,是指出让人发布挂牌公告,按公告规定的期限将拟出让宗地的交易条件在指定的土地交易场所挂牌公布,接受竞买人的报价申请并更新挂牌价格,根据挂牌期限截止时的出价结果或者现场竞价结果确定国有建设用地使用权人的行为。

(4)协议出让国有建设用地使用权

协议出让国有建设用地使用权是指土地使用权有意受让人直接向市、县人民政府土地行政主管部门(出让人)提出用地申请,并就土地的用途、范围、价格等进行谈判、协商,达成一致并签订土地使用权出让合同的一种出让方式。

5.国有建设用地使用权出让合同

我国物权法第一百三十八条规定,采取招标、拍卖、协议等出让方式设立建设用地使用权的,当事人应当采取书面形式订立建设用地使用权出让合同。

建设用地使用权出让合同一般包括下列条款:

(1)当事人的名称和住所;

(2)土地界址、面积等;

(3)建筑物、构筑物及其附属设施占用的空间;

(4)土地用途;

(5)使用期限;

(6)出让金等费用及其支付方式;

(7)解决争议的方法。

为规范建设用地使用权出让合同管理,2008 年 4 月 29 日,国土资源部、国家工商行政管理总局印发了《国有建设用地使用权出让合同》示范文本(GF－2008－2601)。

6.出让国有建设用地使用权的终止

出让国有建设用地使用权因土地使用权出让合同规定的使用年限届满、提前收回及土地灭失等原因而终止。

(1)因土地使用权期满终止。土地使用权期满,土地使用权及其地上建筑物、其他附着物所有权由国家无偿取得。土地使用者应当交还土地使用证,并依照规定办理注销登记。当然,土地使用权期满,土地使用者可以申请续期。需要续期的,应当按照规定重新签订合同,支付土地使用权出让金,并办理登记。

根据我国物权法的规定,住宅建设用地使用权期限届满的,自动续期。非住宅建设用地使用权期限届满后的续期,依照法律规定办理。该土地上的房屋及其他不动产的归属,有约定的,按照约定;没有约定或者约定不明确的,依照法律、行政法规的规定办理。

(2)因土地使用权提前收回终止。国家对土地使用者依法取得的土地使用权不提前收回。在特殊情况下,根据社会公共利益的需要,国家可以依照法律程序提前收回,并根据土地使用者已使用的年限和开发、利用土地的实际情况给予相应的补偿。

(3)因违反出让合同有关规定终止。土地使用者违反出让合同有关规定,国家可无偿收回土地使用权。

(4)因土地灭失终止。土地灭失是指由于非人力和自然力的原因,使土地性质彻底改变或地貌彻底改变。土地灭失将导致土地使用权人实际不再享有土地使用权。

7.3.2　国有建设用地使用权转让

1.国有建设用地使用权转让的概念

国有建设用地使用权转让是指土地使用者将土地使用权再转移的行为,包括出售、交换和赠与。其中,原本拥有土地使用权的一方称为转让人,接受土地使用权的一方称为受让人。可以看出,转让人必须是享有该土地使用权的使用者;土地使用者所转让的是最初通过出让方式有偿取得的土地使用权。土地使用权转让后,新用地者的土地使用年限不超过原出让合同规定的土地使用年限减去已使用年限余额。

2.国有建设用地使用权转让的原则

根据《城镇国有土地使用权出让和转让暂行条例》的规定,土地使用权转让的原则包括:

(1)同时转移原则。即根据出让合同取得的国有建设用地使用权可以在不同使用者之间依法转让(一次或多次),但无论转移给哪个受让人使用,政府和土地使用者之间的出让关系不变,新的土地使用者仍必须履行出让合同登记文件中所载明的权利义务。《城镇国有土地使用权出让和转让暂行条例》第 21 条规定:"土地使用权转让时,土地使用权合同和登记文件中所载明的权利和义务随之转移。"

(2)产权一致原则。即土地使用权与其地上建筑物产权相一致的原则,只要土地使用权转让,该地上之建筑物必须同时转让,或当转让地上建筑物时,该土地使用权也同时转让。《城镇国有土地使用权出让和转让暂行条例》第 23 条规定:"土地使用权转让时,其地上建筑物、其他附着物所有权随之转让。"第 24 条规定:"土地使用者转让地上建筑物、其他附着物所有权时,其使用范围内的土地使用权随之转让,但地上建筑物、其他附着物作为动产转让的除外。"也即不动产要随土地使用权的转让而发生转让。反映在《城市房地产管理法》第31条中,即"房地产转让、抵押时,房屋的所有权和该房屋占用范围内的土地使用权同时转让、抵押。"

(3)效益不可损原则。即无论是土地使用权的转让,还是地上建筑物、其他附着物的转让,都不得损害土地及其地上建筑物的经济效益。根据《城镇国有土地使用权出让和转让暂行条例》有关规定,"土地使用权和地上建筑物、其他附着物所有权分割转让的,应当经市、县人民政府土地管理部门和房产管理部门批准,并依照规定办理过户手续。""土地使用权价格明显低于市场价格的,市、县人民政府有优先购买权。土地使用权转让的市场价格不合理上涨时,市、县人民政府可以采取必要的措施。"对于"土地使用权转让后,需要改变土地使用权出让合同规定土地用途的",应当征得出让方同意,并经土地管理部门和城市规划部门批准后,依照有关规定重新签订土地使用权出让合同,调整土地使用权出让金,并办理相关登记。

3. 国有建设用地使用权转让的条件

国有建设用地使用权转让是有条件的,根据《城镇国有土地使用权出让和转让暂行条例》及《城市房地产管理法》的有关规定,土地使用权转让的条件可以分为实质要件和形式要件两种:

(1)实质要件。这是决定土地使用权是否可以转让的因素,其主要包括:

①土地使用权的转让要具备法律规定的条件,拥有土地使用权者要具有土地使用权出让合同书、国有土地使用权证书。并且,受让方应为中国境内外的公司、企业、其他经济组织和个人,但法律另有规定的除外。

②以完成土地使用权出让合同中规定投资的一定比例作为土地使用权转让的条件。《城市房地产管理法》第38条规定:"以出让方式取得土地使用权的",应当符合的条件包括"按照出让合同约定进行投资开发,属于房屋建设工程的,完成开发投资总额的25%以上,属于成片开发土地的,形成工业用地或者其他建设用地条件"。

③要按出让合同规定的期限和条件投资、开发、利用土地。《城镇国有土地使用权出让和转让暂行条例》第19条规定:"未按土地使用权出让合同规定的期限和条件投资开发、利用土地的,土地使用权不得转让。"这里所说的期限是使土地达到出让合同规定的开发利用状态所需的时间,即土地使用者必须在一定时期内,在土地上投资多少或将该地块开发成什么规模。这里所说的条件是开发利用土地的各项规定和要求的总和,包括地块的用途应按出让合同规定使用,土地使用者不得擅自变更,对擅自变更地块用途者,不允许其转让土地使用权,以适应城市整体建设

规划要求。对于建筑面积,亦应按出让合同规定准确使用,既不应扩大,也不应减少占地。建筑物的高度及层数,应符合出让合同规定,不得超越,以协调城市全局规划。对于建筑物的配套设施建设也可因出让合同的约定而成为土地使用权转让的条件,等等。

④土地使用权转让的必要条件。即土地使用者只要违反出让合同中规定的任何一个转让条件,均产生限制转让的效力。

(2)形式要件。主要包括:

①订立土地使用权转让合同。《城镇国有土地使用权出让和转让暂行条例》第20条规定:"土地使用权转让应当签订转让合同。"《城市房地产管理法》第40条规定:"房地产转让,应当签订书面转让合同,合同中应当载明土地使用权取得的方式。"此外,有的地方还规定了合同批准手续。

②进行土地使用权转让过户登记。过户登记即指依法取得土地使用权或地上建筑物、附着物所有权的受让人凭有效的土地使用权转让合同以及其他合法文件到法定机关办理土地使用权或地上建筑物、其他附着物所有权变更手续,以依法确定土地使用权或地上建筑物和其他附着物所有权的行为。这里包括两类:一类是由市、县人民政府土地管理部门负责办理的土地使用权过户登记;一类是由市、县人民政府房地产管理部门负责办理的房产过户登记。

4. 国有建设用地使用权转让的程序

国有建设用地使用权转让程序主要包括:

(1)提出申请。即由原土地使用者(受让人)向出让人提出转让土地使用权的请求。转让土地使用权是否必须经过批准,各地规定不一,但作出明确规定的仅有少数地方。

(2)批准。即原受让人提出转让土地使用权的申请,由出让人批准或者同意。以划拨方式取得土地使用权的,转让房地产时,应当依国务院规定,报有批准权的人民政府审批。

(3)订立合同。即原受让人通过一定方式转让土地使用权的,必须与新的受让人订立转让合同。《城镇国有土地使用权出让和转让暂行条例》和《城市房地产管理法》均有明确的书面合同形式要求。

(4)公证和认证。《城镇国有土地使用权出让和转让暂行条例》对此无明文规定,各地基本把公证作为转让合同生效的条件,但具体规定不一。一种是不管在什么地方签订转让合同,均需到某一公证机关公证。另一种是分别情况,确定认证机关或公证机关。

(5)办理登记过户手续。《城镇国有土地使用权出让和转让暂行条例》及《城市房地产管理法》均对此作了明文规定。国有建设用地使用权转让必须办理相应的过户登记手续,否则转让行为无效。

5.国有建设用地使用权转让合同

国有建设用地使用权转让合同的内容和形式见下面国有建设用地使用权转让合同样例。

合同编号:

国有建设用地使用权转让合同样例

合同双方当事人:

转让方(以下简称甲方):＿＿＿＿＿＿＿＿＿＿＿＿＿

受让方(以下简称乙方):＿＿＿＿＿＿＿＿＿＿＿＿＿

根据《中华人民共和国物权法》、《中华人民共和国城市房地产管理法》、《中华人民共和国土地管理法》、《中华人民共和国合同法》以及《中华人民共和国城镇国有土地使用权出让和转让暂行条例》等有关法律、法规的规定,双方本着平等、自愿、有偿和诚实信用的原则,订立本合同。

第一条　转让地块的基本状况:

1.土地坐落位置:＿＿＿＿＿＿＿＿＿＿＿＿＿。

2.土地使用权面积:＿＿＿＿＿＿＿＿＿＿＿平方米(折亩)。

3.土地用途:＿＿＿＿＿＿＿＿＿＿＿。

4.土地使用期限:＿＿＿＿＿年,自＿＿＿年＿＿月＿＿日至＿＿＿＿＿年＿＿月＿＿日止。

5.土地现状:＿＿＿＿＿＿＿＿＿＿＿。

6.国有建设用地使用权证号:＿＿＿＿＿＿＿＿＿。

7.国有建设用地使用权出让合同书编号:＿＿＿＿＿＿＿＿＿。

甲方所转让土地位置与四至范围如本合同附宗地图所示,附图已经甲、乙双方确认。

第二条　甲方将国有建设用地使用权转让给乙方,但地下资源、埋藏物不属于国有建设用地使用权转让范围。

第三条　甲方转让土地给乙方,与××市国土资源局所签订的国有建设用地使用权出让合同和登记文件中所载明的权利、义务随之转移给乙方。

第四条　本合同地块国有建设用地使用权的使用年限为国有建设用地使用权

出让合同约定的使用年限减去已经使用年限后的剩余年限。

第五条 经土地价格评估,甲方国有建设用地使用权价格为平方米人民币_____元,总计人民币_____万元。

第六条 甲方转让的地上附属物名称:_____,数量:_____,建筑面积:_____平方米。

第七条 甲方陈述和保证:

1.甲方保证本合同项下国有建设用地使用权及地上附属物、建筑物所有权的转让符合国家相关法律、法规的规定,也不违背与政府国土资源管理部门所签订的出让合同的约定。

2.甲方保证签订本合同以前和以后,本合同标的物使用权及附属物、建筑物不存在任何法律纠纷,不涉及债务、债权、税费及法律瑕疵,所转让地块不存在抵押权或他项权利。

3.甲方保证转让土地上的建筑物、附属物属于甲方所有。

4.因甲方陈述和保证不实造成错误的,视为违约。乙方有权解除合同并要求甲方承担责任,退回定金,赔偿损失。

第八条 国有建设用地使用权转让费(以人民币计价)及支付方式:

1.甲方转让上述建设用地使用权转让金总额为_____万元;附属物_____万元。二项合计_____万元。

2.本合同签订后_____日内,乙方支付部分转让金_____万元,作为履行本合同的定金。

3.剩余土地转让金_____万元,双方选择如下第_____种支付方式:

(1)本合同生效之日起_____日内一次性直接向甲方支付;

(2)本合同生效之日起_____日内一次性汇入土地交易中心指定的账号,由土地交易中心托管,该托管款项在办妥交易标的物的产权转移登记手续后,付给甲方。

第九条 乙方按本合同规定付清转让金余款后_____日内,甲乙双方备齐有关资料共同到市国土资源局办理土地变更登记手续,更换土地使用证,按规定缴税费。

第十条 本宗土地自产权登记机关核准转移登记申请之日起_____日内,甲方将交易标的物按现状移交给乙方。

第十一条 甲方转让土地如符合补交土地出让金或土地收益条件的,由乙方与市国土资源行政主管部门签订国有建设用地使用权出让合同,并按规定交纳相关税费后办理变更土地登记。

第十二条　违约责任：

1. 如一方不履行本合同规定的义务（包括甲方和市国土资源局订立的国有建设用地使用权出让合同规定的义务）应视为违反合同，违约方应向守约方赔偿因违约造成的全部直接损失与可得利益的损失。

2. 甲方由于过失致使乙方对该地块使用权占有的延期、因延期而造成的索赔，按本合同第十二条第 1 款办理。

3. 如因一方违约而给对方造成的损失大于已付定金的，违约方还应相应支付赔偿金。

第十三条　其他事项：

1. 本合同未尽事宜，须经双方协商解决，并签订相应的补充合同，补充合同与本合同具有同等法律效力。

2. 本合同在执行过程中发生矛盾、争议，应协商解决，协商不成的，双方可向所辖人民法院起诉。

3. 本合同由双方当事人签字盖章后，报××市土地交易中心鉴证备案后生效。

4. 本合同一式_____份，甲、乙双方各执_____份，土地交易中心留存备案_____份。

甲方：(公章)

法定代表人或授权代理人(签章)：

年　月　日

乙方：(公章)

法定代表人或授权代理人(签章)：

年　月　日

鉴证单位：(公章)

年　月　日

7.4　商品房销售代理

7.4.1　商品房销售代理的含义和特点

商品房销售代理是指房地产经纪人接受房地产开发商的委托，按委托人的基本要求进行商品房销售并收取佣金的行为。房地产经纪人须经开发商委托，在委托范围内(如价格浮动幅度、房屋交付使用日期等)替开发商行使销售权。

商品房销售代理具有以下特点:

(1)商品房销售代理是一种民事行为,委托方为房地产开发经营企业或购房人,代理方,即房地产经纪机构,一般双方应签订委托代理协议或合同才能构成民事法律关系。协议一旦生效,双方的权利和义务也就明确,双方必须认真履行。

(2)商品房销售代理,由房地产经纪人实施,但应以被代理人的名义进行。

(3)商品房销售代理是有偿的代理行为。房地产经纪人根据成交价或销售业绩,按双方约定的比例收取佣金。

(4)商品房销售代理方,必须是经工商登记注册,领取营业执照,并到房地产管理部门进行备案的经纪机构。

7.4.2　商品房销售代理的分类

由于商品房销售包括商品房现售和商品房预售,所以商品房销售代理可以分为商品房现售代理和商品房预售代理。

1.商品房现售代理

商品房现售是指房地产开发企业将竣工验收合格的商品房出售给买受人,并由买受人支付房价款的行为。在商品房现售代理过程中,房地产开发企业应向经纪机构出具委托书。房地产经纪机构也应当向商品房购买人出示商品房的有关证明文件和商品房销售委托书。

2.商品房预售代理

商品房预售是指房地产开发企业将正在建设中的商品房预先出售给买受人,并由买受人支付定金或者房价款的行为。商品房预售代理的前提是:房地产开发企业已取得需委托代理商品房的预售许可证。受理委托时,房地产经纪机构应要求房地产开发企业出具委托书,接受委托应签订委托合同。合同中应明确代理双方的权利和义务,并明确有关预售价格、代理期限,广告宣传费用支付、佣金收取、违约责任等。

7.4.3　商品房销售代理的方式

目前商品房销售代理方式主要有以下三种类型:

1. 独家代理

独家代理是指房地产开发企业或房地产所有权人,将房屋的出售(租)权单独委托给具有房地产经纪资格的机构代理,由此产生的风险和收益按事先达成的协议共同分担(比例不等)的一种代理。独家代理具体可分为两种形式:

(1)独占销售权代理,或称买卖权委托合同。此类合同按国际通行的做法,其最大的特点是无论产业由谁出售,哪怕是开发商或业主自行出售或将产业撤出市场,接受委托的房地产经纪人都享有佣金。但假如其他房地产经纪人帮助受托经纪人将房地产出售出去,受托经纪人和其他经纪人可以平分佣金。此类委托合同还有一个最大的特点,即合同包含安全条款,委托合同期满后,如果开发商、业主将商品房卖给受托经纪人介绍过的客户,受托经纪人仍享有佣金。在这种佣金有保障的前提下,经纪人肯费时出力,使房地产出售的机会增多。

(2)独占代理权代理。经纪人作为业主委托期间的唯一销售代理人,如果其他经纪人找到买主,佣金将由受托经纪人与其他经纪人平分。独占代理权委托与独占销售权委托形式的唯一区别在于,开发商或业主保留商品房或产业的自销权,假如商品房或产业由开发商或业主自销出手,则无需向受托经纪人支付佣金。

2. 共同代理

共同代理是指房地产开发企业或房地产所有权人将房屋出售(租)权同时委托数家具有房地产经纪资格的机构,并按谁先代理成功,谁享有佣金;谁代理成功量多,谁多得收益的原则进行操作的一种代理方式。

共同代理有利于形成房地产经纪市场竞争机制,可较充分地发挥多家房地产经纪机构的中介作用,从而促进交易成功。但此种代理形式如果缺乏有效的协调、管理,容易引起纠纷。

作为共同代理一方的房地产经纪公司,应充分发挥本公司的优势和长处,要敢于与共同代理的其他方公司开展公正、有序的竞争。通过代理竞争,打出自己公司的品牌。

3. 参与代理

参与代理是指房地产经纪人参与已授权独家或共同代理的房地产经纪机构的代理业务,代理成功后,由独家代理公司或共同代理人按参与代理协议分配佣金的行为。

参与代理反映了一种转委托关系。它有助于房地产经纪人信息网络的形成,有利于发挥房地产经纪人整体队伍的优势,从而使代理的信息传播更广。值得注意的是,这种转委托关系需经原委托人的同意,参与代理的有关权利和义务也应事先明确,按协议办理。

　　无论是对于委托方还是代理方,以上各种代理方式均有利有弊,房地产经纪机构应根据自身特点和业务类型来选择适当的代理方式。

7.4.4　房地产销售代理的业务来源

　　一般而言,只要是权属清晰,符合国家有关规定可以上市出售的房地产,均可作为房地产销售代理的业务来源。

　　按委托代理主体不同,可将房地产销售代理业务来源分为以下几类:

1.房地产开发商委托代理

　　房地产开发商委托代理是房地产销售代理业务的主要来源之一。开发商为了集中精力开发房地产,他们将房屋销售工作委托给具有房地产销售代理资格的房地产经纪公司进行。通过房地产销售代理形式,房地产开发商可以省去原本属于他自己所要做的销售环节,从总体讲,委托代理并未增加房地产销售成本,既不会损害购(租)房者利益,也不会使开发商利益受损。相反,由于房地产职业经纪人在长期的工作实践中,积累了丰富的推销宣传经验,具备善于发现潜在的买主的能力,在摘录文件,购买产权保险,拟定合同,办理过户手续等方面具有一系列专业知识,因此通过房地产经纪人的代理销售,可以有效地发挥房地产经纪人的专业销售特长,提高销售工作的效率,从而降低销售成本。同时,使开发商缩短开发周期,节约人力和物力,在一定程度上提高了开发效益,同样,也给房地产消费者带来方便。

2.单位用房委托代理

　　单位用房多种多样,有国家授权的,有股份合作的,也有单位独有的等等。在市场经济逐步建立过程中,有些单位因产业结构的调整,原有的生产或办公用房有了"剩余";也有的单位为了进行多种经营,提高收入,对原使用的房屋进行合理的调整,因而也"挤"出了一部分房屋。由于这些单位多为非房地产专业单位,对房地产销售市场不熟悉,因而也常常通过委托经纪人来实现房地产销售。

3.居民委托代理

　　近几年来,随着城市住房制度改革和居民的生活水平逐渐提高,许多市民都把改善居住条件当做头等目标来追求,由此种原因所引起的房屋买和卖或者出租和承租,多通过房地产经纪人来实现。有的是把购置房地产作为一种投资,"低吸高抛";有的是出售自己原居住的旧房屋,而购置新建商品房。

217

4.流动人口委托代理

改革开放和城乡经济的发展,使得城市特别是大城市的流动人口增加,城市外来经商以及谋职谋生等流动人员数量庞大,其中绝大多数人员需租借(或购买)房屋以安其身。这就为房地产销售代理提供了较为庞大的委托代理业务来源。

7.4.5 商品房销售代理业务操作

1.商品房销售代理

房地产经纪人在为开发商或消费者代理商品房买卖业务时,无论在业务接受之前,还是经纪活动之中,都应把握好一些关键问题,以免出错,带来不必要的损失。商品房销售代理应注意的问题主要有:

(1)商品房现售应当符合以下条件。根据 2001 年 4 月 4 日建设部发布的《商品房销售管理办法》第七条规定,商品房现售,应当符合以下条件:

①现售商品房的房地产开发企业应当具有企业法人营业执照和房地产开发企业资质证书;

②取得土地使用权证书或者使用土地的批准文件;

③持有建设工程规划许可证和施工许可证;

④已通过竣工验收;

⑤拆迁安置已经落实;

⑥供水、供电、供热、燃气、通讯等配套基础设施具备交付使用条件,其他配套基础设施和公共设施具备交付使用条件或者已确定施工进度和交付日期;

⑦物业管理方案已经落实。

(2)商品房销售计价。商品房销售可以按套(单元)计价,也可以按套内建筑面积或者建筑面积计价。

商品房建筑面积由套内建筑面积和分摊的共有建筑面积组成,套内建筑面积部分为独立产权,分摊的共有建筑面积部分为共有产权,买受人按照法律、法规的规定对其享有权利,承担责任。

按套(单元)计价或者按套内建筑面积计价的,商品房买卖合同中应当注明建筑面积和分摊的共有建筑面积。

按套(单元)计价的现售房屋,当事人对现售房屋实地勘察后可以在合同中直接约定总价款。

按套(单元)计价的预售房屋,房地产开发企业应当在合同中附所售房屋的平面图。平面图应当标明详细尺寸,并约定误差范围。房屋交付时,套型与设计图纸一致,相关尺寸也在约定的误差范围内,维持总价款不变;套型与设计图纸不一致或者相关尺寸超出约定的误差范围,合同中未约定处理方式的,买受人可以退房或者与房地产开发企业重新约定总价款。买受人退房的,由房地产开发企业承担违约责任。

按套内建筑面积或者建筑面积计价的,当事人应当在合同中载明合同约定面积与产权登记面积发生误差的处理方式。合同未作约定的,按以下原则处理:

①面积误差比绝对值在 3% 以内(含 3%)的,据实结算房价款;

②面积误差比绝对值超出 3% 时,买受人有权退房。买受人退房的,房地产开发企业应当在买受人提出退房之日起 30 日内将买受人已付房价款退还给买受人,同时支付已付房价款利息。买受人不退房的,产权登记面积大于合同约定面积时,面积误差比在 3% 以内(含 3%)部分的房价款由买受人补足;超出 3% 部分的房价款由房地产开发企业承担,产权归买受人。产权登记面积小于合同约定面积时,面积误差比绝对值在 3% 以内(含 3%)部分的房价款由房地产开发企业返还买受人;绝对值超出 3% 部分的房价款由房地产开发企业双倍返还买受人。

$$面积误差比 = \frac{产权登记面积 - 合同约定面积}{合同约定面积} \times 100\%$$

按建筑面积计价的,当事人应当在合同中约定套内建筑面积和分摊的共有建筑面积,并约定建筑面积不变而套内建筑面积发生误差以及建筑面积与套内建筑面积均发生误差时的处理方式。

(3)不得出售的房地产。房地产经纪人为开发商或业主代理商品房或产业出售业务,必须明确哪些房地产是不能或暂时不能出售的,否则,势必造成经济上的损失或法律上的麻烦。根据《商品房销售管理办法》,商品住宅按套销售,不得分割拆零销售。不符合商品房销售条件的,房地产开发企业不得销售商品房,不得向买受人收取任何预订款性质费用。

(4)商品房投资计划问题。商品房投资必须纳入国家固定资产投资计划管理范围,包括主建、联建、参建项目。因此,经纪人在承接业务之前,必须了解所代理销售的或消费者委托购买的商品房,是否已列入商品房投资计划范围内。如果没有,那么此类商品房不能直接进入市场流通,有关部门不予核发商品房预售许可证,不予办理房地产初始登记手续(即领取房地产权证)。以"参建"名义企业购入商品房而该商品房又未列入商品房投资计划,那么,只能自用,不得出售。如要出售,必须先取得房地产权证并缴纳税费。

(5)新建住宅交付使用问题。新建住宅必须取得由市住宅发展局或区、县住宅建设管理部门核发的《住宅交付使用许可证》后,方可交付使用。如果经营性的新建住宅无《住宅交付使用许可证》,那么,房地产管理部门不予办理商品房注册登记手续,公安部门不予办理入户手续。

(6)商品房权利与风险责任转移问题。商品房出售合同生效,不等于房地产权利的转移。房地产权利转移的日期,以房地产交易管理机构受理买卖当事人过户申请的日期为准。

商品房的风险责任,自房地产权利转移之日起由开发商转移给购买人;但如果买卖当事人约定自房地产转移占有之日起转移风险责任的,则从其约定。

(7)其他问题。商品房出售合同签订后,未依法解除合同关系的,开发商不得就同一商品房与第三人签订出售合同;与商品房出售有关的广告宣传必须真实、准确,公开展示的样品房应当与商品房的实际情况相符;新建商品房出售后的保修责任期限,不得少于两年等。

2. 商品房预售代理

房地产经纪人承接房地产开发商委托代理商品房预售业务,必须在验证《商品房预售许可证》后,与开发商签订预售商品房委托代销合同,并持有开发商的书面委托书。

经纪人为把承接的商品房预售出去,可以通过广告或说明书的形式加以宣传,但必须在预售商品房广告中载明《商品房预售许可证》的批准文号。经纪人在做广告时,还必须注意行文内容要符合《中华人民共和国广告法》、《广告管理条例》及商品房管理的有关规定。商品房不得在中华人民共和国境外发布广告。

商品房预售应注意以下问题:

(1)商品房预售应当符合下列条件:

①已交付全部土地使用权出让金,取得土地使用权证书;

②持有建设工程规划许可证和施工许可证;

③按提供预售的商品房计算,投入开发建设的资金达到工程建设总投资的25%以上,并已经确定施工进度和竣工交付日期。

(2)取得《商品房预售许可证》。商品房预售实行许可证制度。开发经营企业进行商品房预售,应当向城市、县房地产管理部门办理预售登记,取得《商品房预售许可证》。

开发经营企业申请办理《商品房预售许可证》应当提交下列证件(复印件)及资料:

①商品房预售3项条件规定的证明材料;

②开发企业的《营业执照》和资质等级证书；

③工程施工合同；

④商品房预售方案。预售方案应当说明商品房的位置、装修标准、竣工交付日期、预售总面积、交付使用后的物业管理等内容，并应当附商品房预售总平面图、分层平面图。

未取得《商品房预售许可证》的，不得进行商品房预售。

(3)签订商品房预售合同。商品房预售，开发企业应当与承购人签订商品房预售合同。预售人应当在签约之日起 30 日内持商品房预售合同向县级以上人民政府房地产管理部门和土地管理部门办理登记备案手续。商品房的预售可以委托代理人办理，但必须有书面委托书。

(4)预售商品房违反规定的处罚。开发企业未按本办法办理预售登记，取得商品房预售许可证明预售商品房的，责令停止预售、补办手续，没收违法所得，并可处以已收取的预付款 1% 以下的罚款。

(5)商品房预售款的收取和监管。开发商可根据商品房建设工程的进度，分期收取商品房预售款。如果预售合同另有约定的，从其合同。开发商收取的商品房预售款，应委托监管银行监管，专项用于所预售的商品房建设。开发企业不按规定使用商品房预售款项的，由房地产管理部门责令限期纠正，并可处以违法所得 3 倍以下但不超过 3 万元的罚款。

(6)预售商品房建筑设计变更。在商品房预售期间，可能会碰到预售商品房建筑设计变更、建筑面积增减等情况的发生，经纪人应按有关政策，协调买卖双方当事人的矛盾，使矛盾得到正确处理。

对于已经预售的商品房，一般来说，开发商不得随意变更建筑设计，如要变更，一定要在征得预购人同意并报规划管理部门审核批准后，与预购人订立预售合同变更协议；未征得预购人同意而自行变更建筑设计的，预购人有权要求解除预售合同，此时，开发商应承担违约责任。

(7)预售商品房建筑面积增减。关于预售商品房建筑面积增减问题，大致有以下几种情况并可按相应的办法加以处理：

①按国家和地方城市有关规定分摊的共用部位建筑面积误差或者因具有相应资质的测量机构实际勘测的建筑面积误差，预售合同约定的转让总价格不变。

②由于建筑设计变更而造成建筑面积增减的，在建筑设计未经预购人同意的情况下，应由开发商承担责任。

③除上述情形外，建筑面积超过预售合同约定的，受让人可以不承担增加建筑面积部分的价款；建筑面积不足预售合同约定的，开发商退还不足部分的价款。

7.4.6　房地产代理发展新趋势——全程代理模式

1.全程代理定义

全程代理,是指代理商为房地产开发商提供全程服务,除了后期销售策划代理外还包括前期调研及策划、楼盘总体规划设计建议、总成本测算、资本运营、物业管理,以及将开发商企业品牌融入到代理过程中等。据房地产现状所表现出来的特征来看,房地产代理将越来越偏重于前期策划、品牌策划、区域策划等领域。随着市场的发展,消费者对物业的要求越来越高,开发商必须通过更好地注重研究消费者需求来确定其产品,所以这也要求代理行业能够更多地参与到开发商的项目运作中,从前期的市场调研,到中期的设计、策划,一直到后期的销售等各环节都进行辅助和把握。所以房地产营销代理公司也越来越多地体现了一种全程营销代理的精神。

开发设计商,市场调研单位,勘察、监理公司,招标代理,承建商,材料和设备供应商都可以看做是房地产企业的供应商,而房地产企业就是这些企业的一个集成商。销售公司和物业公司则可以看做是房地产企业的下游企业。将房地产上游企业、房地产商和下游企业有机整合到一起就构成了房地产的产业供应链,而伴生于供应链整个过程的委托代理关系就是全程代理。

2.全程代理的必要性

(1)全程代理是房地产业迅速发展的需要

首先,全程代理可以改变开发商原来“以产定销”的营销模式,使“以销定产”的营销理念得以比较充分地融入到项目的规划、设计、开发建设和管理过程的每一个环节,从根本上扭转目前房地产市场中一直存在的盲目开发、恶性循环的状况,最大可能地贴近房地产目标消费市场。其次,全程代理赋予房地产营销活动以实质性的内容。房地产开发商在考虑经济利益的同时,也最大可能地注重完善项目的环境、配套设施等的开发质量,以便更适合买者的需求,从而使房地产开发市场形成以质取胜的良性循环。

(2)全程代理是房地产代理业自身发展的需要

首先,在竞争日益激烈的房地产代理业市场,国内代理业企业需要不断充实自身业务能力,补充各方面人才,分散一部分资金和人力资源进行项目的可行性分析、前期策划等上游代理业务的开展,争取在最短的时间内提高自身全程代理的业务水平能力,以与外国先进代理商相抗衡。其次,利用全程代理业务的开展,代理商可以通过自身良好的策划能力、组织能力和营销推广能力保持连贯性和完整性地融入到项目代理的全过程,将自己的企业文化和品牌内涵系统地展现出去,赢得开发商的信任。

3. 全程代理的程序

首先是市场调研可行性分析,得出项目开发的可行性,从市场的角度出发,找到适合市场需求的产品规划,进而进行质量工期策划。前期完成后,即进行市场形象定位、项目总调性研究。最后将项目推向市场,实现资金回笼。

4. 我国房地产全程代理的发展方向

(1)房地产全程代理的市场规范化

随着政府的有效管理、代理法规的不断完善,我国房地产代理业将逐步走向规范化,并形成具有中国特色的房地产管理制度和运作手段,将逐步完善个人资格准入和机构准入市场化制度。

(2)房地产全程代理从区域性向全国性发展

在全国房地产开发走向规模扩张和垄断,不断产生超大型楼盘的同时,我国的房地产代理市场也凸现了规模化、垄断的趋势,并且正从区域性垄断走向全国性垄断。不少房地产代理公司已经或正在全国不同的区域、城市成立分公司,从而不断扩展业务范围。全国资源共享,有效满足了全程代理需要。

(3)全程代理模式多样化

依据自身的核心竞争力或优势以及针对不同的项目、开发商,众多代理商将采取灵活多变的代理模式,如包销、分销和与开发商共同承担风险等。近来出现的代理商以股东的形式介入开发领域也是一种更新型、更有效的代理商与开发商共担风险的好方式。

(4)全程代理市场信息化与网络化

在当今数字化、信息化、网络化的社会,我国的房地产全程代理作为信息密集型行业正逐步走向信息化、网络化。房地产代理公司除了收集各种与房地产相关的资料外,还需将之信息化,并建立和完善自己的资源数据库,从而加强信息的分类分级管理,既有利于信息的查询,又有利于对信息进行科学、及时、有效的处理,也加快了决策的速度。

7.4.7 商品房买卖合同

商品房销售时,房地产开发企业和买受人应当订立书面商品房买卖合同。

1. 商品房买卖合同主要内容

商品房买卖合同应当明确以下主要内容：

(1)当事人名称或者姓名和住所；

(2)商品房的基本状况；

(3)商品房的销售方式；

(4)商品房价款的确定方式及总价款、付款方式、付款时间；

(5)交付使用条件及日期；

(6)装饰、设备标准承诺；

(7)供水、供电、供热、燃气、通讯、道路、绿化等配套基础设施和公共设施的交付承诺和有关权益、责任；

(8)公共配套建筑的产权归属；

(9)面积差异的处理方式；

(10)办理产权登记有关事宜；

(11)解决争议的方法；

(12)违约责任；

(13)双方约定的其他事项。

2. 商品房买卖合同示范文本

根据《中华人民共和国合同法》和商品房买卖中存在的问题，2000 年 9 月，建设部、国家工商行政管理局对 1995 年印发的《商品房购销合同示范文本》(GF－95－0171)进行了修订，并更名为《商品房买卖合同示范文本》(编号：GF－2000－0171)，其内容和形式如下：

商品房买卖合同说明

1. 本合同文本为示范文本，也可作为签约使用文本。签约之前，买受人应当仔细阅读本合同内容，对合同条款及专业用词理解不一致的，可向当地房地产开发主管部门咨询。

2. 本合同所称商品房是指由房地产开发企业开发建设并出售的房屋。

3. 为体现合同双方的自愿原则，本合同文本中相关条款后都有空白行，供双方自行约定或补充约定。双方当事人可以对文本条款的内容进行修改、增补或删减。合同签订生效后，未被修改的文本印刷文字视为双方同意内容。

4. 本合同文本中涉及的选择、填写内容以手写项为优先。

5. 对合同文本【 】中选择内容、空格部位填写及其他需要删除或添加的内容，双方应当协商确定。【 】中选择内容,以划√方式选定;对于实际情况未发生或买卖双方不作约定时,应在空格部位打×,以示删除。

6. 在签订合同前,出卖人应当向买受人出示应当由出卖人提供的有关证书、证明文件。

7. 本合同条款由中华人民共和国建设部和国家工商行政管理局负责解释。

商品房买卖合同

(合同编号：)

合同双方当事人：

出卖人：＿＿＿＿＿＿＿＿＿＿＿＿＿＿＿＿＿＿＿＿＿＿＿＿

注册地址：＿＿＿＿＿＿＿＿＿＿＿＿＿＿＿＿＿＿＿＿＿＿＿

营业执照注册号：＿＿＿＿＿＿＿＿＿＿＿＿＿＿＿＿＿＿＿

企业资质证书号：＿＿＿＿＿＿＿＿＿＿＿＿＿＿＿＿＿＿＿

法定代表人：＿＿＿＿＿＿＿＿联系电话：＿＿＿＿＿＿＿

邮政编码：＿＿＿＿＿＿＿＿＿＿＿＿＿＿＿＿＿＿＿＿＿＿

委托代理人：＿＿＿＿＿＿＿＿地址：＿＿＿＿＿＿＿＿＿＿

邮政编码：＿＿＿＿＿＿＿＿＿联系电话：＿＿＿＿＿＿＿

委托代理机构：＿＿＿＿＿＿＿＿＿＿＿＿＿＿＿＿＿＿＿＿

注册地址：＿＿＿＿＿＿＿＿＿＿＿＿＿＿＿＿＿＿＿＿＿＿

营业执照注册号：＿＿＿＿＿＿＿＿＿＿＿＿＿＿＿＿＿＿＿

法定代表人：＿＿＿＿＿＿＿＿联系电话：＿＿＿＿＿＿＿

邮政编码：＿＿＿＿＿＿＿＿＿＿＿＿＿＿＿＿＿＿＿＿＿＿

买受人：＿＿＿＿＿＿＿＿＿＿＿＿＿＿＿＿＿＿＿＿＿＿＿＿

【本人】【法定代表人】姓名：＿＿＿＿＿＿＿国籍＿＿＿＿＿＿

【身份证】【护照】【营业执照注册号】＿＿＿＿＿＿＿＿＿＿

地址：＿＿＿＿＿＿＿＿＿＿＿＿＿＿＿＿＿＿＿＿＿＿＿＿

邮政编码：＿＿＿＿＿＿＿＿＿联系电话：＿＿＿＿＿＿＿

【委托代理人】姓名：＿＿＿＿＿＿＿国籍＿＿＿＿＿＿＿

地址：＿＿＿＿＿＿＿＿＿＿＿＿＿＿＿＿＿＿＿＿＿＿＿＿

邮政编码：＿＿＿＿＿＿＿＿电话：＿＿＿＿＿＿＿＿＿＿

根据《中华人民共和国合同法》、《中华人民共和国城市房地产管理法》及其他有关法律、法规之规定,买受人和出卖人在平等、自愿、协商一致的基础上就买卖商品房达成如下协议：

第一条　项目建设依据。

出卖人以_____方式取得位于_____、编号为_____的地块的土地使用权。【土地使用权出让合同号】【土地使用权划拨批准文件号】【划拨土地使用权转让批准文件号】为_____。

该地块土地面积为_____，规划用途为_____，土地使用年限自_____年_____月_____日至_____年_____月_____日。

出卖人经批准，在上述地块上建设商品房，【现定名】【暂定名】_____。建设工程规划许可证号为_____，施工许可证号为_____。

_____。

第二条　商品房销售依据。

买受人购买的商品房为【现房】【预售商品房】。预售商品房批准机关为_____，商品房预售许可证号为_____。

_____。

第三条　买受人所购商品房的基本情况。

买受人购买的商品房（以下简称该商品房，其房屋平面图见本合同附件一，房号以附件一上表示为准）为本合同第一条规定的项目中的：

第_____【幢】【座】_____【单元】【层】_____号房。该商品房的用途为_____，属_____结构，层高为_____，建筑层数地上_____层，地下_____层。

该商品房阳台是【封闭式】【非封闭式】。

该商品房【合同约定】【产权登记】建筑面积共_____平方米，其中，套内建筑面积_____平方米，公共部位与公用房屋分摊建筑面积_____平方米（有关公共部位与公用房屋分摊建筑面积构成说明见附件二）。

_____。

_____。

第四条　计价方式与价款。

出卖人与买受人约定按下述第_____种方式计算该商品房价款：

1. 按建筑面积计算，该商品房单价为（_____币）每平方米_____元，总金额（_____币）_____千_____百_____拾_____万_____千_____百_____拾_____元整。

2. 按套内建筑面积计算，该商品房单价为（_____币）每平方米_____元，总金额（_____币）_____千_____百_____拾

_____万_____千_____百_____拾_____元整。

3.按套（单元）计算,该商品房总价款为(_____币)_____千_____百_____拾_____万_____千_____百_____拾_____元整。

4._____。

第五条　面积确认及面积差异处理。

根据当事人选择的计价方式,本条规定以【建筑面积】【套内建筑面积】(本条款中均简称面积)为依据进行面积确认及面积差异处理。

当事人选择按套计价的,不适用本条约定。

合同约定面积与产权登记面积有差异的,以产权登记面积为准。

商品房交付后,产权登记面积与合同约定面积发生差异,双方同意按第_____种方式进行处理:

1.双方自行约定:

(1)_____;

(2)_____;

(3)_____;

(4)_____。

2.双方同意按以下原则处理:

(1)面积误差比绝对值在3％以内(含3％)的,据实结算房价款;

(2)面积误差比绝对值超出3％时,买受人有权退房。

买受人退房的,出卖人在买受人提出退房之日起30天内将买受人已付款退还给买受人,并按_____利率付给利息。

买受人不退房的,产权登记面积大于合同约定面积时,面积误差比在3％以内(含3％)部分的房价款由买受人补足;超出3％部分的房价款由出卖人承担,产权归买受人。产权登记面积小于合同约定面积时,面积误差比绝对值在3％以内(含3％)部分的房价款由出卖人返还买受人;绝对值超出3％部分的房价款由出卖人双倍返还买受人。

$$面积误差比 = \frac{产权登记面积-合同约定面积}{合同约定面积} \times 100\%$$

因设计变更造成面积差异,双方不解除合同的,应当签署补充协议。

第六条　付款方式及期限。

买受人按下列第_____种方式按期付款:

1.一次性付款_____。

2.分期付款_____。

3.其他方式_____。

第七条　买受人逾期付款的违约责任。

买受人如未按本合同规定的时间付款,按下列第_____种方式处理:

1.按逾期时间,分别处理(不作累加)

(1)逾期在_____日之内,自本合同规定的应付款期限之第二天起至实际全额支付应付款之日止,买受人按日向出卖人支付逾期应付款万分之_____的违约金,合同继续履行;

(2)逾期超过_____日后,出卖人有权解除合同。出卖人解除合同的,买受人按累计应付款的_____％向出卖人支付违约金。买受人愿意继续履行合同的,经出卖人同意,合同继续履行,自本合同规定的应付款期限之第二天起至实际全额支付应付款之日止,买受人按日向出卖人支付逾期应付款万分之_____(该比率应不小于第(1)项中的比率)的违约金。

本条中的逾期应付款指依照本合同第六条规定的到期应付款与该期实际已付款的差额;采取分期付款的,按相应的分期应付款与该期的实际已付款的差额确定。

2._____。

第八条　交付期限。

出卖人应当在_____年_____月_____日前,依照国家和地方人民政府的有关规定,将具备下列第_____种条件,并符合本合同约定的商品房交付买受人使用:

1.该商品房经验收合格。

2.该商品房经综合验收合格。

3.该商品房经分期综合验收合格。

4.该商品房取得商品住宅交付使用批准文件。

5._____。

但如遇下列特殊原因,除双方协商同意解除合同或变更合同外,出卖人可据实予以延期:

1.遭遇不可抗力,且出卖人在发生之日起_____日内告知买受人的;

2._____;

3._____。

第九条　出卖人逾期交房的违约责任。

除本合同第八条规定的特殊情况外,出卖人如未按本合同规定的期限将该商

品房交付买受人使用,按下列第_____种方式处理:

1.按逾期时间,分别处理(不作累加)。

(1)逾期不超过_____日,自本合同第八条规定的最后交付期限的第二天起至实际交付之日止,出卖人按日向买受人支付已交付房价款万分之_____的违约金,合同继续履行;

(2)逾期超过_____日后,买受人有权解除合同。买受人解除合同的,出卖人应当自买受人解除合同通知到达之日起_____天内退还全部已付款,并按买受人累计已付款的_____%向买受人支付违约金。买受人要求继续履行合同的,合同继续履行,自本合同第八条规定的最后交付期限的第二天起至实际交付之日止,出卖人按日向买受人支付已交付房价款万分之_____(该比率应不小于第(1)项中的比率)的违约金。

2._____。

第十条 规划、设计变更的约定。

经规划部门批准的规划变更、设计单位同意的设计变更导致下列影响到买受人所购商品房质量或使用功能的,出卖人应当在有关部门批准同意之日起 10 日内,书面通知买受人:

(1)该商品房结构形式、户型、空间尺寸、朝向;

(2)_____;

(3)_____;

(4)_____;

(5)_____;

(6)_____;

(7)_____。

买受人有权在通知到达之日起 15 日内做出是否退房的书面答复。买受人在通知到达之日起 15 日内未作书面答复的,视同接受变更。出卖人未在规定时限内通知买受人的,买受人有权退房。

买受人退房的,出卖人须在买受人提出退房要求之日起_____天内将买受人已付款退还给买受人,并按_____利率付给利息。买受人不退房的,应当与出卖人另行签订补充协议。_____。

第十一条 交接。

商品房达到交付使用条件后,出卖人应当书面通知买受人办理交付手续。双方进行验收交接时,出卖人应当出示本合同第八条规定的证明文件,并签署房屋交接单。所购商品房为住宅的,出卖人还需提供《住宅质量保证书》和《住宅使用说明书》。出卖人不出示证明文件或出示证明文件不齐全,买受人有权拒绝交接,由此产生的延期交房责任由出卖人承担。

由于买受人原因,未能按期交付的,双方同意按以下方式处理:_____。

第十二条 出卖人保证销售的商品房没有产权纠纷和债权债务纠纷。因出卖人原因,造成该商品房不能办理产权登记或发生债权债务纠纷的,由出卖人承担全部责任。

_____。

第十三条 出卖人关于装饰、设备标准承诺的违约责任。

出卖人交付使用的商品房的装饰、设备标准应符合双方约定(附件三)的标准。达不到约定标准的,买受人有权要求出卖人按照下述第_____种方式处理:

1.出卖人赔偿双倍的装饰、设备差价。

2._____。

3._____。

第十四条 出卖人关于基础设施、公共配套建筑正常运行的承诺。

出卖人承诺与该商品房正常使用直接关联的下列基础设施、公共配套建筑按以下日期达到使用条件:

1._____;

2._____;

3._____;

4._____;

5._____。

如果在规定日期内未达到使用条件,双方同意按以下方式处理:

1._____;

2._____;

3._____

第十五条 关于产权登记的约定。

出卖人应当在商品房交付使用后_____日内,将办理权属登记需由出卖人提供的资料报产权登记机关备案。如因出卖人的责任,买受人不能在规定期限内取得房地产权属证书的,双方同意按下列第_____项处理:

1.买受人退房,出卖人在买受人提出退房要求之日起_____日内将买受人已付房价款退还给买受人,并按已付房价款的_____%赔偿买受人损失。

2.买受人不退房,出卖人按已付房价款的_____%向买受人支付违约金。

3._____。

第十六条 保修责任。

买受人购买的商品房为商品住宅的,《住宅质量保证书》作为本合同的附件。出卖人自商品住宅交付使用之日起,按照《住宅质量保证书》承诺的内容承担相应的保修责任。

买受人购买的商品房为非商品住宅的,双方应当以合同附件的形式详细约定保修范围、保修期限和保修责任等内容。

在商品房保修范围和保修期限内发生质量问题,出卖人应当履行保修义务。因不可抗力或者非出卖人原因造成的损坏,出卖人不承担责任,但可协助维修,维修费用由购买人承担。

　　_____。

第十七条 双方可以就下列事项约定:

1. 该商品房所在楼宇的屋面使用权_____;

2. 该商品房所在楼宇的外墙面使用权_____;

3. 该商品房所在楼宇的命名权_____;

4. 该商品房所在小区的命名权_____;

5. _____;

6. _____。

第十八条 买受人的房屋仅作_____使用,买受人使用期间不得擅自改变该商品房的建筑主体结构、承重结构和用途。除本合同及其附件另有规定者外,买受人在使用期间有权与其他权利人共同享用与该商品房有关联的公共部位和设施,并按占地和公共部位与公用房屋分摊面积承担义务。

出卖人不得擅自改变与该商品房有关联的公共部位和设施的使用性质。

　　_____。

第十九条 本合同在履行过程中发生的争议,由双方当事人协商解决;协商不成的,按下述第_____种方式解决:

1. 提交_____仲裁委员会仲裁。

2. 依法向人民法院起诉。

第二十条 本合同未尽事项,可由双方约定后签订补充协议(附件四)。

第二十一条 合同附件与本合同具有同等法律效力。本合同及其附件内,空格部分填写的文字与印刷文字具有同等效力。

第二十二条 本合同连同附件共_____页,一式_____份,具有同等法律效力,合同持有情况如下:

出卖人_____份,买受人_____份,_____份,_____份。

第二十三条　本合同自双方签订之日起生效。

第二十四条　商品房预售的,自本合同生效之日起30天内,由出卖人向_____申请登记备案。

出卖人(签章):　　　　　　买受人(签章):

【法定代表人】:　　　　　　【法定代表人】:

【委托代理人】:　　　　　　【委托代理人】:

　　(签章)　　　　　　　　【　　　　　】:

　　　　　　　　　　　　　　　(签章)

签于_____年_____月_____日　　签于_____年_____月_____日

附件一:房屋平面图

附件二:公共部位与公用房屋分摊建筑面积构成说明

附件三:装饰、设备标准

1.外墙:

2.内墙:

3.顶棚:

4.地面:

5.门窗:

6.厨房:

7.卫生间:

8.阳台:

9.电梯:

10.其他:

附件四:合同补充协议

7.5　二手房买卖代理

7.5.1　二手房买卖的概念与程序

二手房买卖是指房屋产权人将其依法拥有产权的房屋通过买卖转让给他人的行为。

二手房买卖的一般程序为：

(1)购房人或卖房人通过中介、媒体等渠道寻找交易对象；

(2)交易双方签订房屋买卖合同；

(3)交易过户登记。

7.5.2　二手房买卖代理

二手房买卖代理是指房地产经纪人受委托人委托，以委托人名义买卖二手房的经纪行为，包括二手房出售代理和二手房购买代理。

二手房出售代理是指房地产经纪人受存量房屋所有权人委托，将其依法拥有的住房进行出售的代理。现实经纪活动中常称为二手房卖出代理。

二手房购买代理是指房地产经纪人受委托人委托，以委托人名义购买二手房的经纪行为。二手房买卖代理的委托人为需要购买房屋的机构或个人，即购房者。

7.5.3　二手房买卖合同

二手房买卖合同是买卖双方在二手房买卖过程中，就双方权利和义务达成的协议。为规范二手房交易管理，许多省市都制定了二手房或存量房买卖合同示范文本。例如，北京市建设委员会和北京市工商行政管理局共同制定了《北京市存量房屋买卖合同》(经纪成交版)和(自行成交版)的示范文本，其中，《北京市存量房屋买卖合同》(经纪成交版)示范文本如下：

北京市存量房屋买卖合同
(经纪成交版)
说　明

1.本合同文本为示范文本，由北京市建设委员会和北京市工商行政管理局共同制定，适用于本市行政区域内国有土地上的存量房买卖。存量房，即二手房，是指通过办理转移登记取得房屋所有权证的房屋。

2.签订本合同前，出卖人应当向买受人出示房屋所有权证及其他有关证书和证明文件。

3.签订本合同前，双方当事人应当仔细阅读合同条款，特别是其中具有选择性、补充性、填充性、修改性的内容。本合同文本【　】中选择内容、空格部位填写及其他需要删除或添加的内容，双方当事人应当协商确定。【　】中选择内容，以划√

方式选定;对于实际情况未发生或双方当事人不作约定时,应当在空格部位打×,以示删除。

4.双方当事人应当按照自愿、公平及诚实信用的原则订立合同,任何一方不得将自己的意志强加给另一方。为体现双方自愿的原则,本合同文本相关条款后留有空白行,供当事人自行约定或补充约定。合同生效后,未被修改的文本打印文字视为双方当事人同意内容。

5.通过房地产经纪机构提供居间或代理服务达成交易的,所签订的《房屋出售委托协议》、《房屋购买委托协议》应当作为本合同的附件;通过设立"专用账户"的房地产经纪机构或交易保证机构划转交易结算资金的,所签订的《存量房交易结算资金划转协议》也应当作为本合同的附件。

6.存量房屋所有权转移登记时所涉及的主要税费包括但不限于:契税、印花税、土地出让金(已购公房有此项)、综合地价款(经济适用房有此项)、营业税及附加、所得税、土地增值税等。

7.双方当事人选择申请仲裁解决争议的,可以向北京仲裁委员会、中国国际经济贸易仲裁委员会或注明全称的其他仲裁委员会申请。

8.双方当事人可以根据实际情况决定本合同原件的份数,并在签订合同时认真核对,以确保各份合同内容一致。

北京市存量房屋买卖合同

出卖人:＿＿＿＿＿＿＿＿＿＿＿＿＿＿＿＿＿＿＿

【法定代表人】【负责人】:＿＿＿＿＿＿＿＿＿＿＿＿ 国籍:＿＿＿＿＿＿

【身份证】【护照】【营业执照注册号】【 】:＿＿＿＿＿＿＿＿＿＿＿＿

出生日期:＿＿＿＿年＿＿＿月＿＿＿日 性别:＿＿＿＿＿＿

通讯地址:＿＿＿＿＿＿＿＿＿＿＿＿＿＿＿＿＿＿＿

邮政编码:＿＿＿＿＿＿＿＿＿＿ 联系电话:＿＿＿＿＿＿＿＿＿

【法定代理人】【委托代理人】:＿＿＿＿＿＿＿＿＿＿ 国籍:＿＿＿＿＿＿

【身份证】【护照】【 】:＿＿＿＿＿＿＿＿＿＿＿＿＿＿

通讯地址:＿＿＿＿＿＿＿＿＿＿＿＿＿＿＿＿＿＿＿

邮政编码:＿＿＿＿＿＿＿＿＿＿ 联系电话:＿＿＿＿＿＿＿＿＿

共有权人:＿＿＿＿＿＿＿＿＿＿＿＿＿＿＿＿＿＿＿

【法定代表人】【负责人】:＿＿＿＿＿＿＿＿＿＿＿＿ 国籍:＿＿＿＿＿＿

【身份证】【护照】【营业执照注册号】【 】:＿＿＿＿＿＿＿＿＿＿＿＿

出生日期:＿＿＿＿年＿＿＿月＿＿＿日 性别:＿＿＿＿＿＿

通讯地址：＿＿＿＿＿＿＿＿＿＿＿＿＿＿＿＿＿＿＿＿＿＿＿＿＿＿＿＿

邮政编码：＿＿＿＿＿＿＿＿＿＿＿＿　　　联系电话：＿＿＿＿＿＿＿＿＿＿

【法定代理人】【委托代理人】：＿＿＿＿＿＿＿＿＿＿　国籍：＿＿＿＿＿＿

【身份证】【护照】【营业执照注册号】【　】：＿＿＿＿＿＿＿＿＿＿＿＿＿

通讯地址：＿＿＿＿＿＿＿＿＿＿＿＿＿＿＿＿＿＿＿＿＿＿＿＿＿＿＿＿

邮政编码：＿＿＿＿＿＿＿＿＿＿＿＿　　　联系电话：＿＿＿＿＿＿＿＿＿＿

买受人：＿＿＿＿＿＿＿＿＿＿＿＿＿＿＿＿＿＿＿＿＿＿＿＿＿＿＿＿＿

【法定代表人】【负责人】：＿＿＿＿＿＿＿＿＿＿　国籍：＿＿＿＿＿＿

【身份证】【护照】【营业执照注册号】【　】：＿＿＿＿＿＿＿＿＿＿＿＿＿

出生日期：＿＿＿＿＿＿年＿＿＿＿月＿＿＿＿日　性别：＿＿＿＿＿＿

通讯地址：＿＿＿＿＿＿＿＿＿＿＿＿＿＿＿＿＿＿＿＿＿＿＿＿＿＿＿＿

邮政编码：＿＿＿＿＿＿＿＿＿＿＿＿　　　联系电话：＿＿＿＿＿＿＿＿＿＿

【法定代理人】【委托代理人】：＿＿＿＿＿＿＿＿＿＿　国籍：＿＿＿＿＿＿

【身份证】【护照】【　】：＿＿＿＿＿＿＿＿＿＿＿＿＿＿＿＿＿＿＿＿＿

通讯地址：＿＿＿＿＿＿＿＿＿＿＿＿＿＿＿＿＿＿＿＿＿＿＿＿＿＿＿＿

邮政编码：＿＿＿＿＿＿＿＿＿＿＿＿　　　联系电话：＿＿＿＿＿＿＿＿＿＿

根据《中华人民共和国合同法》、《中华人民共和国城市房地产管理法》、《北京市城市房地产转让管理办法》及其他有关法律、法规的规定，出卖人和买受人在平等、自愿、公平、协商一致的基础上就存量房屋买卖事宜达成如下协议：

第一条　房屋基本情况

(一)出卖人所售房屋(以下简称该房屋)为【楼房】【平房】，坐落为：＿＿＿＿＿＿＿＿＿＿＿【区(县)】＿＿＿＿＿＿＿【小区(街道)】＿＿＿＿＿【幢】【座】【号(楼)】＿＿＿＿＿单元＿＿＿＿＿＿号(室)。该房屋所在楼栋建筑总层数为：＿＿＿＿＿＿＿＿层,其中地上＿＿＿＿＿＿层,地下＿＿＿＿＿＿层。该房屋所在楼层为＿＿＿＿＿＿层,建筑面积共＿＿＿＿＿＿平方米。

(二)该房屋规划设计用途为【住宅】【公寓】【别墅】【办公】【商业】【工业】【　】：＿＿＿＿＿＿＿＿＿＿＿＿。

该房屋附属设施设备、装饰装修、相关物品清单等具体情况见附件一。

第二条　房屋权属情况

(一)该房屋所有权证证号为：＿＿＿＿＿＿＿＿＿＿＿＿＿,共有权证证号为：＿＿＿＿＿＿＿＿＿＿＿＿,填发单位为：＿＿＿＿＿＿＿＿＿＿。

房屋共有权人对出售该房屋的意见见附件二。

235

（二）土地使用状况

该房屋占用的国有土地使用权以【出让】【划拨】【　】方式获得。土地使用权证号为：＿＿＿＿＿＿＿＿＿＿＿＿＿，填发单位为：＿＿＿＿＿＿＿＿＿＿＿。

（三）该房屋性质为下列选项中第＿＿＿＿＿种情形：

1.商品房；2.已购公有住房（若为中央在京单位已购公有住房，《中央在京单位已购公房上市出售登记表》表号：＿＿＿＿＿＿＿＿＿＿）；3.向社会公开销售的经济适用住房；4.按经济适用住房管理的房屋（危改回迁房、安居房、康居房、绿化隔离地区农民回迁房等房屋）；5.其他房屋。

（四）该房屋的抵押情况为：＿＿＿＿＿＿＿＿＿＿。

1.该房屋未设定抵押；2.该房屋已经设定抵押，抵押权人为：＿＿＿＿＿＿，抵押登记日期为：＿＿＿＿＿年＿＿＿＿月＿＿＿＿日，他项权利证证号为：＿＿＿＿＿＿＿＿＿＿。

该房屋已经设定抵押的，出卖人应于＿＿＿＿＿年＿＿＿＿月＿＿＿＿日前办理抵押注销手续。

（五）该房屋的租赁情况为：＿＿＿＿＿＿＿＿＿＿。

1.出卖人未将该房屋出租。

2.出卖人已将该房屋出租，【买受人为该房屋承租人】【承租人已放弃优先购买权】。

关于房屋权属情况的说明及房屋抵押和租赁情况的具体约定见附件三。

第三条　出卖人与买受人通过下列第＿＿＿＿＿、＿＿＿＿＿、＿＿＿＿＿种方式达成交易（可多选）。

1.出卖人和买受人通过房地产经纪机构居间介绍成交（房地产经纪机构名称：＿＿＿＿＿＿＿＿＿＿，备案证明编号：＿＿＿＿＿＿＿＿＿＿，房地产经纪执业人员姓名：＿＿＿＿＿＿＿＿＿＿，资格证书编号：＿＿＿＿＿＿＿＿＿＿）；

2.出卖人委托代理出售房屋的房地产经纪机构与买受人达成交易（房地产经纪机构名称：＿＿＿＿＿＿＿＿＿＿，备案证明编号：＿＿＿＿＿＿＿＿＿＿，房地产经纪执业人员姓名：＿＿＿＿＿＿＿＿＿＿，资格证书编号：＿＿＿＿＿＿＿＿＿＿）；

3.出卖人与买受人委托代理购买房屋的房地产经纪机构达成交易（房地产经纪机构名称：＿＿＿＿＿＿＿＿＿＿，备案证明编号：＿＿＿＿＿＿＿＿＿＿，房地产经纪执业人员姓名：＿＿＿＿＿＿＿＿＿＿，资格证书编号：＿＿＿＿＿＿＿＿＿＿）。

《房屋出售委托协议》、《房屋购买委托协议》见附件四。

第四条　成交价格、付款方式及资金划转方式

（一）经买卖双方协商一致，该房屋成交价格为：人民币＿＿＿＿＿＿＿元（小

写)，＿＿＿＿＿＿＿＿元整(大写)。买受人可以在签订本合同的同时支付定金人民币＿＿＿＿＿＿＿＿元(小写)，＿＿＿＿＿＿＿＿元整(大写，不高于成交价格的20%)。

该房屋附属设施设备、装饰装修等的有关价格另有约定的，具体约定见附件一。

(二)买受人采取下列第＿＿＿＿＿种方式付款，具体付款方式及期限的约定见附件五。

1.买受人【是】【否】向出卖人支付定金，定金金额为人民币＿＿＿＿＿＿＿＿(小写)，＿＿＿＿＿＿＿＿(大写，不高于成交价格的20%)，定金支付方式为＿＿＿＿＿＿＿＿【直接支付给出卖人】【存入专用账户划转】。

2.通过存量房交易结算资金专用存款账户划转，买卖双方签订的《存量房交易结算资金划转协议》见附件六。

(1)买受人支付定金的方式为【直接支付给出卖人】【存入专用账户划转】。

(2)买受人应将房价款存入双方共同委托的＿＿＿＿＿＿＿＿＿＿(备案的房地产经纪机构或交易保证机构)在＿＿＿＿＿＿＿＿＿＿＿＿＿＿银行设立的存量房交易结算资金专用存款账户(以下简称"专用账户"，定金约定直接支付给出卖人的除外)，账号为＿＿＿＿＿＿＿＿＿＿＿＿。买受人取得房屋所有权证书后，出卖人持房屋权属登记部门出具的《转移登记办结单》到备案的房地产经纪机构或交易保证机构按照《存量房交易结算资金划转协议》的约定办理资金划转手续。

(三)关于贷款的约定

买受人向【＿＿＿＿＿＿＿＿＿＿银行】【公积金管理中心】申办抵押贷款，拟贷款金额为人民币＿＿＿＿＿＿＿＿＿＿元(小写)，＿＿＿＿＿＿＿＿＿＿元整(大写)。买受人因自身原因未获得银行或公积金管理中心批准的，双方同意按照第＿＿＿＿＿＿＿＿种方式解决：

(1)买受人自行筹齐剩余房价款，以现金形式支付给出卖人；

(2)买受人继续申请其他银行贷款，至贷款批准，其间已发生的及要产生的各项费用由买受人自行负担；

(3)本合同终止，买受人支付的定金和房价款应如数返还，双方互不承担违约责任，在申办贷款过程中发生的各项费用由买受人承担。

第五条　房屋产权及具体状况的承诺

出卖人应当保证该房屋没有产权纠纷，因出卖人原因造成该房屋不能办理产权登记或发生债权债务纠纷的，由出卖人承担相应责任。

出卖人应当保证已如实陈述该房屋权属状况、附属设施设备、装饰装修情况和相关关系,附件一所列的该房屋附属设施设备及其装饰装修随同该房屋一并转让给买受人,买受人对出卖人出售的该房屋具体状况充分了解,自愿买受该房屋。

出卖人应当保证自本合同签订之日起至该房屋验收交接完成,对已纳入附件一的各项房屋附属设施设备及其装饰装修保持良好的状况。

在房屋交付日以前发生的【物业管理费】【供暖】【水】【电】【燃气】【有线电视】【电信】【   】:＿＿＿＿＿＿＿＿＿＿＿＿＿＿费用由出卖人承担,交付日以后(含当日)发生的费用由买受人承担。出卖人同意其缴纳的该房屋专项维修资金(公共维修基金)的账面余额转移至买受人名下。

第六条　房屋的交付

出卖人应当在＿＿＿＿＿＿＿＿＿＿＿＿(约定时间或约定条件)前将该房屋交付给买受人。该房屋交付时,应当履行下列第＿＿＿＿＿、＿＿＿＿＿、＿＿＿＿＿、＿＿＿＿＿、＿＿＿＿＿、＿＿＿＿＿项手续:

1. 出卖人与买受人共同对该房屋附属设施设备、装饰装修、相关物品清单等具体情况进行验收,记录水、电、气表的读数,并交接该附件一中所列物品;

2. 买卖双方在房屋附属设施设备、装饰装修、相关物品清单上签字;

3.移交该房屋房门钥匙;

4.＿＿＿＿＿＿＿＿＿＿＿＿＿＿＿＿＿＿＿＿＿;

5.＿＿＿＿＿＿＿＿＿＿＿＿＿＿＿＿＿＿＿＿＿;

6.＿＿＿＿＿＿＿＿＿＿＿＿＿＿＿＿＿＿＿＿＿。

第七条　违约责任

(一)逾期交房责任除不可抗力外,出卖人未按照第六条约定的期限和条件将该房屋交付买受人的,按照下列第＿＿＿＿＿＿＿＿＿种方式处理。

1.按照逾期时间,分别处理((1)和(2)不作累加)。

(1)逾期在＿＿＿＿＿日之内,自第六条约定的交付期限届满之次日起至实际交付之日止,出卖人按日计算向买受人支付已交付房价款万分之＿＿＿＿＿的违约金,并于该房屋实际交付之日起＿＿＿＿＿日内向买受人支付违约金,合同继续履行;

(2)逾期超过＿＿＿＿＿日(该日期应当与第(1)项中的日期相同)后,买受人有权退房。买受人退房的,出卖人应当自退房通知送达之日起＿＿＿＿＿日内退还全部已付款,并按照买受人全部已付款的＿＿＿＿＿%向买受人支付违约金。

2.＿＿＿＿＿＿＿＿＿＿＿＿＿＿＿＿＿＿＿＿＿。

(二)逾期付款责任

买受人未按照附件五约定的时间付款的,按照下列第＿＿＿＿＿种方式处理。

1.按照逾期时间,分别处理。((1)和(2)不作累加)

(1)逾期在_____日之内,自约定的应付款期限届满之次日起至实际支付应付款之日止,买受人按日计算向出卖人支付逾期应付款万分之_____的违约金,并于实际支付应付款之日起_____日内向出卖人支付违约金,合同继续履行;

(2)逾期超过_____日(该日期应当与第(1)项中的日期相同)后,出卖人有权解除合同。出卖人解除合同的,买受人应当自解除合同通知送达之日起_____日内按照累计的逾期应付款的_____%向出卖人支付违约金,并由出卖人退还买受人全部已付款。

2._____。

第八条　出卖人将该房屋出卖给第三人,导致买受人不能取得房屋所有权证的,买受人有权退房,出卖人应当自退房通知送达之日起_____日内退还买受人全部已付款,按照_____利率付给利息,并按买受人累计已付房价款的一倍支付违约金。

第九条税、费相关规定

本合同履行过程中,买卖双方应按照国家及北京市的相关规定缴纳各项税、费,买卖双方承担税费的具体约定见附件七。因一方不按法律、法规规定缴纳相关税费导致交易不能继续进行的,其应当向对方支付相当于房价款_____%的违约金。

本合同履行过程中因政策原因须缴纳新的税费的,由政策规定的缴纳方缴纳;政策中未明确缴纳方的,由【出卖人】【买受人】缴纳。

第十条　权属转移登记

(一)当事人双方同意,自本合同签订之日起_____日内,双方共同向房屋权属登记部门申请办理房屋权属转移登记手续。

(二)买受人未能在_____(约定时间或约定条件)内取得房屋所有权证书的,双方同意按照下列方式处理。

1.如因出卖人的责任,买受人有权退房。买受人退房的,出卖人应当自退房通知送达之日起_____日内退还买受人全部已付款,并按照_____利率付给利息。买受人不退房的,自买受人应当取得房屋所有权证书的期限届满之次日起至实际取得房屋所有权证书之日止,出卖人按日计算向买受人支付全部已付款万分之_____的违约金,并于买受人实际取得房屋所有权证书之日起_____日内向买受人支付。

2._____。

（三）出卖人应当在该房屋所有权转移之日起_____日内，向房屋所在地的户籍管理机关办理原有户口迁出手续。如因出卖人自身原因未如期将与本房屋相关的户口迁出的，应当向买受人支付_____元的违约金；逾期超过_____日未迁出的，自逾期超过_____日起，出卖人应当按日计算向买受人支付全部已付款万分之_____的违约金。

_____。

第十一条　不可抗力

因不可抗力不能按照约定履行本合同的，根据不可抗力的影响，部分或全部免除责任，但因不可抗力不能按照约定履行合同的一方当事人应当及时告知另一方当事人，并自不可抗力事件结束之日起_____日内向另一方当事人提供证明。

上述房屋风险责任自该房屋【所有权转移】【转移占有】之日起转移给买受人。

第十二条　争议解决方式

本合同项下发生的争议，由双方协商解决；协商不成的，按照下列第_____种方式解决。

（一）依法向房屋所在地人民法院起诉；

（二）提交_____仲裁委员会仲裁。

第十三条　本合同自双方签字（盖章）之日起生效。双方可以根据具体情况对本合同中未约定、约定不明或不适用的内容签订书面补充协议进行变更或补充。对本合同的解除，应当采用书面形式。本合同附件及补充协议与本合同具有同等法律效力。

第十四条　本合同及附件共_____页，一式_____份，具有同等法律效力，其中出卖人_____份；买受人_____份；_____份；双方办理转移登记时，应向房屋权属登记部门提交主合同一份，附件二、附件三有实际约定内容的，需一并提交。

出卖人（签章）：　　　　　　　　　　　　买受人（签章）：

【法定代表人】：　　　　　　　　　　　　【法定代表人】：

【委托代理人】（签章）：　　　　　　　　【委托代理人】（签章）：

签订时间：_____年_____月　　　磋订时间：_____年

_____月_____日

签订地点：　　　　　　　　　　　　　　　签订地点：

附件一

房屋附属设施设备、装饰装修、相关物品清单等具体情况

（一）房屋附属设施设备：

1. 供水：【自来水】【矿泉水】【热水】【中水】【　】：＿＿＿＿＿＿＿＿

2. 供电：【220V】【380V】【可负荷＿＿＿＿＿＿KW】【　】：＿＿＿＿＿＿

3. 供燃气：【天然气】【煤气】【　】：＿＿＿＿＿＿＿＿＿＿＿＿＿＿

4. 外供暖气：【汽暖】【水暖】【供暖周期】【　】：＿＿＿＿＿＿＿＿

5. 自备采暖：【电暖】【燃气采暖】【燃煤采暖】【　】：＿＿＿＿＿＿

6. 空调：【中央空调】【自装柜机＿＿＿＿＿＿台】【自装挂机＿＿＿＿＿＿台】【　】：
＿＿＿＿＿＿＿＿＿＿＿＿＿＿＿＿＿＿＿＿＿＿＿＿

7. 电视馈线：【无线】【有线（数字、模拟）】【　】：＿＿＿＿＿＿＿＿

8. 电话：【外线号码＿＿＿＿＿＿＿＿】【内线号码＿＿＿＿＿＿＿】
【　】：＿＿＿＿＿＿＿＿＿＿＿

9. 互联网接入方式：【拨号】【宽带】【ADSL】【　】：＿＿＿＿＿＿＿

10. 其他：

（二）房屋家具、电器、用品情况

1. 双人床：

2. 单人床：

3. 床头柜：

4. 梳妆台：

5. 衣柜：

6. 书柜：

7. 写字台：

8. 沙发：

9. 茶几：

10. 椅子：

11. 餐桌：

12. 电视柜：

13. 电视：

14. 冰箱：

15. 洗衣机：

16. 热水器：

17. 空调：

18. 燃气灶：

19. 排油烟机：

20. 饮水机：

21. 电话机：

22. 吸尘器：

23. 其他：

（三）房屋配套物品

1.【房屋钥匙】【单元门钥匙（或磁卡）】【信箱钥匙】【水门钥匙】【电门钥匙】【暖门钥匙】【燃气门钥匙】【　】【　】；

2.【《住宅使用说明书》及《住宅质量保证书》】、【《家装装修施工合同》及装修材料的发票】；

3.【水 IC 卡】【电 IC 卡】【气 IC 卡】；

4.【有线电视交费凭证】【电话交费凭证】【ADSL（上网）交费凭证】；

5. _____。

（四）装修装饰情况

（五）关于该房屋附属设施设备、装饰装修等的有关价格的具体约定

（六）该房屋所在楼栋【已完成节能改造】【未进行节能改造】【　】

附件二　房屋共有权人对出售该房屋的意见

附件三　房屋权属情况的说明及房屋抵押和租赁情况的约定

附件四　《房屋出售委托协议》、《房屋购买委托协议》

附件五　付款方式及期限的具体约定

附件六　《存量房交易结算资金划转协议》或《存量房交易结算资金自行划转声明》

附件七　买卖双方承担税费的具体约定

1. 出卖人承担的税费为：【所得税】【营业税】【教育费附加】【城建税】【土地增值税】【印花税】【综合地价款】【　】。

2. 买受人承担的税费为：【契税】【印花税】【土地出让金或土地收益】【　】。

附件八　补充协议及其他约定。

7.6　房地产转让代理案例

住宅出售代理案[①]

1.案情介绍

××年××月上旬,甲方王军通过朋友介绍来××房屋交换市场,要求将 A 路××弄 301 室(多层)二室一厅(15＋14＋厅 12)售后产权房(产权户名是其父王一飞)委托代办手续转让给乙方李朝晖,转让价 13 万元,并有以下事实:

先查核了王军的户口簿,内有户口两人,王军和父亲王一飞,王军称王一飞生病不能到现场,由王军带有其私章和身份证,户口簿中反映王军离异,经询问,王军自述与妻结婚 9 年后在半年前离婚,无子女,女方结婚后户籍一直未迁入,离婚后住回娘家,所提供资料反映不出原妻是否有居住权。

王军反映王一飞在本市 B 路另有住房,出让房屋后二人户口迁往 B 路二室一厅内。

王军称,当时购房后产权是用王军本人的工龄和公积金出资购买,户名仍用其父王一飞(原公房租赁户名为王一飞)。王军有一兄弟已成家在外地,后母户口在 B 路二室一厅内。

接到该物业后业务员采取了以下几个操作步骤:

首先认定该房上市交易符合市房地局、市房改办联合发布的《关于可售公房上市出售试行办法》文件精神。但在具体操作过程中必须重点掌握以下几个环节:

第一步,去 B 路见了当事人王一飞,王患的是骨折,意识清楚,完全有民事行为能力,请其亲笔写了一份委托其子王军出售书面委托书,并签名盖章。然后征求了王军后母李某(当时也在场)的意见,询问是否同意其二人的户口迁入 B 路,李某表示无异议,并在王一飞书面委托书上签了字。

第二步,从户口簿上反映王军离异,那么我们必须查清其前妻离婚时的住房落实情况,几经周折,业务员在××区 C 路找到了在其娘家居住的王军前妻崔根娣。崔某听了我们的来意后,立即拿出了半年前的离婚协议书,协议中写明:一、崔某在 A 路×弄 301 室享有居住使用权;二、由于居住不便,待找到合适调房对象将房调成一大一小两间;三、如调房不成可将住房出让,而所得房款必须在出售房屋前再行协商。显然,以前业务员没有掌握出售前再行协商这一重要情节,王军又将这一

---

① 　中国房地产估价师与房地产经纪人学会. 房地产经纪概论. 3 版. 北京:中国建筑工业出版社,2005

真情隐瞒,如当时业务员草率行事,势必留下严重后患。由于业务员工作做得比较细,避免了矛盾的产生。当崔某了解了出让房屋的情况后亦同意售房,但提出了两点意见:(1)必须净得到房款人民币5万元;(2)乙在交割房屋手续和房款时,必须由其本人到场并如数拿到应得款,并也书面立据签字盖章。

之后又将这一情况转告了王军和王一飞,通过业务员的耐心引导,父子俩终于均书面表示愿意接受崔某的意见。

第三步,在涉及方取得一致意见后,随后受让双方签订了《职工所购公房转让合同》文本等相关手续并报所在区交易中心审批,在9月上旬获准,该出售代理业务获得圆满成功。双方有关当事人都表示非常满意。

2. 业务员体会

房产经纪人员不仅要熟练掌握房屋政策法规,而且还需要熟悉国家的有关法律法规,包括对产继承法、婚姻法、合同法等,比如结婚8年以上财产的分割问题,比如在世时财产处理和过世后财产处理应掌握的原则,上述案例之所以没有征求其在外地子女的意见,道理就在其中。

二手房买卖过程中,一般问题都能在户口簿中反映出来,所以在接待的每一笔业务中,都会认真仔细地查阅当事人的户口簿原件,杜绝一切因疏忽而造成的差错。

复杂的业务只要经过仔细分析,抓住关键,认真对待,一般最终都能成功,而且企业的信誉和效率随之提高。

通过熟人旧友介绍过来的业务在操作过程中,同样要规范操作,万万不可简单草率行事。

思考题

1. 什么是代理?代理有哪些特征?
2. 试述房地产代理的操作过程。
3. 房地产转让行为主要有哪些?
4. 房地产转让条件是什么?
5. 国有建设用地使用权转让的原则有哪些?
6. 国有建设用地使用权转让应具备哪些条件?
7. 如何进行商品房销售代理?
8. 如何进行商品房预售代理?
9. 什么是房地产全程代理?说明房地产全程代理的必要性和发展趋势。
10. 如何进行二手房买卖代理?

第8章

房屋租赁代理

8.1 房屋租赁概述

8.1.1 房屋租赁的概念及分类

房屋租赁是房地产市场中重要的一种交易形式,随着改革开放的不断深化,特别是党的十四大提出建立社会主义市场经济体制以来,房屋租赁在房地产市场中日渐活跃,房屋租赁的发展对于开放搞活,转换企业经营机制,发展第三产业,改善人民群众的居住条件,都起到了积极的作用。但与此同时,由于规则不明确、行为不规范、管理不到位、法制不健全,使得房屋租赁市场出现了许多新情况、新问题,《城市房地产管理法》对房屋租赁作了原则规定。为进一步规范房屋租赁行为,1995 年 4 月 28 日,建设部第 42 号令发布了《城市房屋租赁管理办法》(以下简称《租赁管理办法》)。该办法的发布,对于加强房屋租赁管理,规范租赁市场行为,堵塞房屋租赁中的收益流失,必将起到积极的作用。

1. 房屋租赁的概念

《城市房地产管理法》规定:"房屋租赁,是指房屋所有权人作为出租人将其房屋出租给承租人使用,由承租人向出租人支付租金的行为。"《租赁管理方法》对此概念作了细化,规定:"房屋所有权人将房屋出租给承租人居住或提供给他人从事经营活动及以合作方式与他人从事经营活动的,均应遵守本办法",即这几种行为也应按照房屋租赁关系进行管理。

2. 房屋租赁的分类

按房屋所有权的性质,房屋租赁分为公有房屋的租赁和私有房屋的租赁。公有房屋的所有权人是国家,但在租赁关系中,国家并不作为民事法律主体出现,而是采取授权的方式,由授权的单位具体管理。按照目前我国的管理体制,直管公房一般由各级人民政府房地产行政主管部门管理,房地产行政主管部门作为直管公房所有人的代表,依法行使占有、使用、收益和处分的权利;自管公房由国家授权的单位管理,其法律特征就是持有《房屋所有权证》。私有房屋的所有权人持有完全房屋所有权证的个人。对于持有共有权证书的私房主,只能称为共有权人,共有权人必须在所有共有权人同意后方可将房屋出租。

按房屋的使用用途,房屋租赁分为住宅用房的租赁和非住宅用房的租赁。其中,非住宅用房的租赁包括办公用房和生产经营用房的租赁。

8.1.2　房屋租赁的有关政策规定

租赁政策是指由各级人民政府制定的用于规范租赁行为的法律、法规和规范性文件。

对于住宅用房的租赁,《城市房地产管理法》规定:"住宅用房的租赁,应当执行国家和房屋所在地城市人民政府规定的租赁政策。"之所以这样规定,一方面考虑了各地经济发展水平的不平衡和住房标准的差异,防止政策一刀切,以及由此带来的新的不平衡。这样,各地就可以在国家统一政策下,结合本地的实际情况,因地制宜,推进改革;另一方面,从经济改革和社会安定的大局出发,既要使租赁行为逐步走向市场经济的轨道,又要保证居民不会因此承受太重的负担,以充分体现社会主义制度的优越性。因此,这样规定既符合实际情况,也是稳妥可行的。

对于租用房屋从事生产、经营活动的,《城市房地产管理法》规定:"租用房屋从事生产、经营活动的,由租赁双方协商议定租金和其他租赁条款。"从上述规定可以看出,在社会主义市场经济的条件下,对于租用房屋从事生产、经营活动的,在不违背政策法律的前提下,可以由租赁双方协商议定租金和其他租赁条款。随着市场经济的发展,第三产业用房日益增多。第三产业的快速发展,一方面活跃了市场,促进了房地产业的发展;而另一方面,也带来了一些差异。因此,其租金标准也不应当由政府规定统一的标准,而应受市场的调节和制约,如:位于城市繁华地段的商业用房,租金标准理应高些,至于多少,完全可由租赁双方根据平等、自愿的原则协商议定。

这样把住宅用房与非住宅用房区别对待、分别管理的做法,既可以保证居民合法的住房利益不受影响,又可以使房屋管理尽快适应社会主义市场经济的客观规律。

房屋租赁政策在一些单行法规及地方性法规中有许多规定,在不与《城市房地产管理法》相抵触及新的法规尚未出台之前,这些政策仍将成为房屋租赁的重要依据,主要有:

(1)公有房屋租赁,出租人必须持有《房屋所有权证》和城市人民政府规定的其他证明文件,承租人必须持有房屋所在地城市人民政府规定的租房证明和身份证明(法人单位介绍信)。私有房屋出租人必须持有《房屋所有权证》,承租人必须持有身份证明。

(2)机关、团体、部队和企事业单位不得租用或变相租用城市私有房屋。如因特殊需要必须租用时,必须经县级以上人民政府批准。

(3)承租人在租赁期内死亡,租赁房屋的共同居住人要求继承原租赁关系的,出租人应当继续履行原租赁合同。

(4)共有房屋出租时,在同等条件下,其他共有人有优先承租权。

(5)租赁期限内,房屋所有权人转让房屋所有权,原租赁协议继续履行。

8.1.3 房屋租赁的条件

公民、法人或其他组织对享有所有权的房屋和国家授权管理和经营的房屋可以依法出租。但有下列情形之一的房屋不得出租:

(1)未依法取得《房屋所有权证》的;

(2)司法机关和行政机关依法裁定、决定查封或者以其他形式限制房地产权利的;

(3)共有房屋未取得共有人同意的;

(4)权属有争议的;

(5)属于违章建筑的;

(6)不符合安全标准的;

(7)已抵押,未经抵押权人同意的;

(8)不符合公安、环保、卫生等主管部门有关规定的;

(9)有关法律、法规规定禁止出租的其他情形。

8.1.4 房屋租赁合同

1.房屋租赁合同的概念及内容

租赁合同是出租人与承租人签订的,用于明确租赁双方权利义务关系的协议。租赁是一种民事法律关系,在租赁关系中,出租人与承租人之间所发生的民事关系主要是通过租赁合同确定的。因此,在租赁中出租人与承租人应当对双方的权利与义务作出明确的规定,并且以文字形式形成书面记录,成为出租人与承租人关于租赁问题双方共同遵守的准则。《城市房地产管理法》规定:"房屋租赁,出租人和承租人应当签订书面租赁合同,约定租赁期限、租赁用途、租赁价格、修缮责任等条款,以及双方的其他权利和义务,并向房产管理部门登记备案。"《租赁管理办法》对租赁合同的内容作了进一步的规定,规定租赁合同应当具备以下条款:

(1)当事人姓名或者名称及住所；

(2)房屋的坐落、面积、装修及设施状况；

(3)租赁用途；

(4)租赁期限；

(5)租金及交付方式；

(6)房屋修缮责任；

(7)转租的约定；

(8)变更和解除合同的条件；

(9)违约责任；

(10)当事人约定的其他条款。

在上述条款中，租赁期限、租赁用途、租金及交付方式、房屋的修缮责任是《城市房地产管理法》规定的必备条款。

租赁期限。多年来，我国公有住房实行无租赁期限的租赁行为，致使公有住房一旦分配出去就难以收回来，一直不能形成良性循环。这与市场经济体制不适应。正常的租赁行为应有明确的租赁期限，出租人有权在签订租赁合同时明确租赁期限，并在租赁期限届满后收回房屋。承租人有义务在租赁期限届满后返还所承租的房屋。如需继续承租原租赁的房屋，应当在租赁期满前，征得出租人的同意，并重新签订租赁合同。出租人应当按照租赁合同约定的期限将房屋交给承租人使用，并保证租赁合同期限内承租人的正常使用。出租人在租赁合同届满前需要收回房屋的，应当事先争得承租人的同意，并赔偿承租人的损失；收回住宅用房的，同时要做好承租人的住房安置。

在实践中有一些未定租赁期限的租赁合同，对于这类租赁行为，最高人民法院在关于贯彻《中华人民共和国民法通则》若干问题的规定中规定，未规定租赁期限，房屋所有权人要求收回房屋的，一般应当准许，承租人有条件搬迁的，应当责令其搬迁，如果承租人搬迁确有困难的，可给予一定期限让其找房或腾退部分房屋。

租赁用途。是指房屋租赁合同中规定的出租房屋的使用性质。承租人应当按照租赁合同规定的使用性质使用房屋，不得变更使用用途，确需变动的，应当征得出租人的同意，并重新签订租赁合同；承租人与第三者互换房屋时，应当事先征得出租人的同意，出租人应当支持承租人的合理要求。换房后，原租赁合同即行终止，新的承租人应与出租人另行签订租赁合同。

租金及交付方式。租金标准是租赁合同的核心，是引起租赁纠纷的主要原因。因此，它也是加强租赁管理的重点之一。租赁合同应当明确约定租金标准及支付方式，同时租金标准必须符合有关法律、法规的规定。出租人除收取房租外，不得收取其他费用。承租人应当按照合同约定交纳租金,不得拒交或拖欠,承租人如拖欠租金,出租人有权收取滞纳金。

房屋的修缮责任。出租住宅用房的自然损坏或合同约定有出租人修缮的,由出租人负责修复。不及时修复致使房屋发生破坏性事故,造成承租人财产损失或者人身伤害的,应当承担赔偿责任。

租用房屋从事生产经营活动的,修缮责任由双方当事人在租赁合同中约定。

房屋修缮责任人对房屋及其设备应当及时、认真地检查、修缮,保证房屋的使用安全。房屋修缮责任人对形成租赁关系的房屋确实无力修缮的,可以与另一方当事人合修,责任人因此付出的修缮费用,可以折抵租金或由出租人分期偿还。

2. 租赁合同的终止

租赁合同一经签订,租赁双方必须严格遵守。合法租赁合同的终止一般有两种情况:一是合同的自然终止,二是人为终止。自然终止主要包括:

(1)租赁合同到期,合同自行终止,承租人需继续租用的,应在租赁期限届满前3个月提出,并经出租人同意,重新签订租赁合同;

(2)符合法律规定或合同约定可以解除合同条款的;

(3)因不可抗力致使合同不能继续履行的。

因上述原因终止租赁合同的,使一方当事人遭受损失的,除依法可以免除责任的外,应当由责任方负责赔偿。

人为终止主要是指由于租赁双方人为的因素而使租赁合同终止。一般包括无效合同的终止和由于租赁双方在租赁过程中的人为因素而使合同终止。对于无效合同的终止,《合同法》中有明确的规定。由于租赁双方的原因而使合同终止的情形主要有:

(1)将承租的房屋擅自转租的;

(2)将承租的房屋擅自转让、转借他人或私自调换使用的;

(3)将承租的房屋擅自拆改结构或改变承租房屋使用用途的;

(4)无正当理由,拖欠房租6个月以上的;

(5)公有住宅用房无正当理由闲置6个月以上的;

(6)承租人利用承租的房屋从事非法活动的;

(7)故意损坏房屋的;

(8)法律、法规规定的其他可以收回的。

发生上述行为,出租人除终止租赁合同,收回房屋外,还可索赔由此造成的损失。

3.房屋租赁合同示例

<h2 style="text-align:center">房屋租赁合同</h2>

订立合同双方：

出租方：_____，以下简称甲方

承租方：_____，以下简称乙方

根据《中华人民共和国房地产管理法》及有关规定，为明确甲、乙双方的权利义务关系，经双方协商一致，签订本合同。

第一条 甲方将自有的坐落在_____市_____街_____巷_____号的房屋_____栋_____间，建筑面积_____平方米、使用面积_____平方米，类型_____，结构等级_____，完损等级_____，主要装修设备_____，出租给乙方作_____使用。

第二条 租赁期限

租赁期共_____个月，甲方从_____年_____月_____日起将出租房屋交付乙方使用，至_____年_____月_____日收回。

乙方有下列情形之一的，甲方可以终止合同，收回房屋：

1.擅自将房屋转租、分租、转让、转借、联营、入股或与他人调剂交换的；

2.利用承租房屋进行非法活动，损害公共利益的；

3.拖欠租金6个月或空关6个月的。

合同期满后，如甲方仍继续出租房屋的，乙方拥有优先承租权。

租赁合同因期满而终止时，如乙方确实无法找到房屋，可与甲方协商酌情延长租赁期限。

第三条 租金和租金交纳期限、税费和税费交纳方式

甲乙双方议定月租金_____元，由乙方在_____月_____日交纳给甲方。先付后用。甲方收取租金时必须出具由税务机关或县以上财政部门监制的收租凭证。无合法收租凭证的，乙方可以拒付。

甲乙双方按规定的税率和标准交纳房产租赁税费，交纳方式按下列第_____款执行：

1.有关税法和镇政发(90)第34号文件规定比例由甲、乙各自负担；

2.甲、乙双方议定。

第四条 租赁期间的房屋修缮和装饰

修缮房屋是甲方的义务。甲方对出租房屋及其设备应定期检查，及时修缮，做到不漏、不淹、三通(户内上水、下水、照明电)和门窗好，以保障乙方安全正常使用。

修缮范围和标准按城建部(87)城住公字第13号通知执行。

甲方修缮房屋时,乙方应积极协助,不得阻挠施工。

出租房屋的修缮,经甲乙双方商定,采取下述第_____款办法处理:

1.按规定的维修范围,由甲方出资并组织施工;

2.由乙方在甲方允诺的维修范围和工程项目内,先行垫支维修费并组织施工,竣工后,其维修费用凭正式发票在乙方应交纳的房租中分_____次扣除;

3.由乙方负责维修;

4.甲乙双方议定。

乙方因使用需要,在不影响房屋结构的前提下,可以对承租房屋进行装饰,但其规模、范围、工艺、用料等均应事先得到甲方同意后方可施工。对装饰物的工料费和租赁期满后的权属处理,双方议定:

工料费由_____方承担(   );所有权属_____方(   )。

第五条　租赁双方的变更

1.如甲方按法定手续程序将房产所有权转移给第三方时,在无约定的情况下,本合同对新的房产所有者继续有效;

2.甲方出售房屋,须在3个月前书面通知乙方,在同等条件下,乙方有优先购买权;

3.乙方需要与第三人互换用房时,应事先征得甲方同意,甲方应当支持乙方的合理要求。

第六条　违约责任

1.甲方未按本合同第一、二条的约定向乙方交付符合要求的房屋、负责赔偿_____元。

2.租赁双方如有一方未履行第四条约定的有关条款的,违约方负责赔偿对方_____元。

3.乙方逾期交付租金,除仍应补交欠租外,并按租金的_____%,以天数计算向甲方交付违约金。

4.甲方向乙方收取约定租金以外的费用,乙方有权拒付。

5.乙方擅自将承租房屋转给他人使用,甲方有权责令停止转让行为,终止租赁合同。同时按约定租金的_____%,以天数计算由乙方向甲方支付违约金。

6.本合同期满时,乙方未经甲方同意,继续使用承租房屋,按约定租金的_____%,以天数计算向甲方支付违约金后,甲方仍有终止合同的申诉权。

上述违约行为的经济索赔事宜,甲乙双方议定在本合同签证机关的监督下进行。

第七条　免责条件

1.房屋如因不可抗拒的原因导致损毁或造成乙方损失的,甲乙双方互不承担责任。

2. 因市政建设需要拆除或改造已租赁的房屋,使甲乙双方造成损失,互不承担责任。

因上述原因而终止合同的,租金按实际使用时间计算,多退少补。

第八条　争议解决的方式

本合同在履行中如发生争议,双方应协商解决;协商不成时,任何一方均可向房屋租赁管理机关申请调解;调解无效时,可向市工商行政管理局经济合同仲裁委员会申请仲裁,也可以向人民法院起诉。

第九条　其他约定事宜

1._____

2._____

第十条　本合同未尽事宜,甲乙双方可共同协商,签订补充协议。补充协议报送市房屋租赁管理机关认可并报有关部门备案后,与本合同具有同等效力。

本合同一式 4 份,其中正本 2 份,甲乙方各执 1 份;副本 2 份,送市房管局、工商局备案。

出租方:(盖章)　　　　　承租方:(盖章)

法定代表人:(签名)　　　法定代表人:(签名)

委托代理人:(签名)　　　委托代理人:(签名)

地址:　　　　　　　　　　地址:

开户银行:　　　　　　　　开户银行:

账号:　　　　　　　　　　账号:

电话:　　　　　　　　　　电话:

签约地点:　　　　　　　　签约时间:

合同有效期限:至　　年　　月　　日

8.1.5　房屋租赁双方当事人权利和义务

1.承租人的权利和义务

承租人在房屋租赁期限内享有以下权利:

(1)在租赁合同的约定期限内取得房屋使用权。在此期间,即使房屋所有权转让,承租人仍然享有这一权利。承租住宅用房的承租人,如果在租赁期限内死亡,与其共同居住 2 年以上的家庭成员可以继续承租。

(2)按租赁合同的规定,要求出租人及时修缮房屋。住宅用房的自然损坏,一般应当由出租人负责修复。非住宅用房的维修,按双方在租赁合同中的约定处理。

(3)经出租人同意,可以将承租房屋的全部或者部分转租给他人。转租时的租金可以高出原承租的租金,转租人可以从中获得经济利益。

(4)出租人如出卖房屋,应提前3个月通知承租人。在同等条件下,承租人享有优先购买权。

(5)在租赁期限内,承租的住宅用房因国家建设需要拆迁,承租人有获得安置的权利。

承租人在房屋租赁期限内应承担以下义务:

(1)按期交纳房租,如拖欠租金,应当向出租人支付违约金。

(2)按照房屋的性能合理地使用承租的房屋,不能擅自拆、改房屋及其装修、设备、附属设施,如果确实需要变动的,应当事先征得出租人同意,并就此签订书面合同。因承租人的过错造成房屋损坏的,因负赔偿或修复的责任。

(3)应当遵守当地人民政府对于出租房屋的管理规定。

2. 出租人的权利和义务

出租人在房屋租赁期限内享有以下权利:

(1)按照合同的规定收取房租。

(2)有权决定在租赁期满后是否继续将房屋出租。

(3)可以决定是否允许承租人将房屋转租。

(4)因承租人的过错造成房屋损坏的,有权责成承租人负责修复或者赔偿。

(5)承租人违反租赁合同的有关规定,出租人有提前终止合同、收回房屋的权利。如果因此而造成出租人的损失,出租人有权要求承租人赔偿。承租人违反规定的行为包括:未经出租人同意,擅自将承租的房屋转租、转让、转借或是与他人调换使用;擅自拆、改房屋结构或改变用途(拆改房屋结构有可能造成房屋危险,改变用途则是违约行为);拖欠房租累计6个月以上;利用房屋进行违法活动;故意损坏承租的房屋;法律、法规规定可以终止合同、收回房屋的其他行为。

此外,如果出租的是公有住宅,而承租人没有正当的理由,将房屋空关达6个月以上的,出租人有权提前终止合同,收回出租的房屋。

出租人在房屋租赁期限内应承担以下义务:

(1)按租赁合同约定的期限将房屋交给出租人使用。如果出租人因故确实需要提前收回房屋,应事先征得承租人同意,如果因此而给承租人造成损失的,应给予赔偿。

(2)按合同的约定及时修缮房屋,保证承租人的正常使用和安全。如果因出租人不及时修复而造成承租人的财产损失或者人身伤害的,应当承担赔偿的责任。

(3)在出卖房屋时,应提前 3 个月通知承租人。在同等条件下,保证承租人的优先购买权。

8.1.6　房屋租赁登记备案

房屋租赁合同登记备案是《城市房地产管理法》规定的一项重要内容。实行房屋租赁合同登记备案,一方面可以较好地防止非法出租房屋,减少纠纷,促进社会稳定;另一方面也可以有效防止国家税费流失。办理房屋租赁登记备案的步骤:

1.申请

签订、变更、终止租赁合同的,房屋租赁当事人应当在租赁合同签订后 30 日内,持有关部门证明文件到市、县人民政府房地产管理部门办理登记备案手续。申请房屋租赁登记备案应当提交的证明文件包括:

(1)书面租赁合同;

(2)房屋所有权证书;

(3)当事人的合法身份证件;

(4)市、县人民政府规定的其他文件。

出租共有房屋,还须提交其他共有权人同意出租的证明。出租委托带管房屋,还须提交代管人授权出租的书面证明。

2.审查

房屋租赁登记备案不等于简单的备案,登记本身包括审查的含义。房屋租赁审查的主要内容应包括:

(1)审查合同的主体是否合格,即出租人与承租人是否具备相应的条件;

(2)审查租赁的客体是否允许出租,即出租的房屋是否是法律、法规允许出租的房屋;

(3)审查租赁合同的内容是否齐全、完备,如是否明确了租赁的期限、租赁的修缮责任等;

(4)审查租赁行为是否符合国家及房屋所在地人民政府规定的租赁政策;

(5)审查是否按有关部门规定缴纳了税费。

3.核发房屋租赁证

主管部门审查合格后,核发房屋租赁证。房屋租赁证是租赁行为有效合法的凭证。租用房屋从事生产、经营活动的,房屋租赁证作为经营场所的有效凭证;租用房屋用于居住的,房屋租赁证可作为公安部门办理户口登记的凭证之一。通过登记的租赁活动,受法律的保护。

8.1.7　房屋租金

房屋租金是承租人为取得一定期限内房屋的使用权而付给房屋所有权人的经济补偿。房屋租金可分为成本租金、商品租金和市场租金。成本租金是由折旧费、维修费、管理费、融资利息和税金五项组成的;商品租金是由成本租金加上保险费、地租和利润等八项因素构成的;市场租金是在商品租金的基础上,根据供求关系而形成的。目前,我国未售公有住房的租金标准是由人民政府根据当地政治、经济的需要和职工的承受能力等因素确定的,仍具有较浓的福利色彩。其他经营性的房屋和私有房屋的租金标准则由租赁双方协商议定。

《城市房地产管理法》规定:"以营利为目的,房屋所有权人将以划拨方式取得土地使用权的国有土地上建成的房屋出租的,应当将租金中所含土地收益上缴国家。具体办法由国务院规定。"《租赁管理办法》中规定:"土地收益的上缴办法,应当按照财政部《关于国有土地使用权有偿使用征收管理的暂行办法》和《关于国有土地使用权有偿使用收入若干财政问题的暂行规定》的规定,由市、县人民政府房地产管理部门代收代缴。国务院颁布新的规定时,从其规定。"

8.1.8　房屋转租

房屋转租,是指房屋承租人将承租的房屋再出租的行为。《租赁管理办法》规定:"承租人经出租人同意,可以依法将承租房屋转租。出租人可以从转租中获得收益。"承租人在租赁期限内,如转租所承租的房屋,在符合其他法律、法规规定的前提下,还必须征得房屋出租人的同意,在房屋出租人同意的条件下,房屋承租人可以将承租房屋的部分或全部转租给他人。房屋转租,应当订立转租合同。转租合同除符合房屋租赁合同的有关部门规定外,还必须由出租人在合同上签署同意意见,或有原出租人同意转租的书面证明。转租合同也必须按照有关部门规定办理登记备案手续。转租合同的终止日期不得超过原租赁合同的终止日期,但出租人与转租双方协商一致的除外。转租合同生效后,转租人享有并承担新的合同规定的出租人的权利与义务,并且应当履行原租赁合同规定的承租人的义务,但出租人与转租双方协商一致的除外。

转租期间,原租赁合同变更、解除或者终止,转租合同也随之变更、解除或者终止。

关于房屋转租合同与租赁合同的关系,房屋转租即承租人将承租房屋转租给他人,也是出租房屋的一种经营行为。所不同的是,转租不是房主亲自经营,而是承租人经房主授权所进行的经营活动。与房屋出租的一般情况比较,只是出租主体不同,因此房屋转租也应该订立房屋租赁合同,由转租人与新的承租人在合同中明确权利义务关系,形成房屋转租合同。房屋转租合同也必须到房地产行政主管部门办理房屋租赁的登记备案手续,同时提供房屋出租人同意转租人转租房屋的书面证明文件,以保证房屋转租行为的合法性。

《城市房屋租赁办法》规定:"转租合同的终止日期不得超过原租赁合同规定的终止日期,但出租人与转租双方协商约定的除外。"同时还明确了房屋转租人的法律地位:"转租合同生效后,转租人享有并承担转租合同规定的出租人的权利和义务,并且应当履行原租赁合同规定的承租人的义务,但出租人与转租双方另有约定的除外。"由于房屋转租合同是在原房屋租赁合同的基础上成立的,因此原租赁合同不仅对转租合同有着制约作用,而且也是转租合同成立的前提条件,两个房屋租赁合同具有主合同与附合同的关系。

具体讲,由于房屋转租是房主特别授权下的房屋经营行为,因此房屋转租人与新承租人所订立的合同内容,不得侵犯房主的合法权益,也不得违背房主的意志。由于转租人的法律地位缘于房屋承租人的身份,因此转租合同规定的内容,不能超出房屋原出租合同规定的范围。如果超出原出租合同规定的范围,必须得到房屋出租人的特别准许。

比如原出租合同规定房屋出租期限是两年,房屋用途是作住宅使用,当承租人使用房屋半年后要求转租并取得出租人的同意,承租人以房屋转租人的地位同新的承租人订立的转租合同,其中转租期限不能超过一年半,房屋仍需作住宅使用。如果转租合同需要将租期确定为三年,或是将房屋使用性质变更为营业使用,则必须得到房屋出租人的同意。如果出租人不同意,则确定租期为三年或规定作营业用房使用的转租合同,是无效合同。如果出租人同意转租期限定为三年,或改变为营业用房使用,则表示房屋出租人同意对与转租人订立的房屋租赁合同做了补充变更,即将房屋租赁期限延长,并允许房屋作经营使用。

此外,《城市房屋租赁办法》还规定:"租赁期间,原租赁合同变更、解除或者终止,转租合同也随之相应地变更、解除或者终止。"因此,租赁合同的变化也决定着转租合同的变化。

8.2 房屋租赁代理业务

8.2.1 房屋租赁代理的含义和特点

房屋租赁代理是指房地产经纪人为房屋出租人代理出租房屋或为承租人寻找承租房,促成出租承租双方租赁成功而收取佣金的行为。房屋租赁代理为盘活存量房地产,为市民和流动人口提供充裕房源起到积极作用。

房屋租赁代理具有如下特点:

1.房源及承租双方多样性

可供代理租赁的房源,既有六七十年房龄的老房子,也有近年新落成的新房子;既有简陋的旧式里弄房子,也有高耸入云的摩天大楼。委托出租人既有公房所有者,也有私房所有者;既有内销商品房所有者,也有外销商品房所有者。委托承租人既有中国公民,也有境外人士;既有本市居民,也有外省市人员。诸如此类,给房屋租赁代理营造了多样性。

2.房屋租赁代理易受行政、司法行为的影响

根据《城市房屋租赁管理办法》等法律法规规定,未依法取得房屋所有权证的;司法机关和行政机关依法裁定、决定查封或者以其他形式限制房地产权利的;共有房屋未取得共有人同意的;权属有争议的;属于违法建筑的;不符合安全标准的;已抵押,未经抵押权人同意的;不符合公安、环保、卫生等主管部门有关规定的;有关法律、法规规定禁止出租的其他情形等房屋,均不得代理出租。

3.办理房屋租赁登记备案

房屋租赁代理方和有关当事人应到房地产管理部门办理房屋租赁登记备案,并领取《房屋租赁证》。房屋租赁成功,房地产经纪人可依代理行为收取佣金。

8.2.2 房屋租赁代理分类

由于房屋的多样性,房屋租赁也呈多样性。因此,与之联系的房屋租赁代理也呈多样性,如按房屋存在形式可以分为:

1.现房租赁代理

现房租赁代理,即已依法办理登记获得房地产权证的房屋出租代理。如为出租人委托,出租人应向房地产经纪机构出具委托书,并提供房地产权证及有关的资料。代理双方签订委托合同,明确双方应尽的义务和所享有的权利。如为承租人委托,承租人也应出具委托书,并提供委托人的有关证件:境内个人提供身份证或户籍证明,境内单位提供营业执照;境外个人提供护照或还乡证,境外单位则须提供经公证或认证其具有合法资格的证明。代理也应签订委托合同或协议,言明双方权利和义务。

现房租赁既有空房的租赁,也有连同家具和生活用具一起租赁,因此,房地产经纪人应对其所代理的房屋情况作详细的了解。如房屋自身情况(层次、朝向、结构、面积等),内装修情况(全装修、部分装修还是未装修),设备情况(有无空调、电话、煤气、卫和家具等)以及周围环境情况(交通、绿化、商场)等。房地产经纪人以被代理人的名义与承租人签订房屋租赁合同,并按有关规定向房地产登记机关办理房地产租赁登记备案手续,并依法纳税。

2. 在建商品房预租代理

在建商品房预租是指房地产开发经营企业在新建商品房未办理房地产初始登记,取得房地产权证前,与承租人签订商品房租赁预约协议,并向承租人收取一定数额的预收款行为。房地产经纪人接受预租委托代理,应当与委托人签订委托代理协议,明确代理权限、代理报酬及有关责任等。房地产经纪人应当以委托人的名义与承租人签订预租协议。协议中应当载明下列主要内容:

(1)预租双方当事人的姓名或名称、地址;

(2)房地产的坐落地点。面积、四至范围;

(3)土地使用权获得方式和使用期限以及房地产规划使用性质;

(4)房屋的平面布局、结构、建筑质量、装饰标准以及附属设施、配套设施等状况;

(5)房屋租赁期限、租金、支付方式;

(6)预租期限及预租房屋的交付使用日期;

(7)预付款金额、支付期限及其使用;

(8)违约责任及争议的解决方式等。

预租协议可以使用房地产管理部门制定的示范文本,也可按上述主要内容规定自行拟定。预租协议签订后,双方当事人持协议和有效证件向房地产交易管理部门办理预租登记备案,待预租的商品房竣工验收合格,取得房地产权证后,再签订《房屋租赁合同》并办理房屋租赁登记备案。

3. 商品房先租后售代理

先租后售是指房屋所有权人(含已经初始登记取得房地产权证的商品房开发

经营企业)将房屋采取先出租给承租人使用,再根据合同约定出售给承租人的一种促销行为。

现实中,房屋购买人常因房屋质量问题、产权证交不出或延期交付等问题与房地产开发经营企业发生"退房"纠纷。双方为此不同程度地受到利益损害。如何缓解这种纠纷?先租后售便是较好的一种方法。通过先租赁这种形式,让承租人对拟购买的房屋建立"安全缓冲区",以便有较充裕的时间和使用过程加以了解。如果承租人对承租房屋满意,则续签出售合同;如果感到不满意,则租赁合同期满而终止,从而有效地保护自己的利益。开发商或房屋所有人也可借此提高自己的信誉。

房地产经纪人接受先租后售代理应注意以下几点:

(1)代理房屋出租时与承租人签订房屋先租后售合同。

(2)先租后售合同中除应具备房屋租赁基本条款外,还应明确双方当事人买卖房屋的有关权利、义务和责任。其中包括:买卖该房屋的时限、价格;约定的买卖价格与实际成交时支付价款的计算方式;出租人解除与承租人购房约定的条件等。

(3)房屋租赁合同签订后,在规定的时间内到房地产登记机关办理房屋租赁登记备案手续。

(4)租赁合同届满前,根据承租人的意愿,再行确定是否签订商品房出售合同或房屋买卖合同。

8.2.3 房地产租赁代理合同

承接房地产租赁代理业务,应签订租赁代理合同。因为经纪人与委托人之间的关系是非持续性的,只有签订合同,才能使得双方的委托与被委托、代理与被代理关系在法律上得以明确,以保障双方的权益。

1.房地产租赁代理合同主体资格

(1)委托人主体资格。委托人如果是出租人,必须是依法拥有标的房地产的房屋所有权、土地使用权的房地产权利人;转租委托人则必须是合法的房屋承租人;委托人如果是承租人,则必须具有有效证明(证件),如个人身份证或户籍证明,单位则为营业执照等。

委托人在实施委托时,除了应向房地产经纪机构出具委托书外,还应出示有关证明,如身份证、房地产权证等。如是共有房地产,还应有其他共有人的书面同意证明。

(2)代理人主体资格。代理人必须是经工商登记注册,领取房地产经纪营业执照,并到注册所在地的房地产管理部门备案过的房地产经纪人(包括:经纪公司,经纪事务所,经纪个体等)。

2.房地产租赁代理合同主要内容

(1)委托代理事项(标的)。合同中委托代理事项应清晰明了。例如:是房屋出租还是承租,是增量房还是存量房,是产权房还是使用权房,是什么地段的房屋等等。

(2)委托代理事项要求和标准。涉及房屋出租的,围绕出租时间,租金数额、出租宣传等,委托人可以对代理人提出要求,代理人也可以对代理过程需委托人提供哪些方便提出要求,尤其要对代理完成的标准予以明确。

(3)合同履行期限。合同履行期限反映了委托代理双方权利和义务的存续时效关系。履行期限结束,权利和义务关系也随之终止。

(4)服务费数额和支付方式及时间。合同中应明确代理完成,委托方应支付的佣金数额、具体支付时间和方式,可以协商议定。有的是分期支付,有的是预收部分委托费,待代理完成总结算。

(5)违约责任和纠纷解决方式。委托代理双方应严格按合同规定履行义务。如果因某种原因违约,违约方应承担违约责任。具体解决方式可由双方协商议定。

房地产经纪人最担心的是合同履行将结束时被委托人抛弃,由委托人直接与第三人发生交易行为。对此,代理人可以在合同中约定:被委托的事项因某种原因未成功,但在以后的一定时间内交易成功,也视为本代理范围,一并收取佣金。这样约定,可以在一定程度上抑制上下家跳开房地产经纪人的做法。

(6)双方约定的其他内容。为了有效地保护自己权益,委托代理双方应尽可能详细规定自身的权益和对方的义务,主要内容不尽之处,均可在其他约定内容中体现。

8.2.4　代理物业的查验

代理物业是经纪人代理业务的标的物,经纪人必须对它有充分的了解,才能有效进行租赁代理活动。为此,必须对代理物业进行必要的查验。

1.物业查验的基本途径

房地产经纪人无论是接受委托出租的房屋,还是接受委托要承租的房屋,都应对房屋基本情况作了解。了解途径主要有三种:

(1)文字资料了解。通过查阅房地产权证、售楼说明书、项目批准文件、工程概况等文件资料,了解房屋的结构、层次、面积、房型、价格、绿化面积等基本情况。

(2)现场实地察看。通过现场实地察看,以了解房屋的成新、外形、房屋的质量(如屋顶、楼面、墙面有无渗漏水迹,有无裂缝;门窗开启是否灵活;上下水道及煤气管道有无渗漏情况等)、房屋的平面布置、公用部位情况、楼宇周围环境、房屋所处地段、交通环境等。

(3)向有关人员了解。例如,房地产经纪人员可以向已入住的业主了解房屋使用情况等。

2.物业查验的主要内容

(1)物业的物质状况。包括物业所处地块的具体位置和形状、朝向、房屋建筑的结构、设备、装修情况、房屋建筑的成新。

(2)物业的环境状况。包括物业所处的地段、商业、交通及其他生活服务设施配置情况;所在区域的区域性质,如是商业区,还是住宅区等;历史、居民素质等文化情况;景观、绿化和环境污染状况等。

(3)物业权属情况。主要包括:

①物业权属的类别,即是所有权还是使用权房。如果是所有权的,要注意如果房地产权属归两人或两人以上所有,该房地产即为共有房地产。对共有房地产的出租,须得到其他共有人的书面同意。如未经其他共有人书面同意,该房地产也不得转让、抵押和租赁,委托代理也不能建立。如果是使用权房,要注意按有关政策规定。

②房地产权属是否清晰。权属有争议的、未取得房地产权证的、房屋被司法或行政部门依法限制和查封的、依法收回房地产权证等的产权房都不得转让,不得出租,不得抵押,因而不应代理。

③房地产其他权利设定情况。如是否设定抵押权。

8.3 房地产租赁代理案例

办公楼承租代理案[①]

1.案例介绍

1999 年的一季度,某一经纪公司一个客户(某药液生产商)欲搬办公楼,预算约为 0.25~0.30 美元/平方米(建筑面积)/天,物业管理费另计,面积在 300 平方米左右。在详细了解该客户的具体要求(包括地点要求、交通要求、物业要求、租金等)后,业务员准备了资料与该客户见面,在进一步了解客户实际需求、公司要求、搬迁计划、时间限制、交房状况要求、实际租金等一系列更具体、详细要求后,又选

---

① 中国房地产估价师与房地产经纪人学会. 房地产经纪概论. 3 版. 北京:中国建筑工业出版社,2005

择性地安排客户看几个符合他要求的办公楼,随后是做各项"案头工作",做各种分析表格,包括物业分析、物业比较、财务分析、购置设备(新办公房所需的办公设备)分析等。

在此期间,也有几家经常照面的同行与该公司展开激烈的竞争,并向该客户乱报价。由于业务员不断地向客户灌输并将专业性体现在每个细节上,让客户感到"选择我,没错的",所以客户一直跟着公司,并签订独家代理委托书。

当客户把需求物业的范围缩小到了 3 个物业时,并有明确的首选、次选、末选的时候,业务员便开始与发展商进行实质性谈判。业务员并把客人的每一个细枝末节要求经过合适处理后与发展商开始谈判,与发展商起谈价为 0.20 美元/平方米(建筑面积)/天,楼层位于 20 楼左右,发展商无法接受这个价格。(根据当时市场价格,20 楼左右的价格应为 0.30 美元/平方米(建筑面积)/天左右,15 楼左右的合同价为 0.28 美元/平方米(建筑面积)/天)。

第一次谈判后相互都有一些大概的了解,为以后的谈判作铺垫,在运用了多种谈判技巧及心理战后,发展商董事会批出了一个较低的价格,客户完全可以按这个价格成交,但业务员预计到以后将要进行的技术性谈判中将会有一个大的争议(发展商的交房状况),所以仍然拒绝这个价格,为以防万一,并提出了更低的价格要求,第三天进行了技术谈判,果然争议点出现,而且危及客户的整笔搬迁预算,谈判进入暂时性的中断,但找到了替代方案。随后客人公司及其集团大老板又再次查看了该物业内另一楼层的单元,几天后,双方又坐回了谈判桌,在动用了各种谈判的弹性手段后,客户与发展商成交签字。

当天下午业务员又紧锣密鼓地挑选了几家设计公司、装修公司、布线公司、办公家具公司等供客户参考,以节省其时间。在装修期间业务员又经常去现场看看,所以客户最后满意地搬入位于人民广场附近的 A 物业。

如果将住宅租赁看做是"个人对个人",那么办公房租赁就是"个人对公司";如果用颜色明快的套装来形容住宅房屋租赁人的衣着,那么在一办公房租赁的衣着世界里只有黑与灰,如果把做住宅租赁所考虑的比作"微观"的话,那么办公房租赁所考虑的就是"宏观",做办公房租赁,必须从第一次见面起,就让业务员自身的专业形象深深扎根在客户的脑海里。

做办公房租赁通常有一套专业的模式,每个公司不同、方式也不同,但客户可以从代理公司做事的方式上来洞察其是否专业。

一般而言,对于建筑面积小于 500 平方米,都习惯称之为"小面积",所以凭一人的能力足可做下来,对于建筑面积大于 1000 平方米则称之为"大面积",因此必须有一个团队来做(团队人数可视具体情况而定)。

2.业务员体会

对于大面积的办公房租赁而言,非常讲究团结与集体智慧。

在这个案例中,当我的上司得知某世界著名跨国大公司总部将迁至上海,办公房面积首期约2000多平方米(建筑面积),我迅速成立一个特别的团队,投入获胜机会很小的竞争,我们由被动转为主动,几度危在旦夕却又峰回路转。我们几乎天天开会,天天加班工作,有时甚至工作到凌晨才回家,分析所面临的情况,做各种专业详细的案头工作,讨论我们每一步计划及行动,历时3个月的艰苦努力工作,我们终于成功地做下了这笔众多代理公司可望而不可即的大单子,使该客户顺利入住位于浦东小陆家嘴地区的B物业内办公,租赁面积为3000多平方米(建筑面积)。

对于大面积办公房而言,有很多关键之处,专业的案头工作、团结合作的精神尤为重要。专业的技巧、严格的工作方式、谨慎的工作态度等,每一个细微之处都必须恰到好处地处理好。

思考题

1.房屋租赁应具备哪些条件?

2.房屋租赁合同应具备哪些主要条款?

3.房屋承租人和出租人各有哪些权利和义务?

4.怎样进行房屋租赁备案?

5.房屋租赁代理形式主要有哪些?

6.房屋租赁代理合同的主要内容是什么?

第9章

房地产抵押代理

9.1 房地产抵押概述

9.1.1 房地产抵押的概念与特征

房地产抵押是指抵押人以其合法的房地产以不转移占有的方式向抵押权人提供债务履行担保的行为。债务人不履行债务时,抵押权人有权依法以抵押的房地产拍卖、变卖、折价的价款优先受偿。

抵押人是指将依法取得的房地产提供给抵押权人,作为本人或者第三人履行债务担保的公民、法人或者其他组织。

抵押权人是指接受房地产抵押作为债务人履行债务担保的公民、法人或者其他组织。

房地产抵押作为担保形式一种,具有担保共同的特点,同时,房地产抵押又具有其独有的特征。

1.房地产抵押是以合法主债权成立为前提的,它是一种从属于主债权的担保物权

主债权成立,抵押权也就成立,主债权不成立,抵押权也就不成立。在主债权无效的条件下,抵押权人不能受到物权的保护。主债权转让,抵押权也随之转让,但抵押权不得与主债权分离而单独转让或者作为其他债权的担保。抵押权与其担保的主债权同时存在,主债权消失的,抵押权也随之消失。

2.房地产抵押人的主体必须合格,所提供的房地产必须合法

首先,抵押人主体必须合格是指抵押人必须是抵押物的所有权人,或者是土地使用权人或房屋经营权人,享有对抵押物完全的自由的处分权。如果对作为抵押物的房地产没有所有权或仅有部分所有权的人,或者行使所有权受到一定程度限制的人或没有相应民事权利行为的人,则不能成为房地产的抵押人。其次,提供抵押的房地产必须合法是指所有权的取得是合法的,权利是无瑕疵的,其表现形式为拥有房地产权利凭证,或体现财产权利的已生效的预购房屋合同;若其无法定权利凭证以及相关的书面文件,如和他人共有的房地产、权属有争议的房地产或尽管已实际占有但无权利凭证的房地产,是不能作为抵押物的。

3. 抵押人是以其对房地产不转移占有方式, 向抵押权人提供债务履行的担保

对抵押权人来说, 目的不是为了取得抵押物, 而是为了取得抵押物的变现价值, 抵押权是以抵押物的交换价值为基础的。抵押人提供的是对抵押物所拥有的权利, 在抵押期间权利受到限制而不是使用功能受到限制。鉴于这个原因, 在抵押期间, 抵押人可以继续占有, 使用作为抵押物的房地产, 假如是已出租的房地产, 其收益权也不受限制。

不转移占有的方式并不影响债务履行的担保, 因为债务是未来的债务, 而且是从属债务。在债务履行期届满之前, 由于设定了确保交换价值不受破坏的机制, 不转移占有并不会降低抵押物的价值, 而且不转移占有也是抵押人所拥有的一种权利。

4. 债务履行期届满债务人不清偿债务时, 抵押权人有权依法以抵押的房地产折价、拍卖、变卖, 所得价款优先受偿

债务履行期已届满以及债务人不能清偿债务, 包括全部不能清偿或部分不能清偿, 只有当这前提条件出现后, 抵押权人才可以行使抵押权。这在民法原理上称作为附条件与期限的民事行为。当条件与期限不具备时, 是不能行使这一权利的。

有效的抵押权受到物权的保护, 可以优先受偿。即抵押权优先于普通债权, 这是一个原则。如果出现同一抵押物上设有两项抵押权, 则按生效的先后顺序受偿。

实现抵押权的方式,《城市房地产管理法》规定以拍卖的方式进行。当然, 拍卖是一种公正、公平的方式, 有利于保护双方当事人的利益。但也不排除采取双方(抵押权人与抵押人)经协商达成一致意见, 对抵押物予以折价、变卖等方式清偿债务。但在债务履行六个月前的约定, 属于流质契约性质, 应认为无效。

9.1.2　房地产抵押的种类

从不动产的形态来区分, 房地产抵押可以分为以下几类:

1. 预购商品房贷款抵押

预购商品房贷款抵押是指购房人在支付首期规定的房价款后, 由贷款金融机构代其支付其余的房价款, 将所购商品房抵押给贷款金融机构作为偿还贷款履行担保的行为。

2. 在建工程抵押

在建工程抵押, 是指抵押人为取得在建工程继续建造的资金的贷款, 以其合法方式取得的土地使用权连同在建工程的投入资产, 以不转移占有的方式抵押给贷款金融机构作为偿还贷款履行担保的行为。

3. 现有产权房抵押贷款

现有产权房抵押贷款是指抵押人为自己或第三人取得借款,以现有已取得房屋所有权证或土地使用证的房地产以不转移占有的方式抵押给出借人,作为履行债务担保。

4. 以出让方式取得国有土地使用权的贷款抵押

以出让方式取得国有土地使用权的贷款抵押是指受让人为取得借款而把出让所得的国有土地使用权以不转移占有的方式抵押给出借人的行为。

9.1.3　作为抵押物的条件

房地产抵押的抵押物随土地使用权的取得方式不同,对抵押物要求也不同。《城市房地产管理法》规定:"依法取得的房屋所有权连同该房屋占用范围内的土地使用权,可以设定抵押权。以出让方式取得的土地使用权,可以设定抵押。"从上述规定可以看出,房地产抵押中可以作为抵押物的条件包括两个基本方面:一是依法取得的房屋所有权连同该房屋占用范围内的土地使用权同时设定抵押权。对于这类抵押,无论土地使用权来源于出让还是划拨,只要房地产权属合法,即可将房地产作为统一的抵押物同时设定抵押权。二是以单纯的土地使用权抵押的,也就是在地面上尚未建成建筑物或其他地上定着物时,以取得的土地使用权设定抵押权。对于这类抵押,设定抵押的前提条件是,要求土地必须是以出让方式取得的。

建设部《城市房地产抵押管理办法》规定下列房地产不得设定抵押:

(1)权属有争议的房地产;

(2)用于教育、医疗、市政等公共福利事业的房地产;

(3)列入文物保护的建筑物和有重要纪念意义的其他建筑物;

(4)已依法公告列入拆迁范围的房地产;

(5)被依法查封、扣押、监管或者以其他形式限制的房地产;

(6)依法不得抵押的其他房地产。

9.1.4　房地产抵押的一般规定

(1)房地产抵押,抵押人可以将几宗房地产一并抵押,也可以将一宗房地产分割抵押。以两宗以上房地产设定同一抵押权的,视为同一抵押物,在抵押关系存续期间,其承担的共同担保义务不可分割,但抵押当事人另有约定的,从其约定。以一宗房地产分割抵押的,首次抵押后,该财产的价值大于所担保债权的余额部分可以再次抵押,但不得超出其余额部分。房地产已抵押的,再次抵押前,抵押人应将抵押事实明示拟接受抵押者。

(2)以依法取得的国有土地上的房屋抵押的,该房屋占用范围内的国有土地使用权同时抵押。以出让方式取得的国有土地使用权抵押的,应当将该国有土地上的房屋同时抵押。以在建工程已完工部分抵押的,其土地使用权随之抵押。《担保法》还规定,"乡(镇)、村企业的土地使用权不得单独抵押。以乡(镇)、村企业的厂房等建筑物抵押的,其占用范围内的土地使用权同时抵押。"

(3)以享受国家优惠政策购买的房地产抵押的,其抵押额以房地产权利人可以处分和收益的份额为限。

(4)以集体所有制企业的房地产抵押的,必须经集体所有制企业职工(代表)大会通过,并报其上级主管机关备案。

(5)以中外合资企业、合作经营企业和外商独资企业的房地产抵押的,必须经董事会通过,但企业章程另有约定的除外。

(6)以股份有限公司、有限责任公司的房地产抵押的,必须经董事会或者股东大会通过,但企业章程另有约定的除外。

(7)有经营期限的企业以其所有的房地产抵押的,其设定的抵押期限不应当超过该企业的经营期限。

(8)以具有土地使用年限的房地产抵押的,其抵押期限不得超过土地使用权出让合同规定的使用年限减去已经使用年限后的剩余年限。

(9)以共有的房地产抵押的,抵押人应当事先征得其他共有人的书面同意。

(10)预购商品房贷款抵押的,商品房开发项目必须符合房地产转让条件并取得商品房预售许可证。

(11)以已出租的房地产抵押的,抵押人应当将租赁情况告知债权人,并将抵押情况告知承租人,原租赁合同继续有效。

(12)企、事业单位法人分立或合并后,原抵押合同继续有效。其权利与义务由拥有抵押物的企业享有和承担。

抵押人死亡、依法被宣告死亡或者被宣告失踪时,其房地产合法继承人或者代管人应当继续履行原抵押合同。

(13)订立抵押合同时,不得在合同中约定在债务履行期届满,抵押权人尚未受清偿时,抵押物的所有权转移为抵押权人所有的内容。

9.2 房地产抵押合同与抵押登记

9.2.1 房地产抵押合同

1.房地产抵押合同的概念

房地产抵押合同是抵押人与抵押权人为了保证债权债务的履行,明确双方权利与义务的协议。房地产抵押是担保债权债务履行的手段,是随着债权债务合同的从合同,债权债务的主合同无效,抵押这一从合同也就自然无效。房地产抵押是一种标的物很大的担保行为,法律规定房地产抵押人与抵押权人必须签订书面抵押合同。

2.房地产抵押合同的内容

房地产抵押合同一般应载明下列内容:

(1)抵押人、抵押权人的名称或者个人姓名、住所;

(2)主债权的种类、数额;

(3)抵押房地产的处所、名称、状况、建筑面积、用地面积以及四至、房地产权利证书编号;

(4)抵押房地产的价值;

(5)抵押房地产的占用管理人、占用管理方式、占用管理责任以及意外损毁、灭失的责任;

(6)抵押期限;

(7)抵押权灭失的条件;

(8)违约责任;

(9)争议解决的方式;

(10)抵押合同订立的时间与地点;

(11)双方约定的其他事项。

以预购商品房贷款抵押的,须提交生效的预购房屋合同。

以在建工程抵押的,抵押合同还应当载明以下内容:

(1)《国有土地使用权证》、《建设用地规划许可证》和《建设工程规划许可证》编号;

(2)已交纳的土地使用权出让金或需交纳的相当于土地使用权出让金的款额；

(3)已投入在建工程的工程款；

(4)施工进度及工程竣工日期；

(5)已完成的工作量和工程量。

抵押物须保险的，当事人应在合同中约定，并在保险合同中将抵押权人作为保险赔偿金的优先受偿人。

抵押权人需在房地产抵押后限制抵押人出租、出借或者改变抵押物用途的，应在合同中约定。

9.2.2 房地产抵押登记

《城市房地产管理法》规定，房地产抵押应当签订书面抵押合同并办理抵押登记，《担保法》规定房地产抵押合同自登记之日起生效。房地产抵押未经登记的，抵押权人不能对抗第三人，对抵押物不具有优先受偿权。

鉴于我国各地土地和房地产管理体制差别很大，有多种管理模式，法律规定以城市房地产或者乡(镇)、村企业的厂房等建筑物抵押的，其登记机关由县级以上人民政府规定。由于抵押权是从所有权这一物权上设定的他项权利——担保物权，即限制物权，其主要作用在于限制抵押人对抵押房地产的处分权利，未经抵押权人同意，抵押物不得进行转让、出租等处分，以避免担保悬空，所以登记机关只能从不动产的权属登记机关中指定，不能委托其他部门。由于房地产转让或者变更先申请房产变更登记后申请土地使用权变更登记是《城市房地产管理法》规定的法定程序，就房、地合一的房地产而言，房地产管理部门是唯一可确保未经抵押权人同意的抵押房地产不能合法转让的登记机关，因此各地普遍规定，以房、地合一的房地产抵押的，房地产管理部门为抵押登记机关；以地上无定着物的出让土地使用权抵押的，由核发土地使用权证书的土地管理部门办理抵押登记。

《城市房地产抵押管理办法》规定房地产当事人应在抵押合同签订后的 30 日内，持下列文件到房地产所在地的房地产管理部门办理房地产抵押登记：

(1)抵押当事人的身份证明或法人资格证明；

(2)抵押登记申请书；

(3)抵押合同；

(4)《国有土地使用证》、《房屋所有权证》或《房地产权证》，共有的房屋还应提交《房屋共有权证》和其他共有人同意抵押的证明；

(5)可以证明抵押人有权设定抵押权的文件与证明材料；

(6)可以证明抵押房地产价值的资料；

(7)登记机关认为必要的其他文件。

登记机关应当对申请人的申请进行审核。凡权属清楚、证明材料齐全的,应当在受理登记之日起 7 日内决定是否予以登记,对不予登记的,应当书面通知申请人。

以依法取得的房屋所有权证书的房地产抵押的,登记机关应当在原《房屋所有权证》上作他项权利记载后,由抵押人收执,并向抵押权人颁发《房屋他项权证》。

以预售商品房或者在建工程抵押的,登记机关应当在抵押合同上作记载。抵押的房地产在抵押期间竣工的,当事人应当在抵押人领取房地产权属证书后,重新办理房地产抵押登记。

抵押合同发生变更或者抵押关系终止时,抵押当事人应当在变更或者终止之日起 15 日内,到原登记机关办理变更或者注销抵押登记。

因依法处分抵押房地产而取得土地使用权和土地建筑物、其他附着物所有权的,抵押当事人应当自处分行为生效之日起 30 日内,到县级以上地方人民政府房地产管理部门申请房屋所有权转移登记。

9.2.3　抵押的效力

抵押期间,抵押人转让已办理抵押登记的房地产的,应当通知抵押权人并告知受让人转让的房地产已经抵押的情况;抵押人未通知抵押权人或者未告知受让人的,转让行为无效。转让抵押物的价款明显低于其价值的,抵押权人可以要求抵押人提供相应的担保;抵押人不提供的,不得转让抵押物。在抵押权人同意,抵押人转让抵押物时,转让所得的价款,应当向抵押权人提前清偿所担保的债权或者向与抵押权人约定的第三人提存。超过债权数额的部分归抵押人所有,不足部分由债务人清偿。

房地产抵押关系存续期间,房地产抵押人应当维护抵押房地产的安全完好,抵押权人发现抵押人的行为足以使抵押物价值减少的,有权要求抵押人停止其行为。抵押物价值减少时,抵押权人有权要求抵押人恢复抵押物的价值,或者提供与减少的价值相当的担保。抵押人对抵押物价值减少无过错的,抵押权人只能在抵押人因损害而得到的赔偿范围内要求提供担保。抵押物价值未减少的部分,仍作为债权的担保。

9.3　抵押房地产的占管与处分

9.3.1　抵押房地产的占用与管理

1. 占用与管理的含义

所谓占用与管理,是指在抵押期间,由抵押人对抵押房地产进行占用、使用与管理的行为。抵押房地产由抵押人而不是由抵押权人占用与管理,这是由抵押的性质决定的。抵押是不同于出典的,它是以不转移占有的方式向抵押权人提供的债务履行担保的行为。因而抵押人占用抵押房地产是一种法定权利。在抵押期间对抵押房地产进行管理,这是由抵押合同约定的。抵押期间的管理是一种兼有责任和约定的必须履行的义务。

2. 占用与管理的内容

(1)抵押人应当维护抵押房地产的安全与完好。除政府建设需要进行拆迁外,未征得抵押权人的书面同意,抵押人不得将已设定抵押权的房地产出售、交换、赠与、拆除或者改建。

(2)有义务接受抵押权人对抵押房地产按照抵押合同约定的程序进行监督、检查。如抵押人有不尽管理之职的行为,应接受抵押权人的指正并及时根据整改要求采取措施。

(3)如果抵押房地产发生毁损、灭失的意外情况,抵押人应当及时将情况通知抵押权人,同时应采取有效措施防止损失的扩大。抵押人有义务按所投的保险向保险公司索赔,所得赔款应作为抵押财产按合同约定进行处分。如果抵押的房地产因抵押人的行为造成损失,导致抵押房地产的价值不足以履行债务担保时,应承担赔偿责任。抵押人有义务与责任根据抵押权人的要求重新提供或者增加担保以足以弥补所遭受的损失。如果抵押人对抵押房地产价值减少并无过错的,抵押人只需在合法合理的赔偿所得范围内提供担保。当然,抵押房地产价值余存的部分,仍应作为原抵押合同约定的抵押物,抵押人负有义务履行管理责任。

(4)由于抵押权从属于债权,因此,债权转让,抵押权也往往转让(当然也有例外情况)。由于抵押权人的变化,故应重新签订抵押权转让合同,并办理抵押权变更登记手续。

(5)抵押期间,抵押人暂时不能行使对抵押房地产的处分权。而抵押权人则相应可以行使抵押合同约定的处分权。经抵押权人书面同意,抵押人可以转让或者出租抵押房地产,但所得价款应当向抵押权人提前清偿所担保的债权。或者向与抵押权人约定的第三人提存,超过债权数额的部分,归抵押人所有,不足部分由债务人清偿。

(6)已设定抵押权的房地产列入拆迁范围的,抵押人应当及时书面通知抵押权人。以交换产权方式补偿的,以交换所得房地产重新设定抵押权,并相应变更抵押合同;实行作价补偿,由抵押人将所得补偿金提前清偿所担保的债权,或提存公证作为抵押财产处理,到届满时进行处分。

(7)抵押房地产发生继承、赠与、析产的,承受人应当及时书面通知抵押权人,并应承担所继承、受赠以及分得的与抵押房地产实际价值相应的抵押担保义务。

9.3.2 抵押房地产的处分

1.抵押房地产处分的概念

债务履行期届满抵押权人未受清偿的,抵押权人依法对抵押房地产采取折价、拍卖或变卖,以所得价款优先受偿。抵押权人行使处分权是抵押法律关系最为重要的一项权利,是抵押的实质,是债权得以实现的手段。

2.抵押房地产处分的前提条件

处分抵押房地产必须具备一定的条件,作为一种附条件的民事行为,只有当合同所约定的条件出现时,才能行使这一权利。债务履行期届满时债务人不履行债务,是抵押权人处分抵押房地产的前提条件。根据归纳可以分为以下几种情况,凡是具备下列情况之一的,抵押权人就有权要求处分抵押房地产:

(1)债务履行期满,抵押权人未受清偿的,债务人又不能与抵押权人达成延期履行协议的;

(2)作为公民的抵押人死亡或者被宣告死亡而无人代为履行到期债务的,或者抵押人的合法继承人、受遗赠人拒绝履行到期债务的;

(3)作为法人的抵押人被依法宣告解散或者破产的;

(4)抵押人违反规章的规定与合同的约定,擅自处分抵押房地产的;

(5)作为法人的抵押人发生减资、分立、清算情况而影响或者可能影响抵押合同履行的;

(6)抵押合同约定的其他情况。

3. 抵押房地产处分的方式

抵押权人在处分抵押房地产时,应当事先书面通知抵押人;抵押房地产为共有或者已出租的,还应同时书面通知共有人或者承租人。经抵押双方协商同意,可以通过拍卖这种公平公正的方式处分抵押房地产,当然也允许采取其他合法方式进行处分。协商不成的,抵押权人可以通过向不动产所在地人民法院起诉的方式来实现自己的合法权利。

4. 抵押房地产处分时的注意事项

(1)对以划拨方式取得的土地使用权连同地上建筑物设定的房地产抵押进行处分时,应当从处分所得的价款中缴纳相当于应当缴纳的土地使用权出让金的款项后,抵押权人才可优先受偿。

(2)处分抵押房地产时,可以依法将土地上新增的房屋与抵押财产一同处分,但新增的房屋不属于抵押财产,故处分新增房屋所得的价款,抵押权人无权优先受偿。

(3)除以拍卖方式处分抵押物之外,已出租抵押房地产的承租人,以及按份共有的抵押房地产的其他共有人,或者与抵押物不宜分割或者共同配套使用设施的房地产共有人,对处分的房地产拥有优先的购买权。

(4)尚在租赁期内的房地产处分后,抵押权设定前已出现的,原租赁关系继续有效;抵押权设定后出租的,原租赁关系自然终止。

(5)抵押人破产后,其破产前已设定抵押权的房地产不属破产之财产范围。但处分抵押物所得款项清偿债务的剩余部分,属于破产财产。

5. 抵押房地产处分所得分配顺序

根据建设部的规章,处分抵押物所得金额依下列顺序分配:

(1)支付处分抵押房地产的费用;

(2)扣缴抵押房地产应缴纳的税款;

(3)偿付债权本息及支付违约金;

(4)赔偿因债务人违反合同而对抵押权人造成的损害;

(5)剩余金额交还抵押人。处分抵押房地产所得款项不足以支付债务本息和违约金、赔偿金时,抵押权人有权向债务人追索不足部分。

6. 抵押权人的优先受偿权

(1)抵押权优先于一般债权。当抵押权与债权同时并列时,抵押权人优先受偿,多余的才清偿一般债权。

(2)同一房地产设定两个抵押权的,以抵押登记的先后顺序受偿。在规定期限内办理抵押登记的,优先于超过规定期限办理抵押登记者;均在规定期限内办理抵押登记的,以抵押合同生效的时间在前者为优先;均超过规定期限办理抵押登记的,以房地产登记机构受理登记的时间在前者为优先。

9.4 房地产抵押代理案例

代办抵押设陷阱　巨额楼款难收回[①]

1.案例介绍

杨某经 A 中介公司介绍,欲将其所属一处物业卖给李某,买卖双方及 A 中介公司签订了三方《房屋买卖合同》,约定该物业成交价为 27 万元。之后,买卖双方与负责该宗交易的 A 中介公司经纪人员一起到 B 房地产抵押代办服务公司办理委托该物业抵押贷款申请以及产权过户手续,杨某和李某分别与 B 房地产抵押代办服务公司签订了《委托书》,杨某并应 B 房地产抵押代办服务公司要求把该物业房地产权证留在该公司。

过了一段时间,杨某向 A 中介公司询问楼款事宜时被告知,所申请到的该物业抵押贷款银行发放给李某很久,该物业也被李某转到另一个人名下,A 中介公司表示对李某尚未交付杨某楼款一事不知情,公司也无义务跟进。获悉上述情况后,杨某当即到 B 房地产抵押代办服务公司讨说法,该公司辩称自身是严格按照与杨某所签订的《委托书》约定事项办理相关手续和业务的,此时杨某才注意到,在与 B 公司签订的《委托书》上有"委托人杨某不可撤销委托李某向 B 公司领取上述款项(所申请到的拟交易物业抵押贷款),并且要承认并承担委托事项所相应产生的经济及法律责任"的约定。

后经多方努力,杨某才从李某处收回 11 万元房款,而李某表示已无能力偿还余下的 16 万元房款。于是杨某要求 A 中介公司和 B 公司承担该 16 万元房款余额,但 A 中介公司称,公司已经按所签订的三方《房屋买卖合同》的约定促成了买卖双方之间的交易,无承担赔偿责任;B 公司也表示自身已经按照与杨某签订的《委托书》所约定的"出售杨某所属物业以及办理产权过户、申请住房抵押贷款、代收房款并转交李某"条款履行了义务,同样无任何过错。

---

① 张秀智. 实用房地产中介纠纷案例分析. 北京:东方出版社,2006

2. 案例分析

本案例中,卖方杨某不能收回已出售物业楼款的原因是陷入了"合同陷阱":当卖方获知所申请到的住房抵押贷款被转交给了买方时,才得知自己与 B 公司所签《委托书》上有"委托人不可撤销地委托买方向按揭公司领取上述款项(所申请到的住房抵押贷款),并且要承认并承担委托事项所相应产生的经济及法律责任"的约定。

本案例中,A 中介公司将此交易的相关代理业务转给 B 公司,杨某与买方没有提出异议,A 中介公司没有违反《广州市房地产中介服务管理条例》第十八条"房地产中介服务机构未经委托人同意,不得将受委托的中介服务业务转托给其他中介服务机构"的规定,A 中介公司在此纠纷中无过错;但是,杨某与 B 公司所签《委托书》内容显失公平,含有会给当事人造成损失的可能,也不排除 B 公司与买方李某有串通的可能。根据《合同法》规定,该《委托书》无效,杨某可据此依法向 B 公司提出赔偿经济损失的要求。

对业主而言,从本案例卖方杨某的遭遇中可以吸取的教训是:第一,办理住房抵押贷款时,要委托有资质、信用好的房地产抵押代办服务公司;第二,对于所签合同中各项条款,都要仔细阅读,遇到无法理解或意思不明确的条款,可先咨询专业人士,切不可草率签字,例如本案例中,杨某在与 B 公司签订《委托书》时能警觉地辨识有些约定条款是"陷阱",或许可以避免无法及时收回已售物业楼款的"遭遇";第三,楼款最好亲自收取,尽量不要委托他人代收。

思考题

1. 房地产抵押的概念和特点是什么?
2. 房地产抵押的条件是什么?
3. 房地产抵押一般规定有哪些?
4. 为什么要进行房地产抵押登记? 怎样进行房地产抵押登记?
5. 如何进行抵押房地产的处分?

第 10 章

房地产权属登记代理

10.1 房地产权属登记概述

10.1.1 房地产产权

1.房地产产权的概念和特征

房地产产权是指房地产权利人以房地产为标的物,对其直接进行支配并共享受其利益的排他性权利。它具有以下四个特征:

(1)房地产产权是房地产所有制关系的法律表现,它是房地产权利人以房地产为标的物所享有的一种物权。

(2)房地产产权是由房地产权利人直接行使的。这是房地产产权的基本特征。房地产产权人可以依照自己的意愿对其拥有的房地产直接行使其权利,无须他人作出意思表示或义务人的行为介入。

(3)房地产产权是以房地产权利人直接支配房地产并享受其权益为内容的。房地产产权作为一种财产权,具有物质的内容,直接体现为财产利益的权利。

(4)房地产产权是一种排他性的权利。房地产产权人有权排除他人对其行使房地产产权的干涉,而且同一房地产上不允许有内容相同的房地产权利并存。因此,为了维护交易的安全,法律规定房地产产权的转移必须以登记为准。

2.房地产产权的种类

(1)房地产所有权。房地产所有权是房地产所有人在法律规定的范围内独占性地支配其所有财产的权利。房地产所有人可以对其所拥有的房地产行使占有、使用、收益、处分的权利,并可以排除他人对于其财产违背其意志的干涉,它是一种最充分、最完整的财产权或物权。为了充分发挥房地产效用,从房地产所有权中还可以分离、派生、引申出其他各种权能和权利。

(2)房地产占有权。房地产占有权是指依法对房地产进行实际支配和控制的权利。房地产占有可以分为所有权人占有和非所有权人占有。在非所有权人占有时,又可分为合法占有和非法占有。合法占有,是指符合法律规定,并通过签订契约等形式经房地产所有权人认可的占有;非法占有是指非所有权人既无法律根据,又未经与产权人订立契约而占有他人的房地产的行为,这种占有是违背所有权人的意志的。在非法占有中，又有善意和恶意之分。当占有人不知或无须知道他的占有是非法时，叫做善意占有；当占有人知道或者应当知道他的占有是非法的，叫做恶意占有。房地产占有权是房地产所有权的一项重要权能，当房地产占有权与房地产所有权发生分离时，该项房地产也与所有权人发生分离，分离出去的占有权便对所有权形成一种限制。

(3)房地产用益权。房地产用益权可分为房屋使用权及土地使用权、房地产开发经营权、地上权、地役权和房地产典权。

①房地产使用权。房地产使用权是指房地产所有者或非所有者按照房地产的性能和用途，依法对房地产进行有效使用，以获得利益的权利。房地产使用权可以由房地产所有权人使用，也可以由非所有权人使用。非所有权人使用又可以分为合法使用和非法使用。合法使用是指非所有权人依照法律规定或者与所有权人约定合法地使用他人的房地产；非法使用指未经所有权人同意而使用他人的房地产。

②房地产开发经营权。房地产开发经营权是指房地产所有者或非房地产所有者依法对房地产进行各种资本的投入，在地上或地下建造、敷设、修筑各种系统、设施和建筑物的权利。房地产开发经营权由房地产所有者行使，也可以依据法律、行政命令或依房地产所有者的意志由非房地产所有人行使。

③地上权。地上权是指以在他人的土地上拥有建筑物或其他构筑物等为目的而使用他人土地的权利。地上权是根据法律、行政命令并通过签订契约等形式经土地所有权人认可而取得的。

④地役权。地役权是传统民法上的一种物权，它是为自己(所有人或使用人)的土地的便益而使用他人(所有人或使用人)土地的权利。具体是指土地所有者或使用者根据土地现场的自然状况，或根据法律规定的义务，或根据所有权人之间的契约，依法享有敷设、兴建、修筑为公共利益所必需的各种运输系统或设施而占有、使用、勘察他人土地的权利。

⑤房地产典权。房地产典权是我国特有的物权形式。它是以支付典价，占有他人房地产并进行使用、收益的权利。这种权利规定，产权人将其土地及地上建筑物、其他附着物以商定的典价典给承典人，承典人除了享有对出典的土地和地上建筑物、其他附着物的使用权外，在典权存续期内，还可以将典物转典，或出租给他人，或将典权转让给他人，并且可以以典权作为抵押权的标的物。在典期内，承典人所付出的典价不收利息，出典人典给的典当物不收租金。出典人退还典价，可以赎回土地及地上建筑物、附着物的使用权。

(4)房地产处分权。可以分为房地产出售权、房地产租赁权、房地产继承权、房地产赠与权、房地产抵押权等五种。

①房地产出售权。是指房产所有者或土地使用者在房地产市场依法将房地产出卖给购买者的权利。

②房地产租赁权。是指房产所有者或者土地使用者依法或依合同规定,作为房地产出租人,将房地产随同地上或地下建筑物及其他附着物租赁给承租人使用,由承租人向出租人支付租金的权利。

③房地产继承权。是指房产所有者和土地使用者死亡后,其房产或其土地使用权期限未满的,可由其合法继承人,或根据房产所有者或土地使用者的意志遗赠给他人。

④房地产赠与权。是指房产所有者或土地使用者将其所获得的房地产所有权或土地使用权无偿赠给他人的权利。

⑤房地产抵押权。是指债务人或第三人以其所拥有的房地产作为履行债务的担保,当债务人不履行债务时,债权人有权从其抵押的房地产的价值中优先得到清偿的权利。

我国目前有法律依据的房地产产权包括:国家土地所有权、集体土地所有权、国有土地使用权、集体土地使用权、国有房屋所有权、法人房屋所有权、公民个人房屋所有权以及房地产他项权利等。

3. 房地产产权的取得

房地产产权的取得,是指在我国享有民事法律关系主体资格的国家机关、法人、社会团体和公民,因某种法律确认的事实存在,得到对房地产占有、使用、收益或处分的权利。房地产产权的取得可以分为两大类:一类是原始取得(又叫最初取得),另一类是继受取得(又叫传来取得),它们之间的区别主要在于是否以原产权人的所有权和意志为依据而取得所有权。

(1)原始取得。这是根据法律规定,不以原产权人的所有权和意志为根据,而直接取得所有权。主要包括:因建造取得房地产产权;因没收取得房地产产权;因无主取得房地产所有权等。

(2)继受取得。这是指房地产所有权人通过某种法律行为从原所有人那里取得财产的权利,它是最常见的房地产产权取得方法。如通过买卖、交换、继承、赠与等。

4. 房地产产权的消灭

房地产产权的消灭,是指因某种法律事实的出现,使原房地产产权人失去了对房地产占有、使用、收益或处分的权利。归纳而言,能引起房地产所有权消灭的法律事实主要有以下几种:

（1）房地产产权主体的消灭。如房地产产权人死亡（自然死亡或宣告死亡）或法人被终止而导致房地产成为无主财产。

（2）房地产产权客体的消灭。如因自然灾害、爆炸、战争等引起房地产的毁灭。

（3）房地产产权因转让引起消灭。如房地产买卖、赠与、交换、继承等引起原产权人对产权的丧失。

（4）房地产产权因国家行政命令或法律判决而丧失。如国家行政机关对房地产所有权人的房地产进行征用、征购、拆迁，该房地产产权人必须服从国家行政机关依法作出的决定，除依法得到相应的补偿外，其房地产产权因征用、征购、拆迁而消灭。又如土地使用权出让方未按合同的规定使用土地，土地主管部门可以收回土地的使用权；或按社会公共利益的需要，国家可以依照法律程序提前收回土地使用权等。

（5）房地产产权人放弃房地产所有权。房地产产权的取得和消灭是一种民事法律行为，因此房地产产权的取得或消灭，当事人双方必须意思表示一致，签订书面协议，并到房地产所在地的房地产管理部门申请登记，办理房地产过户手续以及房地产权属终止手续。

5. 房地产产权共有

（1）房地产产权共有的概念与特征

房地产产权共有，是指两个或两个以上的公民或法人对同一房地产所享有的所有权。因共有同一房地产而产生的各个共有人之间的权利和义务关系，称之为房地产共有关系。房地产产权共有具有以下法律特征：

①房地产产权共有的主体不是单一的，而是两个以上的公民、法人或公民与法人。如某一幢二层的房屋属于甲、乙两人所有，它的主体是多数人，而不是单一主体。

②房地产产权共有的客体是特定的独立物。在房地产共有关系存续期间，不能分割为各个部分由各个共有人分别享有所有权，而是由各个共有人共同享有其所有权，各个共有人的权利及其共有房地产的全部。

③房地产产权共有人对其共有的房地产按照各自的份额平等地享有权利。但是房地产共有人对于自己权利的行使并不是完全独立的，在许多情况下要体现全体共有人的意志，要受其他共有人的利益的制约。

（2）房地产共有关系的种类

我国《民法通则》确认了两种共有形式：按份共有和共同共有。根据房地产共有人权利和义务的不同，房地产共有关系也可以分为按份共有关系和共同共有关系两种。

①房地产按份共有。这是指两个以上房地产产权人对同一项房地产按照份额享受权利和承担义务的关系,它是一种最常见的共有关系,可以发生在公民之间、法人之间,也可以发生在公民和法人之间。之所以产生按份共有关系的法律事实,其主要原因:一是因合作、合资共建房地产而产生的共有关系;二是因共同出资买受的房地产所产生的共有关系;三是因数人继承同一房地产而产生的共有关系;四是因分家析产而产生的共有关系。

按份共有人的权利主要表现在:一是对自己的份额享有占有、使用、收益和处分的权利,即拥有与自己的份额相对应部分的房地产产权;二是房地产按份共有人之一如放弃自己的权利,其他共有人可以按比例分享其份额;三是房地产共有人要出卖自己的房地产份额时,在同等条件下,其他共有人有优先购买的权利。

按份共有人的主要义务:一是爱护房地产公共部位的设施;二是负责消防、人防、绿化和环境卫生;三是按自己的份额和比例,分摊房屋维修费、管理费和房地产税费等,不得以任何理由拒交或迟交。

②房地产共同共有。这是指两个以上的房地产产权人对全部共有房地产享有平等权利的关系。房地产共同共有关系是不确定份额的共有,只要这种共有关系存在,各共有人就不能划分自己对该共有房地产的份额,只有在共同共有关系消灭,对共有房地产进行分割时,才能确定各个共有人应得的份额。

房地产共同共有人的共有关系是由法律直接规定或由合同约定的,对共有房地产享有完全平等的权利。房地产共同共有人都有权对该房地产进行占有、使用、收益和处分。但同时房地产共同共有人的义务也是共同平均分摊的,在对外关系上,由全部共有人承担连带的法律责任。

6.建筑物区分所有

(1)建筑物区分所有的概念

建筑物的所有形态有三种,单独所有、共同所有、区分所有。单独所有是一个人拥有一栋建筑物的所有权;共同所有为数人共同拥有一栋建筑物的所有权;区分所有则是将一栋建筑物分割为不同部分而为众多的住户所有。其中所谓的区分,就是数人区分一建筑物而各有其一部分。例如,一幢三层楼房,甲、乙、丙各有一层,这是纵的区分;再如同一层楼房共有三套住房,甲、乙、丙各有一间,这是横的区分。

区分所有是区分一建筑物的特定部分为其所有权的标的。严格而言,这与物权的客体须为独立物以及一物一权主义原则不相符合。但依社会观念,一建筑物区分为若干部分,而各有该部分的所有权,应为常有之事,而且这样也不妨碍物权的公示,无害于交易的安全。基于物权客体的独立性原则,区分所有的特定部分,须具备一定的条件,才可以为建筑物区分所有的客体。这些条件有:①须具有构造上的独立性,即被区分的部分在建筑物的构造上可以被区分而与建筑物其他部分隔离。至于是否具有此项独立性,应依一般的社会观念而确定。例如,一排房屋以固定的墙壁相隔而成为独立的一户,一栋楼房以固定的楼板分隔为独立的一层。但房屋以屏风相隔而成,即不具有构造上的独立性。②须具有使用上的独立性,即建筑物被区分的各部分,可以为居住、工作或其他的目的而使用。其主要的区分标准,在于该区分的部分有无独立的出入门户。如果该区分部分必须利用相邻的门户方能够出入的,就不具有使用上的独立性。

(2)建筑物区分所有的内容

①专有部分。这是指数人区分一建筑物而各有的那一部分。以此专有部分为客体的区分所有权,为各区分所有人单独所有,在性质上与一般所有权并无不同。但此项专有部分与同一建筑物上其他专有部分有密切的关系,彼此休戚相关,具有共同的利益。因此区分所有人就专有部分的使用、收益、处分,不得违反各区分所有人的共同利益。例如,就专有部分的改良、使用,足以影响区分所有建筑物的安全时,不得自行为之。再如就专有部分为保存、改良或管理的必要时,有权使用他人的专有部分。

②共有部分。这是区分所有的建筑物及其附属物的共同部分,即专有部分之外的建筑物的其他部分。如建筑物的支柱、屋顶、外墙等基本构造部分,建筑物的楼梯、走廊、电梯、自来水管、贮水塔、消防设备、大门等公用部分。另外,还有仅为部分区分所有人所共有的部分,如各楼层间之楼板、房屋之间的隔墙。

建筑物的共有部分为相关区分所有人所共有,均不得分割。各区分所有人对共有部分,应按其目的加以使用。共有部分的修缮费以及其他负担,由各区分所有人按其所有部分的价值分担。

另外,区分所有人为管理区分所有的建筑物,可以设置管理委员会,管理委员会由区分所有人或其代表组成,对建筑物的保存、使用进行管理。

(3)建筑物区分所有权

建筑物区分所有权有一元论说、二元论说、三元论说,其中三元论说被称为"最广义区分所有权说"。认为建筑物区分所有权,系由区分所有建筑物的专有部分所有权,共用部分持分权及因共同关系所生的成员权三要素所构成的一种特别所有权。

①专有部分所有权。专有部分所有权系指区分所有权人对于专有部分予以自由使用、收益与处分并排除他人非法干涉权利,其中最常见的就是对区分所有权建筑物专有部分修缮、改良装修的权利。任何人购买房屋,首先看中的就是自己对于专有部分的权利,但对于专有部分的范围则有着多种不同的看法:中心说、空间说、最后粉刷表层说、壁心和最后粉刷层面说等。但无论其范围如何,对于专有部分所有权的内容还是有着较为一致的看法:a.所有权:房主作为专有部分所有权人,其权利与一般所有权人的权利相同。房主可以使用、转让他的住房,也可以在房屋上设定抵押。b.相邻使用权:一幢楼房中,各房主的房屋紧密地排列在一起,形成了立体的相邻关系。各房主为了保障自己的专有部分的使用,往往不得不使用其他人的专有部分,如自己房屋中漏水,必须从楼上人家的地板中维修;同一楼洞中上下水管的维修需于某一房主屋内进行。这些情况发生时,负有义务的房主必须容忍他人对自己房屋的利用,不得拒绝他人的合理要求。

②共有部分所有权。区分所有权人对共有部分的权利内容共有三项:a.使用权;b.收益权;c.修缮维护权。作为一项基本的权利,对共有部分的使用权是必不可少的。这样的使用权不因为各个区分所有权人的专有部分的面积的大小而有差异。不能因为某人因为房子面积占了整个建筑物面积的一半,他就可以独享楼梯的一半。任何区分所有权人都可以平等地使用这些公共设施,但由于各公共设施本身的性质所限,有的可以共同使用,有的则只能轮流使用,如楼梯、电梯、供大家休息的凉台,就可以由大家共同使用,而电话和卫生设施就只能轮流使用。除了基本的使用权外,收益权和修缮权也同样重要。

③成员权。一建筑物内的所有房主各自使用自己的专有部分,共同使用共有部分,在这一过程中,不可避免地要相互帮助、影响与容忍,结成了一个共同体。为了管理相互之间的共同事务及共有部分的使用收益,不得不形成了一个组织,借助其力量共同实现其目的。每一个房主在这个团体中就具有一项权利——成员权。这项权利源于房主间的共同关系,不可转让,也不可与所有权分离。成员权人所享有的权利可归纳为以下几项:a.表决权。业主参加全体业主大会,对大会讨论的事项享有投票表决权。b.参与制订业主公约和管理制度的权利。c.选举及解聘管理者的权利。业主有权选举和罢免(管理人)业主委员会成员;有权选(解)聘(管理服务人)物业管理公司,但业委会与物业管理公司签有物业管理服务合同,在解聘时要承担一定的违约责任。d.请求权。业主可请求召开业主大会,请求分配物业建筑物共用部分应得的利益,请求正当管理共同关系的事务,请求停止侵犯其共同利益的行为。e.参与权和监督权。业主有对业主委员会、物业管理公司的物业管理服务水平和收费情况享有监督的权利。

10.1.2　房地产登记制度概述

由于世界各国历史、社会、人文、政治体制等因素的差异,其不动产登记制度也不相同。总体来看,现今世界各国采用的房地产(不动产)登记制度分为三大类:契据登记制、产权登记制和托伦斯登记制。

1.契据登记制

首创于法国,所以也称法国制。契据登记制是政府设专门机构,对经当事人订立的不动产转让契约所载内容在专设的簿册上进行登记。登记机关对登记的申请只采用形式审查,即契约和申请登记的手续是否完备,登记的内容,即契据内容是否完整,不作实质性的审查。

契据登记是以契约为生效条件,即当事人之间一经订立契约,即发生权利移转的效力,不以登记为生效条件。所以,一般认为,契据登记是无公信力的,其登记无强制性,当事人之间是否申请登记属自由意愿。契据登记制施行于法国、意大利、比利时、西班牙、挪威、日本、丹麦、葡萄牙、巴西等南美若干国家及美国多数州,其特点为:

(1)形式审查主义。登记人员对于登记的申请,采用形式审查,至于契据所载权利事项有无问题,则不过问。

(2)登记无公信力。已登记权利事项,如有第三人出面主张权利,仍应依实体法确定其权利的归属。

(3)不强制性。土地权利登记与否,由当事人决定,法律并无强制规定。

(4)登记簿采取人的编成主义。契据登记制登记簿编成不以土地为准,而以土地权利人登记次序之先后编制。登记完毕仅在契约上注记经过,不发权利书状。

(5)登记以土地权利之动态为主。登记侧重土地权利变动情形,是以课税为主的登记制度。

(6)土地权利的变动,以登记为对抗第三人之要件。即土地权利的取得或变更,依当事人意思订立契约就发生法律效力,但是如果要获得对抗第三人的效力,则需要办理登记,登记成为为对抗第三人的要件。

2.产权登记制

权利登记制度为德国法所首创,因而又称德国登记制。按照权利登记制度,不动产物权的变动,仅有当事人的意思表示一致并订立契约尚不能发生效力,必须经登记才能生效。即不动产物权的变动不经登记不发生效力,也不具有对抗第三人的效力。因此,权利登记制度又称登记要件主义。目前实行此种登记制度的国家除德国外,还包括瑞士、荷兰、捷克、南斯拉夫、奥地利、匈牙利、埃及等国家。该种登记制度具有以下法律特征:

(1)登记要件主义。不动产物权的取得或变更,以登记作为其发生效力的必要条件,如不登记,当事人虽订立了契约,也不能对抗第三人,并且在当事人之间也不发生物权变动的效力。如果当事人要使其不动产物权的变动生效,除订立契约外,还必须办理登记手续。

(2)实质审查主义。登记机关对于当事人的登记申请,有实质审查的权力,即不仅审查登记申请所必须具有的形式要件,还就土地权利变动的原因与事实是否相符,申请文件是否有瑕疵等均予以审查,经审查无误后,方予以登记。

(3)登记具有公信力。公众可以信赖已经登记的权利具有确定的效力。登记簿上所记载的权利事项,即使在实体法上由于登记原因不成立,或有无效或得以撤销的情形,也不得以其不成立、无效或撤销而对抗善意第三人。也就是说,登记簿上所载权利事项,对于善意第三人在法律上有绝对效力。

(4)登记实行强制主义。不动产物权的取得、设定、变更、丧失,非经登记不生效力。

(5)登记簿实行物的编成主义。土地登记簿依地段、地号先后的次序编成。登记完成后,登记机关仅在契约上注记登记的经过,不向申请人发放权利书状。

(6)登记以土地权利的静态为主,即登记簿首先记载土地权利的现状,再记载土地权利的变动情形。

3. 托伦斯登记制

托伦斯登记制度因该制度的创设者而得名。托伦斯曾任海关税务员,后任南澳洲登记长,因熟悉船舶登记法律,由船舶登记的观念类推构想,于1858年在澳洲创立登记制度。因为该登记制度创始于澳洲,因而又称澳洲登记制度。依据托伦斯登记制度,土地经登记后,其权利具有确定性质,从而为权利的转移提供了便利。其具体做法是,首先由登记机关做一次土地权利的总清理,代替私人之间对土地权源的调查,并以政府交付的权利书状代替私人之间的契约行为。一般认为,该制度的基本精神与权利登记制度有诸多相同之处。目前采用该登记制度的国家包括爱尔兰、加拿大、菲律宾、泰国、马来西亚、南非、苏丹等。此外,美国的十余个州也采用此登记制度。托伦斯登记制度具有以下法律特征:

(1)登记非强迫性。即不强制一切土地必须向政府申请登记,登记与否,任由当事人自行决定。但土地一经申请第一次登记后,日后如有土地移转或变动,非经登记,不生效力。

(2)登记采取实质审查主义。登记人员对于登记申请,有实质审查的权限,登记原因及证明文件详细审查是否有误,必须公告时应经过公告程序,而后始能确定登记。

(3)登记具有公信力。土地一经登记,即有不可推翻的效力,国家保证其权利,任何人应信赖其登记。

(4)登记后发放土地权利书状。土地权利书状为登记人享有登记的土地权利的凭证。在土地为第一次所有权登记时,登记机关依权利状态制作土地权利书状一式二份,一份交申请人保存,作为确认权利的证明;一份存登记机关,以备编成登记簿。

(5)地上如设定权利负担,应为负担登记。已登记土地上如有抵押权等他项权利设定时,应办理他项权利设定变更登记。

(6)登记人员负因登记错误的损害赔偿责任。

(7)登记簿采取人的编成主义,并应用地籍图以辅助登记簿说明的不足。

10.1.3　我国房地产登记制度的特点

我国房地产产权登记是国家依照法律规定对土地所有权、土地使用权和房屋所有权以及房地产他项权利进行注册的一种制度。我国现行的房地产登记制度,类似德国式登记制,兼采托伦斯登记制,但又有自己的特点,概括起来,主要有以下几点:

1.房地产登记由不同登记机关分别登记

房屋与所占用的土地使用权是不可分割的,房地产产权的登记本应当是一次进行的,证书也应当只领取一个,但由于我国对房地产事项由房屋与土地分部门管理,所以房地产权属登记一般是土地使用权和房屋所有权登记分别在土地管理机关和房地产管理机关进行。

2.房地产权属登记为房地产权利动态登记

当事人对房地产权利的取得、变更、丧失均须依法登记,不经登记,不发生法律效力,不能对抗第三人。房地产权属登记,不仅登记房地产静态权利,而且也登记权利动态过程,使第三人可以就登记情况,得知该房地产权利状态。

3.房地产权属登记采取实质性审查

房地产权属登记时,登记机关对登记申请人提出的登记申请,不仅要审查形式要件,而且还必须对申请登记的权利的权源证明是否有效进行严格审查,并要进行实地勘验。形式要件与实地勘验结果一致,方予以登记。

4.房地产权属登记具有公信力

依法登记的房地产权利受国家法律保护,权属证书是权利人依法拥有房地产权利的唯一合法凭证。房地产权利一经登记机关在登记簿上注册登记,该权利对于善意第三人在法律上有绝对效力。

5.房地产权属登记实行强制登记制度

房地产权利初始登记后,涉及权利转移、设定、变更等,权利人必须在规定的期限内申请登记,若不登记,房地产权利便得不到法律保护,且要承担相应的法律责任。

6.颁发权利证书

房地产权属登记机关对产权申请人登记的权利,按程序登记完毕后,还要给权利人颁发权利证书。权利证书为权利人权利之凭证,由权利人持有和保管。

10.1.4　房地产登记的种类

按照房地产登记的客体、时间、权利、权利主体、权属关系等标准进行划分,我国房地产登记可有以下类型:

(1)按房地产登记客体划分:分为土地登记和房屋登记。

(2)按房地产登记时间划分:分为总登记(初始登记)和日常登记(变更登记)。

(3)按房地产登记权利划分:分为所有权登记、使用权登记和他项权利登记。

(4)按房地产登记权利主体划分:分为集体(团体)登记和个人登记。

(5)按房地产登记权属关系划分:分为公有和私有。在公有关系中,房地产登记可以分为全民所有房屋和集体所有房屋的登记,以及集体所有土地的登记;在私有关系中,指私有房屋的所有权和共有所有权的登记。

目前我国房地产登记分类一般按时间的先后分为总(初始)登记和变更(日常)登记,再结合登记的客体分为土地登记和房屋登记。

房地产总登记(初始登记)是指在一定时点及期限内,对本辖区范围(市或县)内的全部土地或者城镇全部房屋,进行普遍登记。房地产总登记是一种基础性的登记,是最初的、全面的土地和房屋的权属登记,其目的是确认产权。房地产总登记也属静态登记,即不论土地和房屋的权利是否发生变动或移转,都要进行的登记。按总登记的客体不同,可以分为土地总登记和房屋总登记。

房地产变更登记(房地产日常登记)是在总登记的基础上,根据房地产产权及使用状况的变更情况,随时办理的登记。变更登记的内容是根据变更的具体项目决定的,土地使用者、所有者或者房屋所有者,使用或拥有的土地或房屋,不管是什么原因,一旦发生变化,都应依规定时间申请变更登记。

10.2　土地登记代理

早在 1989 年原国家土地管理局就颁布实施了《土地登记规则》,并于 1995 年进行了修订。该规则颁布实施以来,对我国土地登记制度的建立和完善,明晰土地产权、保护土地权利人合法权益、维护社会稳定、促进国土资源管理和经济社会发展起到了重要作用。但是,随着经济社会的持续快速发展,以及我国土地管理法律制度的不断完善和土地使用制度改革的不断深化,规则已不能适应土地登记工作的实际需要。《物权法》的颁布实施,对土地登记的程序和内容提出了新要求,也为规范土地登记提供了千载难逢的良机。因此,国土资源部在总结《土地登记规则》实践经验的基础上,于 2007 年 12 月 30 日修订出台了《土地登记办法》,该办法自2008 年 2 月 1 日起施行。该办法一方面尽量不打破多年实践中已经形成的并被证明为科学可行的土地登记制度和确权体系,确保土地登记工作的连续性,减少因为修改法律而带来的执行上的成本;另一方面对地方在长期土地登记工作实践中摸索出的好的经验、做法,进行了归纳、总结 ,使《土地登记办法》在创新的基础上更加科学、完善。

10.2.1　土地登记概述

1.土地登记的概念

土地登记是指将国有土地使用权、集体土地所有权、集体土地使用权和土地抵押权、地役权以及依照法律法规规定需要登记的其他土地权利记载于土地登记簿公示的行为。其中,国有土地使用权,包括国有建设用地使用权和国有农用地使用权;集体土地使用权,包括集体建设用地使用权、宅基地使用权和集体农用地使用权(不含土地承包经营权)。

土地以宗地为单位进行登记。宗地是指土地权属界线封闭的地块或者空间。

2.土地登记原则

土地登记实行属地登记原则。

申请人应当依照《土地登记办法》向土地所在地的县级以上人民政府国土资源行政主管部门提出土地登记申请,依法报县级以上人民政府登记造册,核发土地权利证书。但土地抵押权、地役权由县级以上人民政府国土资源行政主管部门登记,核发土地他项权利证明书。

跨县级行政区域使用的土地,应当报土地所跨区域各县级以上人民政府分别办理土地登记。

在京中央国家机关使用的土地,按照《在京中央国家机关用地土地登记办法》的规定执行。

3. 土地登记类型

根据《土地登记办法》,土地登记分为:

(1)总登记;

(2)初始登记;

(3)转移登记;

(4)注销登记;

(5)其他登记。

其他登记又包括更正登记、异议登记、预告登记、查封登记、地役权的登记等。其中,异议登记、预告登记、查封登记和地役权的登记都是新增加的土地登记类型,体现了《物权法》的新规定。

4. 土地登记程序

土地登记程序按照申请→受理→审查→填写土地登记簿和土地归户卡→颁发土地权利证书顺序进行。

(1)申请

土地登记申请基本要求如下:

①土地登记应当由当事人共同申请,但有下列情形之一的,可以单方申请:a. 土地总登记;b. 国有土地使用权、集体土地所有权、集体土地使用权的初始登记;c. 因继承或者遗赠取得土地权利的登记;d. 因人民政府已经发生法律效力的土地权属争议处理决定而取得土地权利的登记;e. 因人民法院、仲裁机构已经发生法律效力的法律文书而取得土地权利的登记;f. 更正登记或者异议登记;g. 名称、地址或者用途变更登记;h. 土地权利证书的补发或者换发;i. 其他依照规定可以由当事人单方申请的情形。

②两个以上土地使用权人共同使用一宗土地的,可以分别申请土地登记。

③申请人申请土地登记,应当根据不同的登记事项提交下列材料:a. 土地登记

申请书；b. 申请人身份证明材料；c. 土地权属来源证明；d. 地籍调查表、宗地图及宗地界址坐标；e. 地上附着物权属证明；f. 法律法规规定的完税或者减免税凭证；g. 规定的其他证明材料。

申请人申请土地登记，应当如实向国土资源行政主管部门提交有关材料和反映真实情况，并对申请材料实质内容的真实性负责。

④未成年人的土地权利，应当由其监护人代为申请登记。申请办理未成年人土地登记的，除提交《土地登记办法》第九条规定的材料外，还应当提交监护人身份证明材料。

⑤委托代理人申请土地登记的，除提交《土地登记办法》第九条规定的材料外，还应当提交授权委托书和代理人身份证明。代理境外申请人申请土地登记的，授权委托书和被代理人身份证明应当经依法公证或者认证。

（2）受理

对当事人提出的土地登记申请，申请材料齐全、符合法定形式，或者申请人按照要求提交全部补正申请材料的，应当受理土地登记申请。对于申请登记的土地不在本登记辖区的，应当当场作出不予受理的决定，并告知申请人向有管辖权的国土资源行政主管部门申请；对于申请材料存在可以当场更正的错误的，应当允许申请人当场更正；对于申请材料不齐全或者不符合法定形式的，应当当场或者在五日内一次告知申请人需要补正的全部内容。

国土资源行政主管部门受理土地登记申请后，认为必要的，可以就有关登记事项向申请人询问，也可以对申请登记的土地进行实地查看。

（3）审查

国土资源行政主管部门应当对受理的土地登记申请进行审查。有下列情形之一的，不予登记：

①土地权属有争议的；

②土地违法违规行为尚未处理或者正在处理的；

③未依法足额缴纳土地有偿使用费和其他税费的；

④申请登记的土地权利超过规定期限的；

⑤其他依法不予登记的。

不予登记的，应当书面告知申请人不予登记的理由。

国土资源行政主管部门应当自受理土地登记申请之日起二十日内，办结土地登记审查手续。特殊情况需要延期的，经国土资源行政主管部门负责人批准后，可以延长十日。

(4)填写土地登记簿和土地归户卡

根据对土地登记申请的审核结果,以宗地为单位填写土地登记簿。土地登记簿是土地权利归属和内容的根据。土地登记簿应当载明下列内容:①土地权利人的姓名或者名称、地址;②土地的权属性质、使用权类型、取得时间和使用期限、权利以及内容变化情况;③土地的坐落、界址、面积、宗地号、用途和取得价格;④地上附着物情况。

土地登记簿应当加盖人民政府印章。土地登记簿采用电子介质的,应当每天进行异地备份。

根据土地登记簿的相关内容,以权利人为单位填写土地归户卡。

(5)颁发土地权利证书

土地权利证书是土地权利人享有土地权利的证明。土地权利证书包括:①国有土地使用证;②集体土地所有证;③集体土地使用证;④土地他项权利证明书。

根据土地登记簿的相关内容,以宗地为单位填写土地权利证书。对共有一宗土地的,应当为两个以上土地权利人分别填写土地权利证书。土地权利证书记载的事项,应当与土地登记簿一致;记载不一致的,除有证据证明土地登记簿确有错误外,以土地登记簿为准。

国有建设用地使用权和国有农用地使用权在国有土地使用证上载明;集体建设用地使用权、宅基地使用权和集体农用地使用权在集体土地使用证上载明;土地抵押权和地役权可以在土地他项权利证明书上载明。

土地权利证书由国务院国土资源行政主管部门统一监制。

10.2.2　土地总登记

土地总登记是指在一定时间内对辖区内全部土地或者特定区域内土地进行的全面登记。

土地总登记应当发布通告。通告的主要内容包括:

(1)土地登记区的划分;

(2)土地登记的期限;

(3)土地登记收件地点;

(4)土地登记申请人应当提交的相关文件材料;

(5)需要通告的其他事项。

对符合总登记要求的宗地,由国土资源行政主管部门予以公告。公告的主要内容包括:

（1）土地权利人的姓名或者名称、地址；

（2）准予登记的土地坐落、面积、用途、权属性质、使用权类型和使用期限；

（3）土地权利人及其他利害关系人提出异议的期限、方式和受理机构；

（4）需要公告的其他事项。

公告期满，当事人对土地总登记审核结果无异议或者异议不成立的，由国土资源行政主管部门报经人民政府批准后办理登记。

10.2.3　土地初始登记

初始登记是指土地总登记之外对设立的土地权利进行的登记。

根据不同情况，初始登记要求如下：

（1）依法以划拨方式取得国有建设用地使用权的，当事人应当持县级以上人民政府的批准用地文件和国有土地划拨决定书等相关证明材料，申请划拨国有建设用地使用权初始登记。新开工的大中型建设项目使用划拨国有土地的，还应当提供建设项目竣工验收报告。

（2）依法以出让方式取得国有建设用地使用权的，当事人应当在付清全部国有土地出让价款后，持国有建设用地使用权出让合同和土地出让价款缴纳凭证等相关证明材料，申请出让国有建设用地使用权初始登记。

（3）划拨国有建设用地使用权已依法转为出让国有建设用地使用权的，当事人应当持原国有土地使用证、出让合同及土地出让价款缴纳凭证等相关证明材料，申请出让国有建设用地使用权初始登记。

（4）依法以国有土地租赁方式取得国有建设用地使用权的，当事人应当持租赁合同和土地租金缴纳凭证等相关证明材料，申请租赁国有建设用地使用权初始登记。

（5）依法以国有土地使用权作价出资或者入股方式取得国有建设用地使用权的，当事人应当持原国有土地使用证、土地使用权出资或者入股批准文件和其他相关证明材料，申请作价出资或者入股国有建设用地使用权初始登记。

（6）以国家授权经营方式取得国有建设用地使用权的，当事人应当持原国有土地使用证、土地资产处置批准文件和其他相关证明材料，申请授权经营国有建设用地使用权初始登记。

（7）农民集体土地所有权人应当持集体土地所有权证明材料，申请集体土地所有权初始登记。

（8）依法使用本集体土地进行建设的，当事人应当持有批准权的人民政府的批准用地文件，申请集体建设用地使用权初始登记。

(9)集体土地所有权人依法以集体建设用地使用权入股、联营等形式兴办企业的,当事人应当持有批准权的人民政府的批准文件和相关合同,申请集体建设用地使用权初始登记。

(10)依法使用本集体土地进行农业生产的,当事人应当持农用地使用合同,申请集体农用地使用权初始登记。

(11)依法抵押土地使用权的,抵押权人和抵押人应当持土地权利证书、主债权债务合同、抵押合同以及相关证明材料,申请土地使用权抵押登记。同一宗地多次抵押的,以抵押登记申请先后为序办理抵押登记。

符合抵押登记条件的,国土资源行政主管部门应当将抵押合同约定的有关事项在土地登记簿和土地权利证书上加以记载,并向抵押权人颁发土地他项权利证明书。申请登记的抵押为最高额抵押的,应当记载所担保的最高债权额、最高额抵押的期间等内容。

(12)在土地上设定地役权后,当事人申请地役权登记的,供役地权利人和需役地权利人应当向国土资源行政主管部门提交土地权利证书和地役权合同等相关证明材料。

符合地役权登记条件的,国土资源行政主管部门应当将地役权合同约定的有关事项分别记载于供役地和需役地的土地登记簿和土地权利证书,并将地役权合同保存于供役地和需役地的宗地档案中。

供役地、需役地分属不同国土资源行政主管部门管辖的,当事人可以向负责供役地登记的国土资源行政主管部门申请地役权登记。负责供役地登记的国土资源行政主管部门完成登记后,应当通知负责需役地登记的国土资源行政主管部门,由其记载于需役地的土地登记簿。

10.2.4 土地变更登记

变更登记是指因土地权利人发生改变,或者因土地权利人姓名或者名称、地址和土地用途等内容发生变更而进行的登记。

根据不同情况,变更登记要求如下:

(1)依法以出让、国有土地租赁、作价出资或者入股方式取得的国有建设用地使用权转让的,当事人应当持原国有土地使用证和土地权利发生转移的相关证明材料,申请国有建设用地使用权变更登记。

(2)因依法买卖、交换、赠与地上建筑物、构筑物及其附属设施涉及建设用地使用权转移的,当事人应当持原土地权利证书、变更后的房屋所有权证书及土地使用权发生转移的相关证明材料,申请建设用地使用权变更登记。涉及划拨土地使用权转移的,当事人还应当提供有批准权人民政府的批准文件。

(3)因法人或者其他组织合并、分立、兼并、破产等原因致使土地使用权发生转移的,当事人应当持相关协议及有关部门的批准文件、原土地权利证书等相关证明材料,申请土地使用权变更登记。

(4)因处分抵押财产而取得土地使用权的,当事人应当在抵押财产处分后,持相关证明文件,申请土地使用权变更登记。

(5)土地使用权抵押期间,土地使用权依法发生转让的,当事人应当持抵押权人同意转让的书面证明、转让合同及其他相关证明材料,申请土地使用权变更登记。已经抵押的土地使用权转让后,当事人应当持土地权利证书和他项权利证明书,办理土地抵押权变更登记。

(6)经依法登记的土地抵押权因主债权被转让而转让的,主债权的转让人和受让人可以持原土地他项权利证明书、转让协议、已经通知债务人的证明等相关证明材料,申请土地抵押权变更登记。

(7)因人民法院、仲裁机构生效的法律文书或者因继承、受遗赠取得土地使用权,当事人申请登记的,应当持生效的法律文书或者死亡证明、遗嘱等相关证明材料,申请土地使用权变更登记。权利人在办理登记之前先行转让该土地使用权或者设定土地抵押权的,应当依照《土地登记办法》先将土地权利申请登记到其名下后,再申请办理土地权利变更登记。

(8)已经设定地役权的土地使用权转移后,当事人申请登记的,供役地权利人和需役地权利人应当持变更后的地役权合同及土地权利证书等相关证明材料,申请办理地役权变更登记。

(9)土地权利人姓名或名称、地址发生变化的,当事人应当持原土地权利证书等相关证明材料,申请姓名或者名称、地址变更登记。

(10)土地的用途发生变更的,当事人应当持有关批准文件和原土地权利证书,申请土地用途变更登记。土地用途变更依法需要补交土地出让价款的,当事人还应当提交已补交土地出让价款的缴纳凭证。

10.2.5   土地注销登记

注销登记是指因土地权利的消灭等而进行的登记。

根据不同情况,注销登记要求如下:

(1)有下列情形之一的,可直接办理注销登记:①依法收回的国有土地;②依法征收的农民集体土地；③因人民法院、仲裁机构的生效法律文书致使原土地权利消灭，当事人未办理注销登记的。

（2）因自然灾害等原因造成土地权利消灭的，原土地权利人应当持原土地权利证书及相关证明材料，申请注销登记。

（3）非住宅国有建设用地使用权期限届满，国有建设用地使用权人未申请续期或者申请续期未获批准的，当事人应当在期限届满前十五日内，持原土地权利证书，申请注销登记。

（4）已经登记的土地抵押权、地役权终止的，当事人应当在该土地抵押权、地役权终止之日起十五日内，持相关证明文件，申请土地抵押权、地役权注销登记。

（5）当事人未按照上述（2）、（3）、（4）的规定申请注销登记的，国土资源行政主管部门应当责令当事人限期办理；逾期不办理的，进行注销公告，公告期满后可直接办理注销登记。

（6）土地抵押期限届满，当事人未申请土地使用权抵押注销登记的，除设定抵押权的土地使用权期限届满外，国土资源行政主管部门不得直接注销土地使用权抵押登记。

（7）土地登记注销后，土地权利证书应当收回；确实无法收回的，应当在土地登记簿上注明，并经公告后废止。

10.2.6　土地其他登记

根据《土地登记办法》，其他登记包括更正登记、异议登记、预告登记和查封登记。

1.更正登记

更正登记包括以下几种情况：

（1）国土资源行政主管部门发现土地登记簿记载的事项确有错误的，应当报经人民政府批准后进行更正登记，并书面通知当事人在规定期限内办理更换或者注销原土地权利证书的手续。当事人逾期不办理的，国土资源行政主管部门报经人民政府批准并公告后，原土地权利证书废止。更正登记涉及土地权利归属的，应当对更正登记结果进行公告。

（2）土地权利人认为土地登记簿记载的事项错误的，可以持原土地权利证书和证明登记错误的相关材料，申请更正登记。

（3）利害关系人认为土地登记簿记载的事项错误的，可以持土地权利人书面同意更正的证明文件，申请更正登记。

2. 异议登记

土地登记簿记载的权利人不同意更正的,利害关系人可以申请异议登记。对符合异议登记条件的,国土资源行政主管部门应当将相关事项记载于土地登记簿,并向申请人颁发异议登记证明,同时书面通知土地登记簿记载的土地权利人。异议登记期间,未经异议登记权利人同意,不得办理土地权利的变更登记或者设定土地抵押权。

有下列情形之一的,异议登记申请人或者土地登记簿记载的土地权利人可以持相关材料申请注销异议登记:①异议登记申请人在异议登记之日起十五日内没有起诉的;②人民法院对异议登记申请人的起诉不予受理的;③人民法院对异议登记申请人的诉讼请求不予支持的。

异议登记失效后,原申请人就同一事项再次申请异议登记的,国土资源行政主管部门不予受理。

3. 预告登记

当事人签订土地权利转让的协议后,可以按照约定持转让协议申请预告登记。

对符合预告登记条件的,国土资源行政主管部门应当将相关事项记载于土地登记簿,并向申请人颁发预告登记证明。

预告登记后,债权消灭或者自能够进行土地登记之日起三个月内当事人未申请土地登记的,预告登记失效。

预告登记期间,未经预告登记权利人同意,不得办理土地权利的变更登记或者土地抵押权、地役权登记。

4. 查封登记

根据《土地登记办法》,查封登记有关规定如下:

(1)国土资源行政主管部门应当根据人民法院提供的查封裁定书和协助执行通知书,报经人民政府批准后将查封或者预查封的情况在土地登记簿上加以记载。

(2)国土资源行政主管部门在协助人民法院执行土地使用权时,不对生效法律文书和协助执行通知书进行实体审查。国土资源行政主管部门认为人民法院的查封、预查封裁定书或者其他生效法律文书错误的,可以向人民法院提出审查建议,但不得停止办理协助执行事项。

(3)对被执行人因继承、判决或者强制执行取得,但尚未办理变更登记的土地使用权的查封,国土资源行政主管部门依照执行查封的人民法院提交的被执行人取得财产所依据的继承证明、生效判决书或者执行裁定书及协助执行通知书等,先办理变更登记手续后,再行办理查封登记。

（4）土地使用权在预查封期间登记在被执行人名下的，预查封登记自动转为查封登记。

（5）两个以上人民法院对同一宗土地进行查封的，国土资源行政主管部门应当为先送达协助执行通知书的人民法院办理查封登记手续，对后送达协助执行通知书的人民法院办理轮候查封登记，并书面告知其该土地使用权已被其他人民法院查封的事实及查封的有关情况。

（6）轮候查封登记的顺序按照人民法院送达协助执行通知书的时间先后进行排列。查封法院依法解除查封的，排列在先的轮候查封自动转为查封；查封法院对查封的土地使用权全部处理的，排列在后的轮候查封自动失效；查封法院对查封的土地使用权部分处理的，对剩余部分，排列在后的轮候查封自动转为查封。

（7）查封、预查封期限届满或者人民法院解除查封的，查封、预查封登记失效，国土资源行政主管部门应当注销查封、预查封登记。

（8）对被人民法院依法查封、预查封的土地使用权，在查封、预查封期间，不得办理土地权利的变更登记或者土地抵押权、地役权登记。

10.2.7 土地登记代理的概念与原则

1.土地登记代理的概念

土地登记代理是指土地登记代理机构在受托权限内，为委托人提供土地登记咨询、代理等业务服务，并由委托人直接承担相应的法律责任的经营活动。土地登记代理是土地市场中介服务的一种，属于委托代理的范畴。

2.土地登记代理的基本原则

（1）合法原则。土地登记代理机构和土地登记代理人必须在国家法律、法规、政策允许的服务项目范围内及核准的经营范围内从事代理活动，提供代理服务，不得从事国家法律、法规、政策禁止的服务项目。

（2）平等自愿原则。选择代理机构及代理人时，必须尊重委托人的意愿，由委托人自主选择、自愿委托代理机构及代理人。委托人与代理人法律地位一律平等，任何一方不得将自己的意志强加于另一方，双方在权利义务对等的基础上订立代理合同。

（3）公平公正原则。土地登记代理人与委托人属于民事法律关系，双方的地位是平等的，任何一方没有额外的特权，其权利和义务应当是统一的。在处理双方的纠纷时，双方所适用的法律也应当是相同的。

(4)等价有偿原则。土地登记代理是一种中介服务,土地登记代理人提供给委托人相应的服务时,委托人应当按照代理人所提供服务的质量和数量给予代理人适当的劳动报酬。

(5)诚实信用原则。土地登记代理人与委托人应当遵循诚实信用原则,善意地行使权利、履行义务,不得有欺诈等恶意行为。任何一方不得弄虚作假,提供不实信息,或签订虚假合同。

(6)保密原则。在土地登记代理过程中,土地登记代理机构、土地登记代理人有权要求委托人提供与代理业务相关的资料,但为了充分保障委托人的权益,土地登记代理机构、土地登记代理人不得泄漏委托人商业秘密或个人隐私。

10.2.8　土地登记代理人及其权利和义务

1.土地登记代理人的概念

土地登记代理人是指通过全国统一考试,取得《中华人民共和国土地登记代理人职业资格证书》并经有关部门登记备案的人员。土地登记代理人依法取得职业资格后,才能从事土地登记代理活动。土地登记代理人为委托人办理土地登记申请、指界、地籍调查、领取土地证书等业务,并按其所提供的服务收取佣金。

我国对从事土地登记代理业务的专业技术人员实行职业资格制度,取得土地登记代理人职业资格是从事土地登记代理业务和发起设立土地登记代理机构的必备条件。根据《土地登记代理人职业资格制度暂行规定》的有关规定,土地登记代理人只能受聘于一个土地登记代理机构,并以机构的名义从事土地登记代理业务。

2.土地登记代理人的权利和义务

土地登记代理人享有以下权利:

(1)根据法律、法规规定,从事土地登记代理活动。

(2)执行土地登记代理业务,按照规定在合同上签署姓名并根据合同约定获取报酬。

(3)要求委托人提供与代理有关的资料。

(4)拒绝执行委托人发出的违法指令。

(5)保护自己的劳动成果和知识产权。

(6)接受职业继续教育和培训。

(7)法律、法规和规章规定的其他权利。

土地登记代理人负有以下义务:

（1）按照执业资格规定的范围，从事土地登记代理活动。

（2）根据合同约定，维护委托人的合法权益。

（3）为委托人保守商业秘密，保障委托人的权益。

（4）接受主管部门的监督管理。

（5）参加职业继续教育和培训。

（6）法律、法规和规章规定的其他义务。

10.2.9　土地登记代理的内容

根据《土地登记代理人职业资格制度暂行规定》，土地登记代理人主要可从事以下登记代理业务：

（1）办理土地登记申请、指界、地籍调查、领取土地证书等。

（2）收集、整理土地权属来源证明材料等与土地登记有关的资料。

（3）帮助土地权利人办理解决土地权属纠纷的相关手续。

（4）查询土地登记资料。

（5）查证土地产权。

（6）提供土地登记及地籍管理相关法律咨询。

（7）与土地登记业务相关的其他事项。

10.2.10　土地登记代理的程序

土地登记代理的基本程序包括以下步骤：

1. 接受委托

接受委托是开展土地登记代理业务的首要环节。一般情况下，土地登记代理业务来源主要有以下两个途径：一是被动接受，即由委托人主动找上门要求提供土地登记代理服务。二是主动争取，即由土地登记代理人走出门主动争取为他人提供代理服务。

2. 签订土地登记代理委托书、代理合同

为规范土地登记代理行为，降低土地登记代理中的风险，接受土地登记代理业务后，委托人应与土地登记代理人所在的土地登记代理机构签订书面委托书及委托代理合同。

委托书是建立委托法律关系、开展土地登记代理的必备要件，是土地管理部门审核的重要内容之一。委托书主要应明确以下内容：①委托人。②土地登记代理机构。③土地登记代理人。④土地登记代理的内容。⑤土地登记代理的权限。委托书应由委托人和土地登记代理机构、土地登记代理人三方签字后生效,委托人是单位的,应同时加盖单位公章。

相对于委托书,土地登记代理合同也是双方建立委托关系的重要凭证,但两者作用不同。土地登记代理合同是委托人和土地登记代理机构确认委托关系、明确双方权利和义务的法律依据,而土地登记代理委托书是土地登记代理人开展土地登记代理的业务凭证,供具体办理土地登记代理业务时土地行政主管部门审查用。

3. 收集、查询土地登记相关信息与资料

在接受土地登记代理委托后,土地登记代理人需要收集、查询、整理土地权属来源证明材料等与土地登记有关的资料,了解土地权属是否清晰,如该宗地是否被司法或行政部门依法限制、查封或收回,是否设定抵押、租赁等他项权利等情况。必要时,还需要实地查勘土地的位置、四邻、土地利用状况等。

4. 开展具体业务

收集、整理相关资料后,土地登记代理人进入具体实际操作阶段。通过代办土地登记申请、代理现场指界、代写土地登记申请文书、代领土地证书、代办土地登记资料查询与土地产权查证等具体服务,完成委托人交给的具体代理业务。不同的土地登记代理业务,具体操作的步骤及内容也有所不同。

5. 提交成果

土地登记代理机构和土地登记代理人按照委托人的要求完成委托事项后,土地登记代理人应及时以口头或书面报告形式向委托人报告,并交付相应的代理成果。

10.2.11　土地登记代理合同

土地登记代理合同是土地登记代理人与委托人明确双方所享有的权利和承担的义务的协议。土地登记代理人根据土地登记代理合同从事委托人要求的土地登记代理服务内容,并据此收取土地登记代理服务费用。

土地登记代理合同的内容主要由当事人约定,一般情况下,土地登记代理的合同应当包括以下主要内容:

(1)当事人的名称或者姓名和住所

土地登记代理合同的当事人包括土地登记代理机构和委托人,土地登记代理人必须以土地登记代理机构的名义与委托人签订合同,不能以土地登记代理人个人的名义与委托人签订合同。明确主体关系,使土地登记代理合同具备法律效力。

(2)代理事项

在土地登记代理合同中,代理事项主要是指土地登记代理的具体内容,代理事项必须要明确、清楚。

(3)代理成果与质量要求

土地登记代理成果一般以文件资料、书面报告等形式体现。为了满足委托人的要求,保障合同的履行,对代理成果的形式和质量的要求需要在合同条款中予以明确。

(4)代理权限范围

代理权限范围即土地登记代理合同中规定的授权范围,是对土地登记代理人行为的约束。土地登记代理人必须在规定的授权范围内从事代理活动,不得进行无权代理或越权代理。同时,委托人的授权范围不得超越国家有关法律的规定。

(5)代理费用的支付标准、支付方式和时间要求

代理费用是指委托人在接受土地登记代理人的代理成果的同时付给代理人的劳务报酬。此外,还应规定代理劳务报酬的结算和支付方式及时间要求。支付方式可以为现金结算也可以转账支付。

(6)合同的履行期限和方式

履行期限直接关系到合同中权利与义务完成的时间,也是土地登记代理合同依法存在的效力期限,同时也是确定违约与否的因素之一。当事人应当在土地登记代理合同中予以明确约定履行期限,同时也应当在合同中明确履行合同的方式。

(7)违约责任

违约责任条款应列明当事人双方违背合同规定时所应承担的违约责任。合同中没有约定违约责任的,并不意味违约方不承担违约责任。违约方未被依法免除责任的,守约方仍然可以依法追究其违约责任。

(8)纠纷解决方式

当事人发生纠纷时,使用的处理方式通常有和解、调节、仲裁和申诉四种方式。当事人应在合同中明确选择解决合同争议或纠纷的具体途径,如通过仲裁或申诉等。

除上述内容外,委托人和土地登记代理机构还可根据不同的土地登记代理内容,结合土地登记代理的有关专业要求和政策要求等特点,在合同中增加有关内容。需要说明的是,土地登记代理合同应得到委托人和土地登记代理机构双方的认同,并签字盖章后方可生效。

10.3　房屋登记代理

对于房屋登记,我国《城市房地产管理法》及原有的《城市房屋权属登记管理办法》有明确的规定。为了规范房屋登记行为,维护房地产交易安全,保护权利人的合法权益,依据《中华人民共和国物权法》、《中华人民共和国城市房地产管理法》、《村庄和集镇规划建设管理条例》等法律、行政法规,建设部制定并于 2008 年 2 月 15 日发布了《房屋登记办法》(建设部令第 168 号),该办法自 2008 年 7 月 1 日起施行,原《城市房屋权属登记管理办法》(建设部令第 57 号)、《建设部关于修改〈城市房屋权属登记管理办法〉的决定》(建设部令第 99 号)同时废止。本节将根据新的《房屋登记办法》对我国房屋登记规定进行介绍。

10.3.1　房屋登记概述

1. 房屋登记概念

根据《房屋登记办法》,房屋登记是指房屋登记机构依法将房屋权利和其他应当记载的事项在房屋登记簿上予以记载的行为。其中房屋登记机构,是指直辖市、市、县人民政府建设(房地产)主管部门或者其设置的负责房屋登记工作的机构。房屋登记簿是房屋权利归属和内容的根据,由房屋登记机构管理。按照规定,房屋登记机构应当建立本行政区域内统一的房屋登记簿。

2. 房屋登记范围

房屋登记应当遵循房屋所有权和房屋占用范围内的土地使用权权利主体一致的原则。

房屋登记的范围,除对国有土地范围内房屋登记进行登记外,依法利用宅基地建造的村民住房和依法利用其他集体所有建设用地建造的房屋,可以依照《房屋登记办法》的规定申请房屋登记(法律、法规对集体土地范围内房屋登记另有规定的,从其规定)。

3. 房屋登记基本单元

房屋应当按照基本单元进行登记。房屋基本单元是指有固定界限、可以独立使用并且有明确、唯一的编号(幢号、室号等)的房屋或者特定空间。

国有土地范围内成套住房,以套为基本单元进行登记;非成套住房,以房屋的幢、层、间等有固定界限的部分为基本单元进行登记。

集体土地范围内村民住房,以宅基地上独立建筑为基本单元进行登记;在共有宅基地上建造的村民住房,以套、间等有固定界限的部分为基本单元进行登记。

非住房以房屋的幢、层、套、间等有固定界限的部分为基本单元进行登记。

4.房屋登记类型

房屋登记的类型,从不同的角度有不同的划分。

按登记范围划分,房屋登记分为国有土地范围内房屋登记和集体土地范围内房屋登记。

按产权类型划分,房屋登记分为所有权登记、抵押权登记、地役权登记等。

按性质和内容划分,房屋登记分为初始登记、设立登记、转移登记、变更登记、注销登记、预告登记和其他登记等。

10.3.2 房屋所有权登记

1.房屋所有权初始登记

合法建造房屋,应申请房屋所有权初始登记。房地产开发企业申请房屋所有权初始登记时,应当对建筑区划内依法属于全体业主共有的公共场所、公用设施和物业服务用房等房屋一并申请登记,由房屋登记机构在房屋登记簿上予以记载,不颁发房屋权属证书。

2.房屋所有权转移登记

发生下列情形之一的,当事人应当在有关法律文件生效或者事实发生后申请房屋所有权转移登记:①买卖;②互换;③赠与;④继承、受遗赠;⑤房屋分割、合并,导致所有权发生转移的;⑥以房屋出资入股;⑦法人或者其他组织分立、合并,导致房屋所有权发生转移的;⑧法律、法规规定的其他情形。

3.房屋所有权变更登记

发生下列情形之一的,权利人应当在有关法律文件生效或者事实发生后申请房屋所有权变更登记:①房屋所有权人的姓名或者名称变更的;②房屋坐落的街道、门牌号或者房屋名称变更的;③房屋面积增加或者减少的;④同一所有权人分割、合并房屋的;⑤法律、法规规定的其他情形。

4.房屋所有权注销登记

经依法登记的房屋发生下列情形之一的,房屋登记簿记载的所有权人应当自事实发生后申请房屋所有权注销登记:①房屋灭失的;②放弃所有权的;③法律、法规规定的其他情形。

10.3.3　抵押权登记

1. 抵押权设立登记

以房屋设定抵押的,当事人应当申请抵押权登记。对符合规定条件的抵押权设立登记,房屋登记机构应当将下列事项记载于房屋登记簿:①抵押当事人、债务人的姓名或者名称;②被担保债权的数额;③登记时间。

2. 抵押权变更登记

因抵押当事人、债务人的姓名或者名称发生变化,被担保债权的数额发生变化和登记时间发生变化或者发生法律、法规规定变更抵押权的其他情形的,当事人应当申请抵押权变更登记。

3. 抵押权转移登记

房屋抵押权因主债权转让而转让。依法登记的房屋抵押权的主债权转让的,当事人应当申请抵押权转移登记。

4. 抵押权注销登记

经依法登记的房屋抵押权发生下列情形之一的,权利人应当申请抵押权注销登记:①主债权消灭;②抵押权已经实现;③抵押权人放弃抵押权;④法律、法规规定抵押权消灭的其他情形。

5. 最高额抵押权登记

以房屋设定最高额抵押的,当事人应当申请最高额抵押权设立登记;变更最高额抵押权登记事项或者发生法律、法规规定变更最高额抵押权的其他情形,当事人应当申请最高额抵押权变更登记;最高额抵押权担保的债权确定前,最高额抵押权发生转移,当事人应当申请最高额抵押权转移登记。

6. 在建工程抵押权登记

以在建工程设定抵押的,当事人应当申请在建工程抵押权设立登记;已经登记在建工程抵押权变更、转让或者消灭的,当事人应当提交相关材料,申请变更登记、转移登记、注销登记;在建工程竣工并经房屋所有权初始登记后,当事人应当申请将在建工程抵押权登记转为房屋抵押权登记。

10.3.4　地役权登记

在房屋上设立地役权的,当事人可以申请地役权设立登记。已经登记的地役权变更、转让或者消灭的,当事人应当提交相关材料,申请变更登记、转移登记、注销登记。

10.3.5　预告登记

有下列情形之一的,当事人可以申请预告登记:①预购商品房;②以预购商品房设定抵押;③房屋所有权转让、抵押;④法律、法规规定的其他情形。

预告登记后,未经预告登记的权利人书面同意,处分该房屋申请登记的,房屋登记机构应当不予办理。

预告登记后,债权消灭或者自能够进行相应的房屋登记之日起 3 个月内,当事人申请房屋登记的,房屋登记机构应当按照预告登记事项办理相应的登记。

预售人和预购人订立商品房买卖合同后,预售人未按照约定与预购人申请预告登记,预购人可以单方申请预告登记。预购人单方申请预购商品房预告登记,预售人与预购人在商品房预售合同中对预告登记附有条件和期限的,预购人应当提交相应的证明材料。

10.3.6　其他登记

其他登记主要包括更正登记和异议登记。

1.更正登记

权利人、利害关系人认为房屋登记簿记载的事项有错误的,可以提交规定材料,申请更正登记。房屋登记簿记载确有错误的,应当予以更正;需要更正房屋权属证书内容的,应当书面通知权利人换领房屋权属证书;房屋登记簿记载无误的,应当不予更正,并书面通知申请人。

房屋登记机构发现房屋登记簿的记载错误,不涉及房屋权利归属和内容的,应当书面通知有关权利人在规定期限内办理更正登记;当事人无正当理由逾期不办理更正登记的,房屋登记机构可以依据申请登记材料或者有效的法律文件对房屋登记簿的记载予以更正,并书面通知当事人。

对于涉及房屋权利归属和内容的房屋登记簿的记载错误,房屋登记机构应当书面通知有关权利人在规定期限内办理更正登记;办理更正登记期间,权利人因处分其房屋权利申请登记的,房屋登记机构应当暂缓办理。

2. 异议登记

利害关系人认为房屋登记簿记载的事项错误,而权利人不同意更正的,利害关系人可以持登记申请书、申请人的身份证明、房屋登记簿记载错误的证明文件等材料申请异议登记。

房屋登记机构受理异议登记的,应当将异议事项记载于房屋登记簿。

异议登记期间,房屋登记簿记载的权利人处分房屋申请登记的,房屋登记机构应当暂缓办理。

权利人处分房屋申请登记,房屋登记机构受理登记申请但尚未将申请登记事项记载于房屋登记簿之前,第三人申请异议登记的,房屋登记机构应当中止办理原登记申请,并书面通知申请人。

异议登记期间,异议登记申请人起诉,人民法院不予受理或者驳回其诉讼请求的,异议登记申请人或者房屋登记簿记载的权利人可以持登记申请书、申请人的身份证明、相应的证明文件等材料申请注销异议登记。

10.3.7　房屋登记程序

办理房屋登记,一般依照下列程序进行:

1. 申请

申请房屋登记,申请人应当向房屋所在地的房屋登记机构提出申请,并提交申请登记材料。房屋登记申请主要要求如下:

(1)申请登记材料应当提供原件。不能提供原件的,应当提交经有关机关确认与原件一致的复印件。申请人应当对申请登记材料的真实性、合法性、有效性负责,不得隐瞒真实情况或者提供虚假材料申请房屋登记。

申请房屋登记的,申请人应当使用中文名称或者姓名。申请人提交的证明文件原件是外文的,应当提供中文译本。

(2)申请房屋登记,应当由有关当事人双方共同申请,但《房屋登记办法》另有规定的除外。有下列情形之一,申请房屋登记的,可以由当事人单方申请:①因合法建造房屋取得房屋权利;②因人民法院、仲裁委员会的生效法律文书取得房屋权利;③因继承、受遗赠取得房屋权利;④有《房屋登记办法》所列变更登记情形之一;

⑤房屋灭失；⑥权利人放弃房屋权利；⑦法律、法规规定的其他情形。

（3）共有房屋，应当由共有人共同申请登记。共有房屋所有权变更登记，可以由相关的共有人申请，但因共有性质或者共有人份额变更申请房屋登记的，应当由共有人共同申请。

（4）未成年人的房屋，应当由其监护人代为申请登记。监护人代为申请未成年人房屋登记的，应当提交证明监护人身份的材料；因处分未成年人房屋申请登记的，还应当提供为未成年人利益的书面保证。

（5）委托代理人申请房屋登记的，代理人应当提交授权委托书和身份证明。境外申请人委托代理人申请房屋登记的，其授权委托书应当按照国家有关规定办理公证或者认证。

（6）申请房屋登记的，申请人应当按照国家有关规定缴纳登记费。

房屋登记机构将申请登记事项记载于房屋登记簿之前，申请人可以撤回登记申请。

2. 受理

申请人提交的申请登记材料齐全且符合法定形式的，房屋登记机构应当予以受理，并出具书面凭证。申请人提交的申请登记材料不齐全或者不符合法定形式的，应当不予受理，并告知申请人需要补正的内容。

受理房屋登记申请时，房屋登记机构应当查验申请登记材料，并根据不同登记申请就申请登记事项是否是申请人的真实意思表示、申请登记房屋是否为共有房屋、房屋登记簿记载的权利人是否同意更正，以及申请登记材料中需进一步明确的其他有关事项询问申请人。询问结果应当经申请人签字确认，并归档保留。

房屋登记机构认为申请登记房屋的有关情况需要进一步证明的，可以要求申请人补充材料。

办理下列房屋登记，房屋登记机构应当实地查看：①房屋所有权初始登记；②在建工程抵押权登记；③因房屋灭失导致的房屋所有权注销登记；④法律、法规规定的应当实地查看的其他房屋登记。房屋登记机构实地查看时，申请人应当予以配合。

3. 审核

房屋登记审核主要包括以下内容：

（1）申请人与依法提交的材料记载的主体一致；

（2）申请初始登记的房屋与申请人提交的规划证明材料记载一致，申请其他登记的房屋与房屋登记簿记载一致；

(3)申请登记的内容与有关材料证明的事实一致；

(4)申请登记的事项与房屋登记簿记载的房屋权利不冲突；

(5)不存在本办法规定的不予登记的情形。

有下列情形之一的,房屋登记机构应当不予登记：

(1)未依法取得规划许可、施工许可或者未按照规划许可的面积等内容建造的建筑申请登记的；

(2)申请人不能提供合法、有效的权利来源证明文件或者申请登记的房屋权利与权利来源证明文件不一致的；

(3)申请登记事项与房屋登记簿记载冲突的；

(4)申请登记房屋不能特定或者不具有独立利用价值的；

(5)房屋已被依法征收、没收,原权利人申请登记的；

(6)房屋被依法查封期间,权利人申请登记的；

(7)法律、法规和本办法规定的其他不予登记的情形。

4. 记载于登记簿

房屋登记簿主要记载房屋自然状况、权利状况以及其他依法应当登记的事项。房屋登记簿可以采用纸介质,也可以采用电子介质。采用电子介质的,应当有唯一、确定的纸介质转化形式,并应当定期异地备份。

经审核,登记申请符合条件的,房屋登记机构应当予以登记,将申请登记事项记载于房屋登记簿。按照规定,自受理登记申请之日起,房屋登记机构应当于下列时限内,将申请登记事项记载于房屋登记簿或者作出不予登记的决定：①国有土地范围内房屋所有权登记,30 个工作日；集体土地范围内房屋所有权登记,60 个工作日；②抵押权、地役权登记,10 个工作日；③预告登记、更正登记,10 个工作日；④异议登记,1 个工作日。另外,公告时间不计入上述规定时限。因特殊原因需要延长登记时限的,经房屋登记机构负责人批准可以延长,但最长不得超过原时限的一倍。法律、法规对登记时限另有规定的,从其规定。

5. 发证

房屋登记机构应当根据房屋登记簿的记载,缮写并向权利人发放房屋权属证书。房屋权属证书是权利人享有房屋权利的证明,包括《房屋所有权证》、《房屋他项权证》等。申请登记房屋为共有房屋的,房屋登记机构应当在房屋所有权证上注明"共有"字样。预告登记、在建工程抵押权登记以及法律、法规规定的其他事项在房屋登记簿上予以记载后,由房屋登记机构发放登记证明。

房屋权属证书、登记证明与房屋登记簿记载不一致的,除有证据证明房屋登记簿确有错误外,以房屋登记簿为准。

房屋权属证书、登记证明破损的,权利人可以向房屋登记机构申请换发。房屋登记机构换发前,应当收回原房屋权属证书、登记证明,并将有关事项记载于房屋登记簿。

房屋权属证书、登记证明遗失、灭失的,权利人在当地公开发行的报刊上刊登遗失声明后,可以申请补发。房屋登记机构予以补发的,应当将有关事项在房屋登记簿上予以记载。补发的房屋权属证书、登记证明上应当注明"补发"字样。

在补发集体土地范围内村民住房的房屋权属证书、登记证明前,房屋登记机构应当就补发事项在房屋所在地农村集体经济组织内公告。

10.4 房地产权属登记代理案例

物业无产权证 交易难保成功[①]

1.案例介绍

林某欲购买放盘于A中介公司的一处物业,在实地查看该物业时,该中介公司经纪人员口头向其保证该物业肯定有房地产权证。在没有见到该物业房地产权证的情况下,刘某与A中介公司签署了《买卖要约通知书》,并向该中介公司支付了1万元购房诚意金。后来,林某从卖方了解到该物业已有多年楼龄,只有预售契约,没有房地产权证,这与A中介公司经纪人员之前向他所作保证不符。因此,林某认为A中介公司这种行为违背了诚信原则,要终止交易并让A中介公司退还所收的1万元购房诚意金。A中介公司则认为,该物业虽然没有房地产权证,但是卖方持有该物业的预售契约,在市场上进行交易是法律许可的(本案发生于2005年6月1日前,即国务院转发建设部等七部委《关于做好稳定住房价格工作的意见》所规定的"禁止商品房预购人将购买的未竣工的预售商品房再行转让"的规定实施之前)。另外,已签《买卖要约通知书》也是当事人真实意愿的表达,买方应依法履行合同。同时,A中介公司称,由于林某悔约,致使交易不成,根据《买卖要约通知书》

---

① 张秀智.实用房地产中介纠纷案例分析.北京:东方出版社,2006

中"如买方悔约不继续购买该物业,则卖方有权没收定金并另行出售该物业,而买方亦须向中介公司支付该物业交易价格的 6% 作为违约金"的约定,他们有权追究林某的违约责任。

2.案例分析

本案例纠纷是由于所交易物业的产权情况与中介公司的口头承诺不符,该物业尚未取得房地产权证,只有预售契约引起的。

此案发生的时间是 2004 年 5 月,在当时,虽然根据《中华人民共和国城市房地产管理法》(以下简称《城市房地产管理法》)规定,未依法登记领取权属证书的房地产不得转让,但该法第四十五条同时规定"商品房预售的,商品房预购人将购买的未竣工的预售商品房再行转让的问题,由国务院规定",而国务院未出台具体规定。因此,在一些地方的房地产市场管理实践中,预售商品房(只有预售契约,无房地产权证)再行转让是没有被禁止的(广州的情况就是如此),所以本案中物业卖方虽然没有取得房地产权证,但是持有预售契约也是可以进行正常交易的。同时也应注意,2005 年 6 月 1 日之后预售商品房是被禁止转让的。

中介公司在促成交易的过程中,一定要本着诚信原则依法进行中介服务活动。如本案例中,所交易物业只有预售契约,尚未取得房地产权证,中介公司经纪人员就应在签订《买卖要约通知书》之前如实向买方说明情况,而不应有隐瞒和提出没有任何根据的口头保证。

购房者一定要注意:在交易过程中,要谨慎对待中介方的口头承诺,不仅要对口头承诺的真实性进行查证,而且要写入合同附加条款中,这样不仅能避免事后纠纷,而且即使纠纷产生,这也是一种能有效维护自身权益的法律依据。本案例中,在签订《买卖要约通知书》时,林某如果能将 A 中介公司经纪人员的口头承诺写进要约的附加条款中,并约定附加条款与事实不符时 A 中介公司要承担的责任,在此情况下,一旦纠纷发生,林某就可据此主张自己的权利。

思考题

1.房地产产权的种类有哪些?

2.什么是土地登记?根据《土地登记办法》,土地登记类型有哪些?

3.简述土地登记的程序。

4.什么是土地初始登记?根据情况的不同,初始登记有哪些?

5.根据《土地登记办法》,土地其他登记包括哪些内容?

6.土地登记代理的内容有哪些？

7.简述土地登记代理的基本程序。

8.什么是房屋登记？房屋登记类型有哪些？

9.在什么情况下，应申请房屋所有权初始登记、房屋所有权转移登记、房屋所有权变更登记和房屋所有权注销登记？

10.说明最高额抵押权登记、在建工程抵押权登记、地役权登记的具体要求。

11.简述房屋登记程序。

第11章

房地产经纪信息

11.1 房地产经纪信息概述

11.1.1 房地产经纪信息的含义

在经济学和管理学中,信息泛指一般的数据、资料、消息、情报和知识等。有组织内部的信息,如生产信息、财务信息、销售信息和资源信息;有组织外部的信息,即环境信息,包括市场价格信息、消费者信息、竞争对手信息和政策法规等。随着现代科学技术的进步与生产力的发展,物质生产的自动化程度不断提高,同时社会生产的专业化分工越来越细,经济活动日益网络化,使得经济活动效率的提高更多地依赖于信息传输和利用的效率。虽然信息本身并不是财富,但由于它所传递的内容可以优化资源配置,从而带来财富,推动社会进步,因此将它视为无形财富。

在日常工作中,房地产经纪人接触的是各种数据,数据是客观实体属性的反映,是一组表示数量、行为和目标,可以记录下来加以鉴别的符号,包括文字、数值、语言、图形、颜色等多种形态。房地产经纪信息是对房地产活动中数据的解释,指房地产业方面的或与房地产经纪活动有关的消息和信号所含的具体内容和意义,反映房地产经纪活动的客观规律,并为房地产经纪人提供决策和管理所需要的依据。房地产经纪信息是一切房地产经纪活动服务的基础。

与其他信息一样,房地产经纪信息也是由若干要素组成的。一般来讲,房地产经纪信息的基本要素主要有语言要素、内容要素和载体要素三方面组成。其中,语言是传递信息的媒体,也是信息的表现形式和工具。房地产经纪信息通常可以用文字性语言(包括数字)表现,也可以用形象性语言(如图画)来表现。内容则是关于其所涉及对象(如房源)的表象、属性、特征、本质和运动规律等的确定性描述。信息本身不具有实体物质形态,必须依附于某一介质或载体,如纸张、胶片、磁带、磁盘等才能被传递、加工和整理。

11.1.2 房地产经纪信息的特征

房地产经纪信息既具有一般信息所具有的共同特征,又具有一些自身的个别特征,具体而言,包括以下几个方面:

1. 广泛性

房地产是人们生产、生活的基础,随着住房制度改革的不断深入,房地产越来越受到人们的关注。由于房地产具有独特性、地域性、功能的多样性等特点,加上大宗媒体广告所传播的房地产经纪信息,使房地产经纪信息数量不断增多,它涉及房地产宏观政策、法律、法规信息,房地产行业信息,经济环境信息,社会环境信息,城市规划信息,消费者行为信息等。

2. 共享性

房地产经纪信息具有正外部性,不会因为使用者的增加而减少每个使用者所获得的信息。信息的共享很重要,通过共享,更多的人获得信息,给更多的人带来价值,最后使整个社会的经济效益增加。但是并不是所有信息都需要共享,对于一些机密或具有排他性的信息,应注意保护。

3. 时效性

房地产经纪信息在房地产经纪活动中是动态的、不断变化的,国家政策的变化,新法规、新条例的出台,房屋的再交易,委托人心理的变化等,都要求房地产经纪人要及时处理数据,及时更新信息,才能做好居间、代理等服务。

4. 多维性

即一条房地产经纪信息在具有不同的价值观或不同的认识层次的人那里会有不同的价值含义。房地产市场的发展和人们需求的变化,会使人们在不同时段、不同的环境下对同一房地产经纪信息有不同的认识,当经纪信息的属性和内容与人们的需求相联系时,其使用价值就能发挥出来。

5. 积累性

房地产经纪信息的价值并不是一次性的,它常常可以重复使用,而且随着信息的累积,将会有新的价值产生。在房地产经纪活动中,房地产经纪人必须注意这一点,在信息使用后,也要加以保存,不能以为使用过就丢弃一旁,通过对积累信息的分析还能加深对市场的了解。

11.1.3 房地产经纪信息的分类

在开展房地产经纪活动过程中,需要接触、处理的房地产经纪信息量非常大,对房地产经纪信息分类和编码是房地产经纪信息管理所必须完成的一项基础性工作,通过房地产经纪信息的有效分类,将各种房地产经纪信息按一定的原则和方法进行区分和归类,建立房地产经纪信息的分类系统,方便房地产经纪人对房地产经纪信息的查询、交换、管理和利用。

依据不同的分类标准,房地产经纪信息分为如下几类:

1. 按照房地产经纪信息的来源划分

(1)政府有关部门的房地产交易信息。指房地产权利人转让房地产时向政府有关部门申报的成交价格资料,政府出让土地使用权的价格资料,政府或其授权的部门确定、公布的基准地价、标定地价、房屋重置价格及房地产市场价格资料。

(2)报刊、网络等广告信息。一些网络、报纸、电视、广播、杂志、路牌、车身等刊登的有关房地产出售、出租的广告、信息等资料。

(3)房地产交易会信息。房地产交易会是房地产开发商、房地产经纪公司、消费者聚集地,房地产经纪人可以获得房地产价格的行情资料、房地产交易的资料、房地产相关信息。

(4)同行提供信息。通过其他经纪机构、其他房地产经纪人、同行网络,按约定的条件交换所收集、所经手的房地产信息。

(5)开发商、业主等房地产出售者洽谈信息。房地产经纪公司在房地产开发项目筹划阶段、销售阶段积极与开发企业联系,获得项目代理权洽谈的资料,与房地产拥有者——业主洽谈获得的信息。

(6)相关人员提供资料。房地产经纪人直接从房地产交易双方获得的信息资料,从房地产律师、财务人员、媒体朋友等处获得的房地产价格等相关资料等。

2. 按照房地产经纪信息的时间划分

可以把房地产经纪信息分为历史性的信息、现在的信息、未来预测的信息。房地产经纪公司只有保持信息的连贯性才能发现其规律,更好地了解行情,把握局势。

3. 按照房地产经纪信息的层次划分

(1)宏观房地产经纪信息。宏观房地产经纪信息主要包括:
①国家法律、政策信息主要是和房地产经纪工作相关的法律、法规等。
②产业政策信息包括住房制度改革信息、土地政策信息、行业发展规划信息等。
③社会环境信息包括城市规划信息、区域发展、家庭人口结构、职业特点等信息。
④经济环境信息包括通货膨胀信息、利率变化信息、金融信息、购买力信息等。
(2)微观房地产经纪信息。微观房地产经纪信息主要包括:
①房地产本身信息包括房地产的位置、价格、质量、物业等信息。
②客户信息包括客户的年龄、职业、收入、喜好、要求等。
③房地产市场信息包括市场的供需状况、价格水平、未来预测等信息。

4.按照房地产本身特性划分

包括按房地产区域划分的经纪信息、按房地产价格区间划分的经纪信息、按房地产不同用途划分的经纪信息等。

11.1.4　房地产经纪信息的作用

从特定意义上讲,房地产经纪活动和房地产经纪人本身是由于房地产市场主体对房地产信息的需求而产生的。房地产交易双方通常并不知道交易对方的存在,也不可能完全掌握房地产市场上所有的供求信息,或是虽然能够获得有用信息,但需支付大于有用信息所带来收益的费用。房地产市场就是一个信息不充分的市场,房地产信息的不对称会导致市场机制失灵、市场效率低下等现象。一个优秀的房地产经纪人就是要通过自己所掌握的大量经纪信息将闲置资源加以利用,来降低市场效率低下等不利情况发生。

房地产经纪信息是房地产经纪人的重要资源,是开展房地产经纪活动的前提。具体而言,它有以下 3 方面的作用:

1.实现房地产经纪活动的基本功能

房地产交易的成功与否就在于是不是能够找到匹配的交易双方。客户由于受到自身情况的限制,缺乏充分的信息,所以常常不能找到合适的交易对象。房地产经纪人由于掌握了一定的房地产信息并具备针对问题快速有效搜集信息的技能,因而能尽快找到匹配的交易双方,使交易尽早完成,从而实现房地产经纪的基本功能。

2.有利于提升房地产经纪服务的附加值

房地产经纪人拥有的许多房地产经纪信息能够使房地产经纪人更好地为客户服务,提高房地产经纪服务的附加值。在房地产经纪活动中,向房地产开发企业传递有价值的信息,就能让开发企业及时地了解市场状况,减少盲目开发,提高房地产的有效供给,增加企业的经营效益;向消费者提供有用的信息,能使消费者在交易过程中减少人力、物力、财力的付出;通过向交易双方提供信息,可在一定程度上避免因信息不对称而使交易中一方处于优势而另一方处于劣势,减少交易纠纷,规范房地产市场。

3.有利于活跃和规范房地产经纪行业

房地产经纪信息还有利于房地产经纪人和房地产经纪机构充分了解和把握同

行业的发展现状和趋势，及时有效地修正自身的业务运作方式，提高业务运作水平，从而活跃和规范整个房地产经纪行业。

11.1.5　房地产经纪信息系统

信息只有组织起来才能发挥作用，信息的组织由信息系统完成，信息系统是收集、组织数据产生信息的系统，信息系统的定义为：由人和计算机等组成，以系统思想为依据，以计算机为手段，进行数据收集、传递、处理、存储、分发，加工产生信息，为决策、预测和管理提供依据的系统。

房地产经纪信息系统是房地产信息系统的一个组成部分，房地产信息系统是由房地产宏观政策系统、房地产法规系统、房地产开发企业及房地产开发产品系统、房地产市场系统、产权产籍系统、房地产金融系统、房地产经纪系统等组成的，房地产经纪系统只是为房地产经纪机构工作服务的信息系统。

房地产经纪信息系统通常包括四方面的信息：房源信息、客户信息、房地产市场信息和房地产经纪行业信息。房源信息主要是房地产经纪机构代理、居间等其他经纪活动中促使委托人与相对人完成交易的对象。房源信息是房地产经纪机构开展各项业务的基础，也是房地产经纪机构的特色所在，它促使交易的对象是不动产，而不是动产，是价值万元、百万元、上亿的资产，而不是小额产品。客户信息是房地产经纪机构所要寻找的、房地产经纪业务服务的对象，只有不断地争取客户、了解客户、满足客户、在客户中树立信誉，才有房地产经纪机构的发展空间。房地产市场信息可以让房地产经纪人准确把握市场的脉搏和竞争对手的实际情况，在竞争中立于不败之地。房地产经纪行业信息可以让房地产经纪人掌握国家政策、法律法规、行业发展状况，把握局势、规范业务行为。

11.2　房地产经纪信息管理概述

11.2.1　房地产经纪信息管理的概念与原则

1.房地产经纪信息管理的概念

房地产经纪信息管理是指对房地产经纪信息的收集、加工整理、储存、传递与应用等一系列工作的总称。房地产经纪信息管理的目的就是通过有组织的信息流通,使房地产经纪人能及时、准确地获得相应的信息。为了达到房地产经纪信息管理的目的,就要把握好房地产经纪信息管理的各个环节,并做到如下几点:第一,了解和掌握房地产经纪信息来源,对房地产经纪信息进行分类整理;第二,掌握和正确运用信息管理的手段(计算机、网络等);第三,掌握房地产经纪信息流程的不同环节,建立房地产经纪信息管理系统。

2.房地产经纪信息管理的原则

(1)做好房地产经纪信息的标准化。要求在房地产经纪活动中对有关信息的分类进行统一,对信息流程进行规范,对于房地产和客户的调研、登记、交易等表格则力求做到格式化和标准化,通过建立健全的信息管理制度,从组织上保证信息生产过程的效率。

(2)重视房地产经纪信息的系统性。由于房地产市场和房地产经纪活动的纷繁复杂,房地产经纪活动所需要的信息不是零星的、孤立的、个别的,而必须是大量的、系统的、连续的。它不仅数量大,而且涉及房地产经纪活动的方方面面,通过有效的结合才能有全面的认识。房地产经纪活动总是不断发生、向前发展的,所以房地产经纪信息也总是不断产生,因而房地产经纪人要不断地收集、加工、传递和利用房地产经纪信息,通过其连续性及时了解房地产市场的变化和趋势,以便房地产经纪活动顺利进行。

(3)加强房地产经纪信息的目的性。房地产经纪信息直接作用于房地产经纪活动的过程之中,而这种活动是人们有意识、有目的的自觉行为。因此它具有比其他信息更明显的目的性特征。房地产经纪信息的管理,包括收集、加工、整理和利用都应针对房地产经纪活动的目的,如某一个楼盘的销售、某一套房源的出售,以及房地产经纪机构自己所专注的某类市场、某类客户。只有这样,才能将信息资源转化为经济效益。

(4)提高房地产经纪信息的时效性。由于房地产市场环境和市场主体都在不断地发生变化,因此房地产经纪信息的有效性也随时间而发生变化。因此房地产经纪信息的利用应提高时效性。一方面要及时更新信息库中的信息内容,另一方面要提高信息利用的效率,尽量使信息在最短的时间内发挥作用。如根据市场信息和同行业信息及时调整经营方式、经营类型,及时向客户提供最新的市场信息、政策信息用以提升服务附加值等。

(5)促进房地产经纪信息的网络化。计算机网络技术的发展,已使得信息的处理更为快速,信息的传递更为便捷。对房地产经纪机构而言,在房地产经纪信息利用中引入计算机网络可改变原有的信息管理、查询方式,提高经济效率。网络传递的多媒体信息包括汉字、图片以及三维动态模拟,其传递的信息量也不是传统媒体所能企及的,而且计算机网络可以突破时间、空间的限制,能够在不同地方、任何时间为客户提供服务。因此,房地产经纪机构应积极促进房地产经纪信息网络化。

11.2.2　房地产经纪信息管理流程

房地产经纪信息管理流程主要包括收集信息、整理信息、存储信息与检索信息、发布与搭配信息、利用信息等基本环节。

1. 房地产经纪信息的搜集

房地产经纪信息是房地产经纪活动中十分重要的资源,但经纪信息不是自然而然地被经纪人所掌握,而是要通过有意识、有目的的劳动才能将其收集起来。房地产经纪人对于不同的房地产交易目的、不同的房源、不同的客户,需要在不同阶段收集不同的内容,与委托方签订的房地产经纪合同内容也不尽相同,因此收集信息要根据具体情况而定。

(1)收集公开传播的房地产经纪信息。现代社会,大众媒体在信息的传播中起了重要的作用。大量房地产经纪信息通过报纸、广播、电视、杂志以及正式出版的文献等媒介向外传送。因此,这是收集房地产经纪信息的重要途径。

(2)从开发商单位内部获取房地产经纪信息。有些房地产经纪信息并不是通过大众媒体传播的,需要通过派人与房地产开发商磋商和发函联系等方式才能获得楼书、房地产企业内部刊物等。

(3)现场踏勘收集。由于房地产具有不可移动性以及内容的多样性、复杂性,房源方面的信息一般需要实地考察、现场调查后才能获得感性认识和准确的信息,同时也可以排除一些不准确的信息。同时,做好各区域实地的市场调研工作,可以更好地掌握市场状况、为客户进行对比,解除客户疑虑,促成交易。

(4)关系网收集。房地产经纪人利用熟人、朋友、四邻收集的信息,通过媒体、政府官员、律师收集的信息。

(5)利用网络获取。随着信息化的日益发展,网络成为获取信息的便捷途径。房地产经纪人可以足不出户,在任何时间通过网络获取信息。主要有以下几条途径:①利用互联网收集信息。②利用联机系统收集。③利用商情数据库收集等。

2. 房地产经纪信息的整理

通过各种渠道获取的房地产经纪信息,其本身的内容、形式各种各样,这给查询、储存、利用带来了很大的难度,所以需要进行房地产经纪信息的加工整理。

在日常的房地产经纪活动中,房地产经纪人所获得的经纪信息由于来源与口径不同,会有许多重复、交叉和矛盾,这就需要经纪人对信息进行加工整理。房地产经纪信息的加工整理主要是把通过各种渠道获得的房地产数据和信息进行鉴别、选择、核对、合并、排序、更新、计算、汇总、转储,生成不同形式的房地产数据和信息,提供给不同需求的房地产委托人使用。通过加工整理使无序的信息有序化,便于使用和管理。

加工整理的程序通常包括鉴别、筛选、整序、编辑和研究这几个环节。

(1)鉴别。房地产经纪人在使用房地产经纪信息的过程中,必须注意信息的准确性,虚假的信息既会造成使用的困难,也会使客户对经纪人的信用产生怀疑。鉴别就是对房地产经纪信息的准确性、真实性、可信性进行分析,判断误差的大小和时效的高低,剔除人为、主观的部分,使之准确、客观。如房地产经纪信息是房地产经纪人自己收集的,可靠度较大,政府交易部门提供的价格申报、产权部门登记的信息可靠度较大,而由四邻、朋友、广告处获得的信息,则要考虑数据的精度、准确性,要进行核实、鉴别。

(2)筛选。筛选就是对已鉴别的房地产经纪信息进行挑选。在挑选的过程中,既要考虑到当前的需要,又要考虑到以后的需要。在考虑当前需要时主要考虑信息的深度,而后者则主要考虑信息的广度。通过筛选,可以减少信息的数量,将无用信息删除,将有用信息保留,这样既可减少以后几个整理加工步骤的工作量,又可减少以后查询所需的时间。

(3)整序。整序就是将不同的、杂乱无序的房地产经纪信息按一定标准、方法加以整理归类。整序的主要方法就是分类,将相同的信息归为一类,将性质相似的类别排在一起。这样做主要是为了便于查询,能够减少查询时间。如某一区域的房地产市场信息、某一小区的信息、某一开发商的信息、某一时间段的信息等。

(4)编辑。编辑就是对整序的房地产经纪信息进行具体的文字整理过程,这是整个加工整理过程中最关键的工作。在编辑的过程中要注意简单明了、重点突出,同时要注意语义表达的准确性。

(5)研究。前面的几个步骤还是停留在比较低的层次上,而研究就不同了,它是一种较高层次的房地产经纪信息加工整理步骤。它是在对大量房地产经纪信息综合分析的基础上,经过分析、判断、思考,产生具有深度和新价值的信息。房地产经纪人要经常研究,以产生新的信息并提高自身的判断、思考能力。

房地产经纪信息通过加工整理之后,通常以表格、图片、文字报告等形式展现出来。其中表格又是最常见的一种。如房地产经纪机构对本机构业务类信息的整理,通常采取这种形式,一般可分为日报表、周报表、月报表等。

在房地产经纪机构的客观信息表格中,有一种非常重要的表格——客户登记表。来人登记表是客户资料中最重要的报表。通过来人登记表可以反映客户人数的变化、所属区域变化、产生客户区域变化的原因;可以反映客户需求的变化,变化的原因;可以反映政策的变化导致销售情况的变化,以及退户的人数、原因等。

房地产经纪机构根据客观信息和业务活动,分析、研究而产生的新信息,通常以文字与表格相结合的形式来反映。如新楼盘的结案分析中会有反映销售过程、进度、业绩的表格和对销售过程中得失的文字分析。

3. 房地产经纪信息的检索和存储

房地产经纪信息通过对房地产经纪信息搜集的数据进行分类加工处理生成后,要及时提供给需要信息的房地产经纪人,房地产经纪信息的检索要建立必要的管理制度,对于需要的房地产经纪人或相关人员,有权在需要的第一时间,方便地得到所需要的、以规定形式提供的一切房地产经纪信息和数据,而保证不向不该知道的房地产经纪人提供任何房地产信息和数据。

房地产经纪信息检索设计时要考虑如下问题。

①允许检索的范围、检索的密级划分、密码的管理。

②检索的房地产经纪信息和数据能否及时、快速提供,采用什么手段实现(网络、通信、计算机系统)。

③提供检索需要的数据和信息输出形式、能否根据关键字实现智能检索。

房地产经纪信息的存储一般需要建立统一的数据库,各类数据以文件的形式组织在一起,组织的方法一般由房地产经纪机构自定,但要考虑规范化。

4. 房地产经纪信息的发布与搭配、利用

房地产经纪信息是一种资源,只有通过发布和搭配才能将这种资源的使用价值发挥出来。收集、加工整理等前期工作都是为最后的利用服务的。

(1)通过房地产经纪信息的发布来影响消费者。发布房源信息的基本目标是吸引潜在客户。发布的房地产经纪信息越多、越持久,可能吸引的客户越多,但各种房地产经纪信息的发布需要考虑资金的投入与反馈效果的比较。在媒体选择时应考虑媒介的选择,一般选择地方性报纸、路牌广告,其次才是地方性电视广告、广播等媒介。在选择媒体时一般选择当地权威性大、覆盖面广、读者群多、影响面大的媒介,往往这样的媒体广告费较贵,因此有时也选择一些其他报纸、专业报纸、期刊等媒介。发布房地产经纪信息还要考虑发布频率、发布时机、信息投放量,以最经济的手段达到最理想的效果。

(2)做好房地产经纪信息的供需搭配。利用房地产经纪信息来搭配房地产经

纪的供需双方活动,几乎贯穿于房地产经纪业务活动的全过程。通过对客户方面信息的分析,房地产经纪人可以了解客户的偏好、所能接受的价位、所选择的区位、特殊的要求等,从而在房地产经济信息管理系统中查询房源信息和筛选房源,做好最佳搭配及备选方案搭配,最终促使交易成功。

(3)房地产经纪信息的利用。对于出售、出租房屋要做好搭配工作,对于咨询、代办、代理业务则可以更充分地利用好房地产经纪信息。如通过对市场和竞争对手的了解,能够及时把握市场方向和竞争对手目前的状况,做到"知彼知己,百战不殆";在新楼盘销售过程中,通常要通过对市场、开发商以及交易楼盘等信息的分析,合理制定市场推广计划、销控计划,并进行广告设计、价格调整等一系列步骤。

11.2.3　房地产经纪信息管理系统

1.房地产经纪信息管理系统的功能

一般来说,房地产经纪信息管理系统应具备以下基本功能:

(1)文字处理。完成各种文件、信函、单据等的起草、修改、编辑排版、输出打印等功能。

(2)数据处理。对房地产经纪活动中涉及的大量数据进行收集、整理、录入、存储、输出、传输等。

(3)图形图像处理。为了更生动地宣传房源信息,对房地产经纪活动中的图形、图像进行输入、加工、传输、输出。

(4)电子报表。具有对各种综合数据进行报表格式处理以及对各种报表格式数据进行输入、加工及输出的功能。

(5)文档管理。对各种文件档案资料进行收、发、存及会签等处理。

(6)电子邮件处理。利用计算机及网络系统对房地产经纪公司内外部交流的各种公文、信函、报表和资料进行编辑、加工存储及传递等功能。

(7)声音处理。利用电子设备对语音进行识别、合成、存储和传输等。例如,以图文声并茂的方式,生动形象、综合地介绍小区的情况。

(8)查询记录。利用系统内的数据库综合查询各类相关的资料,并分类汇总存储在计算机中的各项数据,为房地产经纪人进行经济活动决策提供初步的依据。

(9)安全保密。系统对收集、加工、传输的信息具有检测程序;对信息的修改、利用设置权限,从而保证数据的可靠安全保密。

(10)资源共享。建立内外网络系统,实现数据、设备的共享。

2.房地产经纪信息管理系统的硬件和软件环境

为了使房地产经纪信息管理系统的上述功能得以实现,必须选择合适的硬件设备和相应的软件系统。当然,硬件和软件系统的选择是随着科学技术的发展而更新的。

(1)硬件系统。硬件系统包括如下设备:

①计算机主机及外部设备。

②数据通信及网络设备。

③声音处理设备,如各种语音采集、录放设备等。

④图形图像处理设备,如传真机、扫描仪、绘图机。

⑤信息存储设备,如缩微翻拍机、光盘存储器。

⑥其他设备。

(2)软件系统。软件系统应包括计算机操作系统软件及网络软件。

①文字处理软件。

②电子表格软件。

③图形图像处理软件。

④电子邮件支持软件。

⑤其他应用软件。

11.3 房地产经纪信息系统实例——MLS系统

11.3.1 MLS系统的含义与类型

MLS系统,英文全称为 Multiple Listing System,简称 MLS,是 20 世纪二三十年代产生于美国的一种房地产交易方式。国内目前直译成"多重上市系统",Multiple 的意思是说这些房源是由多个(数十个数百个)经纪人公司提供的,并不是上市的多重性(好几个市场),而且只有一个上市的地方即 MLS。所以 MLS 的意译应该是房源共享系统,是由许多房地产经纪人联合起来,共同建立信息系统,共享系统的信息资源,使客户委托的房地产出售、出租业务能在较短的时间内完成的一种房地产营销方式。该系统广泛使用于房地产开发、销售以及经纪代理中。在房地产经纪代理市场,MLS 发展尤为成熟,不仅仅是一种营销模式,更是被行业广泛接受的严谨而先进的行业准则和经营管理模式。

参加系统的每一位成员均采用独家销售方式和客户签订委托合同,然后将此信息输入系统,由参加系统的全体成员共同推销,然后按一定的比例分享佣金。这个系统在建立初期采用信息汇编形式,定期将这些汇编信息发给系统成员。到了20世纪80年代,由于计算机技术的发展,原来印刷的汇编形式让位于计算机网络,系统成员按规定将自己的独家销售信息委托给网络中心输入,所有成员在家或办公室随时都可查看到发生在全市乃至全国的房地产交易委托情况。在美国,几乎90%房地产经纪公司都参加了 MLS 系统。MLS 在国外发展已逾70年,被成功运用于英国、美国、澳大利亚、日本、新西兰、新加坡等国家,形成了一套成熟、简单的基本规范和操作模式。

MLS 房产信息网站信息量大,信息真实性强,是一个只对业者开放的 B to B 网站。房产交易款项大、风险大,没专业知识,很容易出问题。正因如此,MLS 会员只能是业者。消费者只能通过业者了解到 MLS 内的全部信息。这样,能更好地发挥业者的作用,业者也就更乐于参与。业者人数剧增,反过来更有利于发展这个房地产信息网络。同时,MLS 是一个巨大的房产信息港,是一个大卖场,消费者都愿意到信息量最大的地方去,因此,MLS 系统才得以传遍全球。随着互联网技术在美国的广泛普及,以及消费者对于房源信息的需求,各地的 MLS 系统都允许消费者在一定程度上进入 MLS 系统查询房源信息。这种现象对于房地产经纪人是利大于弊的,因为消费者对房产的各种信息有了较深入的了解,减轻了房地产经纪人的工作量,有助于他们的销售。目前看来,消费者之间的买卖现象并没有因此而大量增加,也就是说,网络并不可能取代经纪人的服务。

在制度上,由美国房地产经纪人协会制定一套 MLS 的规章制度和相关协议,中介机构按照既定的规章,与房地产经纪人协会签署协议,成为多重上市交易服务系统的会员。按照规章制度确定的模式,会员中介机构与其他会员共享房地产供求信息,共同完成房屋的买卖,分享佣金。

在计算机网络技术支持上,多重上市交易系统要为参与的会员中介机构安装专门的硬件和软件,并定期进行维护和提供信息安全保障。这些网络技术的支持,可以由第三方机构承担。在美国,房地产经纪人协会成立了自己的技术服务部门和技术研究部门,专职于 MLS 技术的实施和研发。

MLS 系统有两种类型:一类是强制性系统,它要求参加该系统的成员将自己所获得的独家销售委托必须在规定的时间内输入网络中心;另一类是自愿性的,就是系统成员根据自己的需要决定是否将所获得的独家销售委托输入网络中心。一般来说,多数国家倾向于强制性系统,因为这样能满足客户的要求,以尽可能好的价格,尽快地将所委托的房屋出售或出租。

11.3.2 MLS 系统的结构

房地产经纪信息 MLS 系统结构主要由两大部分构成,包括房地产经纪信息 MLS 系统和房地产经纪信息 MLS 平台(以下简称为 MLS 平台),相当于内部组织系统和对外信息发布系统。MLS 平台不是 MLS 系统,它是基于 MLS 系统,通过互联网技术而建立起来的一个广告媒介工具,表现形式为一个网站。通过该平台,房地产经纪人可以把房源信息最大化地向市场公布,从而有效地发掘潜在的消费者。该信息平台的所有权归 MLS 系统的经营企业。MLS 平台展示的所有房源信息均来自于房地产经纪人上传的房源信息(见图 11-1)。

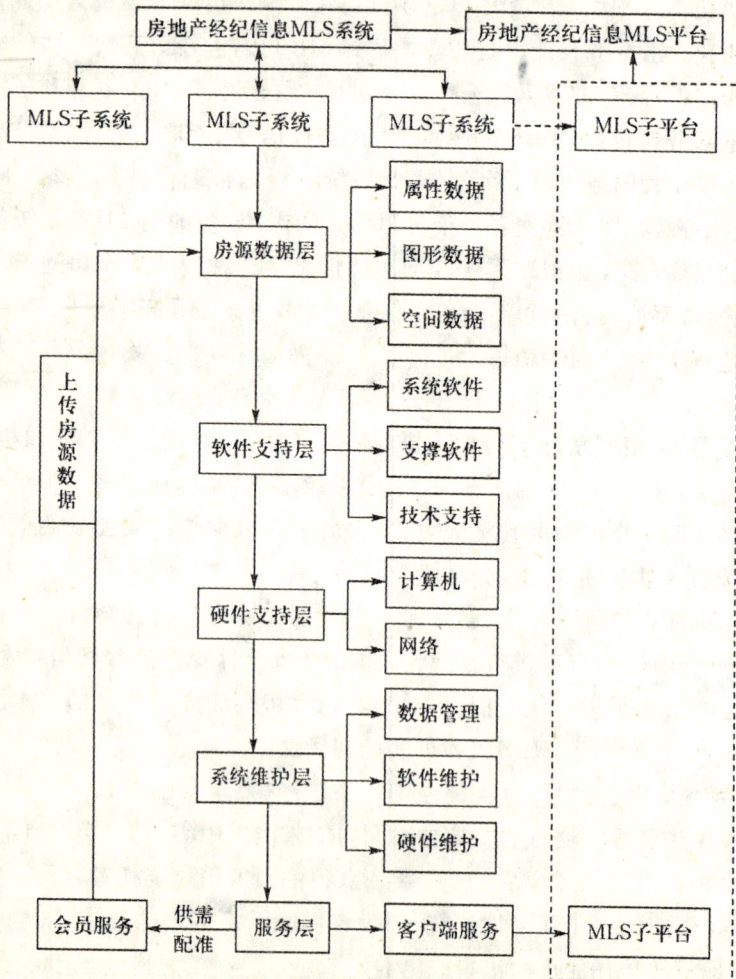

图 11-1 房地产经纪信息 MLS 系统结构组成

MLS 不仅是一种销售模式,更是一种先进的房地产流通管理系统。它极大地提高了二手房交易的效率,使房屋的销售更加合理,市场更加繁荣,有利于二手房市场的发展。首先,它加快了二手房出售的速度。在传统交易模式下,一个房源在同一时间只能由一家经纪公司代理,而在 MLS 模式下,所有加盟会员机构都可以出售任何一家会员挂出的房源,极大地扩展了购买者的范围,加快了住房出售的速度,同时也加快了购买者实现购买的速度。其次,MLS 真正实现了房地产开发商、代理商、经纪商和消费者的共赢。对房地产开发商而言,大大降低了销售成本,加快了资金回笼;对代理商而言,提升了收益,有效取得代理权;对经纪商而言,提高了工作效率,真正实现了资源共享;对消费者而言,节约了购房成本,可以有更多选择。

此外,MLS 还规范了房地产经纪行业的发展,促进国际、地区合作。它实现了信息的透明化、畅通化,从而必然推动房地产市场的成熟化发展。

房地产经纪信息 MLS 系统由若干个房地产经纪信息 MLS 子系统构成。每个子系统由五部分构成,分别为房源数据层、软件支持层、硬件支持层、系统维护层和服务层。每个层次又包含特定的功能内容,其中服务层是系统结构的最底层,也相当于成果层,一方面为房地产经纪信息 MLS 系统会员提供内部服务,会员上传房源数据,同时进行供需配准;另一方面延伸出对外客户端服务,生成若干个 MLS 子平台,为登录该平台的客户服务,这些子平台共同构成 MLS 平台,即通过 MLS 平台可以到达每个 MLS 子平台。

11.3.3　MLS 系统的运行程序

为了使 MLS 系统有效地运行,各国都制定了相应的 MLS 系统运行程序。这些程序的大致内容见表 11-1。

表 11-1　　　　　　　　　　MLS 系统运行程序内容表

项目	内容
系统性质	强制/自愿
报送的时间和内容	三个工作日之内委托合同的复印件及系统统一规定的委托项目明细表
交易完成以后	完成交易意向立即通知系统
佣金的分配方式和佣金支付时间	委托经纪人事先写明;佣金在委托经纪人与销售经纪人之间平均分配
委托经纪人必须确保所列入系统的物业便于察看	和销售经纪人充分合作,按先入为主的原则代理同一产业

（续表）

项目	内容
系统成员间的处事原则	不得破坏或试图破坏或介入其他成员已得到的代理合同或安排。不得向公众提供、表达或传播对其他成员专业服务、行为等的批评和评论。有权向系统的纪律检查委员会报告其他成员任何有损专业声誉的行为或疏忽。
系统成员义务	接受纪律检查委员会调查并积极配合
系统成员禁止事项	直接或间接地以任何方式与非本系统成员共享本系统列入代理的项目

11.3.4　MLS 系统实现的功能

随着信息技术的不断完善，MLS 系统已具备了强大的管理功能，包括房源管理、客户管理、成交业绩、店务管理、表格中心、配对查询、房源信息及客户信息统计分析等，使企业管理者能够对市场拓展及企业发展了然于胸。为了提高交易成功率，MLS 管理系统特别设计了配对查询功能，可以通过互联网到共享房源数据库和客户需求数据库中查找房源或客户，以提高资源利用的针对性，促成交易实现。它还支持信息下载与系统自动更新功能，从而为自身信息库储备更多的资源和客户资料。此外，MLS 系统还具有强大的对房源信息和客户信息的分析统计功能，可为企业决策者提供决策依据，包括：

（1）规范企业的运作模式。通过建立一套行之有效的单据转移程序和权限体制，实现对企业业务流程的有效控制；全面的网络数据库向用户提供快速的共享数据查询；实现全面的企业运作流程化、无纸化、电脑化、网络化管理；实现信息传递的网络化，项目资料、销售计划、业务进度控制的高度集中化、科学化。

（2）通过网络数据的共享和高度集中的计划体系，使得企业各部门之间统一步调，避免数据混乱，减少由于信息不畅和计划不精确而造成的人为管理成本。

（3）建立网络平台。建立覆盖整个区域的房地产市场经纪网络平台，即"在线楼市"。网络平台包括信息公示、交易流程、客户管理、服务支持、行业监督和内部管理几大系统，即引入 MLS（多重上市系统）。其核心是通过特定的软件和网络手段，使加入该系统的各个独立经纪商形成一个信息共享的互通体系。

11.3.5　MLS 系统经营企业的收益

MLS 系统由全国性协会所有，为了提高系统的运营效率，委托给经营企业运营。该系统的收益来自于三个方面：收取使用该系统服务的会员费；整合房地产信息打包出售给各研究机构；大专院校及公司的咨询信息出售，获取的收益根据和约分成。房地产经纪信息 MLS 系统经营企业的收益见图 11-2。

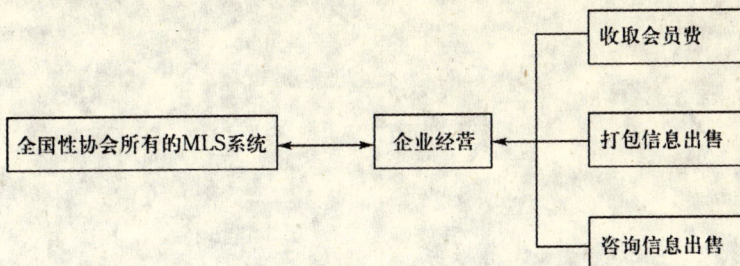

图 11-2　房地产经纪信息 MLS 系统经营企业的收益图

思考题

1. 什么是房地产经纪信息？房地产经纪信息有哪些特征？
2. 说明房地产经纪信息的作用。
3. 什么是房地产经纪信息管理？房地产经纪信息管理应遵循哪些原则？
4. 房地产经纪信息管理流程包括哪些基本环节？
5. 房地产经纪信息管理系统主要有哪些功能？
6. 什么是 MLS 系统？MLS 系统的结构和主要功能是什么？

第12章

房地产经纪诚信管理

12.1 诚信与房地产经纪诚信

12.1.1 诚信的含义

什么是诚信？诚，即真诚、诚实，是语言和内心的一致，诚者，指真心实意，实实在在；信，为信用，即守承诺、讲信用，是语言和行为的一致，信者，指遵守诺言，实践成约，从而取信于人。"诚信"，是诚实与信用的一致，即以诚待人，取信于人。

诚信是公民道德的一个基本规范，是中国伦理思想史的重要范畴。"诚"，是先秦儒家提出的一个重要的伦理学和哲学概念，以后成为中国伦理思想史的重要范畴。直到孔子时期，"诚"还未形成理论概念。孟子时不但已经形成为理论概念，而且位置十分重要。他说："是故诚者，天之道也；思诚者，人之道也。至诚而不动者，未之有也；不诚，未有能动者也。"在这里，诚不但是天道本体的最高范畴，也是做人的规律和诀窍。荀子发挥了"诚"的思想，指出它为"政事之本"。他说："天地为大矣，不诚则不能化万物；圣人为知矣，不诚则不能化万民；父子为亲矣，不诚则疏；君上为尊矣，不诚则卑，夫诚者，君子之所守也，而政事之本也。"在《礼记·中庸》里，"诚"成为礼的核心范畴和人生的最高境界："唯天下至诚，为能尽其性；能尽其性，则能尽人之性；能尽人之性，则能尽物之性；能尽物之性，则可以赞天地之化育；可以赞天地之化育，则可以与天地参矣。"至诚如神，有了诚笃的品德和态度，就可以贯通多种仁义道德，成己成人，甚至能够尽人之性，尽物之性，赞天地之化育而与天地参，达到"天人合一"的境界。《大学》把"诚意"作为八条目之一，格物，致知，诚意，正心，修身，齐家，治国，平天下。"诚"成为圣贤们体察天意，修身养性和治国平天下的重要环节。宋代周敦颐进一步认为"诚"为"五常之本，百行之源也"。把包括诚实在内的"诚"看作仁、义、礼、智、信这"五常"的基础和各种善行的开端。程颐更为直截了当地说："吾未见不诚而能为善也"。其见解人木三分。

"信"，也是中国伦理思想史的范畴。"信"的含义与"诚"、"实"相近。从字形上分析，信字从人从言，原指祭祀时对上天和先祖所说的诚实无欺之语。隋国大夫季梁说："忠于民而信于神"，"祝史正辞，信也。"后来，由于私有经济和私有观念的发展，原有的纯朴的社会被逐渐破坏。国与国、人与人之间的交往不得不订立誓约。但誓约和诺言的遵守，仍然要靠天地鬼神的威慑力量维持。春秋时期，经儒家的提倡，"信"开始摆脱宗教色彩，成为纯粹的道德规范。孔子认为，"信"是"仁"的体现，他要求人们"敬事而信"。他说："信则人任焉"，"人而无信，不知其可也"。孔子和孟子都将"信"作为朋友相交的重要原则，强调"朋友信之"，"朋友有信"。而历代当权者大都将"信"作为维护秩序的重要工具。《左传·文公4年》中说："弃信而坏其主，在国必乱，在家必亡。"《吕氏春秋·贵信》对社会生活中的信与不信之后果，作了淋漓尽致的剖析："君臣不信，则百姓诽谤，社会不宁。处官不信，则少不畏长，贵贱相轻。赏罚不信，则民易犯法，不可使令。交友不信，则离散忧怨，不能相亲。百工不信，则器械苦伪，丹漆不贞。夫可与为始，可与为终，可与尊通，可与卑穷者，其唯信乎!"汉代董仲舒将"信"与仁、义、礼、智并列为"五常"，视为最基本的社会行为规范，并对"信"作了较详尽的论述："竭遇写情，不饰其过，所以为信也"。他认为"信"要求诚实，表里如一，言行一致。朱熹提出"仁包五常"，把"信"看做是"仁"的作用和表现，主要是交友之道。他说："以实之谓信"，其说与孔子、孟子基本相同。在儒家那里，诚与信往往是作为一个概念来使用的。"信，诚也"，"诚"与"信"的意思十分接近。

由此看来，传统伦理将诚信作为人的一种基本品质，认为诚实是取信于人的良策，是处己立身，成就事业的基石。

12.1.2　道德诚信与法律诚信

在讨论诚信问题的时候，应当明确区分道德上的诚信与法律上的诚信。道德上的诚信，是指作为道德准则的诚信，可简称为"道德诚信"；法律上的诚信，是指作为法律原则的诚信，可简称为"法律诚信"。道德诚信要求人们言语真实、恪守诺言、无虚假、不欺诈。法律诚信作为一项法律原则，是指当代各国在法律上尤其是在私法上普遍规定的诚实信用原则。我国《民法通则》第四条规定："民事活动应当遵循自愿、公平、等价有偿、诚实信用的原则。"《合同法》第六条规定："当事人行使权利、履行义务应当遵循诚实信用原则。"这是我国法律关于诚实信用原则的规定。

法律诚信与道德诚信具有密切的联系。首先，从渊源上看，法律诚信源于道德诚信，是道德诚信的法律化。其次，二者具有相辅相成、相互维系的关系：法律诚信必须有相应的道德诚信作为基础和依托，否则就会成为无根之木；而道德诚信也必须有相应的法律诚信作为保障，否则就会柔弱无力。需要注意的是，我国的法律诚信源于西方文化中的道德诚信。因而，我们在对其进行解释和适用时，必须考虑其在西方法律体系中的本来含义，而不能仅从中国传统的道德诚信出发对其进行望文生义式的理解。中国传统的道德诚信为引入西方的法律诚信奠定了一定的伦理基础，但要想使之成为法律诚信所依托的道德准则，绝不可忽视改造其不适应的一面。中国传统的道德诚信与西方文化中的道德诚信具有基本相同的内涵和要求，但也有实质性的区别。西方文化中的道德诚信具有普适性，因此成为西方资本主义全面展开的道德基础；而中国传统的道德诚信是自然经济和宗法社会的产物，是主要适用于封闭的、以血缘和地缘为纽带的朋友和熟人之间的伦理准则，因此中国传统上缺乏与市场经济相适应的、能够支撑市场经济发展的社会化的道德诚信。这是中国在由传统经济向社会主义市场经济体制转轨过程中出现一些诚信缺失问题的重要文化原因。

区分法律诚信与道德诚信的主要意义在于：法律诚信和道德诚信并非同一范畴，研究分析诚信问题的时候不可简单地将二者混为一谈；法律诚信和道德诚信具有不同的功能，不能互相替代，但是可以互补；诚信缺失问题的解决，既要依靠法律诚信也要依靠道德诚信，既要依靠法治也要依靠德治；法律对于道德诚信的维护，也并非仅仅依靠诚实信用原则，事实上，民法上的许多制度以及经济法、行政法、刑法等许多法律的相关规定都在维护着道德诚信。譬如，我国《消费者权益保护法》第四十九条规定："经营者提供商品或服务有欺诈行为的，应当按照消费者的要求增加对其受到损失的赔偿，增加赔偿的金额为消费者购买商品的价款或者接受服务的费用的一倍。"再比如，我国《刑法》对生产、销售伪劣商品罪以及金融诈骗罪、扰乱市场秩序罪作出了详尽的规定。其实，我国《宪法》的一些规定也直接体现了道德诚信的精神，例如第五十一条规定："中华人民共和国公民在行使自由和权利的时候，不得损害国家的、社会的、集体的利益和其他公民的合法的自由和权利。"可见，从法治的角度看，维护道德诚信是宪法和各部门法的共同任务，而不仅仅是民法的任务，更不仅仅是民法上的诚实信用原则的任务。明确了这一点之后，我们就可以从法律体系的整体上来分析研究怎样构建一套系统的、完善的维护道德诚信的法律机制。例如，我们可以深入分析民法、经济法、行政法、刑法在维护诚信的法律机制中扮演着什么样的角色，应当发挥什么样的作用。

目前，人们讨论的诚信问题主要是指道德诚信，即道德诚信的缺失和危机。当然，如上文所述，道德诚信与法律有密切关系。一方面，许多违反道德诚信的行为构成违法行为，甚至构成犯罪行为，行为人应当承担法律责任；另一方面，法律诚信与道德诚信也有割不断的联系，恪守道德诚信也是法律诚信的要求。

12.1.3 诚信原则与市场经济的关系

现代诚信原则实际上就是市场经济的诚信原则，因为诚信原则同市场经济有着内在的关系：

1. 诚信是市场经济提出的课题

诚信原则为每个社会所必需,但需要的原因、程度及其具体的内容是不同的。在西方前资本主义社会及中国的古代社会,诚信作为这个社会部分领域(如宗教、伦理及经济领域)的一些原则,目的在于保证这些领域的秩序,它往往是整个道德体系的补充而不是处于核心的地位。并且在诚信概念的内容里,不仅包含着对人与人之间关系的规定,还包含着对人与神和人与自然之间的规定,比如西方的中世纪一直强调对神的诚信,而中国古代则一直强调对"天"的诚信。这种诚信往往强调自我约束。在商品交换领域,由于市场还局限在极小的领域之内,使得交换信息比较简单,这就促使交易双方为了追求长远的利益而恪守诚信,失信问题也只是在很小的领域里发生。

到了近代,情况发生变化了,人类步入商品经济阶段,商品交易的范围大大扩大,交易的对象也日益复杂,信息不对称的问题在经济领域的作用日益凸显,拥有较多信息的一方在利润的驱使下,往往会欺骗对方,损害对方的利益。在现代市场经济条件下,社会分工体系日益细化,生产要素的所有权与使用权相分离,商品和服务的供给者与消费者分离得更远,形成了广泛的商品与服务的关系,以及与此相联系的契约关系和委托代理关系。专业的更细的分工导致更大的信息不对称,商品的供给者拥有比消费者更多的信息,代理人比委托人拥有更多的信息,这在客观上为欺诈行为提供了条件。而且,市场越发达,经济活动的社会化程度和国际化程度越高,科技水平越高,产品和服务越复杂,市场交换链条和委托代理链条越长,委托人和代理人之间的距离就越远,信息就越是不对称,这就进一步为失信提供了基础。

2. 诚信是市场经济的内在需求

诚信实际上不仅是经济伦理原则,而且是市场经济的一条基本规律。也就是说,诚信不仅能保证市场经济得以进行,而且还能推动市场经济向前发展,换言之,诚信是市场经济内涵的一个重要方面。恩格斯就曾反复指出,诚信首先是现代经济规律,其次才表现为一个经济伦理的原则,他说:"现代政治经济学的规律之一(虽然通行的政治经济学教科书并没有明确提出)就是:资本主义生产愈是发展,它就愈不能采用作为它早期阶段特征的那些哄骗和欺诈手段……的确,这些狡猾手腕在大市场上已经不合算了,那里时间就是金钱,那里商业道德必然发展到一定的水平,其所以如此,并不是出于伦理的狂热,而纯粹是为了不白浪费时间和劳动"(《马克思恩格斯全集》第 22 卷第 368 页)。这也就是说,尽管不择手段、背信弃义能为资本家带来一定的利益,甚至为资本的原始积累所必需,但从市场经济的整体利益和资本家的长远利益来看,必须将诚信作为一切活动的原则。市场主体之间的交易往往并不只有一次,而长远的合作关系必须靠诚信才能维系,因为一次的失信会从根本上中断这种关系,最终丧失了未来的利益。所以,诚信既是对对方合法权利的维护和尊重,也是对自身合法权利的维护和尊重。从市场的整体利益来看,诚信可以减少交易成本,加快交易的成功率,是市场经济得以良好运行的前提,所以市场经济需要诚信。

3. 市场经济赋予诚信以新的内涵,并为诚信在一个更高层次上的实现提供了条件

现代诚信原则是伴随着市场经济的出现而出现的,但不能由此以为失信问题是市场经济自身必然的病症,即把这一"罪恶"归结为市场经济。的确,正是由于市场经济,一系列具体的失信问题才会出现。但是失信现象本身却不是市场经济带来的,只要社会和人们之间的交往存在,就必然会出现失信问题。只不过在前资本主义社会,失信的问题以其他方式表现出来,官场上的尔虞我诈、教会的伪善、权贵们的虚伪实际上都是失信的表现,所不同的是这种失信一是隐秘的,二是还没有法律上的约束,所以这种失信行为严重到这种地步,以至于很难再用失信来表述这一切。人类由自然经济社会进入商品经济社会,人与人之间就由靠家族观念、政治强权来建立关系转向通过物(包括商品、货币)来建立关系,人和人就不再是人身依附的关系,而是平等的关系。平等主体间通过契约来实现交往,靠双方都承认的法律、制度规定来保证双方的利益。这样,尽管在交往中失信问题依然存在,但由于交往双方是平等的,通过制定双方都承认的制度和原则,诚信就能得到可靠的保证。而在前资本主义社会,由于交往中人与人的地位是不平等的,一方可凭借自己的权利来控制双方的交往,所以诚信问题就没有一个可靠的基础。所以市场经济一方面将诚信原则变成了人与人之间交往关系的核心原则,赋予了诚信原则以新的内涵,另一方面为诚信在这一层次上的实现提供了条件。

在我国社会主义市场经济体制下,市场经济越发达就越要求诚实守信,这是现代文明的重要标志,是整个社会赖以生存的基础。没有诚信,就没有秩序;没有秩序,就没有市场经济活动的健康开展;没有健康的市场经济活动,社会主义市场经济就难以建立。诚信制度是现代市场经济的基石,随着我国社会主义市场经济快速发展和对外开放的深入,诚信原则对我国经济发展的影响越来越大。因此,形成以道德为支撑,以产权为基础,以法律为保障的社会诚信制度,已经成为社会发展的必然要求。

12.1.4　房地产经纪诚信的意义

1. 诚信是房地产经纪行业的立身之本

房地产经纪人乃至整个行业的业务来源来自于房地产权利人以及服务需求者的委托,这种委托的基础是信任。众多的房地产权利人及服务需求者对房地产经纪人及其行业的信任主要基于:第一,房地产经纪人具有专业优势;第二,房地产经纪人享有信息优势和职业便利;第三,房地产经纪人有着特殊的权利能力和责任能力,这种权利能力和责任能力必须与委托人的需求相一致,与社会对房地产经纪人的要求相一致。

2. 诚信是维护房地产消费市场的保障

房地产经纪人和经纪机构只有具有良好的信用度,使消费者的利益有保障,不受损失和侵害,消费者才会需要并乐意找中介企业服务,房地产经纪也才能发挥其服务房地产的功能,才会缩短房地产的交易过程,加快房地产商品的流通,从而达到促进房地产消费市场发展的目的。

3. 诚信是促使房地产业成熟的催化剂

良好的信用会使房地产经纪行业更加成熟地发展,使中介的信息传导功能得到更大的发挥。房地产开发企业可根据中介传递的市场信息,有效地生产适合消费者需要的产品,将使得房地产的投资和开发更加成熟而理性,从而使房地产业的发展趋于成熟。

12.2　我国房地产经纪诚信管理现状

12.2.1　我国房地产经纪诚信存在的问题

由于目前我国人们对于房地产经纪行业还没有完全形成统一的科学认识,导致房地产经纪行业规范执业的标准缺乏,管理部门对房地产经纪业的规范执业主要是号召引导,缺乏有力的管理措施。这样,在行业总体素质不高,又存在过度竞争的现实环境中,不少房地产经纪企业各行其是,将规范执业搁置一旁。当经纪人由于不规范执业与当事人发生纠纷时,管理者也因缺乏执法依据而难以管理。此外,行业自律管理缺位,致使行业的规范执业既缺乏政府的监管,又缺乏行业自律的监控。这就使得行业的规范面临一定的失控危险。这是当前出现一些不正当经纪行为的一个重要根源,也是中国房地产经纪行业一个亟待解决的问题。具体而言,目前房地产经纪业存在的主要诚信问题有以下几个方面:

1. 经营服务不规范

主要表现为无资质、无证书、无照经营、超越经营范围和非法异地经营。根据建设部《城市房地产中介服务管理规定》第 8 条,房地产经纪人必须是经过考试、注册并取得《房地产经纪人资格证》的人员;未取得《房地产经纪人资格证》的人员不得从事房地产经纪业务;同时也规定了设立房地产中介服务机构应具备的条件。尽管这些条件比较低,但是,有些房地产经纪机构也无法达到或者根本不去登记,借别人的《房地产经纪人资格证》蒙混检查。有些房地产中介不申领营业执照就开展业务,所发的名片、所发布的广告宣传,只有所留的电话可以联络到其人,如同打游击战一般,遇到问题,则无音无讯了。还有些房产中介因为税收或注册等问题,在 A 区注册却在 B 区进行营业,按规定在非注册地营业必须在营业地工商部门进行再注册登记并备案,但不少公司未按此规定办理注册登记,却又在正常营业。另外,房地产咨询与房地产经纪有很大的区别。房地产咨询是无权进行房地产交易行为的,而房地产经纪则可根据其注册资金及申请的范围从事房地产咨询、租赁、买卖等交易。但是在现实交易中,人们往往忽略或不了解这个区别,而某些房地产中介机构为了获取利益又故意对其进行隐瞒。

2. 虚假行骗,诚信缺失

诚信缺失首先表现在滥用格式条款,设置合同陷阱。格式条款是指格式条款的提供方为了重复使用而预先拟定,并在订立合同时未与对方协商的条款。商业广告、通知、声明、店堂告示、凭证、单据等的内容符合要约规定和前面规定的,视为格式条款。如要采用格式条款订立合同的,提供格式条款的一方必须遵循公平原则确定当事人之间的权利和义务,并采取合理的方式提请对方注意免除或者限制其责任的条款,按照对方的要求,对该条款予以说明。但有些房地产经纪机构利用协议合同书设置圈套,利用消费者不熟悉有关交易细节和法律法规,任意修改并且以格式条款形式规避自己应尽的义务,限制消费者应有的权利,如知情权、公平交易权等,让客户上钩,从中骗取押金。一旦消费者发现问题,据此百般抵赖逃避责任,夸大了合同行为的"合意",将不平等的条件强加于人。

此外,还有诸如利用虚假信息、广告骗取钱财,人去楼空,退款无门以及房地产经纪机构未按规定期限办理备案手续等问题。同时应当看到,上述违法现象有些具有普遍性,有些只是个别房地产经纪机构所为,但这些问题的存在使得消费者对房地产中介机构产生了严重的不信任感,甚至对中介机构望而却步。这不仅严重损害了消费者的利益,而且对房地产销售和流转造成了不利的影响,最终损害了房地产经纪机构和经纪人本身的利益,并且间接损害了国家利益,扰乱了房地产市场正常的操作、运行秩序,可谓三败俱伤。如何消除消费者的信任危机,让他们放心地走进房地产经纪机构,引导房地产经纪机构的健康发展成为目前亟待解决的问题。

3. 赚取差价,获取佣金以外的报酬

有的房地产中介机构低价购进、高价售出赚取差价,严重损害了委托人的利益。例如,有的房地产中介机构以包销的名义隐瞒实际出卖价格,获取佣金以外的报酬。《商品房销售管理办法》中明确规定:受托房地产中介服务机构在代理销售商品房时不得收取佣金以外的其他费用。从法理上说,房地产中介机构主要是房地产经纪人,对委托购房和销售的客户之间是一种居间合同行为,而不是表面上的行纪行为。经纪人在销售商品房时除提供房源信息、销售价格外,还应表明收取的佣金,即按房产成交价格的3%～5%之间提取佣金。但由于经济利益驱动、现行佣金率相对较低等因素,遭到明令禁止的"赚取差价"事实上却成了房地产经纪机构,尤其是低端二手房交易市场中经纪机构获取暴利的主要手段。现实情况购房者与售房者之间很难了解到真实的出售价格,这些房地产经纪机构利用"压上家,瞒下家",在没有取得房屋产权的情况下,以"包销"名义,隐瞒委托人的实际出卖价格,与第三方进行交易,一套房屋转手可加价逾万元。还有的房地产经纪机构通过预留双方印鉴,代双方签订合同,以赚取巨额中间差价,这明显违反了法律规定。

4. 房地产经纪市场主体良莠不齐

目前,我国房地产经纪服务市场的质量和层次还处在低水平的粗放发展阶段,使得发展之初的房地产经纪服务业具有比其他行业更高的利润率,加之进入房地产经纪业的"门槛"较低,从而吸引了大量的市场进入者。大多数房地产经纪机构规模较小,整体素质不高,小打小闹、遍地开花的情况在各地十分常见,甚至出现了一批"地下中介",他们或无证经营、或无办公场所、或私设分支机构、或不具备法律规定的房地产经纪人数,一些小的中介公司甚至由"一间房子＋一张桌子＋一部电话"组成。另外,房地产经纪从业人员的成分也比较复杂,既有具备房地产经纪职业资格证书的"正规军",也有无证无照的"游击军",各类人员相互混杂交错,加剧了房地产经纪市场的混乱状态。还有的房地产经纪人缺乏应有的敬业精神和职业道德,唯利是图,不惜损害客户的利益,严重扰乱了房地产经纪市场的正常秩序,这些都说明了我国房地产经纪市场环境建设、市场准入、行业监管等诸多方面的不成熟。

5.行业监管力度不够

目前,无论是政府房地产主管部门的直接监管,还是由行业协会进行的自律性监管,都存在监管力度不够的问题。由政府直接监管的,面对数量庞大的中介机构和不胜枚举的中介纠纷,根本不可能做到事无巨细,面面俱到,同时客观上还存在着寻租空间。由行业协会监管的,由于目前行业协会地位不明确、作用空间有限及相关立法滞后,同样存在诸多问题。

12.2.2　我国房地产经纪诚信问题存在的原因

1.房地产经纪服务自身的特点为出现诚信问题提供了一定的可能性

首先,房地产经纪的服务性质决定了其质量判定标准确定的困难性。服务是一种活劳动,它的生产过程同时也是消费过程,它不能物化为某种像衣服、电视机一样的可以触摸得到的产品,它是通过转化有效信息来满足客户的租赁、买卖等各方面需求,也就是说,它的产品是无形的。与有形的产品相比,无形产品在生产技术的标准化、产品技术的标准化方面有很大的局限性,这直接导致对服务活动制定质量判别标准具有一定的困难,而没有一个严格、明确、具体的质量判断标准,也就不能对提供服务的人进行严格约束。

其次,房地产经纪服务的专业性决定了供需双方之间的信息不对称。对房地产经纪企业来说,提供信息是一项主要任务,房地产经纪业的很多类别,如咨询、估价、经纪,就是作为信息的提供者而出现的。作为信息的提供者,房地产经纪企业也就控制着信息的供给,从而无论是面对房地产开发商,还是消费者,在交易中都具有相对的优势。比如,面对开发商,经纪企业具有更多的消费者方面的信息;面对消费者,经纪企业具有更多的开发商方面的信息。这种信息的明显不对称为经纪业不遵守行业规范、背信、失信提供了客观条件。若没有很完善的制度约束,两头欺诈、串谋欺诈一方的现象就会蔓延开来。

最后,房地产经纪机构与客户关系的"弱连续性"为失信行为提供了一定空间。房地产是价值量很大的商品,对于许多消费者来说,一生所进行的房地产产品交易也不过一两次。这就导致经纪人与客户之间一般不存在固定的较长时间的协议关系,即与客户之间具有"弱连续性"关系的特征。这种"弱连续性"的关系使一次交易的"后验作用"减弱,即这次交易的效果,包括对交易对方的评价无法对下一次交易起作用,这使得经纪人在一定程度上不必担心这次的欺诈在下一次会受到惩罚。所以这种"弱连续性"为经纪企业的种种失信行为提供了空间。但反过来说,正是由于这种"弱连续性"关系,使消费者更注重经纪企业的"品牌",注重以往的信誉,而以往的信誉和"品牌"是靠长期的"诚信"经营才能建立起来的。所以,一个经纪企业要想长期发展,又要特别注重诚信,因为品牌、信誉是它的生命。

我们看到,正是房地产经纪服务业的特殊性,才使得诚信问题对于房地产经纪业有着极其特殊的重要意义。

2. 中国房地产经纪行业的不成熟是出现诚信问题的现实条件

就中国当前的实际来说,房地产经纪业是一个年轻、发展不成熟的行业,直至今天不过十几年的发展史。尽管它发展的速度和所取得的成绩让人惊叹,但毫无疑问它是年轻的。年轻同时就意味着不成熟,这种不成熟在从业人员素质、操作规范、运作方式的标准化、配套的法律法规的制定、行业管理水平等方面都有体现。而其中,法律法规不健全,行业管理不完善是主要原因。

在目前的房地产经纪行业管理中,管理主要以行政手段为主。对于行业内出现的一些问题,小则以领导批示来解决,大则以一些"规定"、"办法"来处理。这样就造成了行业管理的不规范。要实现行业管理的规范化、程序化,必须引入法律手段,并做到有法可依、有法必依、执法必严。同时,在市场经济条件下,经济手段也必不可少,因为经济手段可以通过影响市场主体的成本收益这种间接的方式来约束市场主体的行为,这是最符合市场经济自身原则的一种方法。此外,对行业管理还需要信誉公示手段和教育手段。通过信誉公示来加大市场主体失信行为的成本,从而实现对市场主体行为的有效约束,这是国外成熟市场经济的一个普遍采用的手段。要使行业管理达到较好的效果,必须有许多不同的管理手段配合并用。

行业管理手段不丰富在一定程度上也是由于行业学(协)会在房地产经纪行业管理中未充分发挥作用。行业学(协)会由于自身所具备的优势使得它对行业管理有着独特的作用,某些管理手段实际上应该由行业学(协)会行使,比如信誉公示手段、教育手段。政府主要侧重于行业的宏观管理,而行业学(协)会作为行业自己的组织,更了解行业、企业的实际状况,因而能够更好地解决微观上的问题,尤其是在对行业内的组织、人员的资质、操作、运营等方面进行监督、监管上,比政府具有更大的优势。另一方面,房地产行业学(协)会还可以发挥其贴近市场、贴近企业的优势,及时将行业现状、存在问题、制度需求等信息反馈给政府及主管部门,充当政府和企业之间的桥梁。同时,行业学(协)会可以将政府的政策及时、准确地传达到企业,监督企业贯彻、执行。目前,虽然成立了全国性房地产经纪行业组织,但各地方的房地产经纪行业还没有自己的行业组织,已经成立的学(协)会也并没有充分发挥作用,其职能尚处于一般性的宣传、组织考试前的辅导培训等,从而使房地产经纪业缺乏最直接的管理,政府的政策很难贯彻,政府也很难获得行业里的翔实信息,管理手段无法充分发挥作用,最终导致房地产经纪行业出现诚信问题。

12.2.3 我国房地产经纪诚信管理现状

加强房地产经纪诚信管理对于整顿房地产经纪市场,规范房地产经纪从业人员行为,提高行业诚信度和服务水平,促进房地产经纪行业的发展更显意义重大。目前,我国房地产经纪诚信管理除了制定和实施相应的法规和规章制度外,主要采取了以下措施:

1. 制定了房地产经纪执业规则

2006年10月31日,建设部、中国房地产估价师与房地产经纪人学会联合发布了《中国房地产经纪执业规则》。该规则的制定主要是为了规范房地产经纪行为,提高房地产经纪服务质量,保障房地产交易者的合法权益,维护房地产市场秩序。该规则是指导房地产经纪行业组织对房地产经纪人员进行自律管理的重要依据,是指导房地产经纪行为的基本准则。该规则明晰了房地产经纪的服务要求和质量标准,对房地产经纪机构和房地产经纪人在执业活动中的行为作出了如下具体的规定:

(1)规定了房地产经纪有关用语定义。

(2)明确规定了房地产经纪机构、房地产经纪人员从事房地产经纪活动,应当遵守法律法规,遵循平等、自愿、公平和诚实信用的原则。

(3)规定了房地产经纪机构应当建立和健全各项内部管理制度,加强内部管理,规范自身执业行为的具体要求。

(4)规定了房地产经纪机构、房地产经纪人员业务承接、承办的各项具体要求。

(5)明确了房地产经纪人员凭借自己的专业知识和经验应做好的相关业务工作。

(6)对房地产经纪机构、房地产经纪人员应当遵守的房地产交易资金监管等问题作了严格规定。

(7)明确规定不得赚取差价。房地产经纪机构收取佣金不得违反国家法律法规,不得牟取委托协议约定以外的非法收益,不得以低价购进(租赁)、高价售出(转租)等方式赚取差价,不得利用虚假信息骗取中介费、服务费、看房费等费用。

2.建立中国房地产经纪信用档案

2006 年,中国房地产估价师与房地产经纪人学会开通了房地产经纪信用档案,信用档案不但为社会公众提供了一个公开查询、选择房地产经纪机构和房地产经纪人的途径,而且构建了一个房地产经纪行业弘扬诚信守法、曝光不良行为的平台。信用档案的建立和公示有助于建立房地产经纪行业的守信褒奖、失信惩戒的机制。目前,房地产经纪信用档案已经为社会所关注,不断发挥社会公众对房地产经纪行业的监督作用。下一步,学会将加强房地产经纪信用档案管理,实现数据实时更新,并进一步挖掘、应用信用档案数据信息。

3.开展房地产经纪资信评价活动

2006 年,中国房地产估价师与房地产经纪人学会进行了首次优秀房地产经纪机构、优秀房地产经纪人的评选,评选出了 114 家全国优秀房地产经纪机构和 70 名全国优秀房地产经纪人,自此拉开了房地产经纪资信评价的序幕。中国房地产估价师与房地产经纪人学会将定期开展房地产经纪资信评价活动,向社会公布评价结果,引导房地产经纪行业规范、健康、持续地发展。

12.3　房地产经纪诚信体系建设

房地产经纪诚信体系建设是以保证诚信原则在房地产经纪服务领域的贯彻为价值目标,这一诚信体系应包含以下几个主要方面:

12.3.1　房地产经纪诚信信用制度建设

现代诚信原则的本质特征使它具有制度基础。如果仅仅把诚信看做一种纯粹的道德原则,仅仅靠舆论、良心来约束,现代诚信原则不过是一句空话,完全失去了它的本来内涵。从发达国家的经验来看,信用立法工作是一个长期的过程,我国的信用立法工作也需要一个逐步建立健全的过程。从我国的法律现状来看,并没有一个专门的为保障诚信原则得以贯彻的立法,诚信原则只是散见于一些大的法律中,如《民法》、《保密法》、《合同法》、《商业银行法》。对于房地产经纪行业,目前仅有《中华人民共和国城市房地产管理法》、《经纪人管理办法》、《关于房地产经纪服务收费的通知》、《城市房地产中介服务管理规定》、《中国房地产经纪执业规则》等制度法规,这些制度法规的广度、深度以及对违规行为的震慑力度,都远远不能满足房地产经纪市场发展的需要和诚信原则的有效贯彻,不能有效地规范市场行为,导致难于依法管理。

具体地说,关于房地产经纪服务诚信制度的法律法规应对房地产经纪业主体的资质和诚信状况公示、服务过程的程序、服务的收费标准、服务交易契约的签订作详细的规定,同时还要对执法部门的选定、权限、处罚力度作详细的规定。只有这样,才能为诚信体系提供一个坚实的制度基础。

12.3.2　房地产经纪诚信管理制度建设

首先,确立房地产经纪服务诚信管理机构,是诚信管理的关键。因为法律、制度要靠人来执行,信用技术也要靠人来运用。从广义上讲,房地产经纪服务诚信管理不仅仅是房地产经纪服务领域的问题,还包括中央政府、各级地方政府、各级建设主管部门和土地主管部门、各级主管房地产的其他各部门以及工商管理、税务、财政、银行、司法等部门,所以房地产经纪服务的诚信管理,就是把各种与信用相关的社会力量有机地结合起来,科学地设置管理体系机构,制约和惩罚失信行为,促进信用的完善和发展。政府以及管理房地产的有关行政部门应依据各项法律、制度对房地产经纪行业的各种行为进行相应的管理和监督。政府既是法律法规的制定者,又是法律法规的实施者和监督者,政府在贯彻法律法规方面的态度对行业内操作规范的形成具有至关重要的作用。在这当中,有两点特别重要,一是确立对房地产经纪行业的真正的监管主体,行业内出现的各种失信现象究竟由谁来管,每个部门究竟应该来管哪一项,这一问题至关重要。避免多头管理、职能交叉出现,因为多头管理、职能交叉造成的只能是管理主体的虚化以及管理效率的低下。二是对监管部门的再监管,监管部门作为市场操作的监管人具有相当大的权力,倘若监管部门出现监管不当或滥用权力,导致寻租、腐败等各种现象出现,对市场的正常运行会有更坏的影响。所以监管本身也应受到制约,这种再监管可分为监管部门的相互制衡和另设部门进行再监管。

其次,培养房地产经纪行业协会,发挥它的重要作用。从国际经验来看,由房地产经纪行业自己组织成立的行业协会,在开展信用管理与应用研究,提出立法建议和接受委托研究立法,提出有关信用管理法律草案,制定征信行业规划和从业标准以及行业的各种规章制度,协调行业与政府及各方面的关系,促进行业自律发展等各方面都可以起到重要的作用。所以诚信管理离不开房地产经纪行业协会,因为它是宏观管理和微观主体联系的一个桥梁,它既有助于政府更好地了解行业的信用状况,又有助于增强房地产经纪服务体系的自律性,为房地产经纪行业树立公正、良好的社会形象奠定基础。

第三,加强房地产经纪企业自身的信用管理,是不可忽视的一环。房地产经纪企业是受诚信原则规范的对象,但不能由此将之理解为一个纯粹的受动对象,相反,它也是信用管理中的重要因素,因为一切制度管理最终要都落实到房地产经纪服务的机构和个人身上,都要通过它们的行为才能实现。所以房地产经纪企业自身也要参与到诚信体系的建设中来。房地产经纪企业自身的信用管理,一是要增强信用风险的防范能力,对企业的经营交易过程进行全程信用管理,通过建立客户资信管理制度、内部授信制度和交易佣金、预付款等资金管理制度,提升企业的信用管理水平。二是逐步提升企业经营方式,朝更有利于信用原则得以建立的方向发展。如实现经纪企业的规模化、品牌化,引进先进的管理和经营方式,既有利于提高企业的竞争力,又有利于提高企业的诚信度。

12.3.3　房地产经纪诚信信息建设

房地产经纪领域信息的严重不对称是造成诸多失信现象的重要原因,因此有必要增加信息的公开度,尽力消除信息的不对称。因为具体交易中的信息披露是很难控制的,因此公开市场主体在以往交易中的诚信记录,建立关于市场主体诚信状况的数据库,是一种很好的解决措施。信用信息是以信用档案和资信评估为主要内容的,最终形成一个市场主体的诚信数据库和公示系统,从而使企业和个人的诚信状况真正成为其参与社会经济活动的重要依据。这样,当一个企业或个人一直诚实守信,良好的信誉就会建立起来,他的市场前景就会越来越好;反过来,当一个企业或个人在以前的交易中出现过失信现象,愿意与他交往的其他市场主体就会越来越少,他的市场前景就会缩小,甚至不得不退出市场。根据国际上的经验,企业和个人的自信评估可以由专门的评估机构来完成。

12.3.4　房地产经纪诚信信用环境建设

所谓信用环境,是指使"诚信"原则得以贯彻的一些基础性的条件。具体来说,这些条件包括软件和硬件。软件是指各种市场信息的公开化;硬件是指现代信息技术要广泛采用。当然,此处所讲的信息不包括市场主体诚信状况的信息。

房地产交易牵扯到很多信息。比如,关于参与交易的双方是否符合交易主体必须具备的条件,交易对象的产权、质量,经纪结构的资质,经纪人的执业资格和其他相关的从业条件,同交易相关的各项法律、法规,交易合同和经纪合同的要求等信息。这些信息被交易主体和经纪人的知晓度,对于能否实现诚信交易至关重要,许多欺诈、行骗就是利用交易信息的不透明而进行的。信息的公开化,是诚信体系得以建立的一个主要条件。所以要建立各种制度、通过各种手段来保证这些信息的公开化。比如,要求经纪机构在营业场所必须出具本机构的营业执照、业务范围说明书等,要求客户出具产权证明,使用规范合同文本等,设置房地产相关法律法规查询等。

此外,完善信用环境还需要采用电子化、因特网等现代科技。房地产诚信体系之所以还要现代技术作支撑,一方面是因为上述与交易有关的透明化(包括上述各种与交易相关的信息的公开、交易主体的诚信状况的公开)是诚信原则在房地产经纪行业得以贯彻的必要条件,而交易的透明化是只有凭借现代的技术手段才能达到的;另一方面是因为房地产经纪机构的许多失信行为是由于该机构所拥有的市场信息量少、渠道不畅、经营手段落后、方法陈旧、经营方式粗放所导致的,而这一切又在相当程度上是由于房地产经纪服务相关信息网络系统很不健全,服务技术没有跟上时代信息技术的发展所导致的。

具体地说,市场信息采集、整理和发布及时准确是房地产经纪业成功的关键因素。无论是经纪、评估、咨询,都要依靠及时准确的信息,而这些信息仅靠市场调研是不够的。所以,利用先进技术手段,及时、准确提供房地产信息,必须大力推广计算机应用,建立房地产信息网络系统,组建最具权威的房地产信息收集、加工和传送服务机构,以保证房地产经纪服务有一个坚实的信息基础。如果房地产经纪服务所拥有的采集、整理和发布信息的技术相当落后,就会影响经纪服务质量的提高,进而就影响房地产经纪服务的诚信度。

利用电脑、网络可以收集、征集交易的各种信息,并对之进行有效的汇总、整理,并可以在因特网上建立一个完备的、庞大的信息库,当事人进行交易时可以进行查阅,这样就提高了交易的透明度。同时,先进的现代技术还是许多具体的信用管理工作所必须凭借的手段。比如,如果不利用因特网,房地产经纪服务个人和企业征信记录体系就很难建立;没有先进的统计和计算软件,许多复杂的房地产估价项目就没法进行或很难得到精确的结果,许多项目的可行性论证、成本预算、风险估算就无法进行。所以,现代信息技术的运用对于房地产经纪服务诚信体系的建立是必不可少的。

12.3.5　房地产经纪诚信信用教育建设

诚信原则要有制度基础,这是现代诚信原则的本质内涵。但这并不是说诚信就失去了,它同时还作为一个道德原则的内涵。许多哲学家就曾经论证过,纯粹依靠法律治国并不能达到理想的效果,因为无论法律条文多么细致,都不可将人们生活中的一切行为都囊括进去。即便是能囊括进去,如果人们对于法律条文没有价值上的认同,人们会想出许多理由来对付这看似严格的法律条文。所以,任何法律、制度要想真正发挥它的作用,需要使人们对其产生价值上的认同,也就是说,使人们认为这些法律、制度并不是外在于自身的、纯粹限制自己自由的东西,相反,使人们认识到这是符合自己长远利益和共同体的整体利益的东西。要达到这一点,较为有效的方法就是道德教育。要动用各方面的力量,如政府、家庭、学校、社会团体;利用各种渠道,如大众媒体、文学作品,培育"诚信至上"的全民意识和社会道德。

一个社会所需要的核心交往原则不仅要通过法律、制度给予强有力的保证,还要通过教育、宣传使之成为人们心目中的价值理念,这是每个社会的一个必然规律。例如,"忠"、"孝"观念是中国古代社会人与人之间交往的核心原则,这个原则一方面通过各种形式的教育手段对民众进行灌输,另一方面又有法律上的保证,凡是违反"忠"、"孝"的人要受到严厉的处罚。近代西方社会的"人权"观念,也是通过教育和法律两种途径而最终成为西方社会的一个核心原则,已被整个西方社会认为是一个天经地义的观念。前面已经讲过,市场经济内在地需要诚信原则,因此诚信原则除要通过法律予以保证外,还应当通过道德教育为整个社会所认同,并最终成为一个普遍接受的观念。

12.4　房地产经纪诚信管理实例

为杜绝房地产经纪机构经营行为不规范问题,中国房地产估价师与房地产经纪人学会于 2006 年 10 月 31 日开通了房地产经纪信用档案,把房地产经纪机构上报的信用档案信息通过"http://jgsb.cirea.net.cn"向全社会公示,并对房地产经纪机构、房地产经纪人的不良行为予以曝光。

中国房地产经纪信用档案系统(见图 12-1)可查询房地产经纪人和经纪机构的信用信息。其中:

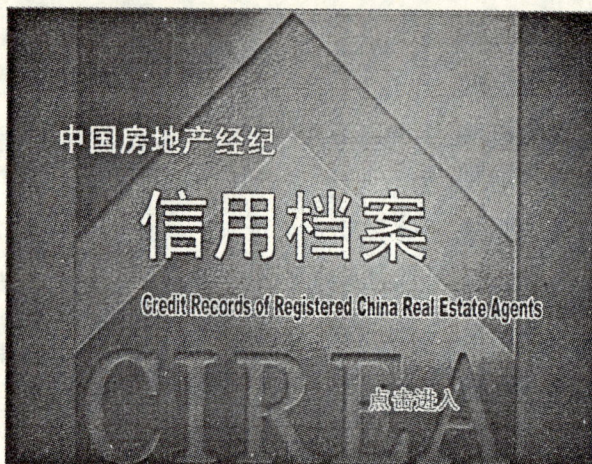

图 12-1　中国房地产经纪信用档案系统界面

　　房地产经纪人的个人信息查询(见图 12-2)包括姓名、性别、注册号、证书到期日、执业机构、经纪年限等,并可查看每个房地产经纪人的详细信息,这些详细信息包括经纪人的基本信息、注册信息、继续教育信息、科研能力信息、良好记录信息、不良记录信息等,同时可在网上直接对房地产经纪人进行投诉。

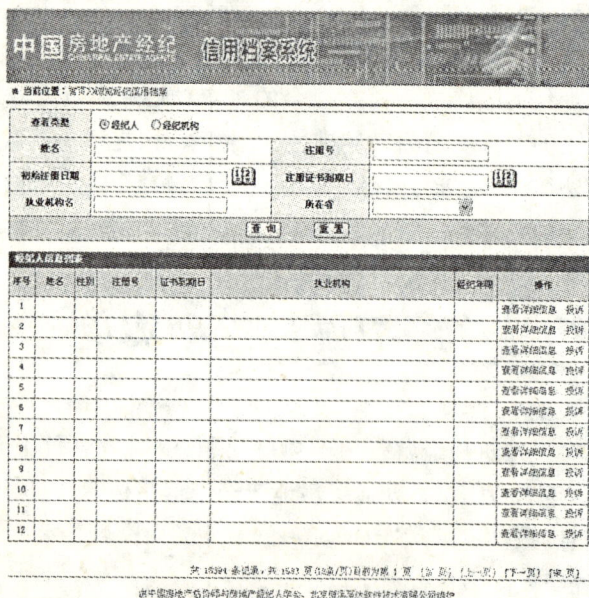

图 12-2　房地产经纪人个人信息查询系统界面

　　房地产经纪机构的信息查询(见图 12-3)包括机构名称、通讯地址、邮政编码、电话等,并可查询每个房地产经纪机构的详细信息,这些详细信息包括机构信息和人员信息。其中的机构信息包括机构基本信息、机构成长信息、经营业绩信息、信用保障信息、机构良好记录、机构不良记录等;人员信息包括法定代表人信息、总经理信息、注册房地产经纪人、机构员工信息等。同时也可在网上直接对房地产经纪机构进行投诉。

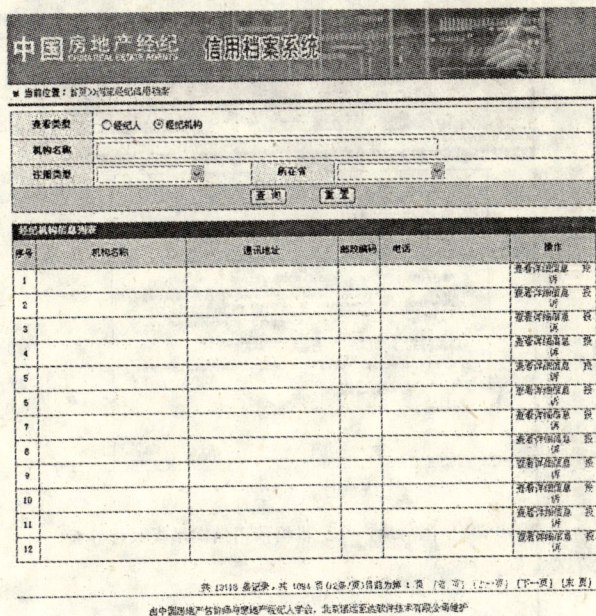

图 12-3　房地产经纪机构信息查询系统界面

　　中国房地产估价师与房地产经纪人学会要求房地产经纪机构应及时、准确申报建立信用档案。中国房地产经纪信用档案填报系统分别见图 12-4、图 12-5、图 12-6。

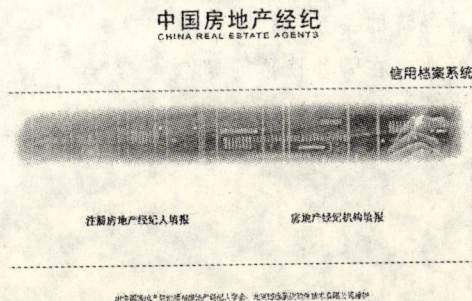

图 12-4　中国房地产经纪信用档案填报系统界面

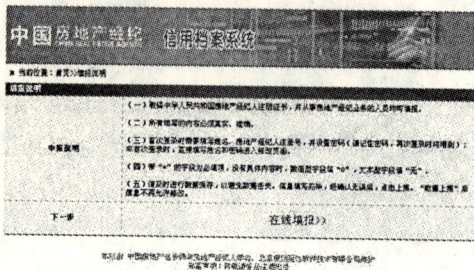

图 12-5　中国房地产经纪人信用档案填报系统界面

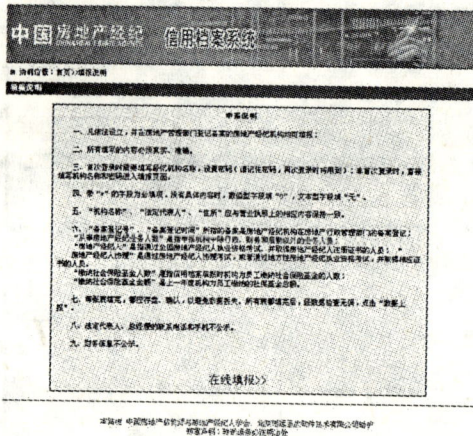

图 12-6　中国房地产经纪机构信用档案填报系统界面

思考题

1. 房地产经纪的基本执业规范有哪些？
2. 如何处理房地产经纪活动中的各种争议？
3. 房地产经纪活动中有哪些活动是禁止的？
4. 诚信原则与市场经济的关系是什么？
5. 我国房地产经纪业存在哪些诚信问题？
6. 如何完善我国房地产经纪诚信体系？